동학사상과 신문명

동학학술총서 404
## 동학사상과 신문명

등록 1994.7.1 제1-1071
인쇄 2005년 7월 15일
발행 2005년 7월 25일

지은이 최 민 자
펴낸이 박 길 수
펴낸곳 도서출판 모시는사람들
　　　　110-310/서울시 종로구 경운동 88번지 1303호.
　　　　대표전화 735-7173, 737-7173 / 팩스 730-7173

표지디자인 이 주 향
편　　집 김 혜 경
출　　력 삼영출력(02-2277-1694)
인쇄·제본 (주)상지피엔비(031-955-3636)
홈페이지 http://www.donghaknews.com

값은 표지 뒷면에 있습니다.
ISBN 89-90699-32-0
세트 89-90699-10-X

* 잘못된 책은 바꾸어 드립니다.

동학학술총서 404

# 동학사상과 신문명

최민자 지음

| 책머리에 |

# 동학, 아주 오래된 새것

동학은 전통과 근대 그리고 탈근대를 관통하는 '아주 오래된 새것'이다. 동학의 「시천주侍天主」 도덕은 귀천·빈부·반상班常·적서嫡庶 등의 경계는 말할 것도 없고 생물과 무생물, 종교와 종교, 종교와 학문의 경계마저도 폐기시키는 혁명성이 내재해 있다. 진리는 물과 같아서 만물에 혜택을 주면서도 스스로의 형상을 고집하지 않으며 사람들이 싫어하는 낮은 곳으로 낮은 곳으로 흘러가는 까닭이다. 진리는 통일체인 까닭에 거기에는 어떠한 분열도 경계선도 없다. 생명은 전체적인 것이다. 우주를 '한생명'으로 보는 전체의식[순수의식, 우주의식]이 진리다.

동학의 「시천주」 도덕은 인간의 신성 회복을 통해 인류의 삶을, 이 세상을 근본적으로 바꾸기 위한 것이다. 그것은 기존의 낡은 교의나 철학을 떠나 있으며, 에고(ego, 個我)가 만들어 낸 일체의 장벽을 해체할 것을 선언한다. 그것은 우주 '한생명'에 대한 선언이요 '성통공완性通功完'에 대한 갈파喝破이다. 실로 참본성이 열리지 않고서는 공功을 완수할 수 있는 것이 아니며 따라서 세상을 근본적으로 바꿀 수도 없다. 혼원일기混元一氣로 이루어진 생명의 유기성과 상호 관통을 직관적으로 깨닫는 것, 바로 거기에 마음을 밝히고 세상을 밝히는 '성통공완'의 비밀이 있고 「시천주」의 비밀이 있다.

진리가 주관의 늪에 빠져 신음하는 문명의 대전환기—오늘날 만연한 물신物神 숭배의 사조와 종교적 타락상은 인간적 권위와 신적 권위의 회복을 각기 기치로 내건 서구의 르네상스와 종교개혁이 결국 미완성인 채로 끝나 버렸음을 실증적으로 보여 주는 것이다. 진정한 인간의 권위 회복은 인간 자신의 존재성에 대한 규명에서부터 시작되어야 한다. 신神은 인간과 분리된 외재적인 존재가 아니라 내재적인 동시에 초월적인 존재이다. 유사 이래 신을 섬기는 의식이 보편화된 것은 우리의 본신이 곧 신[神性]이기 때문이다. 이기적인 욕구 충족을 위해서가 아니라 '영혼의 정화'를 위해서, 마치 신에게 바치는 번제의식燔祭儀式과도 같이 정성을 다함으로써 신성이 발현될 수 있는 까닭이다. 신은 만유에 내재해 있는 신성神性인 동시에 만유를 생성·변화시키는 지기至氣로서 일체의 우주만물을 관통한다. 오늘날 만연한 인간성 상실은 곧 내재적 본성인 신성 상실에서 비롯되는 것이다.

따라서 신성 회복은 인간적 권위의 회복인 동시에 신적 권위의 회복이다. 다시 말해서 이성과 신성이 합일하는 일심一心 속에서 인간은 비로소 신과 하나가 되는 것이다. 마음을 지키고 기운을 바르게 함으로써 우리의 마음이 태양과도 같이 광명하게 되면 '사람이 곧 하늘'임을 알게 되고 평등무이平等無二한 세계가 저절로 그 모습을 드러낼 것이다. 부정한 의식의 철폐를 통한 진지眞知의 회복, 바로 여기에 제2의 르네상스가 있고 제2의 종교개혁이 있다. 그것은 다양성으로 이루어진 하나의 통일체를 창출하는 일이다. 말하자면 일즉삼一卽三·삼즉일三卽一의 원리에 대한 인식이며 동시에 그것의 실천이다. 그것은 유럽적이고 기독교적인 서구의 르네상스나 종교개혁과는 달리, 전 인류적이고 전 지구적이며 전 우주적인 존재 혁명이 될 것이다. 삶과 학문, 삶과 종교, 학문과 종교, 종교와 종교의 진정한 화해는 이로부터 시작될 것이다.

그동안 발표했던 논문과 글을 정리하여 이 한 권에 담는 뜻은 새로운 문명의 개창에 작은 반딧불이라도 되고자하는 마음에서이다. 우선 나를 있게 해 주시고 이 글을 쓰게 해 주신 '천지부모天地父母'님께 감사드린다. 그리고 나의 논문 발표에 많은 관심을 가지시고 격려를 아끼지 않으셨던 여러 선생님들께 감사하는 마음을 전한다. 끝으로 기꺼이 출판을 맡아 준 '도서출판 모시는 사람들'의 박길수 대표, 편집진 김혜경 님과 이주향 님 여러분께도 감사드린다.

2005년 7월
우주 가을로의 초입初入에서 최민자

동학사상과 신문명

# 차 례

□ 책머리에 / 4

## 수운과 원효의 존재론적 통일사상

Ⅰ. 서론 / 11

Ⅱ. 원효의 대승적 윤리관과 화쟁사상 / 15

   1.『대승기신론소·별기』·『금강삼매경론』·『십문화쟁론』/ 15

   2. 원효의 대승적 윤리관 / 17

   3. 화쟁의 사상과 그 방법 / 23

   4. 일체유심조사상과 회통의 정치이념 / 29

Ⅲ. 수운의「시천주」도덕과 후천개벽사상 / 34

   1. 수운의 불연기연적 세계관 / 34

   2. 수운의「시천주」도덕 / 38

   3. 수운의 후천개벽사상 / 48

Ⅳ. 수운과 원효의 존재론적 통일사상 / 55

   1. 수운과 원효의 인식론 / 55

   2. 수운과 원효의 실천론 / 64

   3. 문명의 전환과 존재론적 통일사상 / 70

V. 결론 / 76

# 수운의 후천개벽과 에코토피아(Ecotopia)

I. 서론 / 81
II. 후천개벽 : 유위와 무위의 변증법적 통합 / 85
   1. 후천개벽의 본질과 그 의미 / 85
   2. 후천개벽의 혁명 원리 / 92
III. 후천개벽과 디비니틱스(Divinitics) / 99
   1. 파워 폴리틱스(power politics)에서 디비니틱스로 / 99
   2. 무극대도無極大道와 디비니틱스(Divinitics) / 106
IV. 후천개벽과 에코토피아(Ecotopia) / 112
   1. 생태 혁명生態革命과 근대적 인간 중심주의를 넘어서 / 112
   2. 에코토피아를 향하여 / 119
V. 결 론 / 128

# 우주진화적 측면에서 본 해월의 '삼경' 사상

I. 서론 / 135
II. 해월의 '삼경' 사상 / 138
   1. 경천·경인·경물 / 138
   2. 우주는 '한생명' / 146
III. 우주진화와 '삼경' 사상 / 150

1. 순수의식으로의 길 / 150

   2. 진화의 3법칙 / 154

   3. 순천의 삶 / 165

Ⅳ. 물질 시대에서 의식 시대로 : 대大→ 소小→ 공空 / 172

Ⅴ. 결론 / 179


# 동학의 정치철학적 원형과 리더십론

Ⅰ. 서론 / 185

Ⅱ. 동학의 정치철학적 원형의 논의 배경 / 190

   1. 전통과 근대 그리고 탈근대의 변증법 / 190

   2. 동학의 도덕관과 초국가적 발전 패러다임 / 197

Ⅲ. 동학의 정치철학적 원형과 제2의 르네상스·제2의 종교개혁 / 204

   1. 『천부경』·『삼일신고』·『참전계경』에 나타난 동학의 정치철학적 원형 / 204

   2. 영원한 '하나(一)'의 원리와 제2의 르네상스·제2의 종교개혁 / 234

Ⅳ. 동학의 리더십론과 정치실천적 과제 / 240

   1. 동학 리더십의 생태적 본질과 통치의 정당성 / 240

   2. 동학 리더십론의 정치실천적 과제 / 248

Ⅴ. 결 론 / 258

## 동학적 사유의 특성과 21세기 동학인의 좌표

I. 동학적 사유의 특성 / 267

II. 진정한 문명은 '참나'에 대한 깨달음에서 / 274

III. 21세기 동학인이 나아가야 할 길 / 289


|부록|
## 발전과 변증법—절대정신과 도의 변증법적 발전 논리에 대한 일고

I. 서론 / 311

II. 헤겔의 절대정신과 '부정否定의 부정否定' 논리 / 319

   1. 존재 속의 당위 / 319

   2. 의식과 공동체 / 326

III. 노자老子에 있어서의 도道와 '무위無爲'의 논리 / 333

   1. 대립 속의 통일 / 333

   2. 무위無爲와 수유부쟁守柔不爭 / 340

IV. 결론 / 346


□ 참고문헌 / 354

□ 찾아보기 / 370

# 수운과 원효의 존재론적 통일사상

## I. 서론

　본 연구는 화쟁和諍의 논리에 기반한 원효사상元曉思想과 불연기연不然其然의 논리에 기반한 수운사상水雲思想의 본질을 통일과 평등의 원리라는 측면에서 살펴보고, 문명의 대전환기를 맞고 있는 현 시점에서 이들 사상의 존재론적存在論的 함의含意를 구명究明하기 위한 것이다. 화쟁의 논리가 이분법적인 사유체계를 초월하여 '이변비중離邊非中'[1]의 즉자대자적卽自對自的 이론체계에 입각해 있듯, 인내천人乃天으로 대표되는 불연기연의 논리 또한 「시천주侍天主」를 통해 하나(Oneness)의 진리를 드러내는 데 주안점을 두고 있다.

　그러면 어떻게 이들의 사상이 통일과 평등의 원리와 연결되는가. 그 비밀은 바로 내재內在와 초월超越, 본체本體와 작용作用의 합일合一에 대한 인식에 있다. 원효의 경우, 이러한 그의 인식은 『대승기신론소大乘起信論疏』에서 일심一心 이외에 다른 실재가 있는 것이 아님을 분명히

---

[1] 元曉,「金剛三昧經論」, 趙明基 編,『元曉大師全集』, 서울: 보련각, 1978, 130쪽.(이하 『金剛三昧經論』이라 略함). 有도 아니요 無도 아니요 그 양 변을 멀리 떠나면서 그렇다고 中道에도 집착하지 않는다는 非有非無 遠離二邊 不着中道의 뜻임.

밝히는 데서 명징하게 드러난다.[2] 이 진여眞如한 마음을 그는 '대승의 법'이라고 말하고 있다.[3] 온전히 하나가 된 진여한 마음은 원융회통圓融會通의 주체요 화쟁의 주체인 까닭에 일체 공덕의 근원이 되며 평화와 행복의 원천이 된다. 그가 '귀일심원歸一心源'을 설파한 이유도 여기에 있다.

수운의 경우, 내재와 초월, 본체와 작용의 합일에 대한 인식은 인내천의 요체라 할 수 있는 「시侍」가 함축하고 있는 세 가지 의미, 즉 내유신령內有神靈, 외유기화外有氣化, 각지불이各知不移[4] 속에서 명징하게 드러난다. 안으로 신령神靈이 있고 밖으로 기화氣化가 있어 온 세상 사람이 각기 알아서 옮기지 아니한다는 뜻은 인간의 신성神性(靈性)과 생명의 유기성有機性을 깨달아 순천順天의 삶을 지향하는 것을 말한다. 이처럼 우주자연과 인간, 인간과 인간의 유기적 통일성을 그 본질로 하는 「시」의 철학은 우주의 실체가 의식이고, 그 본질은 생명이며, 진행 방향은 영적 진화靈的進化라는 사실을 직시하는 것으로부터 시작한다. 그리하여 우리 내부의 신성에 눈뜨게 되면 내재와 초월이, 개체성과 전체성이 결국 하나임을 알게 되고, 궁극적으로 우주가 '한생명'이라는 사실을 체득하게 됨으로써 여여如如한 실재에 이를 수 있게 되는 것이다.

이렇듯 수운과 원효의 사상이 통일과 평등의 원리로 상호 관통할 수 있는 것은 이들의 사상 이면에 시대와 종교를 뛰어넘는 보편성이

---

2 元曉, 「大乘起信論疏」, 『元曉大師全集』, 397쪽.(이하『大乘起信論疏』라 略함).
3 元曉, 「大乘起信論別記」, 『元曉大師全集』, 466쪽.(이하『大乘起信論別記』라 略함);『大乘起信論疏』, 402쪽.
4 『東經大全』「論學文」"侍者 內有神靈 外有氣化 一世之人 各知不移者也."

흐르고 있기 때문일 것이다. 일심의 근원으로 되돌아가면(歸一心源) 사람이 한울을 모시고 있음(侍天)을 저절로 알게 되는 법. 그것은 곧 평등성지平等性智의 나타남이다. 우주만물에 내재한 '참자아', 즉 영원한 신성을 보는 사람은 우주만물이 결국 하나임을 알게 되고 보편적 실재인 그 '하나'를 깨닫게 될 것이다. 참자아는 태어나지도 죽지도 않으며, 세상사에 물들지도 않는다. 우주만물의 개체성은 한울[天, 일심, '하나'님], 즉 궁극적 실재5가 다양한 모습으로 현현한 것이다. 모든 존재 속에 내재하는, 동시에 초월하는 이 하나인 참자아를 깨닫게 되면 죽음의 아가리로부터 벗어나 불멸에 이르게 된다.

진정한 문명은 바로 이 하나인 참자아에 대한 깨달음에서 시작되어야 한다. 오늘날 국가·민족·인종·종교·계급 간의 반목과 갈등은 우주만물에 내재하는 절대유일의 참자아를 깨닫지 못하고 서로 다른 것으로 분리시킨 데서 오는 것이다. 마치 빗물이 산골짜기를 따라 사방으로 갈라져 흘러내리듯, 현상계의 차별상은 한울이 존재의 특성에 따라 각기 다르게 표현된 것이다. 우주만물에는 하나인 참자아가 편재遍在해 있고 동시에 이 세상 전체가 한울의 창조적 에너지 속에서

---

5 窮極的 實在는 우주의 根源的 一者, 즉 우주의 창조적 에너지(至氣)를 의미하는 것으로, 하늘(天)·天主[한울님, 造物者, 하느님, '하나'님, 創造主]·道·佛·一心·太極(無極)·브라만(Brahman, 梵)·宇宙意識[全體意識·純粹意識] 등으로 병칭되고 있다. 『天符經』에 보면, 근원적인 一者, 즉 하나에서 우주만물이 비롯되고, 그 쓰임은 무수히 변하지만 근본은 다함이 없다고 되어 있다. 그런 까닭에 하나에서 비롯되나 시작이 없는 하나이며(一始無始一), 하나로 돌아가나 끝이 없는 하나이다(一終無終一). 『三一神誥』「天訓」에도 "하늘은 형상도 바탕도 없고, 시작도 끝도 없으며, 위 아래와 사방도 없고, 비어 있는 듯하나 있지 않은 곳이 없으며, 포용하지 않음이 없다."라고 나와 있다. 「요한 계시록」 21장 6절에는 "나는 알파(α)와 오메가(Ω)요, 처음과 나중이라."고 되어 있고, 1장 8절에는 "나는 알파와 오메가라. 이제도 있고, 전에도 있었고, 장차 올 자요, 전능한 자라."고 나와 있다. 이 셋은 시작도 끝도 없는 영원한 '하나' 즉 우주만물의 근원인 窮極的 實在에 관한 설명으로 내용이 일치하고 있다.

숨쉬고 있다.

　삶과 죽음의 저 너머에 이르는, 영원한 평화에 이르는 유일하고도 완전한 길은 인류가 자기 자신을 한울로, 참자아로 인식하는 것이다. 참자아 속에는 그 어떤 차별성도 존재하지 않으며, 오직 전체성만이 물결칠 뿐이다. 그러나 이 광대무변한 참자아는 경전 공부나 학문, 지식에 의해서는 결코 깨달을 수 있는 것이 아니다. 악행을 그만두지 않고는, 감각을 잠재우지 않고는, 마음을 모으고 내면의 밭을 갈지 않고는 결코 거기에 이를 수 없는 것이다.

　모든 존재 속에 내재하는 참자아의 동질성을 깨달은 사람은 그 어떤 환영(maya)이나 슬픔도 없으며, 한울과 한 호흡 속에 있게 된다. 그러나 물질 차원의 에고(ego, 個我)에 갇혀서는 우리는 한울과 만나지 못한다. 내재적 본성인 신성을 깨달을 때 비로소 한울은 그 모습을 드러낸다. 불멸의 참자아가 곧 한울이다. 죽음조차도 삼켜 버리는 참자아를 깨달음으로써 우리는 한울과 하나가 되고 삶과 죽음의 저 너머에 이르게 된다.

　7세기, 진리가 당략黨略으로 전락하던 시대에 분열의 죄악성과 융화의 당위성을 설파함으로써 신종교 운동 내지 신사회 운동을 통해 삼국통일의 정신적 초석을 다졌던 원효. 19세기 서세동점西勢東漸의 시기에 동학을 창도하여 '보국안민輔國安民 포덕천하布德天下 광제창생廣濟蒼生'의 기치를 내걸고 아래로부터의 민중에 기초한 근대적 민족국가 형성의 사상적 토대를 마련한 수운. 수운과 원효의 사상에는 고금을 통하고 역사를 초월하며 민족과 종교의 벽을 뛰어넘는 보편성이 있다. 이들의 사상은 우리 인류가 시대적·사상적·종교적 질곡에서 벗어나 유기적 생명체 본연의 통합적 기능을 회복하게 함으로써 진정한 역사 발전의 동력이 될 수 있게 할 것이다. 그러면 원효의 사상부터 살펴보기로 하자.

## II. 원효의 대승적 윤리관과 화쟁사상

### 1. 『대승기신론소·별기』·『금강삼매경론』·『십문화쟁론』

화쟁의 논리에 기반한 원효사상의 본질은 평화요, 통일이다. 이는 아법이집我法二執을 모두 탈거脫去하여 만물의 교직성과 상호 의존성을 직시할 때 우리의 개별성이 차별 없는 일자一者에로 용해되어 이르게 되는, 소위 '무리지지리無理之至理 불연지대연不然之大然'[6]의 경계를 의미한다. 원효가 백가百家의 이쟁異諍을 화합하여 무수한 진리의 가지들을 하나의 진리로 되돌리고 '만법귀일萬法歸一'을 설파한 것은 대립자들의 역동적 통일성에 대한 그의 신념을 나타낸 것으로 독창적이고 포괄적인 그의 '대승기신론' 관觀은 바로 이러한 그의 근본 입장을 분명히 보여 준다.

본고에서는 원효의 대승적 윤리관과 그의 화쟁사상을 『대승기신론

---

[6] 『金剛三昧經論』, 130쪽; 『大乘起信論別記』, 464쪽. 이는 '道理 아닌 지극한 道理, 肯定 아닌 大肯定'으로 번역될 수 있으나 그 참 뜻은 상대적 차별성을 떠난 如實한 大肯定을 의미한다.

소·별기別記』,『금강삼매경론金剛三昧經論』,『십문화쟁론十門和諍論』을 중심으로 살펴보기로 한다. 우선『대승기신론소·별기』는 원효의 사상과 그의 행위를 가늠할 수 있게 하는 가장 골간이 되는 저술이라 할 수 있다. 여기서『별기』는『소疏』의 초고草稿와 같은 것으로『대승기신론』을 간략하게 주석한 것이고『소』는『대승기신론』본문을 해석한 것으로,『대승기신론』의 대의大義는『소』와『별기』양자의 것을 종합할 때 그 논지가 분명히 드러난다. 원효는 불교사상사의 양대 조류인 반야사상般若思想과 유식사상唯識思想이『대승기신론』에서 종합되고 있는 점을 간파하고 개開하면 무량무변無量無邊한 의미를 종宗으로 삼고 합合하면 이문일심二門一心의 법을 요要로 삼는[7] 이 논論이야말로 모든 불교사상의 논쟁을 지양시킬 수 있는 근거를 명백히 제시하는 것으로 보고 그의 논지를 펼치고 있다.

다음으로『금강삼매경론』은『금강삼매경』에 대한 주석서로서 이 경經은 원효의 논에 의해 비로소 그 심오한 뜻이 발현된 것으로『대승기신론』과 불가분의 관계를 맺고 있다. 본 논의 대의를 보면 일심의 원천은 유·무를 떠나서 홀로 청정淸淨하며 삼공三空(我空·法空·俱空)의 바다는 진眞·속俗을 융화하여 담연湛然한 것이라 하고 만덕원만萬德圓滿한 제문諸門은 일관一觀에 출出하지 아니하니 개開하여도 하나가 늘어나지 않고 합하여도 열이 줄어들지 않는 고로 부증불감不增不減을 종요宗要로 하는 것이라고 되어 있다.[8] 이는 원효가 논 서두에서 "합하여 말을 하면 일미관행一味觀行이 그 요이고, 개하여 말하면 십중법문十重法門이 그 종이다."[9]라고 한 표현에서도 드러나듯이 그 이면에

---

7 『大乘起信論疏』, 391쪽: "開則無量無邊之義爲宗 合則二門一心之法爲要."
8 『金剛三昧經論』, 130-132쪽.

는 일심의 근원으로 되돌아가 요익중생饒益衆生하는 원효사상의 실천원리가 담겨져 있다.

끝으로『십문화쟁론』은 일부 단편만이 남아 있기는 하지만 화쟁사상을 펼쳐 보인 가장 대표적인 저서라는 점에서 주목할 만하다. 본 논은 백가의 이쟁을 화합하여 일승불교一乘佛敎를 세우고자 논리적 근거를 제시한 것으로 원효의 일승불교에는 통일과 화해의 실천에 대한 그의 근본입장이 분명히 드러나고 있다. 그는 소승불교가 물질주의·형식주의·율법주의에 빠진 것과 대승불교가 현실세계 전체의 의미를 부정함으로써 관념론에 빠진 것 둘 다를 비판하고 우리가 취해야 할 보편적인 가치관을 불교의 용어를 빌어서 말해 주고 몸소 실천했던 사람이다. 훗날 그가 화정국사和靜國師로 추봉된 것은 그만한 이유가 있다 하겠다.

## 2. 원효의 대승적 윤리관

### 1) 일심위대승법一心爲大乘法

원효는『대승기신론』이라는 표제에 대한 설명에서 대승을 소승의 상대적 차별 개념이 아닌 모든 진리를 포용한다는 의미로 해석하고 또한 기신起信을 교조적인 의미의 믿음이 아닌 진리를 발현시킨다는 의미로 해설하고 있다.[10] 또한 그의『대승기신론별기』에서는 대승의

---

9 『金剛三昧經論』, 130쪽: "合而言之 一味觀行爲要 開而說之 十重法門爲宗."
10 『大乘起信論疏』, 391-393쪽.

본체가 광활하고 태허太虛와 같아 사私가 없으며 대양大洋과 같아 지극히 공평하고 그 속에서 동과 정, 염染과 정淨, 진과 속이 어우러져 하나가 된다고 한다.[11] 그런데 그것을 유라고 하자니 한결같은 모습이 텅 비어 있고 무라고 하자니 만물이 다 이로부터 나오니 그 이름을 알지 못하여 '대승'(摩訶衍)이라고 했는데 이는 억지로 붙인 이름일 뿐 그 이름이 곧 실상을 나타내는 것은 아니라고 본다.[12] 그리하여 원효는 관념과 형상을 초월하고 형태나 언설을 떠나 우리의 마음이 순수하게 대승에 계합契合될 때 비로소 여실如實한 대긍정大肯定에 이를 수 있는 것으로 보았다.[13]

대승을 한낱 교리 체계가 아닌 마음으로 표현한 것은 『대승기신론』에서 비롯된다. 원효 또한 '일심위대승법一心爲大乘法'이라 하여 하나인 마음의 근원성·포괄성·보편성을 강조하였다.[14] 말하자면 '일심지외경무별법一心之外更無別法'[15]인 것이다. 다만 오랜 무명無明의 습기習氣 때문에 진여眞如한 마음의 본바탕이 가리워져 고요해야 할 마음의 바다에 파랑이 일고 유전육도流轉六道하게 되는 것이다. 비록 육도六道의 파랑이 일지라도 하나인 마음의 바다를 벗어나지 않는 까닭에 이 하나인 마음은 일체의 세간법世間法과 출세간법出世間法을 다 포괄한다.[16] 이와 같이 대승의 마음은 만물이 그 안에 포용되며, 덕德이란

---

11 『大乘起信論別記』, 464쪽.
12 『大乘起信論疏』, 390쪽: "引之於有 一如用之而空 獲之於無 萬物乘之而生 不知何以言之 强號之謂大乘."
13 『大乘起信論別記』, 464쪽.
14 『大乘起信論疏』, 402쪽: "良有是心通攝諸法 諸法自體唯是一心 不同小乘 一切諸法各有自體 故說一心爲大乘法也." cf. 『大乘起信論別記』, 466쪽.
15 『大乘起信論疏』, 397쪽.
16 『大乘起信論疏』, 397쪽; 『大乘起信論別記』, 467쪽.

덕은 갖추지 않은 것이 없고, 상像이란 상은 나타나지 않는 바가 없다. 그런 까닭에 원효는 '진여대해眞如大海 영절백비고永絶百非故'[17]라 했고 이 진여한 마음이 모든 행위의 원천이 되는 것으로 보았다.

따라서 원효에게 있어 모든 행위의 근본 규범은 일정하게 규정되어 있는 것은 아니고 다만 진여한 마음에 의거해 있는 까닭에 여기서 벗어나는 것만이 금지되어야 할 행위인 것이다. 그런데 진여를 따르는 신심信心 그 자체는 완덕完德의 실천이 수반될 때 비로소 완전해질 수 있는 것으로 바로 여기에 조신調身·조심調心하는 수행의 필요성이 생겨난다.[18] 이를테면 보시布施·지계持戒·인욕忍辱과 같은 여실수행如實修行의 필요성이 생기게 되는 것이다.[19] 이는 원효의 윤리관이 계율戒律 조목이나 강조하는 형식적인 실천 윤리의 차원이 아닌, 이른바 대승 윤리의 차원에서 전개되고 있음을 말하여 준다. 이는 『대승기신론』 후반의 〈수행신심분修行信心分〉과 〈권수이익분勸修利益分〉에 대한 그의 해석에서 잘 나타나고 있다.

### 2) 진여문眞如門과 생멸문生滅門

『대승기신론』의 논지는 주로 일심에 대한 해명을 목적으로 진여문과 생멸문의 이문二門을 설정하고 우리의 제팔식第八識[20]이 본래는 진

---

17 『大乘起信論疏』, 395쪽. 眞如한 마음의 큰 바다는 영원히 모든 오류를 여의었다는 뜻임.
18 『大乘起信論疏』, 452쪽.
19 『大乘起信論疏』, 396쪽: "如實修行者…謂修行布施…如是持淨戒…或修忍辱行."
20 불교의 唯識思想에 기초한 八識의 이론체계를 보면, 우선 眼識, 耳識, 鼻識, 舌識, 身識, 意識이라는 흔히 前六識으로 총칭되는 표면의식이 있고, 이 여섯 가지의 식은 보다 심층의 第七識인 자아의식 - 『大乘起信論疏』에서는 第七識을 意라 하여 의식으로

여한 마음을 그 본바탕으로 하고 있으나 무명의 바람이 일어 여러 형태의 생멸을 짓게 된다고 한다.[21] 그런데 여기서 원효는 마음의 생멸이 무명에 의해 이루어지고 또한 생멸하는 마음은 본각을 따라 이루어지므로 '심체무이心體無二'라고 하고 있다.[22]

또한 『금강삼매경론』에서도 이 이문은 그 체體가 둘이 아니므로 모두 '일심법一心法'이라고 하고 있다.[23] 그리하여 그는 중생심衆生心이 본래 '공적지심空寂之心'이나 망념妄念이 동動하여 무시無始 이래로 유전流轉하는 바, 수습修習하여 본래의 공심空心을 얻기 위하여서는 "진여문에 의하여 지행止行을 닦고 생멸문에 의하여 관행觀行을 일으켜 지止와 관觀을 동시에 닦아 나가야 한다."고 주장한다.[24] 이는 생멸문과 진여문의 이문을 통해 일심에 대한 이론적 논의를 전개하고 궁극에는 믿음을 일으켜 실천적인 행위에로 나아가게 하는 『대승기신론』 사상의 진수가 그대로 드러난 것이라 하겠다.

이와 같이 『대승기신론』이 일심이문一心二門으로 여래如來의 근본 뜻을 해석하고 신심을 일으켜 수행하게 하는 것은 일심법에 의거하는 이 이문이 모든 법을 총괄하는 까닭이다. 그러면 진여문과 생멸문에 대해 자세히 살펴보기로 하자.

우선 진여문에서는 우리의 진여한 마음에 관하여 설명하고 있다. 진여란 맑고 깨끗하며 고요한 마음의 본바탕을 말하는 것으로 그것

---

총칭되는 前六識과 구분하고 있다 - 즉 잠재의식에 의해 지배되며, 또한 이 자아의식은 보다 심층의 第八識에 연결되어 있는데 이 第八識이 우리 마음속 깊이 감춰진 모든 심리활동의 원천이 된다.
21 『金剛三昧經論』, 146쪽 : 『大乘起信論別記』, 474-475쪽.
22 『大乘起信論別記』, 471쪽.
23 『金剛三昧經論』, 146쪽 : "然此二門 其體無二 所以皆是一心法."
24 『金剛三昧經論』, 145쪽 : 『大乘起信論疏』, 397쪽.

은 각覺이라고도 불린다. 본래 근본으로 있는 것이라는 관점에서 그 각은 본각本覺이라고 불리기도 하고, 무명의 습기 때문에 가려져 드러나지 않을 때에는 불각不覺이라고 불리기도 하지만, 일단 어느 계기에 그 본바탕이 드러나기 시작할 경우에는 시각始覺이라고 불린다. 따라서 이 시각은 본각과 같은 것이다.[25] 시각의 뜻은 본각에 의거하므로 불각이 있게 되고, 불각에 의거하기 때문에 시각이 있게 된다고 설명할 수 있다. 말하자면 시각은 불각과 상관관계에 있고, 불각은 본각과 상관관계에 있으며, 본각은 시각과 상관관계에 있는 것이다.[26] 여래장如來藏이라고도 불리는 일심의 본체는 바로 이 본각(究竟覺)인데[27] 『금강삼매경론』에서는 '본각이품本覺利品'이라는 독립된 장章을 설치하고 이 본각의 이리로써 중생에게 이익을 주는 도리를 나타내고 있다.[28]

다음으로 생멸문에서는 진여가 선善과 불선不善의 원인이 되고 또 연緣과 결합하여 모든 법을 변질시키는 것에 대해 설명하고 있다.[29] 여기서 원효는 비록 실제로는 모든 법을 변질시켰지만 항상 그 진성眞性은 파괴되지 않는 까닭에 이 생멸문 가운데에도 역시 진여가 포괄된다고 본다.[30] 생멸문에서는 심생멸心生滅에 대한 해석에서 우리의 마음이 각이 되는 경우와 불각이 되는 경우 두 가지가 있음을 밝히고 있다. 우선 불각의 뜻에는 근본불각根本不覺과 지말불각枝末不覺의 두

---

25 『大乘起信論疏』, 415쪽.
26 『大乘起信論疏』, 415-419쪽.
27 『大乘起信論別記』, 467쪽.
28 『金剛三昧經論』, 181-197쪽.
29 『大乘起信論別記』, 468쪽: "生滅門者 卽此眞如 是善不善因與緣和合 反作諸法."
30 『大乘起信論別記』, 468쪽.

가지 종류가 있다. 전자는 아리야阿梨耶(Alaya)식식識 안에 있는 근본무명根本無明을, 후자는 무명이 일으키는 일체 염법染法을 말하는 것으로, 그 모두를 불각이라 한다.31 그런데 마음의 생멸生滅에는 반드시 좋지 않은 생멸만이 있는 것이 아니라, 무명에 물들지 않은 맑고 밝은 생멸도 있다. 즉 진여한 마음 그 자체의 불가사의한 힘에 의해 본각의 마음이 어떤 계기에 빛을 발할 수가 있다. 그때 그 각을 시각이라고 한다. 이미 언급된 바와 같이 시각과 본각이 별개의 것은 아니며, 같은 각인데 본각은 본래 근본으로 있는 상태를 말한 것이고 시각은 그 본각이 어떤 좋은 인연을 만나 발현되기 시작한 것을 포착하여 말한 것일 뿐이다.32

그리하여 원효는 그의 『대승기신론별기』에서 "불각이 본각에 영향을 미쳐 모든 염법을 낳게 하고, 본각이 불각에 영향을 미쳐 모든 정법淨法을 낳게 한다."33고 하고, 이와 같이 전개되어 가는 과정은 상호적인 관계에 있으므로 '비무이비유非無而非有 비유이비무야非有而非無 也'34라고 하였다. 따라서 염染·정淨의 성품에 집착함은 모두 망상이며, 그것을 떠나게 될 때 후에 모든 공덕을 이룩하게 된다. 말하자면 대승 윤리가 발휘되는 것이다.

---

31 『大乘起信論別記』, 476쪽. 여기서 阿梨耶 識은 第八識을 일컫는 것으로 藏識이라고 漢譯하기도 하는데 이는 깨끗한 마음이 간직되어 있는 識이란 뜻에서이다.
32 cf. 『金剛三昧經論』, 160쪽.
33 『大乘起信論別記』, 474쪽: "由不覺熏本覺故 生諸染法 有本覺熏不覺故 生諸淨法." cf. 『大乘起信論疏』, 403쪽.
34 『大乘起信論別記』, 477쪽.

## 3. 화쟁의 사상과 그 방법

### 1) 화쟁의 필요성과 그 근거

원효는 그의 『열반종요涅槃宗要』에서 화쟁의 의를 설說하면서 '통중전지부분귀만류지일미通衆典之部分歸萬流之一味 개불의지지공화백가지이쟁開佛意之至公和百家之異諍'[35]이라 하여 여러 종파의 모든 경전들을 통합하여 무수한 진리의 가지들을 하나의 진리로 되돌리고 불타 사상의 지극한 공평함을 열어 백가의 이쟁을 화해하고자 하였다. 이는 7세기 당시 신라 사회의 현실을 반영하는 것으로 무애無碍의 법문法門을 통하여 존재론적 통일사상을 나타내 보인 것이라 할 수 있다. 화쟁사상을 펼쳐 보인 가장 대표적인 저서라 할 수 있는 『십문화쟁론』 서문에서 그가 화쟁의 필요성을 절감하고 종파주의宗派主義의 전개에 대한 자신의 견해를 개진한 것은, 부처 생존시에는 부처의 큰 가르침에 힘입어 서로 다툼이 없었으나 불멸후佛滅后 여러 가지 쓸데없는 이론과 견해들이 범람하게 되면서 참된 진리가 가려진 데 따른 것이다. 특히 그는 화쟁론에서 교리적 배타성은 진리의 편린에 대한 자아집착의 형태에 불과하며 그런 까닭에 결국 진리의 본체를 놓치게 된다는 사실을 보여 주려고 하였다.[36] 그리하여 그는 『열반종요』에서 "하나가 아니므로 능히 제문諸門이 합당하고, 다르지 아니하므로 제문이 한 맛으로 통한다."[37]고 하였다.

---

35 元曉, 「涅槃宗要」, 『元曉大師全集』, 21쪽.(이하 『涅槃宗要』라 略함).
36 元曉의 敎法體系에 대하여서는 李箕永, "元曉", 申一澈 外, 『韓國의 思想家 十二人』, 서울: 현암사, 1976, 48-51쪽 참조.

『십문화쟁론』에서 원효가 화쟁한 내용을 몇 가지로 요약해 보면, 우선 그는 유(現象)와 공(實在)에 대한 쟁론爭論을 화쟁할 수 있었다.[38] 유와 공은 동전의 양면처럼 본래 두 개의 다른 개념이 아니기 때문에 그는 편유偏有와 편공偏空의 집착에서 벗어나 하나의 참된 진리를 가르쳤다. 또한 그는 삼성三性, 즉 편계소집성遍計所執性, 의타기성依他起性, 원성실성圓成實性에 관한 논쟁을 화쟁하였다.[39] 편계소집성과 의타기성은 원성실성에 기초를 두고 있는 까닭에 이 세 가지는 상통하는 진리의 다른 양상에 불과한 것이다. 이 외에도 그는 법집法執과 아집我執에 대한 논쟁을 화쟁하였다.[40] 모든 법과 아는 본래 공적空寂한 것으로 법집과 아집은 동일한 집착의 두 가지 형태에 불과하며 이는 진제眞諦와 속제俗諦, 염과 정의 두 문에도 다름이 없다.[41] 이렇듯 원효의 화쟁사상은 통일과 평등의 원리에 기초하여 지공무사至公無私한 뜻을 펼쳐 보임으로써 종파주의로 몸살을 앓던 당시 신라인들에게 무쟁無諍의 덕을 일깨워 주었다.

그러면 이러한 화쟁이 가능하게 되는 근거는 무엇인가. 원효는 『금강삼매경론』에서 '일체의 염정제법染淨諸法이 일심에 의거해 있는 까닭에 일심은 모든 법의 근본'[42]이라고 하고 있다. 따라서 바로 이 마음이 모든 법이 의거하는 주가 되기 때문에 법과 아가 본래 공함을 알고 집착을 버리게 되면 환화幻化의 작용은 그치고 바로 본각의 공적

---

37 『涅槃宗要』, 24쪽.
38 元曉,「十門和諍論」,『元曉大師全集』, 641쪽(이하『十門和諍論』이라 略함);『大乘起信論別記』, 465쪽.
39 『十門和諍論』, 641-642쪽.
40 『十門和諍論』, 646쪽;『金剛三昧經論』, 144-145쪽.
41 『大乘起信論疏』, 390쪽;『金剛三昧經論』, 129쪽.
42 『金剛三昧經論』, 153쪽;『大乘起信論別記』, 471, 474쪽.

한 마음을 얻게 되어 무쟁에 처할 수 있게 되는 것이다.⁴³ 이와 같이 일심, 즉 대승의 본체는 지극히 공평하고 사私가 없어 평등무차별平等無差別하며 그런 까닭에 사변思辯의 길이 끊기는 것이다.⁴⁴ 언설지극言說之極이요 여실如實한 대긍정大肯定의 경계라 아니할 수 없다. 바로 여기에 화쟁의 가능 근거가 있게 되는 것이다. 원효가 개합의 논리를 이용하여 다양한 교리 이론을 자유롭게 화쟁할 수 있었던 것도 바로 그의 일심사상一心思想에 기인하고 있음을 『대승기신론소』에서는 분명히 보여 준다.⁴⁵ 『십문화쟁론』에서도 일심지원一心之源(一味)으로 돌아가면 평등무차별한 경계가 나타남을 보여 주고 있다.⁴⁶ 가히 화쟁의 비밀은 일심에 있다 하겠다.

2) 화쟁의 방법

원효의 주요 화쟁 방법을 몇 가지로 나누어 보면, '개합開合과 종요宗要', '입파立破와 여탈與奪', '동이同異와 유무有無', '이변비중離邊非中' 등을 들 수 있다. 우선 '개합과 종요'에 관한 것을 보면, '합론일관合論一觀 개설십문開說十門'⁴⁷이요 '개이불번開而不繁 합이불협合而不狹'⁴⁸이며 '개부증일開不增一 합불감십合不減十'⁴⁹이므로 '부증불감不增不減 위기

---

43 『金剛三昧經論』, 144-145쪽.
44 『大乘起信論別記』, 464쪽.
45 『大乘起信論疏』, 391쪽: "開則無量無邊之義爲宗 合則二門一心之法爲要 二門之內容 萬義而不亂 無邊之義 同一心而混融."
46 『十門和諍論』, 643쪽: "一切衆生同有佛性 皆同一乘一因一果同一甘露 一切當得常樂 我淨 是故一味."
47 『金剛三昧經論』, 131쪽.
48 『大乘起信論疏』, 391쪽.
49 『金剛三昧經論』, 132쪽.

종요야爲其宗要也'[50]라 한 것처럼 '개합'과 '종요'는 같은 것이다. 이 세상 모든 것은 상호 유기적인 관련 속에 있으며 전체와 부분은 함께 있다. 따라서 어떤 경우에도 '산을 버리고 골짜기로 돌아가거나 나무를 버리고 숲 속으로 달려가는 격'이 되어서는 안 될 것이다.

다음으로 '입파와 여탈'에 관하여서는, 『대승기신론소』에서 "입파무애立破無碍하니 입이무애파이무실立而無碍破而無失"[51]이라 하고 있는데 이는 긍정(立)과 부정(破)에 아무런 구애가 없으니 긍정한다고 얻을 것도 없고 부정한다고 잃을 것도 없다는 뜻이다. 또한 『금강삼매경론』에서는 '무파이무불파 무립이무불립'[52]이라 하여 파破함이 없으되 파하지 않음이 없고, 입立함이 없으되 입하지 않음이 없는 '무리지지리無理之至理 불연지대연不然之大然'의 경계를 나타내 보이고 있다. 여기서 '입파立破'와 '여탈與奪'은 같은 진리의 차원이다. '입立'과 '여與'는 긍정과 정립의 세계이고, '파破'와 '탈奪'은 부정과 반정립의 세계이다. 원효는 입과 여에만 집착하거나 파와 탈에만 집착하여 두 세계의 왕래를 알지 못하면 결코 화해에 이를 수 없는 것으로 보았다. 이는 '동이同異와 유무有無'에 관하여서도 마찬가지다. "일심지원一心之源 이유무이독정離有無而獨淨"[53]이라 했던가. '동'과 '유', '이'와 '무' 그 어느 것에도 집착하지 않을 때 둘이면서 하나가 되는 공존의 논리는 성립될 수 있다.

끝으로 '이변비중離邊非中'은 유나 무도 극단이지만 중간도 또 하나

---

50 『金剛三昧經論』, 132쪽.
51 『大乘起信論疏』, 391쪽.
52 『金剛三昧經論』, 130쪽.
53 『金剛三昧經論』, 130쪽.

의 극단이라는 것이다. 유·무가 상호의존적인 관계이듯 중간 또한 유·무와 상호의존적인 관계에 있기 때문에 상대적 개념들에 집착하여 그것을 절대화하는 오류를 범해서는 안 된다는 것이다.[54] 그런 까닭에 원효는 손가락에 의지하여 손가락을 여읜 달을 보여 주는 것과 같이 언설에 의지하여 언어가 끊어진 법을 보여 주고자 했던 것이다.

3) 화쟁의 실천

원효의 화쟁론에 나타난 보편적 언어는 '표월지지標月之指'에 비유될 수 있는 것으로, 실재 세계가 사유와 언어의 영역을 초월해 있는 까닭에 진속眞俗 평등의 본체를 체득함으로써 우리의 마음이 순수하게 대승에 계합될 때 비로소 대승이 그 위력을 발휘하게 되어 홍익중생(自利他利)을 실현할 수 있게 된다는 것을 보여 준다. 이를 일러 원효는 『금강삼매경론』에서 '무주지덕無住之德 계합본리契合本利'[55]라고 하고, 『대승기신론소』에서는 '유혜광명편조법계평등무이有慧光明遍照法界平等無二'[56]라 하고 있는데 이것이 곧 화쟁의 실천이다.

원효의 화쟁에 대한 이론적 논의는 그것이 실천적 수행으로 연결될 때 비로소 그 진의가 드러나는 바 『대승기신론』의 '수행신심분修行信心分'과 '권수이익분勸修利益分'에 대한 해석에서 그는 화쟁의 실천적

---

54 『金剛三昧經論』, 130쪽.
55 『金剛三昧經論』, 181쪽. 『金剛三昧經論』의 本覺利品의 章에 나오는 無住菩薩은 本覺에 達하여 본래 起動함이 없지만 그렇다고 寂靜에 머무르지 않고 항상 두루 교화하는 일을 하기 때문에 그 德에 의해 이름을 붙여 無住라고 하고 있다. 元曉는 이러한 無住의 德이 本覺의 이익에 契合하는 것으로 보았다.
56 『大乘起信論疏』, 410쪽. (일체의 迷妄을 떠나 寂靜의 경지에 達하게 되면) 지혜의 광명이 모든 현상계를 두루 비쳐 平等無二하게 된다는 뜻임.

수행의 필요성을 특히 강조하고 있다.[57] 『대승기신론』 전반이 주로 일심一心에 대한 이론적 논의에 치중하는 것과는 달리 '수행신심분'과 '권수이익분'에서는 믿음을 일으켜 수행하는 것과 나아가 수행을 권하고 그 이익을 말하는 실천적 수행의 필요성을 들고 있다. '수행신심분'에 대한 해석에서 원효는 믿음을 일으킨 다음에는 반드시 수행으로 나아가야 한다는 여실수행如實修行의 필요성을 강조하고, 또한 '권수이익분'에 대한 해석에서는 선근善根이 박약한 사람을 위하여 수행의 이익을 들어 그것을 권장해야만 한다고 하고 있다.[58] 그가 환속 파계還俗破戒한 것도 바로 이러한 행行의 관점에서 설명될 수 있다.

그는 최고의 덕을 무쟁으로 삼고, 세간에 주住하면서 세간을 이離함이 이중지연화泥中之蓮花와 같고자 하였다. 또한 그는 우리의 주체성과 창조적 민족성을 일깨우고 통일 직후에 야기될 수 있는 지역 간의 갈등과 피정복민들과의 감정 문제 등으로 인한 사회·정치적 분열상과 대립상을 극복하고자 화쟁총화和諍總和의 정신을 진작시켰던 것이다. 그는 당시의 신라가 종파주의에 매몰되어 부질없는 편견과 편착을 낳음으로써 진리가 가려지는 현실을 개탄하였다. 그리하여 『십문화쟁론十門和諍論』에서는 논쟁이 치열할수록 목표(眞理)에서 멀어지게 된다고 하여[59] 당시 지식층 사이에서 유행하던 지적 희론戱論에 집착하지 말 것을 경고하고 있다. 그에게 있어 '진여眞如'란 '만물의 전체적인 전일성(oneness of the totality of all things)', 즉 '모든 것을 포괄하는 거대한 전체(the great all-including whole)'[60]이다. 이는 바로 그의 화쟁사상의

---

57 『大乘起信論疏』, 452쪽.
58 『大乘起信論疏』, 448-462쪽.
59 『十門和諍論』, 641쪽.

근거이자 목표이며 그의 신종교운동 내지 신사회 운동이 지향하는 바이기도 하다. 그가 백 개의 서까래를 가려낼 때는 들지 못했으나 하나의 대들보를 쓰는 곳에는 오직 그만이 할 수 있었다고 한 이야기는 홍익인간의 이념을 온 인류에 실현할 역사적 사명을 띠고 있는 오늘의 우리 민족에게 그 시사하는 바가 실로 크다 하겠다.

## 4. 일체유심조사상과 회통의 정치이념

### 1) 일체유심조사상

원효는 "마음이 일어나면 갖가지 법法이 일어나고 마음이 사라지면 갖가지 법이 사라지니(心生則種種法生 心滅則種種法滅),[61] 삼계三界는 오직 마음뿐이요(三界唯心) 만법萬法은 오직 식識뿐이라(萬法唯識) 마음 밖에 법이 없거늘(心外無法) 따로 구할 것이 없다."고 하였다. 이것이 곧 일체유심조라는 것이다. 그는 『대승기신론소』에서 삼계의 모든 법은 오직 마음이 짓는 것이라고 하는 '삼계제법유심소작三界諸法唯心所作'[62]이라는 대목에서 그것의 의미를 두 가지로 나누어 밝히고 있다. 첫째는 모든 법은 없는 것이 아니며 있는 것도 아님을 밝히는 것이고, 둘째는 모든 법은 있는 것이 아니며 없는 것도 아님을 밝히는 것이다.

---

60 Ashvaghosha, *The Awakening of Faith*, trans. D. T. Suzuki(Chicago: Open Court, 1900), p.55.
61 『大乘起信論疏』, 427쪽.
62 『大乘起信論疏』, 426쪽.

먼저 "일체의 법은 마음을 따라 일어난 것이며 망념妄念으로 인하여 생긴 것이다."[63]라는 말은 모든 법이 나타나지 않음이 없는 것을 밝힌 것이고, "일체의 분별은 자신의 마음의 분별이고 마음은 마음을 볼 수 없으며 파악할 만한 것이 없다."[64]는 말은 모든 법이 있는 것이 아님을 밝힌 것이라고 그는 말한다. 실로 마음을 떠나서 분별할 만한 것이 없으므로 '일체분별즉분별자심一切分別卽分別自心'[65]이라 한 것이다. 마음이 그 자신을 볼 수 없는 것이 마치 칼이 칼 자신을 벨 수 없고 손가락이 손가락 자신을 가리킬 수 없는 것에 비유되어 '심불견심心不見心'[66]이라 한 것이다. 볼 대상이 없으므로 보는 주관도 성립될 수 없다. 주관과 대상의 두 가지 모습이 다 없으므로 '무상가득자無相可得者'[67]라 한 것이다.

다음으로 그는 있는 것도 아니고 없는 것도 아닌 뜻을 밝히고 있다. "세간에서 파악할 만한 본체가 있는 것이 아니고 오직 마음은 허망한 것이다."[68]는 있는 것이 아님을 밝힌 것이고, 다음에 말한 "마음이 생기므로 곧 법이 생긴다."[69]는 없는 것이 아님을 드러낸 것이다. 무명의 훈습薰習으로 생긴 식식에 의하여 주관과 객관이 나타나고, 허망한 경계를 취하게 되어 평등성과는 위배되게 되므로 '심생즉종종법생心生則種種法生'이라 한 것이다. 만일 무명의 마음이 소멸되면 그에 따라 경계도 소멸하게 되고, 갖가지 분별식도 멸진滅盡하게 되므로

---

63 『大乘起信論疏』, 426쪽: "一切法皆從心起妄念而生者."
64 『大乘起信論疏』, 426쪽: "一切分別卽分別自心心不見心無相可得者."
65 『大乘起信論疏』, 426쪽: 一切의 分別은 곧 자신의 마음의 分別인 것이다.
66 『大乘起信論疏』, 426쪽.
67 『大乘起信論疏』, 426쪽.
68 『大乘起信論疏』, 427쪽: "世間乃至無體可得唯心虛妄者."
69 『大乘起信論疏』, 427쪽: "以心生則法生."

'심멸즉종종법멸心滅則種種法滅'이라 하였다.

한편 『대승기신론별기』에서는 '사상유시일심四相唯是一心'[70]이라 하여 사상四相-생生·주住·이異·멸滅-이 일심一心일 뿐임을 강조하고, 마음과 사상의 뜻을 바닷물과 파도에 비유하고 있다.[71] 『대승기신론소』에서는 '구시이유개무자립俱時而有皆無自立'이라 하여 마음과 사상이 동시에 존재하는 것이고 그 어느 것도 독자적으로 존재하는 것이 아니라고 밝히고 있다.[72] 원효는 이 마음의 본체가 깨끗한 것임과 동시에 물든 것이고, 움직이는 것임과 동시에 고요한 것이므로 염정染淨이 둘이 아니고 동정이 다르지 않다 하여 '무이무별無二無別 이역비일而亦非一'[73]이라 하고, 본래 무명에 따라서 여러 가지 식識이 생긴 것이지만 시각에 따라서 일심의 원천으로 되돌아가면 그 모든 식은 일어나지 않게 된다고 한다.

그리하여 그는 일심의 본체가 본래 적정寂靜하기 때문에 '결정성지決定性地'[74]라 하고, 또한 일심이 나타날 때에 팔식八識이 모두 전전하므로 그때 네 가지 지혜-대원경지大圓鏡智, 평등성지平等性智, 묘관찰지妙觀察智, 성소작지成所作智[75]-가 원만해진다고 한다. 이 네 가지 지혜를 얻으면 바로 묘각妙覺의 지위에 있게 되므로 이는 불지佛智의 경지에

---

70 『大乘起信論別記』, 484쪽.
71 大乘起信論別記, 483쪽: "猶如海水之動 說名爲波 波無自體故 無波之動 水有體故 有水之動 心與四相義亦如是."
72 『大乘起信論疏』, 416쪽: "四相俱有爲心所成 離一心外無別自體 故言俱時而有皆無自立."
73 『大乘起信論別記』, 495쪽; cf. 『金剛三昧經論』, 153쪽.
74 『金剛三昧經論』, 188쪽.
75 『金剛三昧經論』, 187쪽: "…言其地淸淨 如淨琉璃 是顯大圓鏡智之義…言性常 平等 如彼大地是顯平等性智之義…故言覺妙觀察 如慧日光 是明妙觀察智義…故言利得本如大法雨…是明成所作智之義…四智旣圓 是始覺滿也."

들어가는 것이라고 하고 있다. 그때에는 이미 일심의 원천으로 되돌아가 팔식八識 모든 물결이 다시 기동하지 않기 때문에 지혜의 경지에 들어간 자에게는 모든 식識이 생기지 않는 것이다.[76] 이언진여離言眞如라고나 할까. 바로 절대적인 여실지견如實知見(an absolute point of view)의 경지에 이르게 되는 것이다.

## 2) 화쟁회통의 정치이념

원효사상의 특성은 모든 이쟁異諍을 화해하고 제설諸說을 회석소통會釋疏通하는 독특한 연구 방법과 논리를 전개시키고 있다는 점이다. 그는 『열반종요涅槃宗要』 속의 불성론佛性論 6문* 중 결론 부분에 해당되는 회통문會通門을 통문이通文異와 회의동會義同으로 분별하여 먼저 문이文異를 통해通解하고 다음에 의동義同을 회명會明함으로써 하나의 결론을 얻고 있다. 즉 '이 마음이 곧 불성'이라는 것이다.[77] 바로 일심이 불성의 체體인 것이다. 이러한 일심의 성性은 제변諸邊을 원리遠離하므로 도무지 해당하는 것이 없으며, 해당하는 것이 없으므로 해당하지 않는 것도 없다. 그리하여 그는 '유비일고능당제문由非一故能當諸門 유비이고제문일미由非異故諸門一味'[78]라고 하여 하나가 아니므로 능

---

"「…그 땅은 淸淨하기가 깨끗한 유리와 같다」고 한 것은 大圓鏡智의 뜻을 나타낸 것이다…「그 性이 항상 平等하기가 저 大地와 같다」고 한 것은 平等性智의 뜻을 나타낸 것이다…「깨닫고 묘하게 관찰함이 智慧의 햇빛과 같다」고 한 것은 妙觀察智의 뜻을 밝힌 것이다…「利益을 이루어 根本을 얻음이 大法雨 와 같다」고 한 것은 成所作智의 뜻을 밝힌 것이다. 네 가지 智慧가 이미 圓滿하니, 이는 始覺이 만족된 것이다."

76 『金剛三昧經論』, 188-189쪽.
77 『涅槃宗要』, 62-66쪽. *佛性論 6門에는 出體門, 因果門, 見性門, 有無門, 三世門, 會通門이 있다.
78 『涅槃宗要』, 66쪽.

히 제문에 해당되며, 다른 것이 아니므로 제문이 일미一味인 것이라고 하였다.

이러한 불성의佛性義를 통한 그의 불성관佛性觀은 일체의 편계소집偏計所執을 두루 없애게 되면 개체라는 완고한 테두리가 녹아 없어지면서 상호 관통(interpenetration)의 법칙을 깨닫게 되어, 일체에 편만遍滿한 불성을 무애지안無碍智眼으로 편견遍見할 수 있게 됨으로써, 무사의無思議(acintya)의 세계로 들어가 편만한 법계를 증득證得할 수 있게 된다는 것을 보여 준다. 이와 같이 원효사상의 본질은 모든 사물의 전일성과 상호 연관성을 깨달아 고립된 개별아個別我라는 관념을 초극하여 궁극적 실재와 합일시키는 데 있다.

원효의 체계 속에서 진眞과 속俗, 이理와 사事, 염染과 정淨, 공空과 색色, 일一과 다多 등의 상호 대립하는 범주들은 앞서 진여문과 생멸문에 관한 논설에서 살펴보았듯이 각각 체體(實在의 永遠하고 知覺할 수 없는 裏의 측면)와 용用(實在의 現象的이고 知覺할 수 있는 表의 측면)이라는 불가분의 관계로 분석됨으로써 화쟁회통되고 있다. 이들 중 그 어느 것에 편착하게 되면 쟁론을 일으키므로 그러한 편착에서 벗어날 수 있을 때 원융무이圓融無二한 원리를 체득할 수 있게 된다. 말하자면 무념을 얻으면 상대방과 더불어 평등해질 수 있는 것이다. 실로 모든 중생의 자성은 텅 빈 우주나 거대한 대양과도 같이 막힘이 없이 상호 관통한다. 그러므로 자성의 본질은 평등이다. 염토染土와 정토淨土는 모두 일심에 기인하는 것이다. 이렇게 해서 원효의 진속원융무애관眞俗圓融無碍觀이 형성되고 '귀일심원歸一心源'이라는 실천의 원리가 제공됨으로써 일체의 이설과 논쟁이 화쟁회통할 수 있게 된 것이다.

## III. 수운의 「시천주」 도덕과 후천개벽사상

### 1. 수운의 불연기연적 세계관

1) 본체계와 현상계의 회통

수운의 사상은 주로 한문 경전인 『동경대전』과 한글 가사체로 된 『용담유사』에 나타나 있다. 우선 여기에 나타난 수운의 불연기연적 세계관부터 살펴보기로 하자. '그렇지 아니함과 그러함', 즉 불연기연은 본체계와 현상계를 회통시키는 수운의 독특한 논리이다. 수운은 인간의 지식과 경험으로는 분명하게 인지할 수 없는 세상 일에 대하여서는 '불연'이라고 말하고, 상식적인 추론 범위 내의 사실에 대하여서는 '기연'이라고 말하고 있다. 불연이 사물의 근본 이치와 관련된 초논리·초이성·직관의 영역이라면, 기연은 사물의 현상적 측면과 관련된 감각적·지각적·경험적 판단의 영역이다. '무궁한 그 이치를 불연기연 살펴내어…무궁히 알았으면 무궁한 이 울 속에 무궁한 내 아닌가.'[79]라고 한 것은, 무궁한 한울의 조화를 깨닫게 되면 조물자[80]인 한울과 그 그림자인 인간이 분리될 수 없는 하나라는 사실을

---

79 『龍潭遺詞』「興比歌」.
80 『東經大全』「不然其然」의 마지막 부분에서 水雲은 한울을 造物者라고 하고 있다. 한울은 自本自根·自生自化하는 根源的인 一者로, 우주만물이 다 거기로부터 나오니 그 창조성을 일컬어 造物者라고 한 것이다.

알게 된다는 것이다.

인류 최초의 조상 천황씨가 태어나고 임금이 된 것이나, 사시四時가 순차적으로 운행하는 것이나, 말도 못하는 어린아이가 부모를 알아보는 것이나, 성인이 나면 황하의 물이 맑아지는 것이나, 소가 평생 사람에게 부림을 당하고 또 죽임을 당하는 것이나, 까마귀가 제 어미에게 먹이를 물어다 주는 것이나, 봄이 되면 제비가 다시 돌아오는 것과 같은 알 수 없는 불연의 사례들을 열거하며 수운은 어떻게 그러한 일들이 일어나는지를 묻고 있다.[81] "천지 만물의 형상을 헤아리고 그 근본을 캐어본즉 만물이 만물 되고 이치가 이치 되는 대업이 얼마나 먼 것인가."[82]라는 대목에서도 알 수 있듯이, 수운은 만물의 근원을 헤아린다는 것이 아득한 일이요 어려운 일이라고 하고 있다. 해월은 "사람이 음수陰水 속에서 살면서 음수를 보지 못하는 것은 마치 고기가 양수陽水 속에 살면서 양수를 보지 못하는 것과 같다."[83]는 비유로 불연을 설명한다.

그러나 불연의 본체계와 기연의 현상계를 상호 관통하게 되면 불연과 기연이 본래 하나임을 알게 된다. 불연기연은 체體로서의 불연과 용用으로서의 기연의 상호 관통에 대한 논리이다. 기연은 불연으로 인하여 존재하는 것으로 모두 불연의 투영에 지나지 않으며, 불연 역시 기연으로 인하여 존재하므로 기연과 둘이 아니다. 본체계와 현상계는 본래 하나다. 텅 빈 것은 묘하게 있는 것이다(眞空妙有). 본체계

---

81 『東經大全』「不然其然」.
82 『東經大全』「不然其然」, "於是而揣其末 究基本則 物爲物理爲理之大業 幾遠矣哉."
83 天道教中央摠部 編, 『天道敎經典』「天地理氣」(서울: 天道敎中央摠部出版部, 布德 140년), 241-242쪽: "人之在於陰水中 如於之在魚陽水中也 人不見陰水 魚不見陽水也."

와 현상계가 본래 둘이 아니니, 공空과 유有는 한 맛이다. 비어 있음과 있음이 한 맛임을 알게 되면, 생生·주住·이異·멸滅의 사상의 변화가 그대로 공상임을 깨달아 생사를 여의게 되어 걸림이 없는 의식에 이르게 된다. 그러나 매순간 깨어 있는 의식이 아니고서는 결코 이를 수 없는 묘각의 경지다. 과거나 미래의 속박에서 벗어나 현재 여기 이 순간에 전적으로 집중할 수 있을 때, 그리하여 행위자는 사라지고 정제된 행위만이 남는 지선至善의 경지에 이르게 될 때 그러한 깨달음은 저절로 일어나게 된다.

### 2) 평등무이平等無二의 세계관

수운의 불연기연은 이분법적 사유체계를 초월하여 이른바 '무리지지리無理之至理 불연지대연不然之大然'의 세계를 지향한다. 말하자면 상대적 차별성을 떠난 여실한 대긍정大肯定의 세계를 지향한다는 것이다. 이는 불연과 기연의 두 세계를 자유롭게 내왕함으로써만이 가능하게 된다. 수운이 「불연기연」 말미에서 "한울의 섭리에 부쳐 살펴보면 불연은 또한 기연이라."[84]고 한 것은 그의 즉자대자적卽自對自的 사유체계思惟體系의 단면을 보여 주는 것이라 하겠다.

수운의 평등무이의 세계관은 그의 심법의 키워드라 할 수 있는 '오심즉여심(吾心卽汝心, 내 마음이 곧 네 마음)'[85]에서 명징하게 드러난다. 경신년 4월 5일 수운은 '오심즉여심'의 심법과 함께 무극대도를 한울로부터 받는 신비체험을 하게 된다. 밖으로는 접령의 기운이 있고 안으로

---

84 『東經大全』「不然其然」.
85 『東經大全』「論學文」.

는 강화의 가르침이 있되 보아도 보이지 아니하고 들어도 들리지 아니하는 내면으로부터의 가르침의 말씀은 '내 마음이 네 마음'이라고 하는 것으로 시작된다. 이는 한울의 마음이 바로 수운의 마음과 같다는 뜻이다. 이어 세상 사람들은 천지의 형체만을 알 뿐 그 천지의 주재자인 한울은 알지 못한다[86]고 하고, 이에 수운에게 무궁한 도를 줄 것이니 무궁한 덕을 펼치라고 강령지문降靈之文에는 나와 있다.

한울은 우주만물에 편재해 있는 보편자이다. 삼라만상은 한울이 남긴 자국들에 불과한 것이다. 한울이 곧 유일신이다. 한울은 우주의 식이요 전체의식이며 우주의 창조성 그 자체다. 한울 즉 '하나'님을 특정 종교의 '하나'님이라고 한 것은 만유의 근원인 '하나'님을 개체화시킨 것이다. 일체의 종교적 논쟁과 갈등을 화쟁회통시킬 수 있는 근거가 바로 여기에 있다. 한울과 인간을 분리될 수 없는 하나라고 본 것은 내재와 초월의 합일에 대한 인식에서 비롯된 것이다. 수운의 불연기연의 논리는 '사람이 곧 하늘'임을 선언한 데서 절정에 이른다. 개체라는 완고한 테두리가 없어지면서 상호 관통의 법칙을 깨닫게 되면, 평등무이한 세계가 그 모습을 드러내게 되는 것이다.

---

86 『東經大全』「論學文」: "曰吾心卽汝心也 人何知之 知天地而無知鬼神 鬼神者吾也." *여기서 鬼神은 造化의 자취, 즉 한울의 작용을 말하는 것으로 우주만물의 생성·변화·소멸은 모두 한울의 造化의 자취이다 (尹錫山 註解, 『東經大全』「論學文」65-66쪽 참조).

## 2. 수운의 「시천주」 도덕

### 1) 「시천주」 도덕의 의미

　수운이 자신의 학學을 '심학心學'[87]이라고 표현한 데서도 알 수 있듯이, 그의 「시천주」 도덕의 요체는 한마디로 마음의 본체를 밝혀서, 세상 사람들이 한울의 마음을 회복하여 동귀일체하게 하려는 지행합일의 심법이다. "나는 도시 믿지 말고 한울님만 믿었어라. 네 몸에 모셨으니 사근취원捨近取遠 하단말가."[88]라고 한 데서 한울과 인간의 일원성은 명징하게 드러난다. "경천(한울을 공경함)은 결단코 허공을 향하여 상제를 공경한다는 것이 아니요, 내 마음을 공경함이 곧 경천의 도를 바르게 아는 길이니, 오심불경吾心不敬이 즉천지불경卽天地不敬이라."[89]라고 한 것도 같은 맥락에서 이해될 수 있다. 우주만물에 대한 차별 없는 사랑과 공경의 원천인 바로 그 하나인 마음(一心)을 공경함이 곧 한울을 공경함이다. 그런 까닭에 "내 마음을 공경치 않는 것이 곧 천지를 공경치 않는 것이라."고 한 것이다.
　저 푸른 창공도, 저 까마득한 허공도 아닌 하나인 마음, 즉 한울을 공경함으로써 불생불멸의 참자아, 즉 자신의 내재적 본성인 신성을 깨닫게 될 것이요, 일체의 우주만물이 다 내 동포라는 전체의식(우주의식·순수의식)에 이를 수 있을 것이며, 기꺼이 헌신하고자 하는 마음, 책임과 의무를 다하고자 하는 마음이 우러나올 수 있나니, 실로 한울

---

87　『龍潭遺詞』「敎訓歌」.
88　『龍潭遺詞』「敎訓歌」.
89　『天道敎經典』「三敬」, 354-355쪽.

에 대한 공경이야말로 모든 진리의 중추를 틀어쥐는 것이라 하겠다. 한울을 공경함은 곧 진리인 실체에 대한 인식이며 동시에 그것의 실천이다. 우리의 마음이 일심의 원천으로 되돌아가 진속眞俗 평등의 본체를 체득하지 않고서는 정확하게 그 의미를 파악했다고 할 수 없을 것이다.

'만상일천萬像一天'이라고 했던가. 만 가지 모습은 하나의 법이다. 많은 나무 가지들이 하나의 뿌리로 돌아가듯이, 무수한 진리의 가지들도 하나의 진리로 되돌아간다. 거울에 비친 형상과 거울을 분리시킬 수 없듯이, 마음의 거울에 비친 만상과 마음을 분리시킬 수 없다. 그래서 '만법귀일萬法歸一', 즉 만 가지 법이 하나인 마음의 법으로 돌아간다고 한다. 거울이 모든 형상을 받아들이고 바다가 모든 강줄기를 받아들이듯이, 일심은 만물만상을 포용한다. 이는 일심, 즉 한울의 근원성·포괄성·보편성을 나타내는 것이다. 이러한 한울의 마음을 회복하여 동귀일체하게 하려는 것이 「시천주」 도덕의 요체다.

## 2) 「시천주」 도덕의 내용

수운은 그가 한울로부터 받은 도를 '무왕불복지리無往不復之理', 즉 '가고 돌아오지 않음이 없는 이법'이라고 하고 이를 천도라고 명명하였다.[90] 우주만물은 모두 간 것은 다시 돌아오고, 돌아온 것은 다시 돌아간다는 자연의 이법을 말하는 것이다. 수운의 천도는 그가 서학과의 동이同異를 설명하는 데서 분명하게 드러난다. 그는 서학을 "운

---

90 『東經大全』「論學文」.

인즉 하나요 도인즉 같으나 이치인즉 아니니라."[91]라고 하고 있다. 말하자면 수운의 천도가 후천의 운을 받아 일어났듯이 서학 역시 선천의 운을 받아 일어난 것이므로 선천과 후천의 다름은 있으나 그 운수에 있어서는 하나라고 말할 수 있다는 것이다. 또한 서학의 도 역시 우주만물의 근원인 하느님의 존재를 천명한 것이니 결국 같다는 것이다. 그러나 그 이치를 밝혀 냄에 있어서는 다르다는 것이다. 말하자면 서학은 내재와 초월의 합일에 대한 인식이 없이 한울과 인간을 이원화시키고 한울을 위하는 공심은 없이 다만 제 몸만을 위하여 사심으로 비니, 몸에는 한울의 감응이 없고 학에는 한울의 가르침이 없다는 것이다. 그리하여 서학의 도道는 허무에 가깝고 학學은 한울의 학이 아니라는 것이다.[92] 수운은 그의 천도가 서학과는 달리 아무런 작위함이 없는 천지 운행의 이치를 그 도법으로 삼은 것이라 하여 '무위이화無爲而化'라고 하고, 이는 '마음을 지키고 기운을 바르게 하여 한울의 본성을 거느리고 그 가르침을 받게 되면 자연한 가운데에 화해 나오는 것'[93]이라고 하고 있다. 다시 말해서 개체의 부분의식이 우주의 전체의식과 합일하게 되면 소아小我의 유위有爲가 아닌 대아大我의 무위를 따르게 되므로 동귀일체가 이루어져 천덕은 현실 속에서 현현顯現하게 된다는 것이다.

수운의 천도와 천덕의 진수眞髓는 「시천주侍天主 조화정造化定 영세불망永世不忘 만사지萬事知」라고 하는 주문 열세 자에 함축되어 있는 것

---

91 『東經大全』「論學文」: "運則一 道則同 理則非."
92 『東經大全』「論學文」: "曰洋學···頓無爲天主之端 只祝自爲身之謀 身無氣化之神 學無天主之教···道近虛無 學非天主."
93 『東經大全』「論學文」: "守其心正其氣 率其性受其敎 化出於自然之中也."

으로 나타난다. '열세 자 지극하면 만권시서萬卷詩書 무엇하며'[94]라고 한 데서도 알 수 있듯이, 열세 자의 주문에만 집중하면 수많은 서책을 섭렵할 필요 없이 천도와 천덕에 이를 수 있다는 것이다. 우선 수운은 「시侍」를 세 가지 뜻으로 풀이하고 있다. '내유신령內有神靈 외유기화外有氣化 일세지인一世之人 각지불이各知不移'[95]가 그것이다. 안으로 신령이 있고 밖으로 기화가 있어 온 세상 사람이 각기 알아서 옮기지 아니한다는 뜻은 인간의 내재적 본성인 신성(靈性)과 혼원일기로 이루어진 생명의 유기성과 상호 관통을 깨달아 순천의 삶을 지향하는 것을 말한다. 이어 '주主'라는 것은 '존칭하여 부모와 더불어 같이 섬기는 것'[96]이라고 수운은 풀이하고 있다. 여기서 수운이 '천天'에 대한 풀이를 제외시킨 것은 '진리眞理 불립문자不立文字'이기 때문인 것으로 보인다. 문자는 진리를 가리키는 방편일 뿐 문자로 진리 자체를 나타낼 수는 없기 때문이다. 따라서 「시천주」, 즉 '한울님을 모신다'는 뜻은 인간의 신성과 생명의 유기성 및 상호 관통을 깨달아 순천의 삶을 지향하는 천인합일의 대공大公한 경계를 말하는 것이라 하겠다.

다음으로 수운은 '조화造化'를 '무위이화'라고 하고, '정定'을 '합기덕合其德 정기심定其心'이라 하고 있다. 즉 '무위이화'의 덕과 그 기운과 하나가 되는 것이 '조화정'이다. 다시 말해서 우주만물의 생성·변화·소멸이 모두 한울의 조화의 작용─음양오행의 우주적 기운의 응결에 의해 만물이 화생하나 궁극에는 그 근원으로 되돌아가는[97]─으

---

94 『龍潭遺詞』「敎訓歌」.
95 『東經大全』「論學文」. 오문환, 『해월 최시형의 정치사상』(서울: 도서출판모시는사람들, 2003), 79-105쪽에서는 「侍」의 세 가지 뜻을 靈性과 관계성 그리고 실천성으로 풀이하고 있다.
96 『東經大全』「論學文」: "主者 稱其尊而與父母同事者也."

로 이러한 우주의 조화 기운과 하나가 되는 것을 말한다. 이는 곧 수운의 도덕관이 천·지·인 삼재에 기초하여 하늘(天)과 사람(人)과 만물(物)을 하나로 관통한 우리 전통사상의 맥[98]을 잇고 있음을 보여 준다. 다음으로 '영세불망 만사지'란 앞서 말한 천도와 천덕을 평생 잊지 아니하면 일체를 관통하게 된다는 뜻이다. 말하자면 '지화지기至化至氣 지어지성至於至聖',[99] 즉 지극히 지기에 화하여 지극한 성인에 이르게 된다는 뜻이다. 그리하여 지상천국을 이룰 수 있다는 것이다.

해월은 "「시천주 조화정」은 만물 화생의 근본이요 「영세불망 만사지」는 사람이 먹고 사는 녹祿의 원천"[100]이라고 하고 있다. 왜 그런가? 우선 「시천주 조화정」에 대해 살펴보기로 하자.

해월은 이르기를, '내유신령이란 처음 세상에 태어날 때의 갓난아기의 마음이요 외유기화란 포태할 때에 이치(理)와 기운(氣)이 바탕에

---

[97] 宋代 성리학의 鼻祖 周濂溪의 『太極圖說』에 의하면, 우주만물의 생성 과정은 太極-陰陽-五行-萬物로 되어 있으며 太極의 動靜에 의해 陰陽이 생겨나지만 陰陽 내에도 역시 太極은 존재한다. 陰陽의 二氣에 의해 水·火·木·金·土의 五行이 생성되고 陰陽五行에 의해 만물이 생겨나지만 五行 및 만물 내에도 太極은 존재한다. 朱子에 이르면 太極은 理라 해석되는데 이 理가 곧 道이다. 太極은 본래 다함이 없는 無極이다. 無極의 眞과 陰陽五行의 精과의 妙合으로 하늘의 道인 乾道는 陽의 남자를 이루고 땅의 道인 坤道는 陰의 여자를 이루며 만물이 化生하나, 만물은 결국 하나의 陰陽으로, 그리고 陰陽은 하나의 太極으로 돌아간다.

[98] 敬天崇祖의 사상, 즉 祭天에 기반된 敬天사상과 孝와 忠에 기반된 崇祖사상이 한국전통사상의 골간이 되어 왔다는 사실은 우리의 전통사상이 天·地·人 三才에 기초하여 하늘[天]과 사람[人]과 만물[物]을 하나로 관통하고 있음을 말하여 준다. 이렇듯 우리 민족은 예로부터 우주만물이 '한생명'임을 직시하고 우주 '한생명'에 대한 경배를 생활화해 왔던 것이다. 예로부터 우리 민족이 하늘을 숭경하고 조상을 숭배하는 것을 하나로 본 것은 사람이 곧 하늘이기 때문이다. 따라서 사람을 섬기지 않는 것은 곧 하늘을 섬기지 않는 것이다. 그런 까닭에 水雲은 西學이 조상 숭배를 부정하고 제사조차 지내지 않는 것에 대해 크게 비판하고 있다.

[99] 『東經大全』 「論學文」.

[100] 『天道教經典』 「靈符呪文」, 292쪽: "「侍天主 造化定」是萬物化生之根本也 「永世不忘 萬事知」是人生食祿之源泉也."

응하여 체體를 이룬 것'이라고 하고, "밖으로 접령하는 기운이 있고 안으로 강화의 가르침이 있다」는 것과 「지기금지 원위대강」이라 한 것이 이것"101이라고 했다. 내유신령이란 본래의 진여한 마음(一心)을 일컬음이요, 외유기화란 생명이 형성될 때 음양의 원리와 기운의 조화의 작용102으로 체를 이룬 것을 일컬음이다. 여기서 신령과 기화는 애초에 둘로 된 이치가 아니라 하나의 이치를 양 방향에서 관찰한 것이다. 이는 의암이 '내유신령'과 '외유접령지기'라고 가르친 것이, "영과 기운이 본래 둘이 아니요 도시 한 기운이니라."103라고 한 데서도 분명히 드러난다. 우주만물은 혼원일기混元一氣의 역동적인 나타남이다. 무수한 것 같지만 기실은 하나의 기밖에 없는 것이다. 불은 하나지만 땔감의 종류에 따라 다른 모습으로 보이는 것처럼, 기운은 하나지만 각기 다른 개체 속에 들어가 있기 때문에 무수히 많은 것처럼 보이는 것이다. 말하자면 우주만물의 개체성은 우주의 본체인 한울이 다양한 모습으로 현현한 것이다.104 따라서 우주만물이 한울을 모시지 않음이 없으니 사람을 대하고 물건을 접함에 있어 한울 대하듯 하라105고 한 것이다. 일一과 다多, 이理와 사事를 회통시킬 수 있는 근거가 여기에 있다.

"저 새소리도 또한 시천주侍天主의 소리니라."106라고 한 것은 사람

---

101 『天道敎經典』, 293쪽: "內有神靈者 落地初赤子之心也 外有氣化者 胞胎時 理氣應質 而成體也 故「外有接靈之氣 內有降話之敎」「至氣今至 願爲大降」是也."
102 cf. 老子, 『道德經』, 42章: "萬物負陰而抱陽 冲氣以爲和." 즉 만물은 陰을 업고 陽을 안으며 冲氣라는 和合力에 의하여 생성된다.
103 『天道敎經典』「講論經義」, 693쪽: "…靈與氣 本非兩端 都是一氣也."
104 cf. 『天道敎經典』「無體法經」, 437쪽: "性 闔則 爲萬理萬事之原素 性 開則 爲萬理萬事之良鏡."
105 『天道敎經典』「待人接物」, 278-288쪽.
106 『天道敎經典』「靈符呪文」, 294쪽: "彼鳥聲 亦是 侍天主之聲也."

만이 홀로 한울(神靈)을 모신 것이 아니라 우주만물이 다 한울을 모시고 있다는 뜻이다. 말하자면 한울은 생명의 본체로서 우주만물에 편재해 있다는 뜻이다. '이천식천以天食天—이천화천以天化天', 즉 한울로써 한울을 먹고 한울로써 한울을 화할 뿐이라고 한 것은 우주만물이 모두 한 기운과 한 마음으로 꿰뚫어졌기 때문으로,[107] 생명의 유기성과 상호 관통을 엿볼 수 있게 하는 대목이다. 우주만물의 생성·변화·소멸 자체가 한울의 조화 작용이라는 점에서 한울은 본체계와 현상계를 관통하는 근원적인 일자一者, 즉 시작도 끝도 없는 영원한 '하나'를 지칭하는 것이다. 그냥 '하나'라고 하기에는 너무 신령스러워 '하나님'이시다. 따라서 한울, 즉 '하나님'을 모신다는 것은 우주적 본성과의 합일이요 우주 '한생명'에 대한 인식이며 동시에 그것의 실천이다. 소아적小我的 삶에서 대아적大我的 삶으로의 방향 전환이다.

다음으로 '조화정'은 앞서 살펴본 바와 같이 우주의 조화 기운과 하나가 되는 것이다. 그렇게 되면 주관과 대상의 구분이 사라지고 천지 운행을 관조할 수 있게 됨으로써 천덕을 몸에 지니게 된다. 이렇듯 우주의 이치와 기운의 조화 작용으로 만물이 생겨난 까닭에 본래의 진여한 마음을 회복하여 우주의 조화 기운, 즉 무위이화의 덕과 하나가 되면 지기至氣와 합일하고 무왕불복無往不復의 이치, 즉 천도를 깨닫게 되는 것이다. 따라서 접령하는 기운을 느끼고 강화의 가르침을 받는 것이나, 지기가 강림하기를 기원하는 강령 주문 '지기금지원위대강'은 이러한 맥락에서 이해할 수 있다. 이렇게 볼 때 「시천주 조화정」은 만물 화생의 근본이라 하겠다.

---

107 『天道教經典』, 「靈符呪文」, 294쪽: "宇宙萬物 總貫一氣一心也."

다음으로 '영세불망 만사지'가 왜 사람이 먹고 사는 녹의 원천인가. 의암은 '영세불망 만사지'를 '단련'[108]이라고 하고 있다. 말하자면 일체를 관통하는 진지眞知에 이르기 위해서는 밝고 밝은 덕을 생각하여 잊지 아니하고 쉬임없는 정진을 해야 한다는 것이다. 여기서 녹은 영적인 녹을 의미하는 것이다. 우리의 육체가 생존을 위해 물질적 녹을 필요로 하듯, 우리의 영혼 또한 진화를 위해 영적 녹을 필요로 한다. 인간이 의식하든 하지 못하든, 인간의 존재 이유는 영적 진화이다. 왜냐하면 인간은 영적 진화의 지향성을 갖는 우주의 불가분의 한 부분이기 때문이다. 진정으로 다른 사람을 잘 되게 하겠다는 마음 그 자체가 영적 진화의 단초다. 그러나 만물에 편재해 있는 우주적 본성과 혼원일기로 이루어진 생명의 유기성 및 상호 관통을 깨닫지 않고서는 영적 일체성(spiritual identity)이 확립될 수 없으며 따라서 우주 '한생명'에 대한 진정한 실천이 나올 수 없는 것이다. 쉬임없는 정진을 통해 일체를 관통하는 진지眞知에 이르게 되면 본래의 진여眞如한 마음이 회복되어 진정한 실천이 나올 수 있게 되므로 '영세불망 만사지'는 사람이 먹고 사는 영적인 녹의 원천이라 한 것이다.

### 3) 「시천주」 도덕의 실천

위에서 살펴 본 「시侍」의 세 가지 뜻 중에서 '각지불이'는 「시천주」 도덕의 실천적 측면과 연결된다. 여기서 '옮기지 않음'은 한울의 마음자리에서 벗어나지 않는 것을 말한다. 말하자면 우주적 본성에 부

---

108 『天道敎經典』「講論經義」, 692쪽: "侍天主 造化定" 根本「永世不忘 萬事知」鍛鍊也."

합되는 순천의 삶을 지향하는 것을 말한다. 『참전계경參佺戒經』에도 하늘(한울)의 이치를 따름에 어긋남이 없게 되면 그 정성어린 뜻이 하늘에 통하게 되므로 마음속 깊이 하늘을 믿고 의지해야 한다고 나와 있다.[109] 우리는 물질이 아니라 본래 순수의식(우주의식, 전체의식)이다. 의식은 확장될수록 걸림이 없어져 자유롭게 되나, 물질은 확장될수록 걸림이 커져 구속되게 된다. 해월이 "오직 한울을 양養한 사람에게 한울이 있고, 양치 않는 사람에게는 한울이 없나니…."[110]라고 한 것은 '한울을 모심(侍天)'이 곧 '한울을 키움(養天)'이라는 뜻이다. '양천'은 의식의 확장을 말함이며, 영적 진화와 관계된다. 이렇듯 「시천주」 도덕은 자각적 실천이 수반될 때 그 진면목이 드러나는 것이라 하겠다.

「시천주」 도덕의 요체는 수심정기에 있는 것으로 나타난다. 즉 본래의 진여한 마음을 지키고 기운을 바르게 하는 것이 '옮기지 않음'의 요체다. 진여한 마음이란 분별지分別智가 나타나기 전의 근본지根本智를 말한다. 일一과 다多, 이理와 사事를 회통시키는 우주적 본성을 이른다. 기운을 바르게 하는 것이란 무엇인가? 혼원일기로 이루어진 생명의 유기성과 상호 관통을 깨달아 더불어 사는 삶을 실천하는 공심公心의 발현이다. 따라서 수심정기란 우주적 본성의 자리를 지키는 것인 동시에 우주 '한생명'의 자각적 실천이 나타나는 것이다. 수운이 "인의예지는 옛 성인의 가르친 바요, 수심정기는 오직 내가 다시 정한 것이라."[111]고 한 것이나, 해월이 "수심정기가 아니면 인의예지

---

109 『參佺戒經』「侍天」: "下誠 疑天 中誠 信天 大誠 侍天." 작은 정성은 하늘을 의심하고 보통 정성은 하늘을 믿으며 지극한 정성은 하늘을 믿고 의지한다는 뜻임.
110 『天道敎經典』「養天主」, 368쪽.

의 도를 실천하기 어렵다."[112]고 한 것은 수심정기가 각 개인의 자각적 실천을 중시한 점에서 실천과 유리된 당시의 형식적·외면적 윤리체계와는 다른 것임을 분명히 보여 준다. 해월은 수심정기 하는 법으로 효孝·제悌·온溫·공恭을 들고 "이 마음 보호하기를 갓난아이 보호하는 것같이 하며, 늘 조용하여 성내는 마음이 일어나지 않게 하고 늘 깨어 혼미한 마음이 없게 함이 옳으니라."[113]고 하고 있다.

수운은 수심정기를 성경誠敬 두 자로 설명하고 있다. 「도수사」에서는 "성경 이자二字 지켜내어 차차차차 닦아내면 무극대도 아닐런가 시호시호 그때 오면 도성입덕道成立德 아닐런가."[114]라고 하여 성경 두 자만 지켜내면 한울의 무극대도에 이르고 도성입덕이 되는 것으로 보았다. 실로 성誠은 "도를 이루는 전부이고 일을 성사시키는 가장 큰 근원"[115]이다. '순일하고 쉬지 않는 정성'[116]을 다할 때 자신의 성문이 열리면서 스스로의 신성과 마주치게 되는 것이다.[117] 사람은 성으로 깨달음을 얻으며 성은 신神에서 완성된다. 다음으로 경敬은 우주만물을 대할 때 한울 대하듯 공경을 다한다는 뜻이다. 경은 덕을 세우는 전부이고 조화적 질서를 이루는 원천이다. 이는 곧 우주만물에

---

111 『東經大全』「修德文」: "仁義禮智 先聖之所敎 修心正氣 惟我之更定."
112 『天道敎經典』「守心正氣」, 300쪽: "若非守心正氣則 仁義禮智之道 難以實踐也."
113 『天道敎經典』「守心正氣」, 301쪽: "守心正氣之法 孝悌溫恭 保護此心 如保赤子 寂寂無念起之心 惺惺無昏昧之心 加也."
114 『龍潭遺詞』「道修詞」.
115 『參佺戒經』「不忘」: "誠者 成道之全體 作事之大源也."
116 『天道敎經典』「守心正氣」, 304쪽.
117 cf. 『參佺戒經』「塵山」: "塵埃隨風 積于山陽 年久 乃成一山 以至微之土 成至大之丘者 是風之驅埃不息也 誠亦如是 至不息則誠山 可成乎." 정성이 지극하여 깊은 경지에 들어가면 행위자는 사라지고 행위만 남게 된다. 이 경지에 이르게 되면, 마치 티끌이 모여 산을 이루는 것과도 같이 정성으로 된 산(誠山)을 이룰 수 있는 것이다.

대한 차별 없는 사랑을 통하여 이루어진다. 그 비밀은 일심에 있다. 이렇듯 성경 이자二字로 이루어진 수심정기는 당시 양반 지배층의 이데올로기로서 형식화하고 외면화한 주자학과는 달리, 각 개인의 내면적 수양에 기초한 자각적 실천 수행으로서 만인이 동귀일체하여 지상천국을 건설하는 요체가 되고 있다.[118] 이는 해월의 경천·경인·경물의 '삼경'사상[119]에서 보다 명징하게 드러난다.

## 3. 수운의 후천개벽사상

### 1) 수운의 정신세계와 역사 인식

수운의 후천개벽사상은 그의 정신세계와 역사 세계의 만남의 산물이다. 20여 년의 연단鍊鍛의 과정을 거쳐 1860년 경신 4월 5일 수운은 마침내 천도를 대각하게 된다. 그 해가 경술국치 50년 전이었으니, 형식상 국권은 건재한 듯하였으나 실상은 왕조 정치가 안으로 붕괴 직전이었고 지방 탐관오리의 가렴주구가 극에 달하여 도탄에 빠진 백성들이 곳곳에서 반란의 기치를 들던 때였다. 1811년 홍경래란 이래 민란은 계속되어 동학농민혁명 이전 최대 규모의 민란인 진주민란(1862)을 2년 앞둔 시점이었으니 얼마나 암담한 시절이었는가를

---

118 東學의 인본주의적 성격에 대해서는 황선희, 『한국근대사의 재조명』, 서울: 국학자료원, 2003, 202-234쪽 참조.
119 海月의 '三敬' 思想에 대해서는 이 책에 함께 실린 「宇宙進化的 側面에서 본 海月의 '三敬' 思想」 참조.

짐작할 수 있다.

　당시의 암담한 상황에 대한 수운의 깊은 위기의식은 그의 저작 속에서 드러난다. "이 근래에 오면서 온 세상 사람이 각기 자신만을 위하는 이기적인 마음으로 천리를 따르지 않고 천명을 돌아보지 아니하므로 마음이 항상 두려워 향할 바를 알지 못하였더라."[120]라고 한 데서도 알 수 있듯이, 강령지문降靈之文에는 당시 유교의 규범적 기능의 상실에 따른 '사상공황思想恐慌'을 극복할 수 있는 방법을 찾지 못해 답답해하는 심정이 그대로 드러나고 있다. 또한 「몽중노소문답가」에서 "임금이 임금답지 못하고, 신하가 신하답지 못하고, 아비가 아비답지 못하고, 자식이 자식답지 못하다."[121]라고 하여 당시 국가 기강의 문란과 도덕적 해이(moral hazard)의 심각성을 탄식한 이면에는 실천과 유리된 기존 윤리 체계의 한계와 그 극복으로서의 새로운 도덕의 요청을 읽을 수 있다. 수운은 당시의 효박淆薄한 세상을 가리켜 "악질惡疾이 세상에 가득하여 백성들이 한시도 편안한 때가 없다."라고 하고 "서양은 싸우면 이기고 치면 빼앗아 이루지 못하는 일이 없으니 천하가 다 망해 버리면 또한 순망지탄脣亡之歎이 없지 않을 것이다. 보국안민의 계책이 장차 어디서 나올 것인가."[122]라고 하여 그의 위기의식의 근간이 보국안민에 있음을 보여 준다. 특히 당시 서세동점西勢東漸의 국제 정세에 대한 수운의 심대한 우려는 '십이제국 괴질

---

120 『東經大全』「布德文」: "又此挽近以來 一世之人 各自爲心 不順天理 不顧天命 心常悚然 莫知所向矣."
121 『龍潭遺詞』「夢中老少問答歌」: "君不君 臣不臣 父不父 子不子."
122 『東經大全』「布德文」: "我國惡疾滿世 民無四時之安 是亦傷害之數也 西洋戰勝攻取 無事不成 而天下盡滅 亦不無脣亡之歎 輔國安民 計將安出." 여기서 脣亡之歎은 입술이 없어지면 이가 시리다는 脣亡齒寒의 고사를 원용한 것으로, 중국이 서양의 침략으로 망하게 되면 우리나라도 그 위험에서 벗어나지 못한다는 의미를 담고 있다.

운수'[123]니 '순망지탄'이니 하는 표현에서 잘 드러나고 있다.

그러나 수운은 "십이제국 괴질운수 다시개벽 아닐런가."[124]라고 하여 그의 시운관時運觀이 쇠운과 성운이 교체하는 역학적 순환사관循環史觀에 입각해 있음을 보여 준다. 수운은 당시의 시대상을 역학상의 쇠운괘衰運卦인 '하원갑'에 해당하는 '상해지수傷害之數'로 파악하고, 곧 새로운 성운의 시대가 올 것임을 예견하고 있다. 「몽중노소문답가」에 "하원갑 지나거든 상원갑 호시절에 만고 없는 무극대도 이 세상에 날 것이니…"[125]라고 한 것이 그것이다. 이와 같이 수운은 대내적으로는 사회적 불안·부패·부조리와 같은 사회 병리 현상을, 대외적으로는 서세동점의 징후를 몸소 체험하고서 이러한 시운관을 바탕으로 후천 오만년을 펼칠 새로운 활로로서의 대도 동학을 창도하게 되었던 것이다.

2) 후천개벽사상

흔히 동학을 혁명사상[126]이라고 부르는 것은 '역에 기초한 순환사관을 바탕에 깔면서도 개벽이란 변혁에 중점'[127]을 두고 있기 때문이다. 여기서 개벽이란 바로 후천개벽을 이른다. 원래 선천과 후천의 구분은 우주의 1회전 기간을 둘로 나누어 우주력 전반 6개월을 선천,

---

123 『龍潭遺詞』「夢中老少問答歌」. 온 세상이 衰運으로 인해 怪疾運數에 시달리고 있다는 뜻임.
124 『龍潭遺詞』「夢中老少問答歌」.
125 『龍潭遺詞』「夢中老少問答歌」.
126 東學思想의 革命性에 관해서는 金漢植, 「東學思想의 革命性-政治思想史의 側面에서」, 『亞細亞』1-3, 月刊 亞細亞社, 1969. 4 참조.
127 申一澈, 「崔水雲의 歷史意識」, 『韓國思想』IV, 한국사상연구회, 1982, 28쪽.

후반 6개월을 후천으로 보는 데서 나온 것이다. 우주의 1개월이 지구의 역으로 1만 8백 년이라고 하니 그 중 빙하기인 2만 9천 6백 년을 빼면 선·후천이 각각 5만 년이 된다고 한다.[128] 수운은 이제 선천 5만 년이 사실상 끝나고 후천 5만 년의 새 시대가 도래했다고 보는 것이다. 수운은 그가 대각한 '만고 없는 무극대도'가 '금불문고불문지사今不聞古不聞之事 금불비고불비지법今不比古不比之法'[129]이라 하여 예전에도 지금에도 듣지도 못했고 비할 바도 없는 새로운 도라고 하고 있다. 따라서 수운이 동학을 대각한 경신 4월 5일은 후천개벽의 새 세상이 열린 제1일로서 선천과 후천을 나누는 분기점이 되고 있다.

그러면 동학에 내재되어 있는 후천개벽의 혁명 원리는 무엇인가? 그것은 한마디로 「시천주(한울님, 즉 '하나'님을 모심)」이다. 시작도 끝도 없는 영원한 '하나', '명名'과 '무명無名'의 피안에서 본체와 현상을 모두 포괄하는 그 '하나'를 '모심'이다. 우주만물의 근원으로서의 그 '하나'는 곧 하나인 마음(一心)이다. 근원적 일자로서의 그 '하나'는 우주만물에 편재해 있다. 하늘이 비를 내릴 때 곡식에만 내리고 잡초에는 내리지 않는 것을 보았는가. 태양이 삼라만상을 비출 때 높은 곳만 비추고 낮은 곳은 비추지 않는 것을 보았는가. 천 갈래 시냇물에

---

128  易學上으로 보면 後天시대는 天地否卦인 陰陽相剋의 先天시대와는 달리 地天泰卦인 陰陽之合의 시대다. 先天시대는 天地否卦(☰☷)이므로 하늘을 나타내는 ☰(乾)이 위에 있고 땅을 나타내는 ☷(坤)이 밑에 있어 약한 기반 위에 강한 것이 올라타고 있는 불안정한 괘의 형태다. 따라서 民意가 제대로 반영되지 못하고 빈부 격차가 심하며 여성이 제자리를 찾지 못한 시대로 일관해 왔다. 반면 後天시대는 地天泰卦(☷☰)이므로 하늘을 나타내는 ☰(乾)이 밑에 있고 땅을 나타내는 ☷(坤)이 위에 있어 튼튼한 기반 위에 세워진 건축물과도 같이 안정되고 편안한 괘의 형태다. 天地否卦와는 반대로 하늘의 氣가 상승하고 땅의 氣가 하강하여 양자가 합쳐지므로 대립물의 통합이 이루어져 인간관계 또한 화합 일치해서 만사가 순조롭게 된다는 것이다.

129 『東經大全』「論學文」.

달 하나가 똑같은 모습으로 비치지 않는가. '하나'의 원리는 귀천·빈부·반상·적서 등의 경계는 말할 것도 없고 생물과 무생물의 경계마저도 폐기시킨다. 동학의 혁명성이 바로 여기에 있다. 만인이 한울('하나')을 모시는 영적 주체로서의 자각이 이루어지게 되면 이 세상은 뒤집어진다. 세상이 뒤집어지니 혁명적이라고 할 만하지 않은가. 여기서 뒤집어진다는 것은 세상이 제자리를 찾는다는 말이다. 귀천·빈부·반상의 차별이 철폐되고 만인이 도성입덕道成立德하여 군자로서 거듭나게 되니, 세상이 뒤집어지는 것인 동시에 제자리를 찾는 것이다. 동학을 민중사상이라고 부르는 것은 이 때문이다.

한울의 법은 내재와 초월, 본체와 작용의 합일에 기초해 있다. '내유신령'과 '외유기화'가 둘로 된 이치가 아니라 하나의 이치를 양 방향에서 관찰한 것이라는 말이 이것이다. 한울의 법은 인간의 일상사와는 무관하게 허공에 떠 있는 그 무엇이 아니다. 가시권可視圈에서 비가시권非可視圈에 이르기까지 한울의 법에서 벗어나 존재할 수 있는 것은 이 우주에 아무 것도 없다. 비바람이 몰아치고 무지개가 뜨고 꽃이 피고 시드는 자연 현상에서부터 눈을 감고 뜨고 호흡을 하고 똥오줌을 누는 인체 현상, 온갖 거짓과 위선과 부패가 판을 치는 사회 현상, 역사의 무대 위에서 무수하게 명멸하는 국가 현상, 지구가 태양을 공전하고 태양계는 은하세계를 2억 5천만 년 주기로 회전하며 은하세계는 은하단을 향하여 회전운동을 하는 천체 현상에 이르기까지, 그 어느 것 하나도 한울의 법에서 벗어나 있는 것은 없다. 한마디로 천지 운행 그 자체가 한울의 법이다. 그런 까닭에 수운은 그의 천도를 '무위이화'라고 하고 있다. 그리하여 그는 새로운 성운의 시대를 맞이하여 만인이 한울의 마음을 회복하여 소아의 유위가 아닌 대아의 무위를 따르게 되면 동귀일체가 이루어져 후천개벽의 새 세상이 열리게 된다고 보았다. 『중용』에서도 '하늘이 명한 것은 성이고, 이 성을 따르는 것이 도'[130]라고 했다. 수운의 천도 또한 우주적 본성인 한울의 마음자리를 벗어나지 않는 것이 그 요체다. 이렇듯 한울의 원리는 천인합일에 기초하여 본체계와 현상계, 자유의지와 필연의 영역을 회통시키고 있다.

후천개벽의 새 세상은 '각자위심'하지 않고 동귀일체하여 '요순성세'의 도덕공동체를 이룩하는 것이다. 그것은 곧 만인이 도성입덕하여 군자가 되어 지상천국을 건설하는 것이다. 「시천주」 도덕에 대해서는 앞서 장황하게 설명한 바 있거니와, 도성입덕이 소수 양반층의 전유물인 '만권시서' 등 형식적·외면적 수양을 통해서가 아니라 수심정기, 즉 내면화된 '성경 이자'의 자각적 실천에 있음을 간파한 것은

---

130 『中庸』: "天命之謂性 率性之謂道." 『中庸』에서의 道와 老莊의 道와 水雲의 道가 다를 수는 없다고 본다. 엄밀하게 말하면 道는 『中庸』의 道도, 老莊의 道도, 水雲의 道도 아니다. 그런 까닭에 水雲은 "나는 도시 믿지 말고 한울님만 믿었어라"라고 한 것이다. 自本自根·自生自化하는 窮極的 實在로서의 道는 '道'라는 名相이 생기기 전에, '無爲而化'라는 名相이 생기기 전에 이미 사실로서 존재해 왔다. 道는 끊임없이 순환하는 운동을 하는 까닭에 동일한 상태에 오래 머물지 아니하며, 따라서 모든 대립적 갈등이나 투쟁 그 자체도 고정불변하는 것이 아니므로 '其無正邪'라 하였다. 道는 對立轉化的이고 循環運動的인 규율로써 일체의 대립과 운동을 통일시킨다. 그런데 申一澈, 「崔水雲의 歷史意識」, 前揭書, 31쪽에서 "만일 水雲이 莊子의 「無爲而化」만 고집하고 老子의 이른바 「永遠不易의 道」만을 주장했다면 「無往不復」의 圓環狀態는 調和와 安息을 의미하고 永遠한 靜止요, 無變化이므로 결국 歷史는 없게 된다."라고 한 것은, 마치 老莊의 道가 '永遠한 靜止'요 '無變化'이며 결국 현상계와 유리된 본체계의 원리라는 오해를 불러일으킬 소지가 있으므로 표현이 적절치 않다고 본다. 老莊의 道이든 水雲의 道이든, 그것은 自由意志와 必然, 現象界와 本體界를 會通시키는 根源的 一者이다. 水雲이 "道則同 理則非"라 했듯이, 道는 같지만 그 이치를 밝혀냄에 있어서는 다른 것이다. 水雲의 後天開闢思想이 변혁에 중점을 두고 인간의 주체적 역할을 강조하고 있다고는 하지만, 그의 時運觀 역시 自由意志와 必然의 조화를 道의 물결을 타고 흐르는 데서 찾고 있다.

만인의 군자화君子化, 다시 말해 지상신선화地上神仙化의 길을 터놓은 것으로, 지벌地閥이나 문필文筆이 군자나 도덕의 기준이 될 수 없음[131]을 분명히 한 것이다. 동학은 「시천주」의 주체로서의 자각을 통해 봉건적 신분 차별을 철폐하고 만인이 다 같은 군자로서 평등하다는 인식과 더불어 천하를 양반 지배층의 전유물이 아닌 만인의 공유물로 생각하게 하는 계기를 마련했다는 점에서 그 사상적 근대성을 엿볼 수 있다.

다시 말해서 만인의 「시천주」 주체로서의 자각은 보국의 주체로서의 근대적 민중의 대두를 의미하는 것으로, 서세동점의 시기에 보국안민의 계책을 강조하여 근대적 민족국가 형성의 사상적 토대를 마련한 것이다.[132] 동학은 근대성의 발현인 동시에 근대성을 넘어서 있다. 인간 평등과 민중의 정치 참여의 전기를 마련한 것은 근대성의 발현이요, 「시천주」 사상이 근대의 이분법적 사유체계를 초월한 것은 근대성을 넘어선 것이다.

동학적 이상향은 후천개벽에 의한 무극대도의 세계, 즉 우주자연과 인간, 인간과 인간의 연대성에 기초한 군자공동체로서의 자유민권사회[133]이다. 후천개벽은 '힘의 지배 시대'의 종언인 동시에 「시천주」로서의 자각적 주체에 의한 생명 시대의 개창이다. 「몽중노소문답가」에 나오는 태평곡 '격양가'가 의미하는 무위자연의 이상향은 소

---

131 『龍潭遺詞』「夢中老少問答歌」: "우습다 저 사람은 地閥이 무엇이게 君子를 비유하며 文筆이 무엇이게 道德을 의논하노."
132 東學革命의 近代性에 대해서는 李炫熙, 「동학혁명의 전개와 근대성」, 『東學學報』제3호, 동학학회, 2002, 32-35쪽 참조.
133 申一澈, 「東學과 傳統思想(下)」, 『新人間』636호, 2003. 8, 114-116쪽에서는 東學의 유토피아를 無爲의 自由民權社會라고 보고 있다.

국과민小國寡民의 촌락 공동체를 이상사회의 원형으로 보는 노자의 관점과 일맥상통하는 점이 있다. 이러한 동학적 사회관은 NGO와 다국적 기업의 다원화된 활동 증대로 국민국가의 패러다임이 깨어지고 그 결과 '제2의 근대'[134]의 도전에 직면하게 된 오늘날에 재음미될 수 있는 것이라 하겠다.

# IV. 수운과 원효의 존재론적 통일사상

## 1. 수운과 원효의 인식론

### 1) 내재와 초월의 합일

지금까지 원효의 대승적 윤리관과 화쟁사상 그리고 수운의 「시천주」 도덕과 후천개벽사상에 대해 살펴보았다. 이상에서 본 바와 같이 수운과 원효의 법은 한마디로 심법이다. 수운의 '오심즉여심'이나 원

---

[134] '국민국가'의 한계를 넘어선 '제2의 근대화' 개념은 '위험사회'를 극복하기 위해 벡(Ulrich Beck)이 제시하고 있는 핵심 개념이다. '제2의 근대'의 패러다임에서 글로벌화는 국가와 정치, 사회와 문화 등이 지역적인 척도에 의해 해석되었던 '제1의 근대'의 패러다임에서와는 달리 영토에 귀속되어 있던 국가와 사회의 개념과 내용을 바꿔놓음으로써 국가·민족·계급·인종·성·가족 등의 전통적인 개념들이 이제 그 구분의 정당성이나 효용성을 잃게 되었다는 것이다. 특히 환경운동, 여성운동, 비판적인 소비자 운동 등 각종 NGO의 활동과 다국적 기업에서 보여지는 정치적인 행위자들의 다원화된 활동 증대가 국민국가의 패러다임을 깨뜨리고 그 결과 '제2의 근대'의 도전에 직면하게 되었다는 것이다

효의 '일체유심조'는 심법의 키워드라 할 수 있는 것으로 이들 인식론의 바탕을 이루고 있다. 수운의 '한울'과 원효의 '일심'은 서로 다른 실재가 아니다. 근원성·포괄성·보편성을 지닌 이 하나인 마음(一心)을 원효는 대승의 법이라고 부르고 수운은 한울의 법이라고 부르는 것이다. 원효의 화쟁의 논리가 이분법적 사유체계를 초월해 '이변비중離邊非中'의 즉자대자적即自對自的 이론체계에 입각해 있듯, 인내천으로 대표되는 수운의 불연기연의 논리 또한 「시천주」를 통해 평등무이의 진리를 드러내는 데 주안점을 두고 있다. 그 비밀은 일심에 있다. 왜냐하면 모든 것을 낳는 근원이 바로 우리 각자의 마음이기 때문이다.

　'도'란 우주만물의 근원인 '하나'님(한울)을 일컬음인데 그 이름을 알지 못하여 그냥 도라고 한 것이다. 도는 '명名'과 '무명無名'의 피안에서 본체와 현상을 모두 포괄한다. '불佛'이란 물질과 정신이 하나가 된 마음을 일컬음이다. '하나'님은 곧 하나인 마음이요, 불이요, 도이다. '하나'님은 하나라는 명상이 생기기 전에, 도라는 명상이 생기기 전에, 불이라는 명상이 생기기 전에 이미 존재해왔다. 원효가 '일체가 다 마음이 지어 낸 것(一切唯心造)'이라고 한 것이나, '일체의 분별은 곧 자신의 마음의 분별(一切分別即分別自心)'이라고 한 것은 일심 이외에 다른 실재가 있는 것이 아님을 분명히 한 것으로, 내재와 초월이 둘이 아님을 말해주는 것이다. 수운의 내재와 초월의 합일에 대한 인식은 「시侍」의 세 가지 뜻, 즉 내유신령·외유기화·각지불이 속에서 명징하게 드러난다. 우주적 본성인 신령은 내재해 있는 동시에 지기로서 만물 화생의 근본이 되고 있는 것이다. 수운의 내유신령·외유기화는 『대승기신론』에서 일심에 대한 해명을 목적으로 진여문과 생멸문의 이문二門을 설정한 것과 같다. 내유신령이 진여문에 해당한다면, 외유기화는 생멸문에 해당하는 것으로 이 둘은 결국 하나이며 내재와 초월의 합일에 대한 인식을 보여 주는 것이라 하겠다.

그러면 내재와 초월의 합일에 대한 인식이 왜 필요한가? 그것은 한마디로 모든 진리의 중추를 틀어쥐는 것이기 때문이다. 내재와 초월의 합일에 대한 인식 없이는 한울, 즉 일심에 대한 공경이 일어날 수가 없다. 모든 종교에서 그토록 경계하는 우상 숭배란 바로 우리의 내재적 본성인 '신령(神性·한울· 하나님·一心)'을 우리 자신으로부터 분리시켜 외재적 존재로 물화하여 객체화된 하나의 대상으로 숭배하는 것이다. 만물의 중심인 '신령'과 통하지 않고서는 접령지기가 일어날 수가 없고 강화의 가르침도 받을 수 없다. 말하자면 영적 진화가 이루어질 수 없는 것이다. 인간이 의식하든 하지 못하든, 존재 이유가 영적 진화이니, 그렇게 되면 존재 이유 자체가 상실되는 것이다. 문제의 심각성이 여기에 있다. 여기서 '신령'은 곧 진여한 마음(一心)을 이름이니, 만물의 중심인 '신령'과 통한다는 것은 본래의 한울의 마음자리를 회복하는 것으로 이는 곧 공심의 발현이다. 수운이 "서학의 도는 허무에 가깝고 학은 한울의 학이 아니다."라고 한 것은 서학이 내재와 초월의 합일에 대한 인식이 없이 한울과 인간을 이원화시키고 마음 수양에는 힘쓰지 않고 오직 제 몸만을 위하여 사심으로 비는 수행 방법을 두고 한 말이다. 한울의 마음이 곧 내 마음이니, 오직 일심을 회복하는 일이 있을 뿐 따로이 소원을 빌 대상이 있는 것이 아니다. 그런 까닭에 원효는 볼 대상이 없으므로 보는 주관도 성립될 수 없고, 주관과 대상의 두 가지 모습이 다 없으므로 '무상가득자無相可得者'라 한 것이다.

여기서 한 가지 지적할 것은 만유의 본원인 한울(天·'하나'님·一心)은 그 어떤 의미에서도 인격체가 아니라는 사실이다. 우주의 실체가 의식이니, 한울은 인격체가 아니라 의식체이다. 순수의식이요 우주의 식이며 전체의식이다. 만유의 주재자인 한울이 하도 신령스러워 그냥 '천天'이라고 하지 않고 '천주天主'라고 한 것을 두고, "정신적·영적 실체만이 아니고 그 스스로의 자유 가운데서 무위이화하는「인격적 당신」"[135]이라고 표현한 것은 문제의 본질을 벗어난 것이다. 천天과 천주天主, 하늘과 하느님, '하나'와 '하나'님은 본질적으로 아무런 차이가 없다. 이는 마치 '달(月)'과 '달님', '해(日)'와 '햇님'이 아무런 차이가 없는 것과 같은 이치다. '달님'을 '인격적 당신'이라고 표현하는 것이 무슨 의미가 있는가. 한울은 우주만물과 분리되어 존재하는 것이 아니라 인간을 포함한 우주만물에 내재해 있으며 동시에 만물화생의 근본이 되고 있다. 우리가 호흡하는 공기, 붉은 꽃과 푸른 잎, 돌과 바람과 티끌과 똥오줌 속에까지 한울이 없는 곳이 없다.[136] 우주만물이 다 지기인 한울의 화현이다. 우주만물의 생성·변화·소멸 자체가 모두 한울의 조화의 자취이다. 변화무쌍한 조화의 자취를 무어

---

135 金敬宰,「崔水雲의 侍天主와 歷史理解」,『韓國思想』15, 한국사상연구회, 1979, 219쪽. cf. 李敦化,『水雲心法講義』, 천도교중앙종리원, 1926, 20쪽: "…神에 대한 이러한 의문은 우리가 神을 人格的으로 상상하는 데서 나온 오해라 할 수 있다. 神과 萬物을 대립시켜 놓고 神은 主體요 萬物은 客體며 神은 創造主요 萬物은 偶像이라 하는 점에서 이러한 필연의 의문이 생기는 것이며…."

136 元曉는 眞如門과 生滅門에 대한 설명에서 眞如가 善과 不善의 원인이 되고 또 緣과 결합하여 모든 法을 변질시켰지만 항상 그 眞性은 파괴되지 않는 까닭에 生滅門 가운데에도 역시 眞如가 포괄된다고 본다. 앞서 살펴보았듯이, 太極의 動靜에 의해 陰陽이 생겨나지만 陰陽 내에도 역시 太極은 존재하고, 陰陽五行에 의해 만물이 생겨나지만 五行 및 만물 내에도 太極은 존재한다. 여기서 '眞如'와 '太極'은 곧 한울('하나'님·一心)을 가리키는 것으로 우주만물에 한울이 없는 곳이 없음을 말해 주는 것이다.

라고 명명할지 그 이름을 알지 못하여 그냥 '한울(天)'이라고 한 것이다. 그런데 그냥 한울이라고 하기에는 그 조화의 자취가 너무 신령스러워 '님'자를 붙여 '한울님(天主)'이라고 한 것이다. 그럴진대 그 이름으로 실상을 구분함은 한울을 죽이는 일이다. "해월의 '사인여천事人如天' 사상은 인간마다 천天이 내재한다고 봄으로써 범신론적汎神論的인 '범천汎天'으로 기울어 최 수운의 초월적 주재자의 성격을 가진 '천주'를 '내 몸에 모시는(侍)'「시천주」 사상과 거리가 생긴 것이다."[137] 라고 한 것 역시 한울을 죽이는 것이다. 어디 인간뿐이겠는가. 동식물과 무생물에까지 천은 만물의 중심에 내재해 있는 동시에 초월적 주재자로서 만물 화생의 근본이 되고 있는 것이다. 수운의 '천주' 또한 초월적 주재자인 동시에 만물의 본성으로 내재해 있다는 점에서 해월의 '물물천物物天 사사천事事天' '사인여천' 사상과 다를 바가 없다. 엄밀하게 말하면 그것은 수운의 법도 아니요 해월의 법도 아니요 오직 한울의 법일 따름이다. 수운의 「시천주」 사상과 해월의 '양천주養天主' 사상 또한 서로 다른 것이 아니다. 해월이 "한울을 양養할 줄 아는 사람이라야 한울을 모실 줄 아느니라."[138]라고 하여 '시천'을 '양천'으로 풀이한 것은, 씨앗으로 존재하는 한울을 양養해야 한다는 의미이다. 양하지 않으면 한울의 본성이 발현되지 않으니 그렇게 말한 것이다. 군자와 소인의 차이는 모두 천이 내재해 있는 것은 같으나, 군자는 한울을 양하여 그 본성이 발현된 경우라면, 소인은 양하지 않아 아직 발현되지 않은 경우이다.

  우주 섭리에 대한 올바른 인식이 없이는 제대로 영적 진화를 도모

---

137 申一澈, 「崔水雲의 歷史意識」, 前揭書, 32쪽.
138 『天道敎經典』「養天主」, 367쪽.

할 수가 없다. 영적 진화의 단계에 따라 사물에 대한 인식 방법이 달라져야 한다는 것은 자명하다. 유치원생과 대학생의 사물에 대한 인식 방법이 다를 수밖에 없는 것처럼. 대학생에게는 '달님'이라고 하지 않고 '달', '하나'님이라고 하지 않고 '하나', 하느님이라고 하지 않고 '하늘'이라고만 해도 이해시킬 수 있다. 유치원생에게는 사물의 근원적인 이치를 바로 이해시키는 것이 불가능하기 때문에 의인화의 방법을 사용하여 사물에 인격을 부여해서 쉽게 이해할 수 있게 한다. 예를 들면, '하나'님을 아버지라고 부르는 것과 같은 것이다. 그러나 대학생에게는 그럴 필요가 없다. 그러나 '아버지'라고 부르는 순간, '하나'님과 '나' 자신이 이원화되고 '나'만의 '하나'님으로 화하여 버린다는 데 문제가 있다. 우주 섭리의 의인화는 우주 섭리에 대한 이해를 용이하게 해주는 순기능적인 측면이 있는 반면, 사고를 제한시키고, 착각을 증폭시키고, 본질을 왜곡시키고, 결과적으로 우민화시켜 맹종을 강요하는 것과 다름없는 역기능적인 측면이 있음을 부인할 수 없다.

## 2) 본체와 작용의 합일

수운과 원효의 즉자대자적卽自對自的 사유체계는 본체와 작용의 합일에 기초해 있다. 수운의 불연기연의 논리는 이분법적 사유체계를 초월하여 여실한 대긍정의 세계를 지향한다는 점에서 원효의 '무리지지리無理之至理 불연지대연不然之大然'의 논리와 통하는 바가 있다. 수운이 기연은 불연으로 인하여 존재하는 것으로 모두 불연의 투영에 지나지 않으며, 불연 역시 기연으로 인하여 존재하므로 기연과 둘이 아니라고 한 것은, 원효가 "불각이 본각에 영향을 미쳐 모든 염법을 낳게 하고, 본각이 불각에 영향을 미쳐 모든 정법을 낳게 한다."[139]고 한 것과 같은 이치다. 이는 본체계와 현상계가 본래 하나임을 말해주는 것이다. 수운이 '불연을 조물자에 부쳐 보면 또한 기연'[140]이라고 한 것이 이것이다. 불연기연은 체體로서의 불연과 용用으로서의 기연의 상호 관통 논리이다. 수운의 불연기연의 논리는 원효의 화쟁의 논리와 마찬가지로 진眞과 속俗, 이理와 사事, 염染과 정淨, 공空과 색色, 일一과 다多[141] 등의 상호 대립하는 범주들을 각각 체體와 용用이라는 불가분의 관계로 분석함으로써 화쟁회통시키고 있다. 한편 원효가 "진여가 선과 불선의 원인이 되고 또 연緣과 결합하여 모든 법을 변질시킨다."[142]고 하여 본체와 작용의 관계를 불교의 연기적 세계관으로 풀이한 것은 수운의 불연기연을 이해하는 데에도 도움을 준다.

　수운의 불연기연의 논리와 원효의 화쟁의 논리는 모두 평등무이한 자성을 그 본질로 하고 있다. 만물만상은 곧 일심一心의 나타남이다. 『대승기신론』의 논지가 주로 일심에 대한 해명을 목적으로 진여문과 생멸문의 이문二門을 설정하여 여래如來의 근본 뜻을 해석하고 신심을 일으켜 수행하게 하는 것은 일심법에 의거하는 이 이문이 모든 법을 총괄하는 까닭이다. 원효는 우리의 제팔식第八識이 본래는 진여한 마

---

139 『大乘起信論別記』, 474쪽.
140 『天道敎經典』「不然其然」: "比之於究其遠則 不然不然 又不然之事 付之於造物者則 其然其然 又其然之理哉."
141 『頓悟無生般若頌』에서는 一과 多가 같음을 理와 事의 관계를 통하여 나타내고 있다. "움직임과 고요함이 함께 妙하니, 理와 事는 모두 같은 것이다. 理는 그 淨한 곳을 통하여 事의 다양성 속에 도달하고, 事는 이렇게 해서 理와 상통하여 無礙厓의 妙를 나타낸다.(荷澤神會, 『頓悟無生般若頌』: "動寂俱妙 理事皆如 理淨處 事能通達 事理通無")".
142 『大乘起信論別記』, 468쪽: "生滅門者 卽此眞如 是善不善因與緣和合 反作諸法."

음을 그 본바탕으로 하고 있으나 마음의 생멸이 무명에 의해 이루어지고 또한 생멸하는 마음은 본각(眞如)을 따라 이루어지므로 '심체무이心體無二'라고 하고 있다. 말하자면 이 이문은 본체와 작용의 관계로 그 체가 둘이 아니므로 모두 '일심법'인 것이다. 수운의 내유신령과 외유기화 또한 본체와 작용의 관계로 그 체가 둘이 아니므로 모두 '일심법'이다. 의암은 「무체법경」에서 개합開闔의 논리를 이용하여 이를 명쾌하게 보여 준다. "성性이 닫히면 만리만사萬理萬事의 원소가 되고 성性이 열리면 만리만사萬理萬事의 거울이 되나니…."[143]라고 한 것은 원효가 "합하여 말을 하면 일관이요 개開하여 말을 하면 십문이다."[144]라고 한 것과 같은 뜻으로 본체와 작용의 관계를 일심법으로 논한 것이다. 마음의 거울에 비친 만상과 마음을 분리시킬 수 없는 것은 거울에 비친 형상과 거울을 분리시킬 수 없는 것과 같은 이치다. 그래서 만 가지 법이 하나인 마음의 법으로 돌아간다고 한 것이다. 그런 까닭에 해월은 "마음이란 것은 내게 있는 본연의 한울이니 천지만물이 본래 한마음이니라."[145]라고 한 것이다.

인간 의식의 여러 차원은 야곱이 꿈에서 본, 그 꼭대기가 하늘에 닿은 사다리에 비유되기도 한다.[146] 우리들 자신의 깊은 의식이 하늘로 통하는 문이다. 의식의 근원에 이르게 되면 하나의 진리가 그 모

---

143 『天道敎經典』「無體法經」, 437쪽: "性 闔則 爲萬理萬事之原素 性 開則 爲萬理萬事之良鏡."
144 『金剛三昧經論』, 130쪽.
145 "心者 在我之本然天地 天地萬物 本來一心."
146 야곱이 브엘세바에서 떠나 하란으로 향하여 가던 도중 해가 지게 되자 거기서 유숙하려고 그곳의 한 돌을 취하여 베개하고 눕더니, 꿈에 본즉 사닥다리가 땅 위에 섰는데 그 꼭대기가 하늘에 닿았고 '하나'님의 사자가 그 위에서 오르락내리락하고… (창세기 28:10-12).

습을 드러내게 되는데 그것이 바로 일심이다. 야곱이 꿈에서 본 사다리를 오르내리는 '하나'님의 사자는 영적 차원에서 물적 차원으로, 물적 차원에서 영적 차원으로의 의식세계의 자유로운 내왕을 보여준다. 의식의 사다리를 타고 내려오는 '하나'님의 사자는 근원적 일자의 위치에서 다양성의 세계로 내려오는 것을, 반면에 올라가는 사자는 다양성의 세계에서 다시 근원적 일자의 위치로 회귀하는 것을 보여 주는 것이다. 말하자면 본체와 작용의 상호 관통을 상징적으로 보여 주는 것이다. 일즉다一卽多요 다즉일多卽一이다.

우주의 본질이 생명이니, 우주의 본원인 한울은 생명의 본체다. 해월이 "한울이 내 마음속에 있음이 마치 종자의 생명이 종자 속에 있음과 같으니…."147라고 한 것이 이것이다. 한울은 곧 '한생명'이다. 이 우주가 '한생명'이라는 말이다. 후천개벽은 권력정치 시대의 종언인 동시에 우주 '한생명'을 자각하는 영적 주체에 의한 생명 시대의 개창이다. 이러한 생명의 유기성과 상호 관통에 대한 동학의 인식은 특히 아인슈타인(Albert Einstein), 하이젠베르크(Werner Heisenberg), 보어(Niels Bohr), 카프라(Fritjof Capra) 등으로 대표되는 현대 물리학과의 대화 가능성을 열어놓고 있다. 이렇듯 내재와 초월, 본체와 작용, 필연과 자유의지를 회통시키는 한울의 원리를 체득하게 되면 「시천주」 도덕, 즉 대승 윤리가 발휘되어 일체의 미망과 그로 인한 상호각쟁相互角爭에서 벗어나게 되는 것이다.

---

147 『天道敎經典』「養天主」, 367쪽.

## 2. 수운과 원효의 실천론

### 1) 동귀일체와 귀일심원

　수운과 원효의 실천론은 '동귀일체'와 '귀일심원歸一心源'이란 말 속에 함축되어 있다. 다같이 한울의 마음으로 돌아간다는 동귀일체와 일심의 원천으로 돌아간다는 귀일심원은 같은 뜻이다. 본래의 진여한 마음, 즉 우주적 본성을 회복하여 원융무이한 원리를 체득하게 되면 생명의 유기성과 상호 관통을 깨달아 순천의 삶을 지향할 수 있게 되는 것이다. 그런데 진여(한울)를 따르는 신심 그 자체는 완덕完德의 실천이 수반될 때 비로소 완전해질 수 있는 것으로 바로 여기에 조신調身·조심調心하는 수행의 필요성이 생겨난다.
　수심정기는 수운의 「시천주」도덕의 요체다. 즉 본래의 진여한 마음을 지키고 기운을 바르게 하는 것이 동귀일체의 요체다. 수심정기란 우주적 본성의 자리를 지키는 것인 동시에 혼원일기로 이루어진 우주 '한생명'에 대한 자각적 실천의 나타남이며 이는 곧 더불어 사는 삶을 실천하는 것이다. 여기서 수심정기는 각 개인의 자각적 실천을 중시한 점에서 실천과 유리된 형식적·외면적 윤리 체계와는 다른 것이다. 수운은 수심정기를 성경 이자로 설명하고 이 두 자만 지켜내면 한울의 무극대도에 이르고 도성입덕이 되는 것으로 보았다. 수운의 체계 속에서 성경誠敬은 도덕과 마찬가지로 불가분의 통일체로서 영적 진화의 단초인 것으로 나타난다.
　원효의 '귀일심원'의 요체는 『금강삼매경론』의 지행과 관행으로 요약될 수 있다. "진여문에 의하여 지행을 닦고 생멸문에 의하여 관행을 일으키어 지止와 관觀을 동시에 닦아 나가야 한다."148는 것이 그것이다. 즉 인간이 본래의 공적한 마음을 얻기 위하여서는 행위를 멈추고 내면을 들여다봄과 동시에 사심 없는 행위를 해야 한다는 것으로 이는 곧 수신과 헌신적 참여를 말함이다. 원효의 일심이문에 대한 이론적 논의의 전개는 궁극에는 믿음을 일으키어 실천적인 행위에로 나아가게 하기 위한 것이다. 『대승기신론』 후반의 '수행신심분修行信心分'에 대한 해석에서 원효는 믿음을 일으킨 다음에는 반드시 수행으로 나아가야 한다고 하여 보시布施·지계持戒·인욕忍辱과 같은 여실수행如實修行의 필요성을 강조하고, 또한 '권수이익분勸修利益分'에 대한 해석에서는 선근善根이 박약한 사람을 위하여 수행의 이익을 들어 그것을 권장하는 실천적 수행의 필요성을 강조한다. 그리하여 '귀일심원'하게 되면 "지혜의 광명이 모든 현상계를 두루 비쳐 평등무이하게 된다."149는 것이다.

　이와 같이 수운의 「시천주」 논의와 원효의 화쟁에 대한 논의는 그것이 실천적 수행으로 연결될 때 비로소 그 진의가 드러난다. 이 세상 모든 것은 상호 유기적인 관계에 있으며 전체와 부분은 함께 있다. 따라서 어떤 경우에도 '산을 버리고 골짜기로 돌아가거나 나무를 버리고 숲 속으로 달려가는 격'이 되어서는 안 될 것이다. 동귀일체와 귀일심원은 이분법적인 사유체계를 초월하여 하나의 마음뿌리에로 돌아가는 것이다. "실로 이 마음으로 말미암아 이 세상의 모든 것이 다 포괄되며 이 세상의 모든 것 자체는 오직 일심일 따름이다."150라

---

148 『金剛三昧經論』, 145쪽.
149 『大乘起信論疏』, 410쪽: "有慧光明遍照法界平等無二."
150 『大乘起信論疏』, 402쪽: "良由是心通攝諸法 諸法自體唯是一心."

고 한 것은 하나인 마음의 근원성·포괄성·보편성을 강조한 것이다. 가히 「시천주」와 화쟁의 비밀은 일심에 있다 하겠다.

### 2) 신성과 이성의 통합

수운과 원효의 실천론은 수운 심법의 키워드인 '오심즉여심'이나 원효의 '일체유심조'에 나타나는 바와 같이, 신성과 이성의 통합에 기초해 있다. 수운의 「시천주」 사상과 원효의 화쟁사상이 우주만물을 전일성의 현시로 본 이면에는 일심의 근원으로 되돌아가 성속일여聖俗一如의 세계를 구현하려는 이들 사상의 실천 원리가 담겨져 있다. 동귀일체의 요체인 수심정기와 귀일심원의 요체인 지행·관행은 의식의 자기 확장을 통한 영적 진화의 단초가 되는 것으로 우주 '한 생명'에 대한 자각적 실천의 나타남이다. 인간은 자기 내부의 신성(한울···一心)에 대한 자각을 통해서만이 우주만물의 근원에 대한 믿음과 맡김, 우주만물에 대한 존중과 사랑이 일어날 수 있다. 다시 말해서 내재적 본성인 신성을 자각하게 되면 권력·재물·명예·인기와 같은 허상에 좌우되지 않고 실체를 지향하는 삶을 살 수 있게 되는 것이다. 부처나 예수와 같은 성인이 이 세상에 온 것도 바로 우리 내부의 신성에 눈뜨게 함으로써 빗나긴 길을 가지 않도록 하기 위한 것이었다. 수운의 「시천주」 논의나 원효의 일심이문에 대한 논의는 우주의 실체가 의식이고 그 의식은 존재와 둘이 아니라는 점에서 내재적 본성인 신성 회복을 통하여 평등무이한 지상천국을 건설하는 데 그 목적이 있다.

이렇게 볼 때 수운과 원효의 실천적 논의의 핵심은 한마디로 신성과 이성의 통합이다. 인간 본질의 양극성에 기반된 현상계는 필연적으로 신적 인식과 인간적 인식 사이에 놓이게 되므로, 신성과 이성의 통합적 의미를 알기 위해서는 신성과 이성이 구체적인 역사의 장에서 어떻게 발현되었는지를 간략하게나마 고찰할 필요가 있다. 우선 상고 및 고대 일부의 제정 일치 시대에는 정치적 군장이 곧 제사장으로서 정신적 권위와 세속적 권위가 구분되지 않고 신성과 이성이 통합된 형태로 나타났다. 그러나 중세 초기에 이르러 로마의 그리스도교가 콘스탄티누스(Constantinus) 대제에 의해 공인되고 테오도시우스(Theodosius) 1세에 의해 394년에 국교로 채택된 이후 신국과 지상국가에 관한 이원적 견해가 등장하게 된다. 중세 초기 교부철학의 대표자인 아우구스티누스(Aurelius Augustinus)의 『신국론神國論』에 나타난 양검론兩劍論은 세속적 권위에 대한 신적 권위의 가치성을 정립한 것이다. 중세 봉건제가 확립되고 그리스도교가 중세의 지배적 이데올로기가 되면서 신적 권위와 세속적 권위에 관한 이원적 견해는 스콜라철학의 대표자인 토마스 아퀴나스(Thomas Aquinas)의 『신학대전神學大全(Summa Theologica)』에서 체계화된다. 그것은 바로 중세 그리스도교적 보편사회로의 통일이다. 이렇게 해서 이성에 대한 종교의 학대가 만연하게 되었다. 유럽의 근대사는 인간적 권위와 신적 권위의 회복을 각기 기치로 내건 르네상스와 종교개혁에서 시작되었다. 1517년 마르틴 루터(Martin Luther)의 95개조 반교황선언문을 봉화로 시작된 종교개혁은 양검론에 의거하여 정신적 권위와 세속적 권위를 구분하고 양 권위의 영역의 한계를 설정하여 독립된 정치적 권위를 인정함으로써 중세 그리스도교적 보편사회의 모순적 속성으로부터 일탈하고자 했다. 르네상스와 종교개혁의 정치사상사적 의의는 신적 권위에 대한 세속적 권위의 가치성을 정립함으로써 근대 민족국가의 형성을 촉진시킨 데 있다. 이러한 양검론은 데카르트(Rene Descarte)의 합리주의 철학에 이르러서는 정신과 물질이라는 극단적인 이원론의 공식화를 초래하게 되고 나아가 근대과학의 탄생과 더불어 물질문명의 비약적인 진보를 이루는 계기가 되었다. 이제 이성은 스스로를 신성으로부터 분리시킴으로써 과학은 신에 대한 보복을 감행하게 되고 드디어는 이성에 의한 신성의 학대가 만연하게 되었다.

신성과 이성이 조화를 이루었던 제정 일치 시대, 세속적 권위에 대한 신적 권위의 가치성이 정립된 중세 초기, 신성에 의한 이성의 학대가 만연했던 중세, 신적 권위에 대한 세속적 권위의 가치성이 정립된 근세 초기, 이성에 의한 신성의 학대가 만연했던 근대 물질문명의 시대에 이어, 이제 인류가 지향할 바는 무엇인가. 곰팡이 슨 문화와 사상이 난무하는 시대, 기술과 도덕 간의 심연 속에서 이제 우리는 다시 인간을 찾아야 한다. 이는 곧 제2의 르네상스이다. 종교 이기주의와 세속화·상업화·기업화로 삶의 향기를 잃어버린 시대, 이성과 신성 간의 심연 속에서 이제 우리는 다시 신을 찾아야 한다. 이는 곧 제2의 종교개혁이다. 잃어버린 우리 영혼의 환국桓國, 홍익인간의 이념으로 환하게 밝은 정치를 하는 나라인 우리 민족의 환국, 나아가 우리 인류의 환국을 찾기 위하여, 미완성으로 끝나버린 서구의 르네상스와 종교개혁을 완수해야 한다. 서구의 르네상스와 종교개혁이 신 중심의 세계관에서 인간 중심의 세계관으로의 이행을 촉발함으로써 유럽 근대사의 기점을 이루었다면, 제2의 르네상스, 제2의 종교개혁은 물질에서 의식으로의 방향 전환을 통해 지구촌 차원의 새로운 정신문명 시대를 여는 계기가 될 것이다. 따라서 유럽적이고 기독교적인 서구의 르네상스나 종교개혁과는 그 깊이와 폭이 다를 수밖에 없다. 그것은 전 인류적이요 전 지구적이며 전 우주적인 존재 혁명이 될 것이다.[151]

이제 우리 인류는 제2의 르네상스, 제2의 종교개혁을 통해 신성과 이성의 통합 시대를 열어야 할 시점에 와 있다. 기술과 도덕의 통합을 통한 인간적 권위의 회복을 의미하는 제2의 르네상스 그리고 이성과 신성의 화해를 통한 신적 권위의 회복을 의미하는 제2의 종교개혁은 동학의 인내천에서 하나가 된다. '사람이 곧 하늘'이니, 따로 이 신적 권위를 회복할 필요가 없는 것이다. 우리의 내재적 본성인 신성에 대한 주체적 자각이 있게 되면 신성과 이성의 통합은 저절로 일어나게 되고 따라서 신적 권위와 인간적 권위의 회복 또한 자연히 이루어지게 된다. 그렇게 되면 우주만물의 전일성과 생명의 유기성을 깨달아 순천의 삶을 지향하게 되는 것이다. 따라서 동학의 '인내천'·'오심즉여심'이나 원효의 '일체유심조'는 신성과 이성의 통합 시대를 여는 키워드라 하겠다. 지상천국의 문은 우리 모두가 신성의 자각적 주체가 될 때 비로소 들어갈 수 있는 문이다.

이렇게 볼 때 수운의 「시천주」 도덕과 원효의 대승 윤리는 개인 철학인 동시에 국가의 통치 철학이라 하겠다. 우리의 마음이 순수하게 도에 계합되어 무위이화의 덕을 지켜나가게 되면, 무위이나 사실에 있어서는 무불위無不爲인 통치를 하게 되는 것이고, 따라서 최고도로 유능한 정부가 되지만 그러한 유능함은 백성들에게는 인식되지 않는

---

151 제2의 르네상스, 제2의 종교개혁에 대해서는 拙著,『直接時代』, 서울: 도서출판 범한, 2001; ___,『새벽이 오는 소리』, 서울: 도서출판창해, 2002; ___,『世界人 張保皐와 地球村 經營』, 서울: 도서출판범한, 2003 참조.

까닭에 모두가 저절로 그렇게 되었다고 생각하게 되는 것이다. 이렇게 되면 지배와 복종의 관계라고 하는 것도 사실상 종적인 관계라 할 수 없으며, 치자와 피치자의 구분 자체도 의미를 상실하게 되어 평등무이의 세계가 그 모습을 드러내게 된다. 수운과 원효의 상덕上德에 대한 인식은 노자가 『도덕경』 38장에서 '상덕무위이무불위上德無爲而無不爲'152라고 한 것과 그 맥을 같이 한다. 함이 없으면서도 하지 않음이 없게 되는 이른바 '무위이무불위'의 경지를 말함이다. 따라서 수운과 원효에게 있어 최상의 정치 형태는 '무위자화無爲自化'의 그것인 것으로 나타난다. 이상적 위정자가 될 수 있기 위하여서는 무위이화의 덕을 지녀야 한다는 것이다. 그것은 곧 신성과 이성의 통합을 통하여 이루어진다.

## 3. 문명의 전환과 존재론적 통일사상

그러면 문명의 대전환기를 맞고 있는 현 시점에서 이들 사상이 갖는 존재론적 함의는 무엇인가. 우주과학적 측면에서 보면, 우주 질서 속에서 지구 문명은 물고기 별자리인 쌍어궁雙魚宮 시대에서 물병 별자리인 보병궁寶甁宮 시대를 맞이하고 있으며, 많은 사람들은 새 시대가 근본적인 '패러다임 전환(paradigm shift)'을 가져올 것이라고 예측한다. 물병 별자리가 바로 '공空'을 상징함은 우연이 아닐 것이다. 이는

---

152 cf. 『道德經』 48章: "爲學日益 爲道日損 損之又損 以至于無爲 無爲而無不爲." "學問을 하면 날로 늘고, 道를 행하면 날로 준다. 줄고 또 줄어서 더 이상 人爲的인 것이 남지 않은 데까지 이르면, 함이 없으면서도 하지 않음이 없게 된다."

곧 지식 차원의 좌뇌左腦 주도 시대에서 초지超知의 우뇌右腦 주도 시대로의 이행을 의미한다. 좌뇌 주도 시대가 에고 차원의 물리 시대라면, 우뇌 주도 시대는 우주 차원의 공空 시대다. 여기서 '공空'은 모든 형상을 일으키는 살아 있는 공空으로, 무궁무진한 생명력을 가진 '허虛'나 '도(한울…一心)'와 같은 것이다. '대소'는 물질적 차원의 개념이지만 '공'은 의식적 차원의 개념이다. 물질 시대에서 의식 시대로의 패러다임 전환의 단초가 여기에 있다.

이러한 전환은 과학과 신의 운명적인 만남을 통하여 이루어진다. 과학과 신의 관계는 곧 이성과 신성의 관계요 물질과 정신의 관계다. 물질과 정신을 뚜렷하게 구분되는 두 개의 독립된 영역으로 간주하던 근대 과학이, 20세기에 접어들어 실험 물리학의 발달로 물질[色·有]의 궁극적 본질이 비물질[空·無]과 둘이 아님을 밝혀내면서 물질과 정신이 하나임을 과학 스스로 천명한 것은 소위 과학적 합리주의라는 이름으로 물질만능주의를 초래한 근대 서구적 가치관과 세계관에 있어서의 일대 지각변동이다. 이렇게 볼 때 패러다임 전환의 요체는 정신과 물질의 합일, 즉 신성과 이성의 통합에 있다. 정신과 물질, 신성과 이성, 본체와 작용을 관통하는 원리가 바로 일심, 즉 한울이다. 그런 점에서 수운의 「시천주」 사상과 원효의 화쟁사상은 진정한 문명을 개창하는 원리를 제공한 것이라 하겠다.

진정한 문명이란 무엇인가? 그것은 한마디로 실체를 지향하는 문명이다. 물신 숭배에 기초한 문명이 아니라 순수의식을 지향하는 문명이다. 생명과 사랑의 문명이다. 종교적 진리가 개개인의 삶 속에 구현되는 문명이다. 삶의 도, 종교의 도, 학문의 도가 하나인 문명이다. 삶과 죽음의 저 너머에 있는 문명이다. 진정한 문명은 내재적 본성인 신성(한울·一心)에 대한 깨달음에서 시작되어야 한다. 그것은 곧 우주만물의 전일성과 생명의 유기성을 깨닫는 것으로 이는 수운의 「시천주」논의와 원효의 일심이문에 대한 논의의 중핵을 이루고 있다. 그러기 위해서는 '나'라는 에고가 사라져야 한다. 그러나 전체와 분리된 '나'라는 에고는 환상에 불과하며 실재하는 것이 아니니, '사라져야 한다'는 말은 적절하지 않을지도 모른다. 그럼에도 실재한다고 착각하고 있으니 착각하는 그 마음이 사라져야 한다는 것이다.

"나는 생각한다. 고로 나는 여기에 존재하지 않는다."

베트남 승려 틱낫한의 이 말은 문명의 새로운 장을 여는 현 시점에서 음미해 볼 만하다. 생각하고 또 생각하여 생각이 끊어지면, '나'라는 에고는 더 이상 여기에 존재하지 않는다. '나'가 존재하지 않으니 이 세상에 '나' 아닌 것이 없고, 일체가 평등무차별하게 되는 것이다. 에고가 사라지면 이 세상 모두가 자기 자신이라고 느낌으로써 걸림이 없는 의식에 이르게 된다. 이른바 '무리지지리無理之至理 불연지대연不然之大然', 즉 여실한 대긍정의 경지다. 이는 원효의 대승적 윤리관과 수운의 불연기연적 세계관이 지향하는 바이다. 인간은 우주라는 생명의 피륙의 한 올이다. 우주의 본질이 생명이며, 그 진행 방향이 영적 진화이고, 궁극적으로는 영혼의 완성에 이르게 하는 것이 우주의 목적이라는 사실을 알지 못하고서는 우리가 어디에 있는 어떠한 존재인지, 어떤 목적을 위해 존재하는지를 알 수 없다.

이제 새로운 문명은 '참자아'에 대한 깨달음에서 시작해야 한다. 이 세상에서 새로이 이룰 것은 아무것도 없다. 단지 인간 본래의 자성을 회복하는 일만이 있을 뿐이다. '참나'와 만나는 일 외엔 아무 것도 없다. '참나'와 만나기 위해 인류는 그토록 멀고도 험난한 길을 달려왔다. 역사상 그 무수한 국가의 명멸과 문명의 부침浮沈과 삶과 죽음의 투쟁, 그 모든 것은 '참나'와 만나기 위한 과정이요, 국가·민족·인종·종교·성·계급 간의 경계를 넘어 인류가 하나임을 인식하기 위한 시험의 관문이었다. 삶과 죽음, 전쟁과 평화, 빛과 어둠, 기쁨과 슬픔, 사랑과 증오, 건강과 병, 맑은 하늘과 태풍 등의 대조적 체험을 통해 우리의 영혼은 더욱 맑고 밝고 확대되고 강화되게 된다. 그리하여 마침내 이들이 모두 하나라는 인식에 이르게 된다. '참나'는 이 우주를 포괄하는 전체다. '참나'로 가는 길이 곧 동귀일체요 귀일심원이다.

『아함경阿含經』에서 고타마 붓다는 말한다.

'존재의 집으로 가는 옛길'을 발견했노라고.

「요한복음」(14:6)에서 예수 그리스도는 말한다.

"나는 길이요 진리요 생명이니, 나로 말미암지 않고서는 아버지께로 갈 자가 없느니라."

「브리하드 아라냐까 우파니샤드(Brihad-aranyaka Upanishad)」(4.4.4)에서는 말한다.

"보일 듯 말 듯 저 멀리 뻗어나간 그 옛길을 나는 마침내 발견했나니…이 길을 따라…해탈에 이른다.

『바가바드 기타(The Bhagavad Gita)』(5.6)에서는 말한다.

"…지혜로운 자는 순수하고도 헌신적인 행위의 길을 통해 곧 브라만(Brahman)에 이르게 될 것이다."

여기서 길은 모두 '참나'로 가는 길이다. '참나'로 가는 길은 신성 회복으로의 길이요, 이는 곧 신(한울…一心…하나님)으로 가는 길이니, '참나'는 생명이요 사랑이며 진리이다. 그런데 진리는 오직 마음에서 마음으로만 전달할 수 있으며, 문자란 달을 가리키는 손가락에 불과하다. 우리 민족의 3대 경전 중 하나인 『삼일신고三一神誥』에서는 자성에 대한 직관적 지각을 통해 한얼[한울·一心], 즉 '하나'님[天·純粹意識·宇宙意識·全體意識]과 만날 수 있음을 말해 준다. "자성구자自性求子 강재이뇌降在爾腦" 즉 "자신의 성에서 씨를 구하라. 이미 네 머릿골에 내려와 있느니라."가 바로 그것이다. 여기서 씨(子)는 '하나'님의 씨앗이다. 인간의 중심에 내려와 계신 '하나'님은 씨앗(子)으로 존재하는 '하나'님으로 진성眞性이다. 해월이 '시천'을 '양천'으로 풀이한 것은 씨앗으로 존재하는 '하나'님을 양養해야 한다는 의미이다. 마치 비가 대지를 고루 적시지만 만 가지 풀이 각기 다르게 꽃을 피우듯, 우주만물에 '하나'님의 씨앗이 고루 내재해 있지만 그 씨앗을 양하고 양하지 않음에 따라 다르게 나타나는 것이다. '하나'님에 대한 인식은 이성의 영역인 좌뇌에 의해서가 아니라 직관의 영역인 우뇌의 작용에 기인한다. 그것은 곧 우주 순수의식이 우뇌로 연결되어 있음을 의미한다. 『명심보감』에는 "천망회회天網恢恢 소이불루疎而不漏" 즉 "하늘의 그물은 넓고 넓어서 보이지는 않으나 새지 않는다."라고 나와 있다. 우주의 실체는 의식이며, 우주 순수의식은 바로 이 우주가 만든 통신선을 통해 우뇌로 연결된다. 그것의 요체는 마음을 비우는 데 있다. 에고가 사라짐으로써 저절로 작동하게 되는 것이다. 따라서 경전의 내용을 문자로 해독하려 한다면 진실은 결코 그 모습을 드러내지 않을 것이다.

부처가 무엇이냐는 제자의 물음에 운문선사雲門仙師는 '말라비틀어진 똥막대기'라고 했다. 현실 속에서 열과 성을 다하지 못하는 사람이 관념 속의 부처에 매달리는 것을 경계하라는 의미다. 현실에서 '성경 이자'를 지켜내지 못하는 사람이 '일심'이나 '한울'을 논하는 것도 이와 같다. 수운과 원효가 사용한 말은 단지 침묵을 전하기 위한 방편이었고, 이들의 형상은 단지 무형상의 세계를 나타내 보이기 위한 방편에 불과하다. 이러한 진의를 읽지 못하고 이들의 말이나 형상에 집착하는 것은 곧 말라비틀어진 똥막대기에 매달리는 것이나 다름없다. 무극대도의 세계란 '나'를 잊고 '나'를 잃지 않음으로써, '나'와 '너', '이것'과 '저것'의 경계가 사라지고 존재계와 하나가 됨으로써 닿을 수 있는 순수의식의 영역이다. 밝고 투명한 깨어 있는 의식으로서만 진입할 수 있는 영역이다.

문명의 대전환이라는 맥락에서 볼 때 수운과 원효의 사상은 새로운 문명의 패러다임, 즉 전일적인 새로운 실재관(vision of reality)을 제시함으로써 서구의 '기계론적' 세계관의 근저에 있는 가치체계의 한계성을 극복할 수 있게 한다는 점에서 서구적 근대의 극복으로서의 의미가 있다 하겠다. 그것은 한마디로 생명 경외 사상에 입각하여 우주자연-인간-문명이 조화를 이루는 상생의 삶을 구현하는 것이다. 공동체적 삶의 중요성이 간과되어 온 지식 차원의 좌뇌 주도 시대와는 달리, 초지超知의 우뇌 주도 시대에는 만물의 교직성交織性과 상호의존성을 직시함으로써 공동체적 삶의 중요성을 인식하게 되고 따라서 진정한 복지사회의 구현 또한 가능하게 된다. 말하자면 천지비괘天地否卦인 음양상극의 선천 시대와는 달리 지천태괘地天泰卦의 새 시대는 음양지합의 시대요 상생조화의 시대다. 수운이 말하는 새로운 성운의 시대, 후천 오만년은 바로 이를 두고 하는 말이다.

## V. 결론

이상에서 화쟁의 논리에 기반한 원효사상과 불연기연의 논리에 기반한 수운사상의 본질을 통일과 평등의 원리라는 측면에서 살펴보고, 문명의 대전환기를 맞이하여 이들 사상이 갖는 존재론적 함의에 대해 구명해 보았다. 수운이 「논학문」에서 '도즉동道則同 이즉비理則非'라고 했듯이, 수운과 원효의 도 역시 하나이나 그 이치를 밝혀냄에 있어서는 서로 다른 것이다. 필자는 수운과 원효 이들 두 사람의 사상의 본질을 회통시키는 과정에서 이들 사상이 함유하고 있는 진의를 보다 명료하게 읽을 수 있었다. 구체적으로 살펴보면, 수운의 「시천주」 도덕과 원효의 대승 윤리, 수운의 '오심즉여심'과 원효의 '일체유심조', 수운의 천天과 원효의 일심一心, 수운의 불연기연의 논리와 원효의 화쟁의 논리· '무리지지리無理之至理 불연지대연不然之大然'의 논리, 수운의 불연기연적 세계관과 원효의 대승적 윤리관·연기적 세계관, 수운의 불연기연과 원효의 본각·불각, 수운의 내유신령·외유기화와 원효의 일심이문(眞如門·生滅門), 수운의 수심정기와 원효의 지행·관행, 수운의 성경誠敬과 원효의 보시·지계·인욕, 수운의 동귀일체와 원효의 귀일심원 등이 그것이다.

수운과 원효의 사상의 본질이 통일과 평등의 원리에 기초해 있다고 하는 것은 일심법(한울의 法)이 이들의 사상을 관통하고 있기 때문이다. 이에 대해서는 원효가 개합의 논리를 이용하여 본체와 작용의 관계를 일심법으로 논하고 있거니와,[153] 의암 또한 「무체법경」에서 개합의 논리를 이용하여 이를 명쾌하게 보여 준다.[154] 말하자면 일즉다一卽多요 다즉일多卽一이다. 거울에 비친 형상과 거울을 분리시킬 수 없듯이, 마음의 거울에 비친 만상과 마음을 분리시킬 수 없다. 그래서 '만법귀일萬法歸一'이라고 한 것이다. 『열반종요涅槃宗要』에서는 일심의 체體가 이분법적 사유체계를 초월해 있음을 명징하게 보여 준다. "일심의 체體는 인因도 아니고 과果도 아니므로 상常도 아니고 무상無常도 아니다. 만약 마음이 인이라면 과를 지을 수 없고, 과라면 인을 지을 수 없다. 그런데 일심一心은 인도 아니고 과도 아니므로 인을 짓기도 하고 과가 되기도 하며, 또한 인의 인을 짓기도 하고 과의 과가 되기도 한다. 그러므로 불성에는 인도 있고 인의 인도 있으며, 과도 있고 과의 과도 있는 것이다."[155] 말하자면 일심의 성이 둘이 아니고 다만 제문諸門에 의지하여 이 일성一性을 나타낸 것이다. 우주만물이 곧 일심의 화현化現이라는 뜻이다. 일체의 사상과 종교를 회통시킬 수 있는 근거가 여기에 있다. 앞서 살펴본 바와 같이 수운과 원효의 사상은 『천부경』·『삼일신고』·『참전계경』·『역경』·『도덕경』·『성경』·『우파니샤드』·『바가바드 기타』 등과도 회통되고 있음을 알 수 있다.

수운의 「시천주」 사상과 원효의 화쟁사상은 단순히 외래 사상을 모방한 것이거나 수용한 것은 결코 아니며 어디까지나 단군 이래로 면면히 이어져 온 민족 정신의 맥을 살려 주체적으로 개조·통합·완성하여 토착화시킨 것이다. 원효(617-686)가 7세기 삼국통일을 전후한

---

153 『金剛三昧經論』, 130쪽.
154 『天道教經典』 「無體法經」, 437쪽.
155 『涅槃宗要』, 66쪽: "一心之體非果故非常非無常 若心是因不能作果 如其是因不能作果 良由一心非因非果故得作因亦能爲果 亦作因因及爲果果 故言佛性者有因有因因有果有果果."

시기에 신종교 운동·신사회 운동을 통해 삼국통일의 철학적·사상적 기초를 마련했다면, 수운 최제우(1824-1864)[156]는 19세기 서세동점의 시기에 민중에 기초한 아래로부터의 근대적 민족국가 형성의 철학적·사상적 토대를 마련하였다. 원효는 한편으론 비종파주의적 전제에 입각하여 경·율·론의 삼장 전체를 섭렵하고 불가의 철학적 두 대종인 공론과 유론을 관통하는 원융회통의 사상을 정립시킨 위대한 종교 지도자요 혁명적 사상가이며 또한 대논사로서, 다른 한편으론 성속일여의 정신을 몸소 구현하여 '일체무애인一切無碍人 일도출생사一道出生死'의 뜻을 담은 무애가無碍歌를 지어 부르면서 두타행頭陀行으로 천촌만락千村萬落을 주행하며 이를 유포시켜 대중을 불법에 귀의하게 만들었던 진속원융무애론자眞俗圓融無碍論者로서, 그는 일체의 형식적이고 교조적인 낡은 종교적 관습에서 벗어나 모든 중생과 하나가 되어 중생 교화의 이상을 실천하고자 했던 것이다. 이러한 중생 교화의 실천에 있어 그는 신라인과 고구려·백제 망민을 결코 차별하지 않았다. 이는 바로 그의 화쟁총화정신和諍總和精神의 발로요 화쟁사상의 실천이었던 것이다. 한편 수운은 1855년「을묘천서」를 받는 이적을 체험하고 1860년 경신 4월 5일 후천 오만년을 펼칠 '금불문고불문 금불비고불비'의 '만고 없는 무극대도'를 각득한 동학의 창시자요 혁명적 사상가이며 또한 대신사로서, 다른 한편으론「시천주」를 몸소 체득하여 '보국안민 포덕천하 광제창생'의 기치를 내걸고 양반 지배층을 대체할 보국의 주체로서의 근대적 민중의 대두를 촉발시키고 근대적 민족국가 형성의 사상적 토대를 마련한 시대적 선각자요 위

---

156  초명은 福述·濟宣이었으나 35세 때 어리석은 세상 사람을 구제하겠다는 결심으로 스스로 濟愚로 고쳤음.

대한 민족 지도자로서, 그는 만인이「시천주」의 주체로서의 자각을 통해 다 같은 군자로서 거듭날 수 있게 하고 또한 천하를 만인의 공유물로 생각하게 함으로써 민중 정치 참여의 전기를 마련하고자 했던 것이다. 귀천·빈부·반상·적서 등 일체의 봉건적 신분 차별이 철폐된 무극대도의 세계, 그것은 바로 그의「시천주」도덕의 실천이었던 것이다.

수운과 원효의 사상은 오늘날 백가쟁명百家爭鳴의 사상적 혼란을 겪고 있는 우리에게 시사하는 바가 실로 크다. 오늘날 남북 간에 실질적인 교류 협력 관계가 여전히 정립되지 못하고 있는 것은 북한 사회의 폐쇄성이나 우리 내부의 사회·정치적 조건과 국제 환경 또는 정치지도자의 사명의식 결여 등을 들 수 있겠으나, 이 문제를 보다 근원적으로 고찰해 보면 무엇보다도 우리 민족 내부의 사상적 혼란으로 인한 민족 동질성의 훼손과 그로 인한 심리적 간극이 주요 원인이라는 것을 알 수 있다. 그렇다면 이분법적인 냉전 사고에서 벗어나는 것이 무엇보다 급선무일 것이다. 그렇다고 이념의 개방화만으로 모든 문제가 해결될 수 있는 것은 아니다. 오히려 그와 같은 개방화는 새로운 대체 이념이 존재하지 않을 경우 이념의 부재 현상을 낳을 수도 있기 때문이다. 그러면 우리 민족 사회 내부의 불화와 분열은 어떻게 치유될 수 있을 것이며, 이 시대 우리 민족의 평화와 통일과 번영을 위한 정치 이념은 무엇인가. 그것은 이념 아닌 '지극한 이념', 말하자면 여실한 이념이어야 할 것이다. 특정 이념 그 자체에 대한 맹신은 마치 지도를 영토 그 자체라고 생각하는 것과 같은 이치다. 수운의「시천주」와 원효의 화쟁회통의 이념이야말로 가히 여실한 이념이라 할 것이다.

이렇듯 수운과 원효의 사상은 우리 민족이 사상적 이질성을 초월하여 민족 통합을 이룩하고 나아가 평등하고 평화로운 세계를 창조하는 토대가 될 수 있다. 말하자면 사상이나 계급, 인종에 편벽하여 구애됨이 없는 에큐메니컬(ecumenical)한 정신을 이끌어 냄으로써 모든 정치사회를 관통하는 회통의 정치이념과 조우遭遇할 수 있게 한다. 그럼에도 이들의 사상이 오히려 고원孤遠하게만 느껴지는 것은 아마도 우리 시대의 도덕적 타락이 너무 깊기 때문인지도 모른다. 진리가 언어로써 전달될 수 없다고 하는 것은 우리 인류가 지난 2,000여 년 동안 합리적 지식이 엄청나게 늘어났음에도 불구하고 별로 더 현명해지지 못했다는 사실로써 입증이 되고도 남는다. 그것은 편착이 낳은 분별지로 인해 진리가 가려진 까닭이다. 일체의 미망은 모두 여기에서 비롯되며 그로 인해 상호각쟁을 일삼게 되는 것이다. 현재 지구촌에서 진행 중인 분쟁의 가장 커다란 비중을 차지하는 종교 분쟁도 인류가 「시천주」의 자각적 주체가 되면-일심법을 깨닫게 되면-종식될 것이다. 우리 시대가 이들의 사상을 최대한 수용할 수 있도록 진력해야 하는 것은 이 때문이다.

수운과 원효의 사상은 한마디로 인간의 신성 회복을 통해 인간의 삶을, 이 세상을 근본적으로 바꾸기 위한 것이다. 그것은 기존의 낡은 교의나 철학을 떠나 있으며, 에고(ego, 個我)가 만들어 낸 일체의 장벽을 해체할 것을 선언한다. 그것은 우주 '한생명'에 대한 선언이요, 영원에 대한 갈파이며, 미망의 삶을 잠재우는 진혼곡이요, 진정한 문명의 시작을 알리는 신곡神曲이다. 수운과 원효의 '신곡'이야말로 '한국산 정신문화'의 수출 품목 제1위가 되어야 하지 않을까?

# 수운의 후천개벽과 에코토피아 (Ecotopia)

## I. 서론

 본 연구는 수운 최제우의 후천개벽後天開闢과 그 본질에 내재된 에코토피아적 지향성을 살펴보고 아울러 그러한 지향성이 서구적 근대의 초극超克이라는 테제에 유효한 기제로서 작용할 수 있는지를 구명究明하며, 나아가 그것이 생명 시대의 개창 원리로 자리매김할 수 있는지를 밝히기 위한 것이다. 여기서 에코토피아(ecotopia)는 '주거지, 집'을 뜻하는 그리스어 'oikos'에서 유래한 'ecology'와, '없음'을 뜻하는 그리스어 'ou'와 '장소'를 뜻하는 그리스어 'topos'가 합쳐진 데서 유래한 'utopia'의 합성어로, 생태적 이상향을 의미한다.

 그러면 수운의 후천개벽의 요체는 무엇인가. 수운의 『용담유사龍潭遺詞』「용담가龍潭歌」에 나오는 '개벽 후 오만년'은 '선천先天 오만년'을, '오만년지 운수'는 '후천後天 오만년'을 일컫는 것으로, 「검결劍訣」에서는 후천 오만년 대운大運을 '오만년지 시호時乎'라고 하고 있다.[1]

---

1 『龍潭遺詞』「龍潭歌」, "기장하다 기장하다 이내 운수 기장하다 한울님 하신 말씀 개벽

선천개벽先天開闢이 하늘과 땅이 열리는 무위無爲의 천지창조라면, 후천개벽은 「시천주侍天主」를 통해 사람과 하늘이, 유위有爲와 무위無爲가 변증법적 통합을 이루어 새로운 하늘과 땅을 창조하는 '다시개벽'이다. 시작도 끝도 없는 영원한 '하나', '명名'과 '무명無名'의 피안에서 본체와 현상을 모두 포괄하는 그 '하나'를 '모심'(侍天主)으로써 이성과 신성, 내재와 초월, 자유의지와 필연의 이분법적 경계가 사라지고 하나의 진리가 드러나게 되면 인위人爲의 사회개벽과 무위자연無爲自然의 천지개벽의 구분 또한 의미를 상실하게 된다. 왜냐하면 불연不然의 본체계本體界와 기연其然의 현상계現象界를 상호 관통相互貫通하게 되면 불연과 기연이 본래 하나임을 알게 되기 때문이다. 다시 말해서 무궁한 한울의 조화를 깨닫게 되면 조물자인 한울과 그 그림자인 인간이 분리될 수 없는 하나라는 사실을 직시함으로써[2] 천시天時와 인사人事가 조응하고 있음을 알게 되기 때문이다.

수운의 후천개벽이 본질적으로 에코토피아적 지향성을 띠는 것은 생태학과 영성 간의 심오한 연계에 기인하는 것이다. 생태적 자각이란 혼원일기混元一氣로 이루어진 생명의 유기성과 상호 관통을 직관적으로 깨닫는 것이라는 점에서 본질적으로 영적이며, 이는 인내천의

---

후 오만년에 네가 또한 첨이로다.";『龍潭遺詞』「龍潭歌」, "무극대도 닦아내니 오만년 지 운수로다 만세일지 장부로서 좋을시고 좋을시고 이내 신명 좋을시고.";『龍潭遺詞』「劍訣」, "시호시호 이내 시호 부재래지 시호로다 만세일지 장부로서 오만년지 시호로다." 先天과 後天의 구분은 우주의 1회전 기간을 둘로 나누어 宇宙曆 전반 6개월을 先天, 후반 6개월을 後天으로 보는 데서 나온 것으로 우주의 1개월이 지구의 易으로 1만 8백 년이라고 하니 그 중 빙하기인 2만 9천 6백 년을 빼면 先·後天이 각각 5만 년이 된다고 한다. 12만 9천 6백 년의 천지개벽수 즉 우주 1년의 理數를 처음으로 밝혀낸 사람은 중국 宋代의 巨儒 邵康節(邵雍, 1011~1077)이다.

2 『龍潭遺詞』「興比歌」, "무궁한 그 이치를 불연기연 살펴내어…무궁히 알았으면 무궁한 이 울 속에 무궁한 내 아닌가."

요체라 할 수 있는 「시侍」가 함축하고 있는 세 가지 의미, 즉 내유신령內有神靈·외유기화外有氣化·각지불이各知不移 속에서 명징하게 드러난다. 인간의 신성神性(靈性)과 생명의 유기성有機性을 깨달아 순천順天의 삶을 지향한다는 것은 우주적 본성의 자리를 지키는 동시에 혼원일기混元一氣로 이루어진 우주 '한생명'에 대한 자각적 실천의 나타남이며, 이는 곧 더불어 사는 삶을 실천하는 것이다. 즉 본래의 진여眞如한 마음을 지키고 기운을 바르게 하는 것이 동귀일체同歸一體의 요체라는 점에서 그것은 본질적으로 생태적이며 영적일 수밖에 없는 것이다.

이러한 수운의 에코토피아적 지향성은 서구적 근대의 초극超克이라는 테제에 유효한 기제로서 작용할 수 있다. 근대의 초극은 그 어떤 의미에서도 세력의 축의 단순한 이동이 아니다. 그것은 인간 중심주의가 초래한 근대의 역사적·사회적 상황의 초극이어야 하며, 구체적으로는 서구적 근대의 사상적 토대라 할 수 있는 자유민주주의와 자본주의는 물론 서구적 근대의 변종인 사회주의의 초극이라는 점에서, 정신·물질 이원론에 입각한 근대 문명의 자기 부정인 동시에 '패러다임 전환(paradigm shift)'을 내포하는 것이다. 이러한 근대의 초극이 단순한 선언적 의미로서가 아니라 세계사적인 실천으로 나타날 수 있기 위해서는 개인과 국가와 세계를 관통하는 새로운 세계관 및 역사관의 정립과 더불어 근대 초극의 방향과 방법에 대한 구체적인 논의가 필요하다.

생태주의는 지금 인류가 직면하고 있는 다차원적인 문제들이 기존의 낡은 패러다임으로서는 해결이 불가능하다고 보고 코페르니쿠스적 전환과도 같은 완전히 새로운 삶의 패러다임을 채택할 것을 요구한다. 그것은 정신·물질, 자연·문명, 생산·생존 이원론의 극복을 통하여 생산성 제일주의 내지 성장 제일주의적 산업 문명을 넘어서는 탈근대주의에 닿아 있다. 말하자면 근대 산업 문명의 폐해라 할 수 있는 국가·지역·계층 간 빈부 격차, 지배와 복종, 억압과 차별, 환경 파괴 등의 문제를 해결하고 공존의 대안적 사회를 마련하려는 모색의 중심에 생태주의가 자리잡고 있는 것이다.

근대의 역사적·사회적 상황을 어떤 방향으로, 또한 어떤 방식으로 초극할 것인가에 대해서는 다양한 논의가 있어 왔다. 정신과 물질, 부분과 전체, 주관과 객관을 분리시키는 근대 서구의 기계론적 세계관을 지양하고 세계관 형성의 기반 그 자체의 재건설과 새로운 인간의 자각적 형성을 위해서는 다양한 분야에서 생태학적 담론이 필요하겠지만, 그러한 이론적 논의가 실천적 차원으로 전개될 수 있기 위해서는 정치적 차원에서의 논의가 불가피하다는 것이 필자의 견해이다. 생태주의의 진정한 자기실현이 정치실천적 차원과의 연결을 전제로 하고 있음은 동학에서의 도덕과 정치의 묘합妙合에서도 분명히 드러난다.

오늘날 생태 정치학적 담론의 배경에는 이성理性과 영성靈性, 현상과 실재, 객관과 주관, 기술과 도덕, 보편성과 독자성 간의 심연深淵(abyss)이 자리잡고 있다. 이는 곧 지난 수백 년 간 서구 문화를 지배한 기초적 패러다임이 되었던 근대 서구의 세계관과 가치 체계의 근본적인 변화를 의미한다. 말하자면 근대 서구 사회의 형성과 기타의 세계에 심대한 영향을 끼쳤던 데카르트-뉴턴의 기계론적 세계관으로부터 전일적인 새로운 실재관-동양의 실재관-으로의 패러다임 전환과 그 맥을 같이 하는 것이다. 그런 점에서 수운의 후천개벽에 내재된 에코토피아적 지향성은 21세기 생명 시대生命時代[3]의 개창 원리라 할 만하다. 그러면 수운의 후천개벽부터 살펴보기로 하자.

## II. 후천개벽 : 유위와 무위의 변증법적 통합

### 1. 후천개벽의 본질과 그 의미

개벽이란 하늘이 열리고 땅이 열린다는 '천개지벽天開地闢'에서 유래한 말로서 쉬임없이 열려 변화하는 우주의 본성을 일컫는 것이다. 우주 1년의 이수理數를 처음으로 밝혀 낸 소강절邵康節[4]에 의하면 우주 1년인 12만 9천 6백 년 가운데 인류 문명의 생존 기간은 건운乾運의 선천先天 5만 년과 곤운坤運의 후천後天 5만 년을 합한 10만 년이며, 나머지 2만 9천 6백 년은 빙하기로 천지의 재충전을 위한 휴식기이다. 우주력宇宙曆 전반 6개월(春夏)을 생장生長·분열分裂의 선천 시대라고 한다면, 후반 6개월(秋冬)은 수렴收斂·통일統一의 후천 시대로 천지인天地人 삼재三才의 융화에 기초한 정음정양正陰正陽의 시대라고 할 수 있을 것이다. 선천 건도 시대는 천지비괘天地否卦(☷☰)인 음양상극陰陽相

---

[3] 여기서 '生命時代'라고 한 것은, 우주의 본질인 '生命'에 순응하는 시대라는 의미에서 이다. 말하자면 새 시대는 생명을 죽이는 시대가 아니라 생명을 살리는 시대, 즉 더불어 사는 삶을 실천하는 시대라는 의미에서이다.
[4] '앎은 강절의 지식에 있나니'라는 말처럼 '理氣之宗' 또는 '易의 祖宗'으로 일컬어지는 邵康節의 象數學說에 기초한 우주관과 자연철학은 周濂溪의 太極圖說과 더불어 동양 우주론의 바탕을 이루고 있다. 그의 사상은 『皇極經世書』를 통해 세상에 알려졌고, 朱子에 의해 性理學의 근본 이념으로 자리잡게 되었다.

魁의 시대인 관계로 민의民意가 제대로 반영되지 못하고 빈부의 격차가 심하며 여성이 제자리를 찾지 못하는 시대로 일관해 왔으나, 후천 곤도 시대는 지천태괘地天泰卦(☷)인 음양지합의 시대인 관계로 대립물의 통합이 이루어지고 종교적 진리가 정치사회 속에 구현되는 성속일여聖俗一如·영육쌍전靈肉雙全의 시대라고 할 수 있을 것이다. 수운은 선천의 분열 도수度數가 다하여 후천의 통일 도수가 밀려옴을 감지하고 후천개벽에 의한 무극대도無極大道의 세계를 펼쳐 보였던 것이다.

수운의 후천개벽은 유위와 무위가, 사람과 하늘이 변증법적 통합을 이루어 새 하늘과 새 땅을 창조하는 '다시개벽'[5]이다. 서양적 '유有'와 동양적 '무無'의 상즉상입相卽相入이요 과학과 신의 운명적인 만남이다. 정신개벽을 통하여 불연의 본체계本體界와 기연의 현상계現象界를 상호 관통하게 되면 불연과 기연이 본래 하나임을 알게 되고[6] 따라서 무위자연無爲自然의 천지개벽이 인위의 사회개벽과 둘이 아님을 알게 되는 것이다. 왜냐하면 정신개벽을 통하여 신인합일神人合一의 이치가 드러나고 인간이 소우주임이 밝혀지기 때문이다. 해월海月이 향아설위向我設位라고 하는 우주적 본성으로의 회귀를 강조한 것도 이 때문이다.

여기서 정신개벽과 사회개벽, 그리고 무위자연의 천지개벽이 분리될 수 없는 하나라고 한 것은 천시天時와 지리地理, 그리고 인사人事가

---

5 『龍潭遺詞』「安心歌」, "십이제국 괴질운수 다시개벽 아닐런가 요순성세 다시 와서 국태민안 되지마는 기험하다 기험하다 아국운수 기험하다." : 『龍潭遺詞』「夢中老少問答歌」, "천운이 둘렀으니 근심 말고 돌아가서 윤회시운 구경하소 십이제국 괴질운수 다시개벽 아닐런가."
6 『東經大全』「不然其然」, "付之於造物者 則其然其然 又其然之理." 즉 한울의 섭리에 부쳐 살펴보면 不然은 또한 其然이라는 뜻이다.

조응관계照應關係에 있기 때문이다. 우주 섭리의 작용과 인류 역사의 전개 과정이 긴밀히 연계되어 있다는 것은 우주만물의 생성·변화·소멸 자체가 모두 한울의 조화造化의 자취이며, 우주만물이 다 지기至氣인 한울의 화현化現이라는 점에서 분명히 드러난다. 세상 사람들이 우주 섭리와 인사人事의 연계성을 인식하지 못하는 것은 천지의 형체만을 알 뿐 그 천지의 주재자인 한울은 알지 못하는 데서 오는 것이다.[7] 한울의 법法은 인간의 일상사와는 무관한 허공에 떠 있는 그 무엇이 아니다. 자연 현상에서부터 인체 현상, 사회 및 국가 현상, 그리고 천체 현상에 이르기까지 그 어느 것 하나도 한울의 법에서 벗어나 있는 것은 없다. 한마디로 천지 운행 그 자체가 한울의 법이다.

따라서 후천개벽을 논하면서 인위의 정신개벽과 사회개벽만을 내세우거나 또는 무위자연의 천지개벽만을 내세운다면 우주만물의 상호 관통을 놓치게 됨으로써 후천개벽의 진실에 접근하지 못하는 결과를 초래하게 될 것이다. 흔히 후천개벽을 특정인 내지 특정 종교의 주장이나 사상으로 치부하는 것은 천지 운행의 원리를 알지 못하는 데서 오는 것이다. 그것은 일원一元인 12만 9천 6백 년이라는 시간대를 통해 우주가 봄·여름·가을·겨울의 '개벽開闢'으로 이어지는, 이른바 천지개벽의 도수度數에 따른 것이다. 말하자면 우주의 봄·여름인 선천先天 5만 년이 끝나고 우주의 가을이 되면 우주 섭리에 따라 후천개벽이 찾아오게 되는 것이다. 수운의 후천개벽 또한 이러한 천지개벽의 도수에서 벗어난 어떤 것을 주장하는 것은 결코 아니다. 그런 점에서 생生, 장長, 염斂, 장藏 4계절의 순환 원리로 원元, 회會, 운運,

---

[7] 『東經大全』「論學文」, "曰吾心卽汝心也 人何知之 知天地而無知鬼神 鬼神者吾也."

세世의 이치를 밝혀 12만 9천 6백 년이라는 우주 1년의 이수理數를 통해 소강절이 밝힌 천지 운행의 원리는 수운의 후천개벽을 연구함에 있어 음미해 볼 필요가 있다. 소강절의 표현대로 천문天文 그 자체가 역易이고 천지 운행의 원리가 상수象數에 기초해 있으니 이를 알지 못하고서는 후천개벽을 논할 수 없기 때문이다.

　소강절은 춘하추동의 생장염장生長斂藏의 이치를 통해 '원회운세元會運世'를 밝힘과 동시에 삼라만상의 일체의 변화를 꿰뚫고 있다. 천지의 시종始終은 1원元의 기氣이며, 1원은 12만 9천 6백 년이요 1원에는 12회會가 있으니 1회인 1만 8백 년마다 소개벽이 일어나고 우주의 봄과 가을에 우주가 생장·분열하고 수렴되는 선·후천의 대개벽이 순환하게 되는 것이다. 또한 1회에는 30운運이 있으니 1운은 360년이고 또 1운에는 12세世가 있으니 1세는 30년이다. 즉 1원에는 12회 360운 4,320세가 있는 것이다.[9] 우주력宇宙曆 12회에서 전반부 6회인 자회子會에서 사회巳會까지는 자라나고 후반부 6회인 오회午會에서 해회亥會까지는 줄어든다. 오회에 이르러 역逆이 일어나고 미회未會에 이르러 통일이 되는 것이다. 천개어자天開於子, 즉 자회子會에서 하늘이 열리고, 지벽어축地闢於丑, 즉 축회丑會에서 땅이 열리며, 인기어인人起於寅, 즉 인회寅會에서 인물人物이 생겨나는 선천개벽先天開闢이 있게 되는 것이다.[10] 성星의 76, 즉 인회寅會의 가운데에서 개물開物이 되는 것은

---

8　12會는 宇宙曆 12개월 즉 子會, 丑會, 寅會, 卯會, 辰會, 巳會, 午會, 未會, 申會, 酉會, 戌會, 亥會를 말한다. 每 會는 1만 8백 년으로 12會 즉 宇宙曆 1년(1元)은 12만 9천 6백 년이다. 邵康節은 『皇極經世書』, 「觀物內篇·10」벽두에서 日月星辰을 元會運世로 헤아리고 있다. 즉 "日은 하늘의 元으로 헤아리고, 月은 하늘의 會로 헤아리며, 星은 하늘의 運으로 헤아리고, 辰은 하늘의 世로 헤아린다(日經天之元 月經天之會 星經天之運 辰經天之世)"가 그것이다.
9　『皇極經世書』「纂圖指要·下」와「觀物內篇·10」.

1년의 경칩驚蟄에 해당하고, 315, 즉 술회戌會의 가운데에서 폐물閉物되는 것은 1년의 입동立冬에 해당한다.

소강절이 자회에서 하늘이 서북으로 기운다고 하고 축회에서 땅이 동남이 불만이라고 한 것은 천축과 지축이 기울어진 것을 말하는 것이다. 지축이 23.5도로 기울어짐으로 인해 양陽은 360보다 넘치고 음陰은 354일이 되어 태양·태음력의 차이가 생겨나게 된 것이다. 건운乾運의 선천 5만 년이 음양상극陰陽相剋의 시대로 일관한 것은 지축의 경사로 인해 음양이 고르지 못한 데 기인한다. 음양동정陰陽動靜의 원리로 이제 그 극에서 음으로 되돌아오면서 우주의 가을인 미회未會에서는 천지가 정원형으로 360이 되어 음양이 고르게 되는 후천개벽이 일어나게 되는 것이다. 이른바 지축이 바로선다는 것이 이를 두고 하는 말이다. 말하자면 우주의 시간대가 새로운 질서로 접어들면서 선천의 건운 5만 년이 다하고 곤운의 후천 5만 년이 열리게 되는 것이다. 수운이 "때로다, 때로다, 다시는 오지 않을 때로다."라고 한 것은 바로 이 미회를 두고 하는 말이다.

소강절이 『황극경세서黃極經世書』에서 원회운세元會運世의 수數로 밝히는 천지 운행의 원리는 천시와 인사가 조응照應하고 있음을 보여 준다. 「관물내편觀物內篇」에서는 회로 운을 헤아려 세수世數와 세갑자歲甲子를 나열하여 제요帝堯부터 오대五代에 이르는 역사 연표를 통해 천하의 이합치란離合治亂의 자취를 보여 줌으로써 천시가 인사에 징험徵驗되는 것을 나타내었고, 「관물외편觀物外篇·상하」에서는 운으로 세를 헤아려 세수와 세갑자를 나열하여 제요부터 오대에 이르는 전적典籍

---

10 『黃極經世書』「纂圖指要·下」.

을 통해 흥패치란興敗治亂과 득실사정得失邪正의 자취를 보여 줌으로써 인사가 천시에 징험되는 것을 나타내고 있다. 그리하여 그는 천지만물뿐 아니라 인사가 생장·분열과 수렴·통일을 순환 반복하는 원회운세라는 천지 운행의 원리와 상합相合하고 있음을 밝히고 있다.

천시와 인사의 조응관계는 "마치 형태가 있으면 그림자가 모이고 소리가 있으면 울림이 있는 것과 같다."[11] 말하자면 "천시가 인사에 말미암는 것이고 인사 또한 천시에 말미암는 것이다."[12] "시는 천이고 사는 인이다. 시가 동하면 사가 일어난다."[13] 인사와 천시의 상합은 본체계와 현상계를 회통시키는 수운의 불연기연적 세계관에서도 분명히 드러난다. 불연기연不然其然[14]은 체體로서의 불연不然과 용用으로서의 기연其然의 상호 관통에 대한 논리이다. 기연은 불연으로 인하여 존재하는 것으로 모두 불연의 투영에 지나지 않으며, 불연 역시 기연으로 인하여 존재하므로 기연과 둘이 아니다. 본체계와 현상계는 본래 하나인 것이다. 순천順天의 삶이란 인人이 시時에 머물러 같이 가며 하늘을 거스르지 않는 것으로, 이로써 하늘이 도와 길吉함이 있으며 이롭지 않음이 없게 되는 것이다.[15] 무릇 성인이란 나아갈 때와 물러날 때를 아는 사람이라고 한 것은 이를 두고 한 말이다.

수운의 후천개벽 또한 우주가 12만 9천 6백 년을 주기로 순환 반

---

11 『黃極經世書』「纂圖指要·下」, "時動而事起天運而人從, 猶形行而影會聲發而響."
12 『黃極經世書』「纂圖指要·下」, "天之時由人之事乎. 人之事有天之時乎."
13 『黃極經世書』「纂圖指要·下」, "時者天也. 事者人也. 時動而事起…."
14 수운은 인간의 지식과 경험으로는 분명하게 인지할 수 없는 세상 일에 대하여서는 '不然'이라고 말하고, 상식적인 추론 범위 내의 사실에 대하여서는 '其然'이라고 말하고 있다. 불연이 사물의 근본 이치와 관련된 超논리·超이성·직관의 영역이라면, 기연은 사물의 현상적 측면과 관련된 감각적·지각적·경험적 판단의 영역이다.
15 『黃極經世書』「纂圖指要·下」, "故聖人與天 行而不逆與時俱遊而不違是以自 天祐之吉無不利…."

복하는 천지 운행의 원리에 기초해 있다는 것은, 그가 천도天道를 '무위이화無爲而化'[16]라고 한 데서나, 『용담유사』「몽중노소문답가」와 「안심가」에 나오는 '윤회시운輪廻時運'이라는 말 속에서 명징하게 드러난다.[17] 그것은 수운의 '다시개벽'이 우주의 대운大運 변화의 한 주기週期에 해당한다는 것으로 이제 시운이 다하여 선천이 닫히고 후천이 새롭게 열린다는 의미를 함축하고 있는 것이다. 수운은 "십이제국 괴질운수 다시개벽 아닐런가."[18]라고 하여 그의 시운관時運觀이 쇠운衰運과 성운盛運이 교체하는 역학적易學的 순환사관循環史觀에 입각해 있음을 보여 준다. 수운은 당시의 시대상을 역학상易學上의 쇠운괘衰運卦인 '하원갑下元甲'에 해당하는 '상해지수傷害之數'로 파악하고, 곧 새로운 성운의 시대가 올 것임을 예견하고 있다. 「몽중노소문답가」에 "하원갑 지나거든 상원갑上元甲 호시절에 만고 없는 무극대도無極大道 이 세상에 날 것이니…"[19]라고 한 것이 그것이다.

후천개벽은 우주가 생生, 장長, 염斂, 장藏 4계절로 순환하는 과정에서 후천 가을의 시간대로 접어들면서 일어나는 대격변 현상이다. 다시 말해서 우주의 가을인 미회未會에서는 음양동정陰陽動靜의 원리에 의해 양의 극에서 음으로 되돌아오면서 지축 정립과 같은 대변혁 과정을 거쳐 천지가 정원형이 되어 음양지합陰陽之合이 이루어지게 되는 것이다. 수운은 새로운 성운의 시대를 맞이하여 만인이 한울의 마음

---

16 『東經大全』「論學文」.
17 『龍潭遺詞』「夢中老少問答歌」. "천운이 둘렀으니 근심말고 돌아가서 윤회시운 구경하소 십이제국 괴질운수 다시개벽 아닐런가."; 『龍潭遺詞』「勸學歌」, "차차차차 증험하니 윤회시운 분명하다."
18 『龍潭遺詞』「夢中老少問答歌」.
19 『龍潭遺詞』「夢中老少問答歌」.

을 회복하여 소아小我의 유위有爲가 아닌 대아大我의 무위無爲, 즉 천리天理를 따르게 되면 동귀일체同歸一體가 이루어져 후천개벽의 새 세상이 열리게 된다고 보았다. 말하자면 우주의 자정작용自淨作用의 일환인 천지개벽의 도수度數에 조응하여 인위의 정신개벽과 사회개벽이 이루어지게 되면 천지가 합덕合德하는 후천의 새 세상이 열리게 되는 것이다. 이렇게 볼 때 수운의 후천개벽의 논리가 변혁에 중점을 두고 인간의 주체적 역할을 강조하고 있다고는 하지만, 그의 시운관時運觀 역시 천시와 지리, 그리고 인사가 조응관계에 있음을 보여 준다.[20] 따라서 후천개벽은 단순히 정신개벽과 사회개벽을 통한 지구적 질서의 재편성이 아니라 천지 운행의 원리에 따른 우주적 차원의 질서 재편으로, 이를 통해 곤운坤運의 후천 5만 년이 열리게 되는 것이다.

## 2. 후천개벽의 혁명 원리

수운의 후천개벽의 혁명 원리는 한마디로 「시천주(한울님, 즉 '하나'님을 모심)」이다. 즉 시작도 끝도 없는 영원한 '하나',[21] '명名'과 '무명無名'의 피안에서 현상과 본체를 모두 포괄하는 그 '하나'를 모심이다. 그 '하나'를 모심으로써 내재와 초월, 작용과 본체, 자유의지와 필연

---

20 『東經大全』「論學文」, "故天有九星 以應九州 地有八方 以應八卦 而有盈虛迭代之數 無動靜變易之理."
21 우주만물의 創始創造와 생성, 변화, 발전, 완성의 원리를 밝힌 총 81자로 이루어진 우리 민족 으뜸의 경전인 『天符經』은 '一始無始一(하나에서 비롯되나 시작이 없는 하나이며)'로 시작하여 ' 一終無終一(하나로 돌아가나 끝이 없는 하나이다)'로 끝나는데, 여기서 '一' 즉 '하나'는 시작도 끝도 없는 영원한 '하나(님)'를 이름이다.

이 묘합妙合을 이루고, 천리天理에 순응하는 삶을 살게 되는 것이다. '하나'의 원리에는 귀천貴賤·빈부貧富·반상班常·적서嫡庶 등의 경계는 말할 것도 없고 생물과 무생물의 경계마저도 폐기시키는 혁명성이 내재해 있다. 우주만물에 편재遍在해 있는 근원적根源的 일자一者로서의 그 '하나'는 하나인 마음(一心)이다. 경천敬天은 허공을 향하여 상제上帝를 공경하는 것이 아니라 내 마음을 공경함이니, '오심불경즉천지불경吾心不敬卽天地不敬'이라고 한 것이다.22 일심一心은 만물만상을 포용한다. 이는 일심一心, 즉 한울의 근원성根源性·포괄성包括性·보편성普遍性을 나타내는 것이다. 이러한 한울의 마음(天心)을 회복하면 천시天時와 지리地理, 그리고 인사人事가 조응관계에 있음을 알게 되고 후천개벽 또한 천지개벽의 도수에 따른 것임을 알아 사람이 할 바를 다하게 되는 것이다. 우주만물에 대한 차별 없는 사랑과 공경의 원천인 바로 그 하나인 마음을 공경함이 곧 「시천주侍天主」이다.

「시천주」의 요체는 세상 사람들이 본래의 천심天心을 회복하여 동귀일체하게 하려는 것이다. 이는 수운이 그의 천도天道를 설명하는 데서도 분명히 드러난다. 수운은 그가 한울로부터 받은 도를 '무왕불복지리無往不復之理', 즉 '가고 돌아오지 않음이 없는 이법理法'이라고 하고 이를 천도라고 명명하였다.23 우주만물은 모두 간 것은 다시 돌아오고 돌아온 것은 다시 돌아간다는 자연의 이법을 말하는 것이다. 수운은 그의 천도가 서학과는 달리24 아무런 작위作爲가 없는 천지 운행

---

22 『天道敎經典』, 「三敬」, 354-355쪽. 한울과 인간의 一元性은 "나는 도시 믿지 말고 한울님만 믿었어라. 네 몸에 모셨으니 捨近取遠하단말가."(『龍潭遺詞』 「敎訓歌」)라고 한 데서나, 한국 전통 사상의 골간이 되어 온 敬天崇祖의 사상, 즉 하늘을 숭경하고 조상을 숭배하는 것을 하나로 본 데서 명징하게 드러난다.
23 『東經大全』, 「論學文」.

의 이치를 그 도법道法으로 삼은 것이라 하여 '무위이화無爲而化'라고 하고, 이는 '마음을 지키고 기운을 바르게 하여 한울의 본성을 거느리고 그 가르침을 받게 되면 자연한 가운데에 화해져 나오는 것'[25]이라고 하고 있다. 다시 말해서 만인이 천심天心을 회복하여 천리天理를 따르게 되면 동귀일체가 이루어져 천덕天德은 현실 속에서 현현顯現하게 된다는 것이다. 이러한 수운의 천도와 천덕의 진수眞髓는 「시천주侍天主 조화정造化定 영세불망永世不忘 만사지萬事知」라고 하는 주문 열세 자에 함축되어 있는 것으로 나타난다. '열세 자 지극하면 만권시서萬卷詩書 무엇하며'[26]라고 한 데서도 알 수 있듯이, 열세 자의 주문에만 집중하면 수많은 서책을 섭렵할 필요 없이 천도와 천덕에 이를 수 있다는 것이다.

우선 수운은 「시侍」를 세 가지 뜻으로 풀이하고 있다. '내유신령內有神靈·외유기화外有氣化·각지불이各知不移'[27]가 그것이다. 안으로 신령이 있고 밖으로 기화가 있어 각기 알아서 옮기지 아니한다는 뜻은 인간의 내재적內在的 본성本性인 신성神性(靈性)과 혼원일기混元一氣로 이루

---

24 水雲의 天道는 그가 西學과의 同異를 설명하는 데서 명징하게 드러난다. 그는 西學을 "運인즉 하나요 道인즉 같으나 理致인즉 아니니라(『東經大全』「論學文」, "運則一 道則同 理則非)."라고 하고 있다. 말하자면 水雲의 天道가 後天의 運을 받아 일어났듯이 西學 역시 先天의 運을 받아 일어난 것이므로 先天과 後天의 다름은 있으나 그 運數에 있어서는 하나라고 말할 수 있다는 것이다. 또한 西學의 道 역시 우주만물의 근원인 하느님의 존재를 천명한 것이니 결국 같다는 것이다. 그러나 그 이치를 밝혀냄에 있어서는 다르다는 것이다. 水雲이 "西學의 道는 허무에 가깝고 學은 한울의 學이 아니다."라고 한 것은 西學이 內在와 超越의 合一에 대한 인식이 없이 한울과 인간을 이원화시키고 한울을 위하는 公心은 없이 다만 제 몸만을 위하여 私心으로 비는 수행방법을 두고 한 말이다(『東經大全』「論學文」: "曰洋學…頓無爲天主之端 只祝自爲身之謀 身無氣化之神 學無天主之敎…道近虛無 學非天主).
25 『東經大全』「論學文」, "守其心正其氣 率其性受其敎 化出於自然之中也."
26 『龍潭遺詞』「敎訓歌」.
27 『東經大全』「論學文」.

어진 생명의 유기성有機性 및 상호 관통을 깨달아 순천順天의 삶을 지향하는 것을 말한다. 이어 '주主'라는 것은 '존칭하여 부모와 더불어 같이 섬기는 것'28이라고 하고 있다. 그런데 여기서 '천天'에 대한 풀이를 제외한 것은 '진리眞理 불립문자不立文字'이기 때문인 것으로 보인다. 이렇게 볼 때 「시천주侍天主」 즉 '한울님을 모심'의 뜻은 인간의 신성과 생명의 유기성 및 상호 관통을 깨달아 천지합덕天地合德·천인합일天人合一의 대공大公한 경계境界를 지향하는 것이라고 하겠다.

다음으로 '조화정造化定'은 '무위이화無爲而化'의 덕德과 그 기운과 하나가 되는 것으로 나타난다.29 다시 말해서 음양오행陰陽五行의 우주적 기운의 응결凝結에 의해 만물이 화생化生하나 궁극에는 그 근원으로 되돌아가는 우주의 조화 기운과 하나가 되는 것을 말한다. 이는 곧 수운의 도덕관道德觀이 천天·지地·인人 삼재三才에 기초하여 하늘(天)과 사람(人)과 만물(物)을 하나로 관통함으로써 천시와 지리, 그리고 인사가 상합相合하고 있음을 보여 준다.

다음으로 '영세불망永世不忘 만사지萬事知'란 앞서 말한 천도와 천덕을 영원히 잊지 아니하면 일체를 관통하게 된다는 뜻이다. 말하자면 '지화지기至化至氣 지어지성至於至聖',30 즉 지극히 지기에 화하여 지극한 성인에 이르게 된다는 뜻이다. 그리하여 일월日月이 만물을 다스리듯 사심 없이 천지를 조명照明함으로써 지상천국을 이룰 수 있다는 것이다.

한울의 법法은 내재內在와 초월超越, 본체本體와 작용作用의 합일合一

---

28 『東經大全』「論學文」, "主者 稱其尊而與父母同事者也."
29 『東經大全』「論學文」, "造化者 無爲而化也 定者 合其德 定其心也."
30 『東經大全』「論學文」.

에 기초해 있다. '내유신령內有神靈'과 '외유기화外有氣化'가 둘로 된 이치가 아니라 하나의 이치를 양 방향에서 관찰한 것이라는 말이 이것이다. 말하자면 영령靈과 기운氣運은 본래 둘이 아니라 한 기운인 것이다.[31] 우주만물은 혼원일기의 역동적인 나타남으로 무수한 것 같지만 기실은 하나의 기밖에 없는 것이다. '이천식천以天食天-이천화천以天化天', 즉 한울로써 한울을 먹고 한울로써 한울을 화할 뿐이라고 한 것은 우주만물이 모두 한 기운과 한 마음으로 꿰뚫어졌기 때문이다.[32] 만상일천萬象一天, 즉 만 가지 모습은 하나의 법法인 것이다. 따라서 우주만물이 한울을 모시지 않음이 없으니 사람을 대하고 물건을 접함에 있어 한울 대하듯 하라[33]고 한 것이다. 일一과 다多, 이理와 사事를 회통會通시킬 수 있는 근거가 여기에 있다. 의암義菴은 「무체법경無體法經」에서 개합開闔의 논리[34]를 이용하여 이를 명쾌하게 보여 준다. 실로 거울에 비친 형상과 거울을 분리시킬 수 없듯이, 마음의 거울에 비친 만상과 마음을 분리시킬 수 없는 것이다.

그러나 만물에 편재遍在해 있는 우주적 본성과 혼원일기로 이루어진 생명의 유기성 및 상호 관통을 깨닫지 않고서는 영적 일체성一體性이 확립될 수 없으며 따라서 우주 '한생명'에 대한 진정한 실천이 나올 수도 없다. 만인이 한울을 모시는 영적 주체로서의 자각이 이루어져야 하는 것은 이 때문이다. 해월海月이 '오직 한울을 양養한 사람에게 한울이 있고, 양치 않는 사람에게는 한울이 없나니…"[35]라고 한

---

31 『天道敎經典』「講論經義」, "…靈與氣 本非兩端 都是一氣也.", 693쪽.
32 『天道敎經典』「靈符呪文」, "宇宙萬物 總貫一氣一心也.", 294쪽.
33 『天道敎經典』「待人接物」, 278-288쪽.
34 『天道敎經典』「無體法經」, 437쪽.
35 『天道敎經典』「養天主」, 368쪽.

것은 '한울을 모심(侍天)'이 곧 '한울을 키움(養天)'이라는 뜻이다. 이렇듯 「시천주侍天主」 도덕은 자각적 실천이 수반될 때 그 진면목이 드러나는 것이라 하겠다.

「시천주」 도덕의 자각적 실천은 수심정기守心正氣, 즉 본래의 진여眞如한 마음을 지키고 기운을 바르게 하는 데 있는 것으로 나타난다. 진여한 마음이란 분별지分別智가 나타나기 전의 근본지根本智를 이름이요 일一과 다多, 이理와 사事를 회통會通시키는 우주적 본성을 이름이다. 기운을 바르게 하는 것이란 혼원일기混元一氣로 이루어진 생명의 유기성과 상호 관통을 깨달아 천리에 순응하는 삶을 실천하는 것이다. 따라서 수심정기란 우주적 본성의 자리를 지키는 것인 동시에 우주 '한생명'에 대한 자각적 실천의 나타남이며 이는 곧 더불어 사는 삶을 실천하는 것이다. 본래의 진여한 마음을 지키고 기운을 바르게 하는 것이 동귀일체의 요체다. 수운은 "인의예지仁義禮智는 옛 성인의 가르친 바요, 수심정기는 오직 내가 다시 정한 것이라."[36]고 했고, 해월은 "수심정기가 아니면 인의예지의 도道를 실천하기 어렵다."[37]라고 했다. 이는 수심정기가 각 개인의 자각적 실천을 중시한 점에서 당시 양반 지배층의 이데올로기로서 실천과는 유리된, 형식화하고 외면화한 주자학朱子學과는 다른 것임을 분명하게 보여 준다.

말하자면 수운은 도성입덕道成立德이 소수 양반층의 전유물인 '만권시서萬卷詩書' 등 형식적·외면적 수양을 통해서가 아니라 수심정기, 즉 내면화된 '성경 이자誠敬二字'의 자각적 실천에 있음을 간파한 것이다. 이는 곧 만인의 군자화君子化, 즉 지상신선화地上神仙化의 길을 터

---

36 『東經大全』「修德文」, "仁義禮智 先聖之所教 修心正氣 惟我之更定."
37 『天道敎經典』「守心正氣」, "若非守心正氣則 仁義禮智之道 難以實踐也.", 300쪽.

놓은 것으로, 지벌地閥이나 문필文筆이 군자君子나 도덕道德의 기준이 될 수 없음38을 분명히 한 것이다. 「도수사」에서는 "성경誠敬 이자二字 지켜 내어 차차차차 닦아내면 무극대도無極大道 아닐런가. 시호시호 그때 오면 도성입덕 아닐런가."39라고 하여 성경誠敬 두 자만 지켜 내면 한울의 무극대도에 이르고 도성입덕이 되는 것으로 보았다. 성誠은 '도를 이루는 전부이고 일을 성사시키는 가장 큰 근원'40이다. 경敬은 덕德을 세우는 전부이고 조화적 질서를 이루는 원천으로 이는 곧 우주만물에 대한 차별 없는 사랑을 통하여 이루어진다. 그 비밀은 일심一心에 있다. 이렇듯 성경 이자로 이루어진 수심정기守心正氣는 각 개인의 내면적 수양에 기초한 자각적 실천 수행으로서 만인이 동귀일체同歸一體하여 지상천국地上天國을 건설하는 요체가 되는 것이라 하겠다.

우주의 이치理致와 기운氣運의 조화造化 작용으로 만물이 생겨난 까닭에 본래의 진여한 마음을 회복하여 우주의 조화 기운, 즉 '무위이화無爲而化'의 덕과 하나가 되면 지기至氣와 합일하고 무왕불복無往不復의 이치, 즉 천도天道를 깨닫게 되는 것은 자명한 이치다. 그런 까닭에 해월은 "「시천주侍天主 조화정造化定」은 만물 화생萬物化生의 근본이요, 「영세불망永世不忘 만사지萬事知」는 사람이 먹고 사는 녹祿의 원천"41이라고 하였다. 수운의 「시천주」 사상이 우주만물을 전일성全一性의 현

---

38 『龍潭遺詞』「夢中老少問答歌」, "우습다 저 사람은 地閥이 무엇이게 君子를 비유하며 文筆이 무엇이게 道德을 의논하노."
39 『龍潭遺詞』「道修詞」.
40 『參佺戒經』「不忘」, "誠者 成道之全體 作事之大源也."
41 『天道敎經典』「靈符呪文」, 292쪽, "「侍天主 造化定」是萬物化生之根本也「永世不忘 萬事知」是人生食祿之源泉也."

시顯示로 본 이면에는 일심一心의 근원으로 되돌아가 성속일여聖俗一如의 세계를 구현하려는 그의 사상의 실천 원리가 담겨져 있다. 수운의 「시천주」논의는 우주의 실체가 의식이고, 그 의식은 존재와 둘이 아니라는 점에서 내재적 본성인 신성神聖 회복을 통하여 평등무이平等無二한 지상천국을 건설하는 데 그 목적이 있는 것으로 나타난다. 따라서 천지개벽의 도수에 따른 후천개벽은 '힘의 지배 시대'의 종언인 동시에 「시천주」로서의 자각적 주체에 의한 생명 시대의 개창이라는 의미를 함축하고 있다 하겠다.

## III. 후천개벽과 디비너틱스(Divinitics)

### 1. 파워 폴리틱스(power politics)에서 디비너틱스로

앞서 살펴본 바와 같이 선천 건도 시대가 천지비괘天地否卦(☷)인 음양상극陰陽相剋의 시대인 관계로 강한 것이 약한 것을 억누르는 '닫힌 사회(closed society)·수직 사회(vertical society)'의 전형을 보여 왔다면, 후천 곤도 시대는 지천태괘地天泰卦(☷)인 음양지합陰陽之合의 시대인 관계로 만인이 「시천주」의 자각적 주체로서 평등무이平等無二한 '열린 사회(open society)·수평 사회(horizontal society)'로 전환하게 될 것이다. 수직 사회는 힘(power)의 논리에 기초하여 정치 체계가 하향식 구조를 이루고 있는 반면, 수평 사회는 영성靈性(divinity)의 논리에 기초하여 정치

체계가 상향식 구조를 이루게 될 것이다. 흔히 20세기 정치를 통칭하여 '파워 폴리틱스(power politics)'라고 하는데 여기서는 '힘'이 지배하는 선천先天의 정치 형태를 포괄하여 '파워 폴리틱스'라고 하고, '영성靈性'이 지배하는 후천後天의 정치 형태를 포괄하여 '디비너틱스(divinitics)'라고 명명하였다. 디비너틱스(divinitics)란 '영성靈性(神聖)'을 뜻하는 '디비너티(divinity)'와 '정치'를 뜻하는 '폴리틱스(politics)'를 합성하여 필자가 만든 것으로 '영성 정치'를 의미한다.

파워 폴리틱스에서 디비너틱스로의 이행은 천시天時와 인사人事가 상합相合하는 것으로 우주 변화의 원리에 따른 것이다. 분열과 통일을 순환 반복하는 리듬이 음양陰陽이고 춘하추동의 생장염장生長斂藏의 모습인 것이다. 천지도 이러한 변화를 반복하고, 인사도 이를 반복하고, 만물만상이 이를 반복하는 것이다. 하찮은 미물에도 천지의 이치가 포괄되어 있거늘, 하물며 인사에 있어서랴! 천시가 동動하면 인사가 일어난다고 하는 것은 만고불변의 이치다. 그럼에도 세상 사람들이 시時와 사事를 분리시키는 것은 자유의지와 필연의 조화를 깨닫지 못한 데서 오는 것이다. 다시 말해서 천인합일天人合一의 이치를 체득體得하지 못한 데서 오는 것이다. 우주만물의 전일성全一性(the oneness of all things)이 개오開悟되지 않았을 때 개체화個體化(particularisation)와 무지無知가 일어나게 되는 것이다.[42] '만법귀일萬法歸一', 즉 만 가지 법이 하나인 마음의 법으로 돌아간다는 것은 이 세상에 한울의 법(一心法)에서 벗어나 존재할 수 있는 것은 아무 것도 없다는 뜻이다. 오직 한울의 법만이 가없는 변화에 응답하는 원궤圓軌의 중심축인 것이다.

---

42 Ashvaghosha, *The Awakening of Faith*, trans. D. T. Suzuki(Chicago: Open Court, 1900), p.79.

이렇게 볼 때 파워 폴리틱스에서 디비너틱스로의 이행은 시대적 필연이며 이는 사조思潮의 전환을 통해 가시적으로 나타나고 있다. 신과학 운동의 거장巨匠 프리초프 카프라(Fritjof Capra)는 현재 지구촌에 진행 중인 과도기적 변천을 크게 세 가지로 요약하고 있다. 우리 삶의 기반 자체를 흔들고 사회 경제 및 정치 체계에 심각한 영향을 미칠 세 가지 변천은 부계 사회의 쇠퇴와 여성 운동의 고조, 화석 연료 시대(fossil-fuel age)의 종언과 태양 시대(solar age)로의 변천, 그리고 '패러다임 전환(paradigm shift)'이 그것이다.43 부계 사회의 쇠퇴와 여성 운동의 고조가 이 시대의 가장 강력한 조류의 하나가 되었으며 미래의 진화에도 심각한 영향을 미칠 것이라고 보는 것은, 음양동정陰陽動靜의 순환에 따른 곤운坤運의 후천 5만 년의 도래와 더불어 자연스런 현상이라 하겠다. 여기서 주목하고자 하는 것은 세 번째의 변천이다. 이는 곧 서구 문명의 지양을 위한 새로운 패러다임, 즉 새로운 실재관(vision of reality)의 정립과 관련된 것으로, 우리의 세계관과 사고방식 및 가치 체계의 근본적인 변화를 필요로 한다.

역사를 '변화의 물결(waves of change)'44에 비유하고 있는 토플러적인 의미에서 물신物神 숭배는 흔히 산업사회로 불리는 '제2물결(the Second Wave)'의 낡은 유산이다. 토플러(Alvin Toffler)는 오늘날의 정치 위기가 전 지구적으로 동시다발할 수 있는 것이라고 지적하고, 제도와 운영 면에서 '제2물결'의 틀에서 벗어나지 못하고 있는 데서 문제의 본질을 찾고 있다. 그러나 그는 "마치 수 세기 전 '제2물결'의

---

43  Fritjof Capra, *The Turning Point*(New York: Simon & Schuster, 1982), pp.29-30.
44  Alvin and Heidi Toffler, *Creating a New Civilization*(Atlanta: Turner Publishing, Inc., 1994), p.27.

근대 문명이 '제1물결(the First Wave)'의 전근대적 사회와 싸운 것처럼 지금의 새 문명도 전지구적 헤게모니 장악을 위해 싸워 나갈 것"[45]이라고 단언한다. 따라서 대량화를 기반으로 한 '제2물결'의 '완력 경제(brute-force economies)' 또한 탈대량화(de-massification)를 기반으로 한 '제3물결(the Third Wave)'의 '두뇌력 경제(brain-force economies)'로 이행할 수밖에 없다고 본다.[46]

그렇다면 토플러가 말하는 '제3물결'의 새 문명은 그것이 '지식 혁명'의 산물이라는 점에서 그 혁명을 끝까지 밀고 나가면 결국 과학적 지식의 자기 부정을 통해 동양적 사유에 접근한 카프라의 체계에 도달하게 되는 것은 아닐까? 그것은 곧 '제2물결'의 산업 문명의 퇴조와 '제3물결'의 새로운 문명의 부상이 지난 300년 간 서구와 기타의 세계를 지배해 온 서구적 보편주의의 종언을 예고하는 것임을 말하여 준다. 토플러는 '제1물결'의 변화-농업 혁명-가 완결되기까지는 수천 년이 걸렸지만, '제2물결'인 산업 문명이 대두하는 데는 단지 300년이 걸렸고, 오늘날에는 변화의 속도가 더욱 가속화되어 '제3물결'은 수십 년 내에 역사를 휩쓸어 스스로를 완성시킬 가능성이 있다고 본다.[47]

또한 미래학자 존 나이스빗(John Naisbitt)은 21세기 미래를 이끌어 갈 메가트렌드(megatrend) 중 가장 큰 하나로 경제의 글로벌화를 들고 그 핵심으로 '열린 마음(open mind)'과 '네트워크(network)'를 꼽는다. 그는 글로벌 경제의 기본단위(basic units)가 기업이며 국가의 역할은 사

---

45 *Ibid.*, pp.32-33.
46 *Ibid.*, pp.31-34.
47 *Ibid.*, p.19.

실상 끝난 것으로 보고 있다. 그에 의하면 지금까지 정부의 역할은 크게 두 가지, 즉 공평성(fairness)과 자유(freedom)를 달성하는 데 초점을 두어 왔으며, 대부분의 정부는 중앙 집중적 계획을 통해 소득이나 복지를 재분배함으로써 공평성을 달성하려고 노력해 왔지만 지금까지도 성공하지 못했을 뿐 아니라 앞으로도 성공할 수 없을 것이라고 단언한다. 대신 정부는 경제적 자유도를 높이기 위해 노력해야 하며, 개인이든 기업이든 서로 공평하게 경쟁할 수 있는 환경을 만들어 주어야 경제나 사회가 동력動力을 잃지 않으면서 발전해 나갈 것이라고 한다.[48] 다시 말해서 정부가 나서서 무엇을 해야 하는 시기는 끝났다는 것이다. 말하자면 토플러적인 의미에서 '제2물결'의 낡은 정치 제도나 조직은 '제3물결' 시대에는 적용될 수 없을 뿐더러 오히려 역사 발전을 저해하는 질곡桎梏이 되어 위기를 증폭시키는 요인이 된다는 것이다.

이제 우리가 정작 필요로 하는 것은 물신 숭배가 아니라 진정한 의미에서 서구적 근대의 대안을 모색하는 일이다. 과학적 지식을 기반으로 한 물질문명은 그 본신本身인 정신과의 메워질 수 없는 간극으로 인해 중환重患에 허덕이고 있다. 이러한 중환에서 벗어나기 위해서는 서구의 '기계론적' 세계관의 근저에 있는 가치 체계의 한계성을 극복할 수 있어야 하는데, 바로 전일적인 새로운 실재관-카프라의 용어를 빌면, '시스템적' 세계관[49]-으로의 패러다임 전환이 서구적 근대

---

[48] John Naisbitt and Patricia Aburdene, *Megatrends 2000*(New York: William Morrow and Company, Inc., 1990) ; John Naisbitt, *Global Paradox: The Bigger the World Economy, the More Powerful Its Smallest Players*(New York: William Morrow and Company, Inc., 1994) 참조.
[49] Capra, *op.cit.*, pp.265-304.

의 대안이 될 수 있다. '시스템적' 세계관은 우주자연과 인간, 인간과 인간의 연대성에 기초한 상생의 패러다임과 그 맥을 같이 하는 것이다. 이는 곧 아인슈타인(Albert Einstein), 하이젠베르크(Werner Heisenberg), 보어(Niels Bohr), 카프라 등으로 대표되는 현대 물리학의 실재관이며 동시에 동양의 실재관이다. 합리성과 논리성에 기반된 서구의 과학적 지식이 '불합리의 합리'라는 역설적 표현으로 동양의 '정신 과학'에 접근한 것은 서구 과학적 지식의 기반 그 자체를 혼드는 것이라는 점에서 시사하는 바가 크다 하겠다.

파워 폴리틱스에서 디비너틱스로의 이행은 바로 이러한 패러다임 전환과 그 맥을 같이 하는 것이다. 세계는 지금 WTO(세계무역기구) 체제의 출범과 FTA(자유무역협정) 체결의 확산으로 점차 국민국가의 패러다임이 깨어지면서 세계화 현상이 급물살을 타고 있고, 세계 경제의 자본주의 경제 체제로의 통합의 가속화, 국제 경제 관계에서의 자유주의 경제 원칙의 확대·강화, 세계 경제 운용 원칙으로 다자주의 원칙의 제도화를 초래함으로써 전 세계가 이념과 체제를 초월한 무한 경쟁 시대로 돌입하게 했다. UR, WTO 등 초국가적 경제 실체의 등장과 더불어 다국적 기업의 확대로 세계 경제가 출현하게 된 것이다. 이러한 경제의 세계화와 더불어 정치의 세계화로 국내 정치와 국제 정치의 구분이 점차 의미를 상실하고 있고 그에 따라 NGO와 국제기구의 역할이 커지게 되었으며, 또한 문화의 세계화가 이루어지면서 다양하고 이질적인 문화의 소통이 가속화되고 있다. 흔히 21세기를 4D, 즉 유전자(DNA)·정보화(Digital)·디자인(Design)·영성(Divinity)의 시대라고 부르는데 이는 물질문명이 그 극에 이르면서 스스로의 본체인 영성靈性에 대한 인식이 이루어지기 시작했음을 반증하는 것이다.

  오늘의 세계는 아직 국제적 표준이 형성되지 않았던, 훨씬 더 시험적인 서구의 근대 세계와는 달리, 이미 형성된 서구적 표준이 지구촌 차원으로 확대되는가 하면, 산업 사회의 정치·경제 논리와 문화적 정체성이 '정보화 혁명'으로 구심력을 상실하고 네트워크가 모든 것을 지배하는 사회로 이행되고 있다. 역사상 처음으로 인터넷과 정보통신에 의해 전 지구가 동同 시간대에 연동되는 시장이 생겨남으로써 지구 동시 생활권이 형성된 것이다. 그리하여 매스(mass)와 디매스(demass), 빅 프레임(big frame)과 그랜드 네트워크(grand network)가 병존하는, 말하자면 근대와 탈근대(postmodernism), 국민국가 패러다임과 세계 시민사회 패러다임이 중층화重層化된 구조를 이루는 이른바 지구 '한마당'이 우리의 활동 무대가 된 것이다.

  20세기 파워 폴리틱스가 국민국가의 패러다임에 기초하여 헤게모니 장악을 그 목표로 한 것이라면, 21세기 디비너틱스는 NGO, 다차원적 공동체 및 국제기구와 같은 초국가적 실체에 기초하여 진정한 지구 공동체 실현을 그 목표로 한다. 말하자면 주권국가를 기본 단위로 힘의 논리에 기초한 권력정치와는 달리, 초국가적 실체를 기본 단위로 대등한 상호의존적 협력 체계에 기초해 있는 것이다. 따라서 파워 폴리틱스가 제로섬(zero-sum) 게임의 발전론에 입각하여 지배자와 피지배자, 강대국과 약소국, 선진국과 후진국을 이원화시켜 약육강식의 논리가 지배하는 대립적이고 분절적인 세계를 낳은 반면, 디비너틱스는 윈-윈(win-win) 게임의 발전론에 입각하여 주관과 객관, 개체성과 전체성이 하나라는 통합의 논리에 의해 우리 모두가 주인인 조화의 세계를 낳는다. 수운의 후천개벽사상은 우리 인류가 시대적·

사상적·종교적 질곡에서 벗어나 유기적 생명체 본연의 통합적 기능을 회복하게 함으로써 진정한 역사 발전의 동력이 될 수 있게 할 것이다. 따라서 그의 사상에 대한 연구는 선천의 유산인 파워 폴리틱스의 폐해를 치유하고 디비너틱스의 새로운 지평을 여는 계기로 작용할 수 있을 것이다.

## 2. 무극대도無極大道와 디비너틱스(Divinitics)

수운은 19세기 서세동점西勢東漸의 시기에 동학을 창도하여 '보국안민, 포덕천하, 광제창생'의 기치를 내걸고 아래로부터의 민중에 기초한 근대적 민족 국가 형성의 사상적 토대를 마련하였다. 당시의 암담한 상황에 대한 수운의 깊은 위기 의식은 그의 저작 속에서 드러난다. 강령지문降靈之文에는 당시 유교의 규범적 기능의 상실에 따른 '사상공황思想恐慌'을 극복할 수 있는 방법을 찾지 못해 답답해 하는 심정이 그대로 드러나고 있고,[50] 「몽중노소문답가」에서는 당시 국가 기강의 문란과 도덕적 해이(moral hazard)의 심각성을 탄식한 이면에는 실천과 유리된 기존 윤리 체계의 한계와 그 극복으로서의 새로운 도덕에의 요청을 읽을 수 있다.[51] 특히 당시 서세동점의 국제정세에 대한 수운의 심대한 우려는 '십이제국十二諸國 괴질운수怪疾運數'[52]니 '순망지

---

[50] 『東經大全』「布德文」, "又此挽近以來 一世之人 各自爲心 不順天理 不顧天命 心常悚然 莫知所向矣."
[51] 『龍潭遺詞』「夢中老少問答歌」, "君不君 臣不臣 父不父 子不子."
[52] 『龍潭遺詞』「夢中老少問答歌」. 온 세상이 衰運으로 인해 怪疾運數에 시달리고 있다는 뜻임.

彈脣亡之歎'이니 하는 표현에서 잘 드러나고 있다.

그러나 수운은 "십이제국 괴질운수 다시개벽 아닐런가."[53]라고 하여 이제 선천 5만 년이 사실상 끝나고 후천 5만 년의 새로운 성운의 시대가 도래했다고 보는 것이다. 「몽중노소문답가」에 "하원갑 지나거든 상원갑 호시절에 만고 없는 무극대도 이 세상에 날 것이니…."[54]라고 한 것이 그것이다. 수운은 그가 대각大覺한 '만고 없는 무극대도'가 '금불문고불문지사今不聞古不聞之事 금불비고불비지법今不比古不比之法'[55]이라 하여 예전에도 지금에도 듣지도 못했고 비할 바도 없는 새로운 도라고 하고 있다. 따라서 수운이 동학을 대각한 경신 4월 5일은 후천의 무극지운이 열린 제1일로서 선천과 후천을 나누는 분기점이 되고 있다.

『용담유사』에는 '무극대도'라는 단어가 총 10회 나오고 있는데,[56] 이는 후천 5만년 무극지운의 개창 원리로서 디비너틱스(divinitics)의 요체가 되는 것이라 하겠다. 후천개벽의 새 세상은 '각자위심各自爲心'하지 않고 동귀일체하여 '요순성세堯舜聖世'의 도덕공동체道德共同體

---

53 『龍潭遺詞』「夢中老少問答歌」.
54 『龍潭遺詞』「夢中老少問答歌」.
55 『東經大全』「論學文」.
56 "꿈일런가 잠일런가 무극대도 받아내어…."(『龍潭遺詞』「敎訓歌」); "만고없는 무극대도 받아 놓고 자랑하니…."(『龍潭遺詞』「敎訓歌」); "만고 없는 무극대도 여몽여각 득도로다."(『龍潭遺詞』「龍潭歌」); "무극 대도 닦아내니 오만년지 운수로다."(『龍潭遺詞』「龍潭歌」); "하원갑 지내거든 상원갑 호시절에 만고 없는 무극대도 이 세상에 날 것이니…."(『龍潭遺詞』「夢中老少問答歌」); "이 세상 무극대도 傳之無窮 아닐런가."(『龍潭遺詞』「夢中老少問答歌」); "만고 없는 무극대도 여몽여각 받아내어…."(『龍潭遺詞』「道修詞」); "誠敬 二字 지켜내어 차차차차 닦아내면 무극대도 아닐런가."(『龍潭遺詞』「道修詞」); "내 역시 이 세상에 무극대도 닦아내어… 무위이화 아닐런가."(『龍潭遺詞』「道修詞」); "시운이 둘렀던가 만고 없는 무극대도 이 세상에 창건하니 이도 역시 시운이라."(『龍潭遺詞』「勸學歌」).

를 이룩하는 것으로 이는 곧 만인이 도성입덕道成立德하여 군자가 되어 지상천국을 건설하는 것이다. 동학은「시천주侍天主」로서의 주체적 자각을 통해 봉건적 신분 차별을 철폐하고 만인이 다 같은 군자로서 평등하다는 인식과 더불어 명실공히 천하를 양반 지배층의 전유물專有物이 아닌 만인의 공유물公有物로 생각하게 하는 계기를 마련했다는 점에서 디비너틱스의 요소를 찾아 볼 수 있다. 다시 말해서「시천주」로서의 자각적 주체가 된다는 것은 보국輔國의 주체로서의 근대적 민중의 대두를 의미하는 것인 동시에 근대의 이분법적 사유체계를 초월하는 것이다. 그런 점에서 동학은 근대성의 발현인 동시에 근대성을 넘어서 있다. 인간 평등과 민중 정치 참여의 전기를 마련한 것은 근대성의 발현이요,「시천주」사상이 즉자대자적卽自對自的 사유체계에 토대를 둔 것은 근대성을 넘어선 것이다.

동학적 이상향은 후천개벽에 의한 무극대도의 세계, 즉 우주자연과 인간, 인간과 인간의 연대성에 기초한 군자공동체이다. 수운이 제시한 '접接'이라는 소규모의 자율적인 영성 공동체나,「몽중노소문답가」에 나오는 '태평곡太平曲' '격양가擊壤歌'가 의미하는 무위자연의 이상향은 자연스런 연대의식이 피어나는 소국과민小國寡民의 촌락 공동체村落共同體를 이상사회의 원형으로 보는 노자의 관점과 일맥상통하는 점이 있다. 또한『작은 것이 아름답다(Small is Beautiful)』[57]라는 저서

---

57 E. F. Schumacher, *Small is Beautiful: Economic as if People Mattered*(New York: Harper & Row, 1973). 슈마허 경제 철학의 핵심 사상은 다음 글 속에서 명징하게 드러난다. "세계 인구의 6%를 지탱하기 위해서 세계 1차 자원의 40%를 사용하고 서도 행복, 복지, 평화 또는 문화 수준에 이렇다 할 증진이 보이지 않는데 누가 미국 경제를 효율적이라고 주장할 수 있을 것인가?" 일찍이 1950년대 중반-기술적 낙관주의(technological optimism)가 절정에 달해 있었으며, 어디를 가나 성장과 팽창이 강조되었고, 자연 자원은 무한한 것으로 여기던 그 시기-에 그는 재생 가능 자원의 활용

에서 프리츠 슈마허(E. F. Schumacher)가 제시한 유기적이고 소규모 지향적이며 영속성을 띤 생태경제학적 관점과도 일치하는 바가 있다. 이러한 소규모 공동체의 연대 강화와 역할 증대의 요체는 바로 자율적인 직접 참여를 통한 자기효능감(self-efficacy)의 확산이다. 이러한 동학적 사회관은 NGO와 다국적 기업의 활동 증대로 점차 국민 국가의 패러다임이 깨어지고 그 결과 '제2의 근대'의 도전에 직면하게 된 오늘날에 재음미될 수 있는 것이라 하겠다. 세계 정보 통신계 선구자 니콜라스 네그로폰테(Nicholas Negrofonte)가 "20년 내 큰 나라들이 핵분열하여 수천 개국이 생긴다."[58]고 예단한 것도 이와 같은 맥락에서 고찰될 수 있다.

후천의 특징적 정치 형태인 디비너틱스는 신성神性과 이성理性의 통합에 기초해 있다. 동학의 '인내천'에서 신성과 이성은 하나가 되고 그렇게 되면 우주만물의 전일성全一性과 생명의 유기성을 깨달아 순천의 삶을 지향하게 되는 것이다. 따라서 동학의 '인내천'이나 '오심즉여심吾心卽汝心'은 신성과 이성의 통합 시대를 여는 키워드라 하겠다. 지상천국의 문은 우리 모두가 신성神性의 자각적 주체가 될 때 비로소 들어갈 수 있는 문이다. 디비너틱스는 거기에 이르게 하는 직접적인 통로이다. 수운에게 있어 최상의 정치 형태는 '무위자화無爲自化'의 그것이며, 이상적 위정자爲政者가 될 수 있기 위하여서는 무위이화無爲而化의 덕을 지녀야 하는 것으로 나타난다. 그것은 곧 신성과 이성의 통합을 통하여 이루어진다.

---

을 주창하고 경제학적 사고에 명시적으로 가치 개념을 도입함으로써 20년 뒤에 등장할 생태운동의 선구자적 역할을 담당했던 것이다.
58 『조선일보』, 2000년 1월 1일자 인터뷰 기사.

이렇게 볼 때 수운水雲의 「시천주」 도덕은 단순히 개인 철학이기 이전에 국가의 통치 철학이라 하겠다. 무위이화無爲而化의 덕과 그 기운과 하나가 되면, 이른바 무위이무불위無爲而無不爲[59]의 통치를 하게 되므로 최고도로 유능한 정부가 되지만 그러한 유능성有能性은 피치자에게는 인식되지 않는 까닭에 저절로 그렇게 되었다고 생각하게 된다. 지배와 복종의 관계 또한 피치자가 치자의 존재를 의식하지 않은 채 저절로 순화되므로 사실상 종적縱的인 관계라 할 수 없으며, 결과적으로 치자와 피치자의 구분 자체도 의미를 상실하게 되어 평등무이平等無二의 세계가 현실 속에서 현현顯現하게 되는 것이다.

이제 새로운 문명은 '참자아', 즉 한울에 대한 깨달음에서 시작되어야 한다. '참자아'는 우주를 포괄하는 전체다. 일심一心의 근원으로 되돌아가면 사람이 한울을 모시고 있음(侍天)을 저절로 알게 되는 법. 이는 곧 평등성지平等性智의 나타남이다. '참자아'로 가는 길이 곧 동귀일체同歸一體요 귀일심원歸一心源이다. 그러나 물질 차원의 에고(ego, 個我)에 갇혀서는 우리는 한울과 만나지 못한다. 내재적 본성인 신성神性을 깨달을 때 한울은 비로소 그 모습을 드러낸다. 무극대도無極大道의 세계란 '나'를 잊고 '나'를 잃지 않음으로써, '나'와 '너', '이것'과 '저것'의 경계가 사라지고 존재계存在界와 하나가 됨으로써 닿을 수 있는 순수의식의 영역이다. 거기에 이르는 통로가 디비너틱스이다.

문명의 대전환이라는 맥락에서 볼 때 수운의 사상은 새로운 문명의 패러다임, 즉 전일적全一的인 새로운 실재관을 제시함으로써 서구

---

59 수운의 上德에 대한 인식은 老子가 『道德經』38章에서 '上德無爲而無不爲'라고 한 것과 그 맥을 같이 한다. 함이 없으면서도 하지 않음이 없게 되는 이른바 '無爲而無不爲'의 경계를 말함이다.

의 '기계론적機械論的' 세계관의 근저에 있는 가치 체계의 한계성을 극복할 수 있게 한다는 점에서 서구적 근대의 초극으로서의 의미가 있다 하겠다. 생명 경외生命敬畏 사상에 입각하여 귀천·빈부·반상·적서 등 일체의 봉건적 신분 차별을 철폐하고 우주자연-인간-문명이 조화를 이루는 무극대도의 세계를 구현하는 것, 그것은 바로 디비너틱스의 실천적 과제인 것이다. 이렇게 볼 때 수운이 말하는 새로운 성운의 시대, 후천 5만 년의 무극지운은 인간의 신성 회복을 통한 새로운 문명의 개창[60]과 그 맥을 같이 하는 것이라 하겠다. 새로운 문명의 개창은 '신령神靈'과 '기화'가 애초에 둘로 된 이치가 아니라 하나의 이치를 양 방향에서 관찰한 것으로 영과 기운이 본래 일기一氣[61]라는 인식에서 출발한다. 다시 말해서 생명 경외에 입각하여 이 우주가 '한생명'임을 자각하는 데서 새로운 후천 문명이 열리는 것이다.

도덕과 정치의 묘합妙合에 기초한 디비너틱스는 우주 '한생명'을 구현하는 통로로서, 동학사상에서는 '접포'의 형태로 나타난다. 수운이 동학을 창도한 지 30여 년 만인 1890년대에 접은 전국적인 조직으로 뿌리를 내리게 되었으며 또한 1890년대 후반에 이르러 접에 기초한 포가 형성되어 동학의 정치사회적 참여가 활성화되면서 사실상 접포제接包制는 1894년 동학농민혁명과 1910년대 갑진개화운동 그리고 1919년 3·1운동의 사상적·조직적 기초가 되었다. 이처럼 접포제는

---

60 『周易』「說卦傳」에 나오는 "艮東北之卦也 萬物之所成終而所成始也"의 의미는 "艮은 동북의 괘로서 만물의 종말을 이루게 하는 것이고 또한 그 시작인 것이다."라는 뜻이다. '艮'은 東北 艮方을 가리키는 것으로, 바로 이 東北 艮方에서 先天文明이 종말을 이루고 동시에 後天文明의 꼭지가 열린다는 뜻이다. 한마디로 '止於艮 始於艮'이다. 이렇게 볼 때 갑신년 새해 들어 중국 '東北工程'을 둘러싼 작금의 불붙는 한·중 역사전쟁은 어쩌면 東北 艮方 시대의 본격적인 개막을 알리는 신호탄인지도 모른다.
61 『天道敎經典』「講論經義」, 693쪽 : "… 靈與氣 本非兩端 都是一氣也."

보국輔國의 주체로서의 근대적 민중의 대두를 촉발시킴으로써 근대적 민족국가 형성의 사상적 토대 구축과 더불어 새로운 문명 창조의 기틀을 마련하였다는 점에서 그 의의를 찾을 수 있다. 또한 접포제는 접이라는 인맥 단위의 영성 공동체로서의 성격과 더불어 포라는 지역 단위의 정치적·사회적 운동체로서의 성격[62]이 복합되어 있음으로 해서 권력과 자유가 조화를 이루는 이상적인 직접 정치의 원형原型(prototype)을 보여 주고 있다. 그런 점에서 자율성과 평등성에 기초한 동학의 접포제는 권력과 자유의 부조화라는 대의 정치의 유산을 극복하는 하나의 방법을 제시한 것으로 볼 수 있다.

## IV. 후천개벽과 에코토피아(Ecotopia)

### 1. 생태 혁명生態革命과 근대적 인간 중심주의를 넘어서

오늘날 인류가 당면한 과제를 가장 본질적이고도 다차원적이며 함축적으로 나타낸 것이 있다면 그것은 아마도 '근대近代의 초극超克'이라는 테제일 것이다. 20세기에 들어 오스발트 슈펭글러(Oswald

---

62  接包의 자세한 내용에 대해서는 吳文煥, 『동학의 정치철학: 도덕, 생명, 권력』(서울: 도서출판 모시는사람들, 2003), 275-286쪽, 317-323쪽 참조. 接包制가 자치체로 발전한 모습은 동학농민군의 자치체였던 執綱所에서 찾아볼 수 있다. 집강소의 자세한 내용에 대해서는 위의 책, 283-285쪽 참조.

Spengler)가 문명의 흥망에 관한 문화형태학에 근거하여 '서구의 몰락 (the decline of the West)'을 예견한 이후, 서구적 근대의 극복은 20세기 역사의 중심 주제가 되었을 뿐 아니라 지금도 여전히 인류의 실천적 과제가 되고 있다. 이 과제가 포괄하는 영역은 미시적인 차원에서 거시적인 차원에 이르기까지 개인과 국가와 세계의 거의 모든 것과 연관되어 있으며, 그런 점에서 그것은 고도의 정치적 문제이기도 하다.

여기서 말하는 근대의 초극은 태평양 전쟁을 전후한 시기에 세계 경영을 꿈꾸며 '일본 민족주의의 심층 심리를 자기기만적으로 로고스화'[63]한 일본 지식층의 폐쇄적인 '근대의 초극' 논의와는 구별된다. 당시 일본 논단에서 근대의 초극에 관한 논의는 일본이 세계 정치·문화의 헤게모니를 장악하는 것이 그 전제 조건으로 이해된 만큼, 일본 제국주의의 동아시아 정책, 나아가 세계 정책에 대한 이데올로기적 추인이라는 본질적 성격이 불식될 수 없었다는 점에서 결과적으로 근대의 초극이라기보다는 서구의 단순한 대체에 불과한 것이었다. 근대의 초극은 세력 축의 단순한 이동이 아니라 인간 중심주의가 초래한 근대의 역사적·사회적 상황의 초극이어야 한다는 점에서 근대 문명의 자기 부정인 동시에 '패러다임 전환'을 내포하는 것으로 나타난다.

근대 서구의 세계관과 가치 체계는 16, 17세기에 그 본질적 형태가 형성되어 지난 수백 년 간 서구 문화를 지배한 기초적 패러다임이 되었다. 그것은 르네상스와 종교개혁, 과학 혁명, 계몽주의 및 산업 혁명 등 일련의 서구 문명의 흐름과 연결된 것으로서 근대 서구 사회

---

63 히로마쓰 와타루 저, 김항 역, 『근대초극론』, 서울: 민음사, 2003, 167쪽.

를 형성하였을 뿐만 아니라 기타의 세계에도 심대한 영향을 끼쳐 왔다. 그러나 서구 산업 문명은 이제 전 지구적 자원과 환경이 이를 지탱할 수 없는 상태에까지 이르게 하고 있다.

2002년도 UNEP(유엔환경계획) 보고서에 따르면 지구상에서 하루 평균 130여 종의 생물이 사라지고 있는 것으로 추정되며, 특히 한국은 국토 1만㎢ 당 야생동물 종수가 95종으로, 세계 155개국 가운데 131위에 그칠 정도로 '종種 다양성 극빈국'이다.[64] 지구 온난화가 지금 추세로 계속 진행된다면 2050년까지 세계 동식물의 4분의 1이 멸종할 수 있다는 연구 결과도 나오고 있다.[65] 현재 전 세계의 주요 에너지원인 석유의 채굴 가능 매장량은 1조 배럴로 이는 앞으로 40년 정도 사용할 수 있는 양에 불과하며, 연간 600만ha가 사막화되고 있고, 80개국에서 전 세계 인구의 40%가 식수 부족으로 고통받고 있으며, 이대로라면 2025년에는 30억 명이 물 부족으로 고통을 받게 될 것이라고 한다.[66] UNEP이 지난 30년 간 지구 환경 변화에 대한 평가와 더불어 앞으로 30년 간 지구 환경에 영향을 미칠 정책 방향을 담은 '지구 환경 조망(GEO)-3'이라는 보고서에 따르면, 무분별한 개발로 인한 산림 파괴와 물 부족 등에 대한 비상 대책이 마련되지 않으면 앞으로 30년 내에 지구촌은 황폐화할 것이라고 한다.[67]

카프라에 의하면 전 지구적인 각종 위기 현상-에너지 위기, 건강

---

64 『조선일보』, 2002년 6월 9일자 기사.
65 영국 리즈대학의 크리스 토머스(Chris Thomas) 등은 영국의 과학잡지 네이처(Nature)에 발표한 '기후변화에서 오는 멸종위기' 라는 제목의 보고서(2004년 1월 8일자)에서 이같이 주장했다(『조선일보』, 2004년 1월 9일자 기사).
66 『조선일보』, 2001년 1월 17일자 기사.
67 『조선일보』, 2002년 5월 24일자 기사.

관리의 위기, 생태계 파괴와 환경 재해災害, 해수海水 오염 등 총체적인 인간 실존의 위기-은 하나의 동일한 위기가 각각 달리 나타나는 것으로서 본질적으로 '인식의 위기'이며, 이는 이미 낡은 데카르트-뉴턴의 기계론적 세계관의 관점을, 그러한 관념으로는 도저히 이해할 수 없는 실재에 무리하게 적용하려는 데서 연유된 위기라고 한다. 그는 우리가 살고 있는 세계가 생물적·심리적·사회적·환경적 현상이 상호적으로 연결되어 있는 까닭에 이러한 세계를 적절히 기술하기 위해서는 생태학적 전망이 필요하다고 본다.[68] 그리하여 그는 새로운 정치의 제1원리를 생태학에서 찾고 녹색 정치의 위상을 새로운 생태 패러다임에 근거하는 것으로 규정짓고 있다.

자연은 이제 더 이상은 '자유재自由財'가 아니라 더불어 보존하지 않으면 파괴되어 없어지는 '연대자본連帶資本'이다. 물질적 재화가 유한하기 이전에 지구의 자원과 자연이 유한하다는 점이 우리에게는 중대한 의미를 지니게 된 것으로, 그것은 인간과 자연의 연대성을 근본적으로 변화시켰다.[69] 그리하여 지금까지 낡은 산업 문명 하에서 신봉되던 사상 및 가치 체계의 변화가 최근 몇십 년 동안에 나타나게 된 것이다. '다운사이징(Downsizing)'·'심플 리빙(Simple Living)'·'자발적 검소(Voluntary Simplicity)'·'자발적 빈곤(Voluntary Poverty)'·'다운시프트(Downshift)'[70]라는 용어 사용의 확산은 가치 체계와 생활양식의 변

---

68 Capra, op.cit., pp.15-16.
69 송희식, 『존재로부터의 해방』, 서울: 비봉출판사, 1991, 295쪽.
70 '다운시프트'의 사전적 정의는 低速 기어로 바꾼다는 뜻인데, 속도를 우선시하는 삶에 브레이크를 밟는다는 의미로 해석할 수 있다. 현대 유럽인들 사이에서 치열한 생존 경쟁을 자진해 이탈하여 느긋하게 삶을 즐기고 싶어하는 사람들이 늘어나면서 '다운시프트族' 즉 '느림보族'이라는 신조어가 생겨났다. 이들은 원하는 형태의 삶을 위해 고소득을 기꺼이 포기하는 것이 뚜렷한 공통점인 것으로 나타난다. 시장조사기관인

화를 단적으로 말하여 주는 것이다.

무한한 물질 소비와 과도한 경쟁, 그리고 일체의 질質(quality)을 양量(quantity)으로 환원하는 경제 체제는 장기적으로 활력을 유지할 수 없어 머지않아 붕괴할 운명에 처하게 되는 것은 자명한 이치다.[71] 슈마허가 적절하게 지적한 바와 같이, 인간적인 규모, 성장의 질, 건전한 생태적 원리에 바탕을 둔 영속적인 경제학, 그리고 인간의 본성에 순응하는 기술의 중요성은 아무리 강조해도 지나치지 않을 것이다. 따라서 생태학이 모든 경제학자들에게 필수과목이 되어야 하는 것은, 자기 균형적(self-balancing)이고 자기 조정적(self-adjusting)이며 자기 정화적(self-cleansing)인 자연 체계와는 달리 경제적 및 기술적 사고는 그 어떠한 자기 제한적 원리도 인정하지 않기 때문이다. 말하자면 '인간 존중의 경제학(economics as if people mattered)'과 '인간의 얼굴을 가진 기술(technology with a human face)'이 실현되어야 하는 것이다.[72]

그러나 지금까지 생태학적 논의는 주로 철학적·사회학적 및 경제학적 차원에서 이루어져 온 까닭에 전 지구적 차원의 생태 위기에 효율적으로 대처하기에는 미흡한 감이 없지 않았다. 예컨대 풀뿌리 민주주의, 분권화, 비폭력, 사회적 책임 등과 같은 원칙은 고도의 정치성을 내포하고 있는 반면, 생태 정치학적 논의와 더불어 정치실천적 차원의 노력은 상대적으로 미약했던 것이 사실이다. 더욱이 20세기 정치의 메가트렌드인 파워 폴리틱스(power politics)의 횡행으로 에코 폴

---

데이터모니터에 따르면, 다운시프트族이 지난 6년간 30% 이상 증가했고 오는 2007년에는 1600만 명에 달할 것으로 내다보고 있다.

71 생태학적 대안에 대해서는 Fritjof Capra, *Uncommon Wisdom*(New York: Somon&Schuster Inc., 1988), pp.206-261 참조.
72 Schumacher, *op.cit.*

리틱스(eco-politics), 즉 생태 정치라는 개념 자체가 오히려 생경生硬하게 여겨지고 있는 실정이다. 생태주의의 진정한 자기 실현은 정치실천적 차원과의 연결을 요하는 것이라는 점에서 에코 폴리틱스의 구현과 그 맥을 같이 한다. 가장 깊은 수준에서 일어나는 생태적 자각은 모든 생명의 하나됨을, 우주만물의 교직성交織性과 상호 관통相互貫通을 직관적으로 깨닫는 것이라는 점에서 본질적으로 영적靈的일 수 밖에 없다. 이렇듯 생태학과 영성靈性 간의 심오한 연계는 에코폴리틱스가 그 본질에 있어 앞서 논의한 디비너틱스와 상이하지 않음을 말하여 주는 것이라 하겠다.

모든 제도와 조직의 성장에도 기본적인 생태적 통찰(ecological insight)은 적용된다. "지난 해 잎들이 썩어 이듬해 봄 새롭게 돋아날 싹을 위해 두엄을 마련하듯이, 어떤 제도나 조직도 몰락하여 썩어야만 그들의 구성체인 자본, 토지, 인간 재능이 새로운 조직 창출을 위해 사용될 수 있다."[73] 수운水雲이 "십이제국 괴질운수 다시개벽開闢 아닐런가."[74]라고 하여 쇠운衰運과 성운盛運이 교체하는 역학적易學的 순환사관循環史觀을 펼쳐 보인 것도 이러한 생태적 통찰의 범주를 벗어나는 것은 아니다. 수운의 천도天道 역시 우주만물은 모두 간 것은 다시 돌아오고 돌아온 것은 다시 돌아간다는 자연의 이법理法을 말하고 있는 것이기 때문이다.

한울의 원리가 귀천·빈부·반상·적서 등의 경계는 말할 것도 없고 생물과 무생물의 경계마저도 폐기시키는 것은, 삼라만상이 모두 혼원일기混元一氣의 역동적인 나타남으로 무수한 것 같지만 기실은 하나

---

73 Fritjof Capra, *Uncommon Wisdom*, p.237.
74 『龍潭遺詞』「夢中老少問答歌」.

의 기氣밖에 없기 때문이다. 다시 말해서 영靈과 기운氣運은 본래 둘이 아니라 일기一氣인 것이다. 그런 점에서 동학의 혁명성은 본질적으로 영적인 동시에 생태적이다. 만인이 한울을 모시는 영적 주체로서의 자각이 이루어지게 되면 이 우주가 '한생명'임을 알게 되어 귀천·빈부·반상의 차별이 철폐되고 만인이 도성입덕道成立德하여 군자君子로서 거듭나게 되는 것이다. 물질·정신 이원론에 입각한 근대적 인간중심주의는 우주자연과 인간, 인간과 인간의 연대성을 파기破棄시키고 자원 고갈·환경 파괴·정신공황精神恐慌·공동체 의식 쇠퇴 등을 초래하고 말았다. 이제 근대적 인간 중심주의는 생태 혁명을 통하여 모든 생명의 유기적有機的 통일성統一性을 깨달음으로써 새로운 연대로 거듭나야 한다. 마치 눈송이가 바다와 재결합하기 위해서는 그 구조와 개별성을 포기해야 하듯, 우리가 우주적 본성과의 고리를 되찾기 위해서는 '나'라는 에고가 사라져야 한다.

이렇듯 후천개벽後天開闢의 본질에 내재된 에코토피아적 지향성은 현재의 모든 생명 전략들에 대한 재검토와 더불어 생존의 영적靈的 차원의 중요성을 인식하게 함으로써 물리적 우주 이미지에 변화를 가져오는 동시에 분리감이 사라지고 고체에 대한 생각을 버리고 에너지 패턴을 생각하게 된다. 이는 전일적全一的이고 생태적이며 영적인 비전과 조화를 이루는 현대 물리학의 새로운 실재관(vision of reality)과 일치하는 것이다. 생태 혁명의 요체는 하늘(天)과 사람(人)과 만물(物)에 대한 차별 없는 공경과 사랑[75]이다. 이는 곧 무시무종無始無終의 영원한 '하나(한울)'에 대한 인식이며 동시에 그것의 실천이다.

---

75 海月의 '三敬' 思想에 대해서는 이 책에 함께 실린 「宇宙進化的 側面에서 본 海月의 '三敬' 思想」을 참조.

## 2. 에코토피아를 향하여

세계는 지금 기계론적이고 물질적이며 환경 파괴적인 양적陽的인 특성을 지닌 서구 문명이 쇠망해 가는 반면, 전일적이고 정신적이며 환경 회생적인 음적陰的인 특성을 지닌 새로운 문명-동아시아 문명-이 대두하고 있으며, 우리는 바로 그 전환점에 와 있다. 이제 동아시아, 특히 동북아 시대의 도래와 더불어 동북아는 서구적 보편주의의 관성慣性이 움직이는 마지막 무대가 되고 있는 동시에 새로운 문명의 최초 무대가 될 운명을 지니고 있기도 하다. 낡은 문명의 마지막 세대이자 새로운 문명의 최초 세대가 될 우리에게 근대성의 달성과 더불어 서구적 근대의 극복은 역사적·시대적 실천 과제가 되고 있다. 역사상 유례 없는 풍요를 이룩한 근대 산업 사회의 원리와 구조 자체가 파멸적인 재앙의 근원으로 변모하는가 하면, 근대화 담론에 기초하여 서구적 보편주의의 망령이 여전히 횡행하고 있는 현 시점에서 사회학 이론가 울리히 벡(Ulrich Beck)의 '성찰적省察的 근대화近代化(reflexive modernization)'[76] 명제는 근대성의 역설을 직시하고 인류의 문명을 보다 지속 가능한 기반 위에 세울 수 있게 하는 지침을 제공한다. 말하자면 과학 기술의 가능성과 그 한계를 동시에 인식함으로써 과학에 대한 사회적 제어력을 높이는 과정이 모색되게 된 것이다.

근대 초극超克의 논리는 전 지구적으로 진행되고 있는 환경 파괴와 정신공황精神恐慌으로 인한 총체적 인간 실존의 위기 현상이 제도와

---

76 Ulrich Beck, Anthony Giddens and Scott Lash, *Reflexive Modernity : Politics, Tradition and Aesthetics in the Modern Social Order*(UK : Polity Press, 1944) 참조.

운영 면에서 근대 산업 사회의 낡은 틀을 무리하게 적용시키려는 데서 온다는 문제 인식에 기초해 있다. '위험사회(Risikogesellschaft)'를 극복하기 위해 벡이 제시하고 있는 핵심 개념은 '국민국가(Nationalstaat)'의 한계를 넘어선 '제2의 근대화' 개념이다. 특히 환경운동·여성운동·비판적인 소비자운동 등 각종 NGO의 활동과 다국적 기업의 다원화된 활동 증대, 그리고 WTO 체제의 출범과 FTA 체결의 확산으로 점차 국민국가의 패러다임이 깨어지고 그 결과 '제2의 근대'의 도전에 직면하게 된 것이다.

'제2의 근대'의 본질은 국민국가의 패러다임을 넘어선 초국가적 발전 패러다임에 기초한다. 초국가적 발전 패러다임의 적실성適實性은 미국의 역사사회학자 이매뉴얼 월러스틴(Immanuel Wallerstein)의 '세계체제론(world-system perspective)'[77]에서 선명하게 드러난다. 근대화 발전 이론에 대한 안티테제로서의 그의 세계체제론은 기존 사회과학이 국가를 분석 단위로 상정하는 것과 분과 학문화를 통해 몰沒역사적 분석에 매몰되는 것을 비판한다. 이러한 그의 관점은 세계화 시대를 살고 있는 오늘의 우리에게 시사하는 바가 실로 크다. 미국 헤게모니 체제의 쇠퇴와 중국의 등장이라는 세계사적 변화 속에서 한반도 통일 문제 역시 동북아와 세계의 평화 질서 구축과 같은 세계사적인 담론으로 전환될 수 있어야 하는 것이다. 다시 말해서 한반도 통일 문제 역시 세계 권력 중심축의 이동과 더불어 한반도를 둘러싼 동북아의 지정학적, 경제지리학적 및 물류 유통상의 역동적 변화상과 거시

---

77 Immanuel Wallerstein, *The Modern World System : Capitalist Agriculture and the Origins of the European World Economy in the Sixteenth Century*(New York : Academic Press, 1974) 참조.

적으로 연결시킬 수 있어야 한다. 동북아 협력의 증대 추세 속에서 이러한 전환은 충분히 가능할 수 있다고 본다.

이렇게 볼 때 초국가적 발전 패러다임에 대한 연구는 국가를 분석단위로 한 기존 사회과학의 틀을 뛰어넘어 남북 문제를 한반도를 둘러싼 동북아의 역동적인 거시적 변화와 연결시킴으로써 제로섬 게임이 아닌 윈-윈 게임이라는 새로운 발전 패러다임을 제시할 수 있게 한다는 점에서 시급한 현안으로 떠오르고 있다. 이러한 연구는 동북아 체제로의 전환 과정에서 영토 분쟁의 핵으로 떠오르고 있는 만주 지역의 영토 주권과 역사 주권의 갈등을 해소하고 동북아와 세계의 평화 질서 구축을 위한 방안을 제시함으로써 남북통일은 물론 동북아 시대의 본격적인 개막을 가능하게 하는 단초를 제공할 수 있을 것이다. 세계화의 시대를 살고 있는 오늘의 우리에게 심대한 과제로 떠오르고 있는 지역화와 세계화, 특수성과 보편성의 통합 문제 또한 초국가적 실체에 대한 인식 및 협력의 다층적 성격에 대한 이해와 더불어 초국가적 발전 패러다임을 모색하는 접근이 필요하다 하겠다. 세계체제론의 입장에서 볼 때 동북아는 미국 헤게모니의 쇠퇴와 중국의 등장이라는 세계사적 변화를 담아내고 있음은 물론 통일 한국의 새로운 발전 패러다임을 제시하는 틀을 제공하는 것으로 볼 수 있다.

이와 관련하여 일본의 러시아·한국 근현대사 전문가 와다 하루키는 동북아 지역 협력을 위한 구상의 일환으로 '동북아 공동의 집'[78]을 제창하고 있다. 그에 의하면 '동북아 공동의 집'은 '평화 정착→ 환경·경제·문화 공동체 형성→ 정치·안보 공동체 수립'의 세 단계로

---

[78] 와다 하루키 저, 이원덕 역, 『동북아시아 공동의 집』, 서울: 일조각, 2004.

이루어진다. 동북아 공동체 형성에 있어 그는 특히 한국의 중추적 역할을 강조하고 있다. 그 근거로서 그는 한국이 동북아의 지리적 중심에 위치해 있고 동북아 주요 지역에 동북아 코리안이 산재해 있다는 사실을 들고 있다. 그가 포괄하는 동북아는 남북한·일본·중국·몽골·러시아·미국 등 7개국과 타이완·오키나와·하와이·사할린·쿠릴열도 등 5개 섬으로 포괄적으로 이루어져 있다는 점에서 '동북아 공동의 집'은 '인류 공동의 집'으로 발전할 가능성이 다분히 내재해 있다 하겠다. 말하자면 그는 동북아 지역 공동체, 나아가 지구 공동체 형성이라는 한민족의 세계사적 책무를 환기시킨 셈이다.

'시동이사기時動而事起'라고 했던가. 천시天時가 동動하면 인사人事가 일어나는 법法. 천인합일天人合一의 이치는 이를 두고 하는 말이다. 이러한 일련의 세계사적 흐름은 천지개벽의 도수度數에 조응照應하여 생장生長·분열分裂의 선천 시대先天時代에서 수렴收斂·통일統一의 후천 시대後天時代로, 에고 차원의 물리物理 시대에서 우주 차원의 공空 시대로 진입하는 과정에서 나타나는 현상이다. 수운은 만인이 「시천주」로서의 자각적 주체가 되면 도성입덕하여 후천개벽의 새 세상이 열리게 된다고 보았다. 그리고 보면 새 세상은 우주 '한생명'에 기초해 있고, 그런 점에서 본질적으로 영적이고 생태적일 수밖에 없다. 어느 시대고 역사의 중심축은 있기 마련이다. 그러면 새 세상의 중심 축은 어디일 것인가. 그것은 『주역周易』「설괘전說卦傳」[79]에도 나와 있거니와, 필자는 동북東北 간방艮方이라고 보았다. 새 세상은 경전 속에서가 아니라 구체적인 역사의 장場에서 실천적인 형태로 전개될 것이다.

---

[79] 각주 60) 참조.

그런데 동북 간방에서 열리는 후천개벽後天開闢의 새 세상은 만주 지역의 영토 주권과 역사 주권의 갈등에 대한 평화적 해결 없이는 열릴 수가 없다. 다시 말해서 이 지역의 영토 주권과 역사 주권의 갈등을 해소하지 않고서는 동북아의 미래는 없으며 따라서 세계의 미래도 없다. 그런 점에서 현재 진행 중인 중국 '동북공정東北工程'의 실체에 대한 정확한 인식이 선행되어야 할 것이다. 현재까지 드러난 '동북공정'의 연구 방향과 그 내용을 보면 많은 부분이 근현대사에 치중해 있고, 중·러 변경 문제도 있지만 특히 한·중 변경 문제(간도문제)에 역량을 집중하고 있음을 알 수 있다. 이렇듯 중국이 한·중 변경 문제에 깊은 관심을 갖는 것은 역사적으로 분쟁의 소지가 있는 간도 문제를 종식시키고 동북 지역에 대한 패권을 공고히 하기 위한 것으로 보인다.

일제가 한국을 강점하기 시작한 이후 우리나라와 청국 간의 오랜 계쟁係爭 문제였던 간도 문제는 장차 만주를 손아귀에 넣으려는 일본의 야심으로 1909년 9월 청일 양국의 일방적인 간도협약에 의해 만주 지역에서의 일제의 이권을 보장하는 대가로 부당하게 간도가 청국으로 넘어간 것이다. 따라서 1905년 을사조약이 무효인 이상 이에 기초한 1909년의 협약 또한 무효일 수밖에 없으며, 더욱이 일제가 맺은 각종 조약이 무조건 항복으로 인해 국제적 효력을 상실한 만큼 간도협약 또한 당연히 무효가 되어야 하는 것이다. 그럼에도 간도협약이 여전히 유효한 것처럼 중국이 실질적인 지배권을 행사해 올 수 있었던 것은 냉전 체제와 남북 분단이라는 특수한 상황 때문일 것이다. 백두산에 있는 조중국계비朝中國界碑는 냉전체제 하에서의 북한과 중국의 변경 문제에 대한 인식을 상징적으로 보여 주는 것이라 하겠다. 필자가 본 조그만 돌비석으로 된 조중국계비는 한쪽에는 '중국'이라고 새겨져 있었고 반대쪽에는 한글로 '조선'이라고 새겨져 있었으며, 주위에는 경계를 표시하는 가는 줄이 낮게 쳐져 있을 뿐 그곳을 감시하는 보초가 서 있는 것도 아니어서 국경이라는 느낌이 전혀 들지 않았다.

그러나 미소를 정점으로 한 동서 냉전 체제는 막대한 냉전 비용 지출로 미국의 달러 패권주의가 붕괴되고 1989년 이후 동유럽 사회주의권이 대변혁-1980년대 중반부터 본격화된 사회주의권의 개혁으로 인한 동유럽 공산권의 몰락(1989)과 소연방의 해체(1991)-를 맞게 되면서 사실상 종식되고 그로 인해 국제 질서의 구조에도 커다란 변화가 발생했다. 우선, 냉전의 종식은 양극 구조였던 국제 관계를 전 지구적으로 확장시킴으로써 이데올로기적 구분에 의한 국제 관계의 영역화가 축소되고 시장 경제 논리가 전 세계로 확산되게 되었다. 말하자면 세계화(globalization)가 가속화되게 된 것이다. 대부분의 국가들은 군사 안보 논리가 지배하는 양극 구조의 틀에서 벗어나 적극적 행위자로서 국제 관계에 참여하고 있고 국제 기구들의 위상과 역할 또한 새롭게 변화하고 있다.

이러한 역동적 변화 속에서 21세기 세계적 경제 대국으로 부상하고 있는 중국은 '동북공정' 프로젝트를 통해 동북 지역에 대한 지배권을 강화함과 동시에 이를 역사적으로 정당화하기 위해 동북 변경의 역사 자료 정리에 착수하게 된 것이다. 동북 지역에 대한 중국의 역사적 정당성 확보는 이 지역에 대한 중국의 정치적·군사적 입지를 강화시키고, 북한 붕괴 시 옌볜 조선족 사회의 동요를 막고, 중국 소수민족의 분리 독립을 원천 봉쇄하며, 국경 분쟁을 원천적으로 차단

함으로써 동북아 질서를 중국 중심으로 재편하기 위한 사전 포석인 것으로 보인다. 뿐만 아니라 연해주가 러시아 영토로 병합된 것이 1860년 영국·프랑스 연합군의 베이징 침입 당시 조정에 나섰던 대가로 청국과 그들 간에 맺어진 '베이징 조약(北京條約)'에 의해서이고 보면, 연해주가 러시아 영토가 된 것은 겨우 140여 년밖에 되지 않으므로 영토적 불안이 잔존해 있음은 부인할 수 없는 사실이다. 따라서 중국의 '동북공정' 프로젝트 발의는 동북아 구도를 중국 중심으로 재편하려는 고도의 국가 전략 차원의 산물이라 하겠다.

이처럼 중국 '동북공정'의 핵심이 단순한 고대사 문제가 아니라 동북아 질서 재편과 헤게모니 장악을 노린 근현대사 문제라는 점에서 우리는 작금의 불붙는 동북아 역사 전쟁을 종식시키고 동북아와 세계의 항구적인 평화질서 구축을 위해 오늘의 실정에 맞는 새로운 패러다임을 창출해 내어야 할 시대적·역사적 책무가 있다. 이에 필자는 만주 지역의 영토 주권과 역사 주권의 갈등을 해소하고 동북아와 세계의 평화질서 구축을 통해 후천개벽의 새 세상을 열기 위한 하나의 방안으로 1995년 이후 추진해 온 UN 세계 평화 센터(United Nations World Peace Centre, 이하 UNWPC로 杆秤)[80] 프로젝트를 간략하게 소개하고자 한다. UNWPC 프로젝트는 국민국가의 패러다임을 넘어선 초국가적 발전 패러다임, 이른바 지구촌 패러다임에 입각한 것으로, 주권국가를 기본단위로 하는 연대의 내재적 한계를 극복할 수 있는 이른바 윈-윈 구조의 협력체계의 가능성을 열어 보임으로써 21세기 새로운 동북아 시대를 여는 해법을 제공하기 위한 것이다.

---

80 UNWPC에 관한 자세한 내용은 http://www.unwpc.net 참조.

UNWPC 프로젝트는 새로운 동북아 시대를 맞이하여 세계 평화와 우리 민족의 진운進運이 걸려 있는 새로운 연대를 위한 구상이 구체화된 것이다. 중국과 북한과 러시아의 3국 접경 지역에 추진 중인 이 프로젝트는 1995년 유엔 창립 50주년 기념 사업으로 필자가 유엔 측에 처음 발의한 것이다. 1995년 10월 필자는 UNWPC 프로젝트를 구현하기 위해 중국 측과 2자 조인식을 가진 데 이어, 1999년 4월에는 중국 훈춘 현지에서 유엔 측 대표, 중국 훈춘시 인민정부 시장, 러시아 핫산구 정부 행정장관 등과 필자는 3국 접경 지역 약 2억 평 부지에 UNWPC 건립을 위한 4자 조인식을 갖고 두만강 하구 방천에서 기념비 제막식을 가졌다.
　여의도 면적의 약 240배에 달하는 UNWPC는 아시아-유럽을 동서로 관통하는 태평양의 관문이자 전 세계로 통하는 사통팔달 지역으로서, '최대 보전 최소 개발(97% 보전, 3% 개발)', 개념으로 환경 친화적 생활과 생태 효율적 생활을 직접 체득할 수 있도록 지구촌의 미래 청사진으로 계획된 것이다. 말하자면 국가간 경계를 초월한 동북아 환경·문화·경제 활동의 중심지로서 '저低 환경 비용 고高 생산 효율'의 사회 체제를 구축함으로써 환경 회생과 지속적인 인간 개발을 성취하게 하고, 유엔 관련 기관과 유관 국제기구 및 전 세계 환경 관련 기업체와 단체, 그리고 NGO와 민간 부문이 참여하여 우주자연-인간-문명이 조화를 이루는 상생相生의 패러다임을 구현하기 위한 것이다.
　UNWPC 프로젝트는 점차 국민국가의 패러다임이 깨어지고 지구촌 패러다임이 형성되는 문명의 대전환기를 맞이하여 4강 구도로 이루어진 기존의 동북아 판을 국가간 경계를 초월하여 동북 간방을 중심으로 다시 짜기 위한 것이다. 3국 접경 지역은 지정학적으로는 반도와 대륙 그리고 해양과 대륙을 가교하는 동북아의 요지로서, 물류 유통상으로는 유라시아 특급 물류 혁명의 전초기지로서, 새로운 동북아 시대의 허브(hub)가 될 수 있는 요건을 갖춘 곳이다. 3국이 접해 있는 지리적 특수성으로 인하여 경제 여건의 상보성은 물론 중국 동북 지역과 러시아 극동 지역의 개발에 상호 협력할 수 있는 기초적 조건을 갖추고 있는 곳이기도 하다. 말하자면 지정학적 입지가 상품화될 수 있는 가치가 높은 이 지역을 '하나인 동북아', '하나인 지구촌' 건설을 위한 세계 평화의 중심지로 만들자는 것이다.

더욱이 이 지역 일대에는 우리 한인 교포들이 많이 거주하고 있어 우리 한민족 인적 자원이 풍부한 곳이기도 하다. 장보고가 고대 동아시아의 중추항이었던 청해진을 거점으로 중개무역을 통해 세계적인 물류망을 연계하는 무역 네트워크를 구축했던 것처럼, 3국 접경 지역은 아시아-유럽을 동서로 관통하는 동북아의 새로운 허브, 즉 중개무역지로 발전시킬 수 있는 인적 및 물적 자원을 갖춘 곳이기도 하다. 중국 방천경구防川景區를 중심으로 경신평원경구敬信平原景區, 회룡봉경구回龍峰景區와 러시아 핫산구, 북한의 부포리 일대를 포함한 이 지역은 한국과 일본, 몽골 그리고 미국과 유엔이 직간접으로 연결되어 있고 아태 지역 국가들의 이해관계가 내재된 곳으로 UNWPC의 건립 배경과 목적에 부합되고 새로운 동북아 시대의 중심이 될 만한 필요충분조건을 갖춘 유일무이한 곳이다.

이와 같이 3국 접경 지역 약 2억 평에 달하는 UNWPC 건립 지역이 중국, 러시아, 북한 지역에 연해 있는 소삼각 구역과 대삼각 구역의 중앙에 위치하고 있음은 이곳이 세계평화센터의 적지임을 다시

한번 확인시켜 주는 것이다. 이러한 UNWPC에서의 평화를 위한 회의, 연구와 문화 예술 활동, 관광, 의료, 유기농 등 환경 친화적 활동은 상생相生의 표본이 됨은 물론, 지역 주민의 삶의 질을 향상시키고 역내 경제 개발 및 경제 문화 교류를 촉진하며 협력과 유대를 한층 제고해 나가는 견인차 역할을 하게 될 것이다.

　국제 정치적 의미에서 이러한 평화 지대(peace zone)의 설치는 전쟁 억제 효과를 가져옴은 물론 국제 교류 협력의 증진과 공동 투자 개발 환경을 조성하여 동북아 지역의 통합을 가속화하고 나아가 이 지역을 세계의 중심지로 만들어 갈 것이다. UNWPC는 환황해경제권 및 환동해경제권의 활성화와 더불어 경제·정치 개념을 환경 개념의 규제 하에 둠으로써 동북아 발전의 새로운 패러다임을 제시하게 될 것이며, 동북아 평화의 중심 나아가 세계 평화 중심으로 자리잡게 될 것이다.

## V. 결론

　이상에서 우리는 수운의 후천개벽의 본질과 그 의미와 혁명 원리에 대해서, 생태학과 영성 간의 심오한 연계에 기인하는 에코토피아적 지향성에 대해서, 그리고 그러한 지향성이 본질적으로 함유하고 있는 근대 초극의 원리와 생명 시대의 개창 원리에 대해서 살펴보았다. 수운의 후천개벽은 「시천주」를 통해 유위有爲와 무위無爲가, 사람과 하늘이 변증법적 통합을 이루어 새 하늘과 새 땅을 창조하는 '다시개벽'이다. 정신개벽을 통하여 신인합일神人合一의 이치가 드러나게 되면 무위자연의 천지개벽이 인위의 사회개벽과 둘이 아님을 알게 되는 것이다. 정신개벽과 사회개벽, 그리고 무위자연의 천지개벽이 불가분의 하나인 것은 천시天時와 지리地理, 그리고 인사人事가 조응관계照應關係에 있기 때문이다. 우주 섭리와 인사人事가 연계되어 있다는 것은 한마디로 천지 운행 그 자체가 한울의 법法인 까닭이다. 따라서 후천개벽을 논하면서 인위人爲의 정신개벽과 사회개벽만을 내세우거나 또는 무위자연의 천지개벽만을 내세운다면 후천개벽의 진실에 제대로 접근할 수 없게 될 것이다.

후천개벽은 우주가 12만 9천 6백 년을 주기로 봄·여름·가을·겨울의 '개벽'으로 이어지는, 이른바 천지개벽의 도수에 따른 것이다. 우주의 봄·여름인 선천 5만 년이 끝나고 후천 가을의 시간대로 접어들면 우주 섭리에 따라 후천개벽이 찾아오게 되는 것이다. 수운의 '다시개벽' 또한 우주의 대운大運 변화의 한 주기週期에 해당하는 것으로 이제 시운時運이 다하여 선천이 닫히고 후천이 새롭게 열린다는 것이다. 건운乾運의 선천 5만 년은 지축의 경사로 인해 음양이 고르지 못하므로 해서 음양상극陰陽相剋의 시대로 일관해 왔다. 음양동정陰陽動靜 원리에 의해 이제 양의 극에서 음으로 되돌아오면서 우주의 가을인 미회未會에서는 지축 정립과 같은 대변혁 과정을 거쳐 천지가 정원형이 되어 음양지합陰陽之合이 이루어지는 후천개벽이 일어나게 되는 것이다. 말하자면 우주의 시간대가 새로운 질서로 접어들면서 선천의 건운 5만 년이 다하고 곤운坤運의 후천 5만 년이 열리게 되는 것이다.

수운은 새로운 성운의 시대를 맞이하여 만인이 「시천주」로서의 자각적 주체가 되면 동귀일체同歸一體가 이루어져 후천개벽의 새 세상이 열리게 된다고 보았다. 한울의 마음(天心)을 회복하면 천시와 지리, 그리고 인사가 조응관계에 있음을 알게 되고 후천개벽 또한 천지개벽의 도수에 따른 것임을 알아 사람이 할 바를 다하게 되어 천지가 합덕合德하는 후천의 새 세상이 열리게 되는 것이다. 따라서 후천개벽은 단순히 정신개벽과 사회개벽을 통한 지구적 질서의 재편성이 아니라 천지 운행의 원리에 따른 우주적 차원의 질서 재편으로 이를 통해 후천 5만 년의 무극지운無極之運이 열리게 되는 것이다.

후천개벽의 혁명 원리는 「시천주」이다. 그 요체는 세상 사람들이 본래의 천심을 회복하여 동귀일체하게 하려는 것이다. 만인이 한울을 모시는 영적 주체로서의 자각이 이루어져야 하는 것은 '혼원일기混元一氣'로 이루어진 생명의 유기성有機性 및 상호 관통相互貫通을 깨닫지 않고서는 영적 일체성이 확립될 수 없으며 따라서 우주 '한생명'에 대한 진정한 실천이 나올 수도 없기 때문이다. 그 비밀은 수심정기守心正氣, 즉 본래의 진여眞如한 마음을 지키고 기운을 바르게 하는 데 있다. 성경 이자誠敬二字로 이루어진 수심정기는 각 개인의 내면적 수양에 기초한 자각적 실천 수행으로서 만인이 동귀일체하여 지상천국을 건설하는 요체가 되고 있다. 수운의 「시천주」 사상은 인간의 신성神聖(靈性) 회복을 통하여 성속일여의 세계를 구현하려는 그의 사상의 실천 원리가 담겨 있다.

'닫힌 사회·수직 사회'의 전형을 보여 온 음양상극의 선천 건도 시대와는 달리, 후천 곤도坤道 시대는 음양지합陰陽之合의 시대인 관계로 만인이 「시천주」의 자각적 주체로서 평등무이平等無二한 '열린 사회·수평 사회'로 전환하게 될 것이다. 말하자면 힘(power)의 논리에 기초한 '파워 폴리틱스(power politics)'에서 영성靈性(divinity)의 논리에 기초한 디비너틱스(divinitics)로 이행하게 될 것이다. 이러한 이행은 천시와 인사가 상합相合하는 것으로 우주 변화의 원리에 따른 '패러다임 전환(paradigm shift)'과 그 맥을 같이 한다. 주권 국가를 기본 단위로 힘의 논리에 기초한 파워 폴리틱스와는 달리, 디비너틱스는 초국가적 실체를 기본 단위로 대등한 상호의존적 협력 체계에 기초해 있다. 따라서 파워 폴리틱스가 제로섬 게임의 발전론에 입각하여 약육강식의 논리가 지배하는 대립적이고 분절적인 세계를 낳은 반면, 디비너틱스는 윈-윈 게임의 발전론에 입각하여 통합의 논리가 지배하는 조화의 세계를 낳는다.

디비너틱스의 실천적 과제는 생명 경외敬畏에 입각하여 이 우주가 '한생명'임을 자각함으로써 무극대도無極大道의 세계를 구현하는 것이다. 후천개벽의 새 세상은 '각자위심各自爲心'하지 않고 만인이 도성입덕道成立德하여 군자가 되어 '요순성세堯舜聖世'의 도덕공동체道德共同體를 이룩하는 것이다. 동학이 본질적으로 디비너틱스와 연계성을 갖는다는 것은 「시천주」로서의 주체적 자각을 통해 일체의 봉건적 신분 차별을 철폐하고 만인이 다 같은 군자로서 평등하다고 인식하며 더불어 천하를 만인의 공유물公有物로 생각하게 하는 계기를 마련했다는 데 있다. 동학은 근대성의 발현인 동시에 근대성을 넘어서 있다. 인간 평등과 민중 정치 참여의 전기를 마련한 것은 근대성의 발현이요, 「시천주」 사상이 근대의 이분법적 사유체계를 초월한 것은 근대성을 넘어선 것이다. 후천 5만년의 무극지운無極之運은 인간의 신성 회복을 통한 새로운 문명의 개창과 그 맥을 같이 한다. 그것은 전일적인 새로운 실재관實在觀을 제시함으로써 서구의 '유기론적機械論

的' 세계관의 근저에 있는 가치 체계의 한계성을 극복할 수 있게 한다는 점에서 서구적 근대의 초극으로서의 의미가 있다 하겠다.

도덕과 정치의 묘합에 기초한 디비너틱스는 우주 '한생명'을 구현하는 통로로서 동학사상에서는 접接이라는 '영성靈性 공동체'로서의 성격과 포包라는 '정치적·사회적 운동체'로서의 성격이 복합된 '접포接包'의 형태로 나타난다. 접포제接包制는 보국輔國의 주체로서의 근대적 민중의 대두를 촉발시킴으로써 근대적 민족 국가 형성의 사상적 토대를 구축하였으며, 나아가 새로운 문명 창조의 기틀을 마련하였다. 자율성과 평등성에 기초한 동학의 접포제는 권력과 자유가 조화를 이루는 이상적인 직접 정치의 원형原型을 보여 주고 있다는 점에서 권력과 자유의 부조화라는 대의 정치의 유산을 극복하는 하나의 방법을 제시한 것으로 볼 수 있다. 따라서 후천개벽은 '힘의 지배 시대'의 종언인 동시에 「시천주」로서의 자각적 주체에 의한 생명 시대의 개창이라는 의미를 함축하고 있다 하겠다.

생태학과 영성 간의 심오한 연계는 디비너틱스가 그 본질에 있어 에코 폴리틱스(eco-politics)와 상이하지 않음을 말하여 주는 것이다. 가장 깊은 수준에서 일어나는 생태적 자각은 우주 '한생명'을, 우주만물의 유기적 통일성을 직관적으로 깨닫는 것이라는 점에서 본질적으로 영적일 수밖에 없다. 생태주의의 진정한 자기 실현은 정치실천적 차원과의 연결을 요하며 그런 점에서 에코 폴리틱스의 구현과 그 맥을 같이 한다. 삼라만상은 모두 혼원일기混元一氣의 역동적인 나타남으로 무수한 것 같지만 기실은 하나의 기氣밖에 없다. 그런 점에서 동학의 혁명성은 본질적으로 영적靈的인 동시에 생태적이다. 물질·정신 이원론에 입각한 근대적 인간 중심주의는 이제 생태 혁명을 통하여 모든 생명의 하나됨을 깨달음으로써 새로운 연대로 거듭나야 한다. 이는 전일적이고 생태적이며 영적인 현대 물리학의 새로운 실재관(vision of reality)과도 일치하는 것이다. 생태 혁명의 요체는 우주만물에 대한 차별 없는 공경과 사랑이다. 그것은 곧 우리의 우주적 본성(한울)에 대한 인식이며 동시에 그것의 실천이다.

동학적 이상향은 본질적으로 영적인 동시에 생태적이라는 점에서 에코토피아라고 불러도 무방할 것이다. 에코토피아는 단순히 생태학적 담론의 장에서가 아니라 구체적인 역사의 장에서 실천적인 형태로 펼쳐질 것이다. 그 중심축을 필자는 동북東北 간방艮方이라고 본 것이다. 그런데 동북 간방에서 열리는 후천개벽의 새 세상은 만주 지역의 영토 주권과 역사 주권의 갈등에 대한 평화적 해결 없이는 열릴 수가 없다. 이에 필자는 만주 지역의 영토 주권과 역사 주권의 갈등을 해소하고 동북아와 세계의 평화질서 구축을 통해 후천개벽의 새 세상을 열기 위한 일환으로 1995년 이후 실천적으로 추진해 온 UNWPC 프로젝트를 간략하게 소개하였다.

이 프로젝트는 국민국가의 패러다임을 넘어선 초국가적 발전 패러다임, 이른바 지구촌 패러다임에 입각한 것으로, 주권 국가를 기본단위로 하는 연대의 내재적 한계를 극복할 수 있는 이른바 윈-윈(win-win) 구조의 협력체계의 가능성을 열어 보임으로써 지정학적으로나 경제지리학적으로 또는 물류 유통상으로 동북아 지역의 통합적 가치가 증대하고 있는 현 시점에서 21세기 새로운 동북아 시대를 여는 해법을 제공하기 위한 것이다. UNWPC는 경제·정치 개념을 환경 개념의 규제 하에 둠으로써 동북아 발전의 새로운 패러다임을 제시하게 될 것이며, 또한 지역화와 세계화, 특수성과 보편성의 통합을 통하여 동북아 평화의 중심 나아가 세계 평화의 중심으로 자리잡게 될 것이다. 그렇게 되면 만인의 입을 통해 국경 없는 세계, '지구적 의식(planetary consciousness)'의 미덕을 노래하는 시대는 오게 되지 않을까?

# 우주진화적 측면에서 본 해월의 '삼경' 사상

## I. 서론

본 연구는 해월海月 최시형崔時亨의 '삼경三敬'사상思想을 우주진화적 측면에서 살펴보고 문명의 대전환기를 맞고 있는 현 시점에서 그것의 존재론적存在論的 함의含意에 대해 구명究明하기 위한 것이다. 여기서 삼경이란 경천敬天·경인敬人·경물敬物을 말하는 것으로 이는 곧 우주만물에 대한 공경을 뜻한다. 그러면 우주만물에 대한 공경이 어떻게 우주진화와 연결되는가.

우주의 실체는 의식意識이며, 그 진행 방향은 영적靈的 진화進化다. 카르마(karma, 業)의 법칙, 선택과 책임의 법칙, 인력引力의 법칙을 통해 진화의 마지막 단계에는 존재와 비존재, 주체와 객체, 사유思惟와 실재實在, 특수와 보편, 개체와 전체의 모든 이원성二元性을 초월하여 상호 의존적이며 불가분의 통일체로서 하나의 진리眞理가 그 모습을 드러내게 된다. 이는 곧 대립자의 양극이 지니는 편견을 지양시켜 '나'와 '너', '이것'과 '저것'이 대립자임을 그만두는 것이다. 그것은 아슈바고샤(Ashvaghosha, 馬鳴)의 말처럼 "존재하는 것도 아니며 존재하지 않는 것도 아니요, 존재와 비존재가 동시에 존재하는 것도 아니며 존재와 비존재가 동시에 존재하지 않는 것도 아니다."[1] 한마디로 일체의 이분법二分法이 완전히 폐기된 경지다.

우주만물은 비록 그 명칭과 형태는 다양할지라도 이 다양한 삶을 관통하고 있는 '하나'가 있으니, 그것이 바로 실체實體인 동시에 만유萬有의 존재 원리存在原理인 근원적인 일자一者이다. 이 근원적인 일자一者, 즉 '하나'는 '하나'님〔절대자, 창조주, 절대神〕·한얼〔한울〕·브라만(Brahman, 梵)·도道·불佛·순수의식〔전체의식·우주의식〕·우주의 창조적 에너지 등으로 다양하게 명명되고 있다. 실체는 우리와 분리된 공간에서 상과 벌을 내리는, 명령하는 그 무엇이 아니라, 바로 우리의 내재적 본성인 신성神性을 의미한다. 이러한 자기 내부의 신성에 대한 자각을 통해서만이 우주만물의 근원에 대한 믿음과 맡김, 우주만물에 대한 공경과 사랑이 일어날 수 있다. 말하자면 자기 내부의 신성을 자각하게 되면 권력·재물·명예·인기와 같은 허상에 좌우되지 않고 실체實體를 지향하는 삶을 살 수 있게 되는 것이다. 바로 이 '하나'에 대한 영적靈的 깨달음을 통해 우주진화가 이루어진다.

무지無知의 바람이 고요해지면 일체의 현상은 본질 속으로 흡수되기 마련…. 우주만물에 내재內在한-동시에 이를 초월한-참자아, 즉 영원한 신성神性을 보는 사람은 우주만물이 결국 하나임을 알게 되고 따라서 보편적普遍的 실재實在인 그 '하나'를 깨닫게 될 것이다.[2] 그리

---

1 Ashvaghosha, *The Awakening of Faith*, trans. D. T. Suzuki(Chicago: Open Court, 1900), p.59 : "Suchness is neither that which is existence, nor that which is non-existence, nor that which is at once existence and non-existence, nor that which is not at once existence and non-existence."
2 근원적인 一者인 이 '하나'는 『天符經』, 『三一神誥』, 『大乘起信論』, 『金剛三昧經論』,

하여 모든 존재 속에서 나 자신을 보고, 나 자신 속에서 모든 존재를 보게 될 것이다. 우주진화는 곧 순수의식으로의 길이며 이는 우주만물에 대한 차별 없는 사랑을 통하여 이루어진다. 우주만물에 대한 차별 없는 사랑, 그것의 비밀은 일심一心에 있다.

우리들 각자의 깊은 의식이 바로 하늘로 통하는 문이다. 일체의 차별상을 떠나 의식의 근원에 이르게 되면 이분법적二分法的 사유체계를 초월한 하나의 진리가 현현顯現하게 되니, 그것이 바로 일심一心이다. '하나'는 곧 하나인 마음이요 하나인 마음 이외에 다른 실재가 있는 것이 아니다. 만물만상은 곧 일심이 나타난 것이다.

하나(一)와 여럿(多)은 상호 연관되어 있으며 상호 관통한다. 여럿(多)이 하나로 돌아간다면, 하나는 여럿(多)으로 돌아간다. 귀로 듣고 눈으로 보고 입으로 말하고 코로 냄새 맡고 손으로 잡고 발로 걷고 뛰고 하는 것 모두 일심一心이 감각기관을 통해 활동하는 것이다. 희로애락애오욕喜怒哀樂愛惡慾의 감정 또한 일심의 나타남이다.

그러나 일심을 깨닫지 못하면 이 마음을 떠나서 다른 마음을 만들고, 본체를 버리고 그림자를 구하게 되어 미망迷妄 속을 헤매이게 된다. 그러나 지혜는 남이 대신 닦을 수 없는 것. 어리석음의 어두움을 없애면 지혜의 밝음은 저절로 그 모습을 드러내게 될 것이다. 그것은 곧 '평등성지平等性智'의 나타남이다.

'나'가 없기 때문에 '나' 아닌 것이 없고, 나 아닌 것이 없으므로 일체가 평등무차별하게 된다. 다만 일심一心의 도道는 지극히 가까우면서도 또한 지극히 먼 것이어서, 찰나에 저절로 만나게 되는가 하면

---

『우파니샤드(Upanishad)』, 『바가바드 기타(Bhagavad Gita)』등 고대 경전의 중핵을 이루는 개념이다.

억겁을 지나도 이르지 못한다. 그것의 비밀은 바로 의식의 깨어 있음에 있다.

이제 우리 인류의 가치지향성은 현대 물리학의 안내로 대大에서 소小를 거쳐, 극미세極微細에서 공空으로 진입하고 있다. 여기서 '공空'은 모든 형상을 일으키는 살아 있는 '공空'으로, 무궁무진한 생명력을 가진 '허虛'나 '도道'와 같은 것이다. 작은 것이 아름답다고 했지만 '공空'은 위대하고 성스럽다. '대소大小'는 물질적 차원의 개념이지만 '공空'은 의식적 차원의 개념이다. 물질 시대에서 의식 시대로의 패러다임 전환의 단초가 여기에 있다.

이러한 문명의 대전환기에 해월海月의 '삼경三敬'사상은 하늘[天]과 사람[人]과 만물[物]에 대한 차별없는 공경과 사랑을 설파하고 있다는 점에서 의식 시대를 여는 단초라 아니할 수 없다. 그것은 무시무종無始無終의 영원한 '하나[實體·眞理]'에 대한 인식이요 동시에 그것의 실천이다. 그러면 해월의 '삼경'사상부터 살펴보기로 하자.

# II. 해월의 '삼경'사상

## 1. 경천·경인·경물

해월은 경천敬天·경인敬人·경물敬物의 '삼경三敬'사상思想을 이 우주 만물의 조화적 질서를 이루는 바탕이 되는 것으로 보았다.

사람은 첫째로 敬天을 하지 아니치 못할지니,… 敬天의 原理를 모르는 사람은 眞理를 사랑할 줄 모르는 사람이니,….³

여기서 경천敬天이란 무엇인가? 한마디로 하늘[한울·한얼]을 공경함을 말한다.『천부경天符經』에 보면, 근원적인 일자一者, 즉 하나[한울·한얼]에서 우주만물이 비롯되고, 그 쓰임은 무수히 변하지만 근본은 다함이 없다고 되어 있다. 그런 까닭에 하나에서 비롯되나 시작이 없는 하나이며[一始無始一], 하나로 돌아가나 끝이 없는 하나이다[一終無終一]. 이 묘한 하나는 그냥 하나라고 하기에는 너무 황송하여 '님'자를 붙여 '하나'님이시다.

시작도 끝도 없는 '하나'님. 도道란 무엇인가? 이 우주만물의 근원인 '하나'님을 일컬음이다. 그 이름을 알지 못하여 그냥 도道라고 한 것이다. 도道는 '명名'과 '무명無名'의 피안彼岸에서 본체本體와 현상現象을 모두 포괄한다.⁴ 불佛이란 무엇인가? 물질과 정신이 하나가 된 마음⁵을 일컬음이다. 따라서 '하나'님은 특정 종교의 하나님이 아니라, 하나인 마음[一心·한울·한얼]이요, 불佛이요, 도道이다. 다양하게 명명된다고 해서 '하나'의 본체가 손상되는 것은 전혀 아니다. 하나가 여럿[一卽多]이요 여럿이 하나[多卽一] 라는 인식은 곧 시작도 끝도 없는 영

---

3 天道敎中央摠部 編,『天道敎經典』「海月神師法說」(서울: 天道敎中央摠部出版部, 布德 140년), 354쪽.
4 여기서 '하나'는 상대적 의미의 하나가 아니라 근원적인 一者를 의미한다. 道를 無라고 표현할 때도 그것은 상대적 의미가 아닌 절대적 의미의 無이다. 따라서 道는 '하나(一)'와 '여럿(多)'을 초월할 뿐만 아니라 '있음(有)'과 '없음(無)', '現象'과 '本體'를 모두 초월한다. 그리고 동시에 포괄한다. 왜냐하면 超越과 內在는 合一이기 때문이다.
5 六祖 慧能에 의하면, 佛性은 영원과 변화의 彼岸에, 선과 악의 彼岸에, 내용과 형식의 彼岸에 있다.

원한 하나에 이르는 길이다.

　이렇게 볼 때 경천敬天은 곧 우주의 실체인 근원적인 일자一者 즉 '하나'에 대한 사랑과 공경의 의미를 담고 있는 것이라 하겠다. 이는 "경천敬天의 원리를 모르는 사람은 진리眞理를 사랑할 줄 모르는 사람이니…."라는 그 다음 구절에서 분명하게 드러난다. 경천은 곧 진리인 실체에 대한 인식이며 동시에 그것의 실천이다.

> 敬天은 決斷코 虛空을 향하여 上帝를 恭敬한다는 것이 아니요, 내 마음을 恭敬함이 곧 敬天의 道를 바르게 아는 길이니, 「吾心不敬이 卽 天地不敬이라」….[6]

　실체란 그 어떤 의미에서도 형상을 가진 인격체가 아니다. 그것은 감각이나 지각을 초월해 있으며 인과법칙에서 벗어나 자생자화自生自化하는 궁극적인 실재實在이다. 우주만물에 대한 차별 없는 사랑과 공경恭敬의 원천인 바로 그 하나인 마음을 공경함이 곧 경천敬天이다. 그런 까닭에 "내 마음을 공경하지 않는 것이 곧 천지天地를 공경하지 않는 것이라."고 한 것이다. 우상 숭배偶像崇拜란 바로 이 경천의 도道를 바르게 알지 못하는 데서 오는 것이다.

> 사람은 敬天함으로써 自己의 永生을 알게 될 것이요,…人吾同胞 物吾同胞의 全的理諦를 깨달을 것이요,…남을 爲하여 희생하는 마음, 世上을 爲하여 義務를 다할 마음이 생길 수 있나니, 그러므로 敬天은 모

---

6 『天道敎經典』, 354-355쪽.

든 眞理의 中樞를 把持함이니라.⁷

저 푸른 창공도, 저 까마득한 허공도 아닌 하나인 마음, 즉 한울을 공경함으로써 불생불멸不生不滅의 참자아 즉 자신의 내재적內在的 본성本性인 신성神性을 깨닫게 될 것이요, 일체의 우주만물이 다 내 동포라는 전체의식〔우주의식·순수의식〕에 이를 수 있을 것이며, 기꺼이 헌신하고자 하는 마음, 책임과 의무를 다하고자 하는 마음이 우러나올 수 있나니, 실로 한울에 대한 공경이야말로 모든 진리의 중추를 틀어쥐는 것이라 하겠다.

> 둘째는 敬人이니 敬天은 敬人의 行爲에 의지하여 事實로 그 效果가 나타나는 것이다.
> 敬天만 있고 敬人이 없으면 이는 農事의 理致는 알되 實地로 種子를 땅에 뿌리지 않는 行爲와 같으니, 道 닦는 자 사람을 섬기되 한울과 같이 한 後에야 처음으로 바르게 道를 實行하는 者니라….⁸

여기서 경천敬天과 경인敬人의 불가분성은 바로 인내천人乃天사상에서 기인하는 것이다.

경천의 원리는 경인의 행위가 수반되지 않으면 발현發現될 수 없는 까닭에 한울을 공경하되 사람을 공경함이 없으면 행위의 실효를 거둘 수 없다고 한 것이다. 그래서 사람이 곧 한울이라고 한 것이다. 따라서 경천만 있고 경인이 없으면 바르게 도道가 실행될 수 있는 것이

---

7 『天道敎經典』, 355-356쪽.
8 『天道敎經典』, 356쪽.

아니다. 한울이 사람을 떠나 따로이 있지 않다는 것을 물과 해갈解渴의 관계로 비유적으로 설명하고 있다.

> 사람을 버리고 한울을 恭敬한다는 것은 물을 버리고 解渴을 求하는 者와 같으니라.⁹

설령 일체의 사회적 신분이나 재물, 명예 등에 구애받음이 없이 사람을 한울과 같이 공경한다 할지라도 경인敬人은 경물敬物이 없이는 도덕의 극치에 이르지 못한다.

> 셋째는 敬物이니 사람은 사람을 恭敬함으로써 道德의 極致가 되지 못하고, 나아가 物을 恭敬함에까지 이르러야 天地氣化의 德에 合一될 수 있나니라.¹⁰

인간이 영적靈的으로 확장될수록 사랑은 그만큼 전체적이 된다. 소아小我의 울타리에서 벗어나 대아大我로 비상飛翔하는 영혼의 날갯짓은 잃어버린 본연本然의 감각을 찾아가는 과정이다. 오로지 이 육신肉身만이 '나'라고 하는 생각에서 이웃이나 지역사회·국가·인류까지도 '나'라고 생각함으로써 이들의 기쁨과 아픔을 모두 '나' 자신의 기쁨과 아픔으로 느낄 수 있게 된다. 나아가 우주자연과도 공명共鳴하게 됨으로써 하늘과 별과 바람과 돌과 풀 한 포기까지도 모두 '나' 자신으로 느끼게 되는 것이다. 그리하여 하늘[天]과 사람[人]과 만물[物]

---

9 『天道敎經典』, 357쪽.
10 『天道敎經典』, 358쪽.

을 하나로 느끼는 전체의식에 이를 수 있게 된다. 이러한 우주만물에 대한 차별 없는 공경과 사랑이 일어날 수 있게 되는 것은 바로 이 우주만물에 내재內在한-동시에 이를 초월한-보편적普遍的 실재實在인 참자아를 깨달음으로서이다.

해월의 '삼경'사상은 우리의 전통사상 속에서 그 뿌리를 찾을 수 있다. 고조선의 개조開祖 제1대 단군檀君은 경천숭조敬天崇祖의 '보본사상報本思想'을 이전의 신시神市 시대로부터 이어받아 고유의 현묘지도玄妙之道〔風流〕[11]를 기반으로 하는 조의국선皂衣國仙[12]의 국풍國風을 열었고, 이는 부여의 구서九誓(孝·友愛·師友以信·忠誠·恭謙·明知·勇敢·淸廉·義)와 삼한의 오계五戒(孝·忠·信·勇·仁)와 후일 고구려의 조의국선의 정신 및 다물多勿의 이념과 신라 화랑도의 세속오계世俗五戒(事君以忠·事親以孝·交友以信·臨戰無退·殺生有擇)로 이어져서 그 이념이 구현되어 내려왔다.

'보본報本'이라 함은 '근본에 보답한다'는 뜻으로 효孝와 충忠을 기반으로 한 숭조崇祖사상은 제천祭天을 기반으로 한 경천敬天〔敬神〕사상과 함께 한국 전통사상의 골간을 형성해 왔다. 상고上古와 고대의 국중國中 대축제는 모두 제천을 주된 목적으로 삼았고, 중세와 근세에 있어서도 제천, 즉 천지天地의 주재자主宰者를 받드는 일을 게을리하지

---

11 통일신라 말기 三敎의 說을 섭렵한 당대 최고의 지식인이었던 孤雲 崔致遠의 "鸞郎碑序"에는 신시시대와 고조선 이래 우리의 고유한 전통적 사상의 뿌리에 대한 암시가 나타나 있다. 즉 "나라에 玄妙한 道가 있으니 風流라 하여 교육의 원천이 되었다. 그 敎의 기원은 仙史에 상세히 실려 있거니와 이는 실로 儒·佛·仙 三敎를 포함하며 중생을 교화한다"는 내용이다(『삼국사기』「신라본기」〔제4〕 眞興王 記事). 이와 같이 우리 고유의 風流 속에는 儒·佛·仙이 중국에서 전래되기 이전부터 三敎를 포괄하는 사상내용이 담겨져 있어 그 사상적 깊이와 폭을 짐작케 한다.
12 단군시대로부터 고구려를 거쳐 고려에 이르는 심신 훈련 단체. 宋나라 사신으로 왔던 徐兢의 『高麗圖經』에는, 훈련 단체 단원들이 머리를 깎은 채 허리에는 검은 띠를 매고 훈련을 받은 것으로 나타나 있다.

아니하였다. 이는 곧 우리의 전통사상 이 천·지·인 삼재三才에 기초하여 하늘(天)과 사람(人)과 만물(物)을 하나로 관통하고 있음을 말하여 준다.

단군의 개국 이념開國理念인 '홍익인간弘益人間'은 또한 어떠한가.

널리 인간 세상을 이롭게 한다는 넓고도 깊은 뜻을 지닌 홍익인간의 이념은 한 국가나 민족의 경계를 넘어 인류 나아가 우주자연 차원에까지 이르고 있다. 이 광대한 이념은 우주와 인간의 본질에 기초한 것으로 그리스 로마 시대의 사해동포주의(cosmopolitanism)와도 통하는 것이다. 이렇듯 우리의 전통사상과 개국 이념은 부분의식과 전체의식의 합일을 통해 영적靈的 확장을 지향하는 것으로 나타난다.

그러면 부분의식과 전체의식은 어떻게 합일될 수 있을 것인가.

어떻게 해서 '나'만이 아니라 전 인류, 나아가 우주자연까지도 '나' 자신으로 느낄 수 있을 것인가. 이는 곧 '삼경'사상의 실천적 차원의 문제이기도 하다.

그것의 비밀은 일심一心에 있다. 1세기경 인도의 대논사大論師로 알려진 아슈바고샤(Ashvaghosha, 馬鳴)는 그의 『대승기신론大乘起信論(The Awakening of Faith)』에서 대승을 한낱 교리 체계가 아닌 마음으로 표현했다. 원효대사 또한 '일심위대승법一心爲大乘法'이라 하여 하나인 마음의 근원성·포괄성·보편성을 강조하였다.

일심, 즉 대승大乘의 본체는 지극히 공평하고 사私가 없어 평등무차별하다. 다만 오랜 무명無明의 습기習氣 때문에 진여眞如한 마음의 본바탕이 가리워져 고요해야 할 마음의 바다에 파랑波浪이 일고 유전육도流轉六道하게 되는 것이다. 말하자면 무명無明의 훈습薰習으로 생긴 식識에 의하여 주관과 객관이 나타나고, 허망한 경계를 취하게 되어 평등성과는 위배되게 되는 것이다.

그런데 여기서 원효는 '수기육도지랑雖起六道之浪 부출일심지해不出一心之海'라 하여 비록 육도六道의 파랑이 일지만 하나인 마음의 바다를 벗어나지 않는다고 보고 이 하나인 마음의 바다는 일체의 세간법世間法과 출세간법出世間法을 다 포괄한다고 하였다. 『대승기신론별기大乘起信論別記』에서는 '사상유시일심四相唯是一心'이라 하여 사상四相-생生·주住·이異·멸滅-이 일심일 뿐임을 강조하고, 마음과 사상四相의 뜻을 바닷물과 파도에 비유하고 있다.

> 마치 바닷물이 움직이는 것과 같이 바닷물의 움직임을 파도라고 설명하지만, 파도는 그 스스로의 본체가 없다. 따라서 파도의 움직임은 없다고 한다. 물은 그 스스로의 본체를 가지고 있으므로 물의 움직임이 있다고 한다. 마음과 사상四相의 뜻도 역시 이와 같다.[13]

일체의 현상은 근본적인 전일성全一性(Oneness)의 현시顯示이며 모든 사물의 전일성과 상호 연관성을 깨달아 고립된 개별아個別我라는 관념을 초극할 때 궁극적 실재와 합일될 수 있다. 말하자면 만물은 이 우주 전체와 상호 의존적이며 불가분의 부분들로서 동일한 궁극적 실재의 다른 현현이다. 사물들 전체의 단일성이 개오開悟되지 못할 때 개체화되고 무지無知가 일어나게 되어 온갖 부정한 심상이 커지게 되

---

13 元曉, 「大乘起信論別記」, 趙明基 編, 『元曉大師全集』(서울: 寶蓮閣, 1978), 483쪽: 猶如海水之動 說明爲波 波無自體故 無波之動 水有體故 有水之動 心與四相義亦如是. cf. 元曉, 「大乘起信論疏」, 『元曉大師全集』, 416쪽: 四相俱有爲心所成 離一心外無別自體 故言俱時而有皆無自立.

는 것이다.

따라서 일체의 집착은 인간의 근본적인 망상이며, 그것을 떠난 본래의 마음을 회복하면 대승大乘이 스스로 그 모습을 드러내게 되어 비로소 '무리지지리無理之至理 불연지대연不然之大然', 즉 상대적 차별성을 떠난 여실如實한 대긍정大肯定의 경지에 이르게 되는 것이다. 바로 이 진여眞如한 마음, 즉 일심一心이 원융회통圓融會通의 주체요 화쟁和諍의 주체인 것이다.

그런데 진여眞如를 따르는 신심信心 그 자체는 완덕完德의 실천이 수반될 때 비로소 완전해질 수 있는 것으로 바로 여기에 조신調身·조심調心·조식調息하는 수행의 필요성이 생겨난다. 이를테면 보시布施·지계持戒·인욕忍辱과 같은 여실수행如實修行의 필요성이 생기게 되는 것이다.

거울에 때가 끼면 색과 상이 나타나지 않듯이 인간의 마음에도 때가 끼면 진리眞理의 몸은 나타나지 않는 법. 무명無明의 마음이 소멸되면 그에 따라 경계도 소멸하게 되고 갖가지 분별식分別識도 멸진滅盡하게 되므로 부분의식과 전체의식이 하나가 되어 '나'만이 아니라 인류까지도, 나아가 우주자연까지도 '나' 자신으로 느끼게 되는 것이다. 이러한 인식이야말로 영적靈的 확장의 단초가 되는 것이다.

## 2. 우주는 '한생명'

인간은 다생多生에 걸쳐 시공時空의 인큐베이터(Incubator) 속에서 살아왔기 때문에 그것에 매우 익숙해 있다. 3차원적인 절대 시공時空의 인큐베이터 속에서는 존재와 비존재, 물질과 비물질, 주체와 객체가 뚜렷하게 구분된다. 그리하여 분별식分別識이 작용하면서 오직 육체만이 자기라는 착각 속에서 자신의 삶을 재단하고, 죽음은 모든 것의 끝이라고 생각한다. 말하자면 소아小我에 집착하여 '나'를 강조하며 '나'를 잃어버리고 산다. 이렇듯 인간의 육체에 대한 집착은 너무도 강렬해서 죽음조차도 육체는 소멸시키지만 그 집착하는 마음은 소멸시키지 못하는 것이다.

그러나 육체만이 자기라는 생각이 사라지면 두려워할 대상도 사라진다. 죽음조차도 소멸시키지 못하는 분별하고 집착하는 그 마음을, 삶은 깨달음을 통하여 소멸시킨다. 말하자면 심心에 입각하여 무심無心을 이룸으로써 에고를 초월하는 것이다. 그런데 그 깨달음은 육체를 통해서만이 가능한 것이다. 육체의 소중함이 바로 여기에 있다.

육체를 통한 인간 행위의 중요성은 얼마나 순수하게, 얼마나 깊이 그것에 몰입하느냐에 있다. 그러나 도박에 몰입하는 것과 명상에 몰입하는 것은 의식意識의 질質이 다르다. 전자의 경우는 방향이 잘못된 망아忘我로서 결코 초월이 일어날 수 없다. 초월로 통하는 문은 수없이 많다. 명상이나 기도만이 아니라 모든 분야에 걸쳐 각자의 천품계발天稟啓發을 통하여 얼마나 순수하고도 깊게 행위에 몰입할 수 있느냐가 관건이다. 나무꾼이든, 뱃사공이든, 직공織工이든, 도자기공이든, 중요한 것은 천품을 찾아내어 몰입함으로써 종교적인 행위를 하지 않고도 노동 그 자체가 명상이나 기도가 되어 초월의 문으로 진입할 수 있게 되는 것이다. 말하자면 철저하게 집중하여 에고를 초월함으로써 지고至高의 자유가 달성된 지복至福의 영역으로 진입할 수 있게 되는 것이다.

그것은 곧 전체의식[순수의식·우주의식]으로의 길이다.

해월의 '삼경'사상은 우주를 '한생명'으로 보는 전체의식의 나타남이다. 전체의식의 품 속에서는 '나'를 잊고 '나'를 잃지 않는다. 우주의 실체는 의식이며, 인간이란 지구에 살고 있는 의식에 지나지 않는다. 인간은 의식이라는 붓으로 색色·성聲·향香·미味·촉觸·법法이라는 여섯 가지 대상을 그린 다음 그것을 보고 탐욕·분노·우치愚癡라는 3독심毒心을 일으킨다. 색은 그것 스스로 색이 아니라 우리의 마음이 분별하는 것이다. 마음이 본래 공적空寂하다는 것을 깨닫게 되면 우리는 이미 해방된 것이다.

진정한 해방이란 마음의 해방에서 오는 것이다.

마음은 물질[色]을 비추더라도 물질의 영역에 속하는 것이 아니다. 또한 마음은 물질이 아닌 것[空]을 비추더라도 물질이 아닌 영역에 속하는 것도 아니다. 즉 마음은 색色으로서의 마음도 아니며, 그렇다고 공空으로서의 마음도 아니다. 마음은 사물을 비추지만, 비추는 마음의 작용은 색과 공, 그 어디에도 속하지 않는다. 이렇듯 일심一心의 원천이 유有·무無를 떠나서 홀로 청정하며, 그 어떤 것에도 속하지 않음을 깨달으면 우리의 마음은 이미 해방된 것이다. 해방된 마음은 먹장구름에 물들여지지 않는 푸른 하늘과도 같이 세상사에 물들여지지 않는다.

해방된 마음은 만물의 전일성全一性을 깨달아 모든 것을 포괄하는 거대한 전체다. 해방된 마음은 허공과도 같아 사私가 없다. 어느 화상和尙이 선지식善知識에게 물었다. "가지도 않고 오지도 않는 것은?" "내가 너하고 같이 다니는 것이다." 선지식의 대답이었다. 모든 개체의 자성自性은 텅 빈 우주나 거대한 대양과도 같이 막힘이 없이 상호 관통한다. 그러므로 자성의 본질은 평등이다. 만약 마음이 능히 실지實地에 머물 수 있다면, 하여 실재實在의 공성空性을 깨칠 수 있다면, 원융무이圓融無二한 경계가 그 모습을 드러내게 되고 대립자간의 관계 또한 동일한 실재의 양면성으로서 공존하며 하나의 연속적인 협력체를 형성함으로써 가지도 않고 오지도 않는 불생불멸不生不滅의 여여如如한 실재에 이를 수 있을 것이다.

허공과도 같이 걸림이 없는 순수의식 속에서 전체와 부분, 정신과 물질, 객관과 주관은 어우러져 하나가 된다. 순간 순간 철저하게 집중하여 최선을 다하는 것이야말로 지선至善의 삶이요, 우주의 파동과 함께하는 삶이며, 혼魂이 있는 그 무엇이 생산되는 삶이다. 과거·현재·미래의 구분은 그 자체가 착각이며, 실재하는 것은 오직 현재 이 순간 뿐이다. 영원한 지금只今(eternal now)은 영원의 문門이며, 생명의 빛으로 충만한 지복至福 그 자체다. 이것이 바로 생명 경외生命敬畏를 뿌리로 한 홍익인간이요, 이화세계理化世界이며, 신명나는 세상이다.

현재 인류가 직면하고 있는 다차원적인 문제의 본질은 이성理性과 영성靈性, 현상과 실재, 객관과 주관, 기술과 도덕, 보편성과 독자성 간의 심연深淵(abyss)에 있다. 이러한 심연 속에서는 결코 우주 '한생명'이 인식될 수 없다. 이를 해소시킬 수 있는 길은 에고를 초월하여 영원의 문門으로 들어서는 것이다. 영원한 지금은 곧 생멸심生滅心이 사라진, 시공時空을 초월한 경지다. 나고 죽음이 없으며, '나'와 '너', '이것'과 '저것'의 구분이 없는 경지다. 우주 '한생명'이 그 모습을 드러내는 경지다. 얼음을 버리고 물을 얻을 필요가 없듯이, 생사生死를 버리고 열반涅槃에 들 필요가 없는 것이다. 그것은 티끌 속에서 티끌 없는 곳으로 가는 경지다.

## III. 우주진화와 '삼경'사상

### 1. 순수의식으로의 길

'진리 불립문자眞理不立文字'라고 한다. 진리가 문자로 표현될 수 없음을 나타낸 말이다. 문자가 진리를 가리키는 방편으로 사용될 수는 있겠지만, 그렇다고 문자로 진리 자체를 나타낼 수는 없다. 그런 까닭에 손가락에 의지하여 손가락을 여읜 달을 보는 것과 같이 언설에 의지하여 언어가 끊어진 법을 볼 수 있어야 한다고 한 것이다.

해월의 '삼경'사상은 곧 순수의식으로의 안내이다.

순수의식은 모든 것을 포괄하는 거대한 전체, 즉 전체의식(우주의식)이다. 언설이 끊어지고 사변思辨의 길이 끊긴 여실如實한 대긍정大肯定의 경지다. 평등무차별하여 영원히 모든 오류를 여읜 경지다. 순수의식은 맑고 깨끗하며 고요한 마음의 본바탕이다. 오직 차별을 짓지 않음으로써 거기에 이를 수 있다. 바로 무심無心(空心)을 통해서이다.

왜 육체를 통해서만 영적靈的 진화進化가 가능한가. 육체를 통하지 않고서는 순수의식에 이를 수 없는가. 왜 순수의식에 이르고자 하며, 그 구체적인 방법은 무엇인가.

영혼의 세계는 시공時空을 초월해 있으며, 시간 개념은 물형계物形界에서의 변화를 설명하기 위해 인간이 도입한 것이다. 이를테면 만물이 생장하고 변하여 돌아가는 과정을 시간 개념으로 설명하는 것이다. 비물질적이며 불멸不滅인 영혼은 스스로 진화할 수 없는 까닭에 물질적이며 필멸必滅인 육체 속으로 들어가게 된다. 그리하여 오직 육체가 자기라는 에고가 형성되어 본래의 자기와는 대립성을 띠게 되고 번뇌의 바다를 헤매이게 된다.

이 한 편의 대서사시 같은 장엄한 드라마는 영원이라는 시간의 무대 위에서 펼쳐진다. 육체라는 옷이 낡아 해체하게 되면 또다른 육체의 옷을 바꿔 입는 전생轉生의 과정을 되풀이하면서, 마침내 일체의 대립성과 분절성을 극복하고 공적空寂한 일심一心의 본체로 돌아갈 때까지…. 일심의 본체로 돌아가면 물질이 본래 공空한 것을 알게 되고 물질과 비물질이 둘이 아니라는 사실을 깨닫게 되어 자유롭게 되는 것이다. 영혼이 육체라는 옷을 필요로 하는 이유가 여기에 있다.

그것은 곧 순수의식으로의 길이다. 개인의식에서 집단의식을 거쳐 우주의식으로 향하는 영적靈的 확장 과정이다. 마치 어린아이가 한번 불에 데이면 불 가까이 가기를 주저하는 것처럼 반복적인 학습 과정을 통해 교훈을 얻고, 궁극적으로는 진지眞知를 체득하게 되는 것이다. 말하자면 만물의 전체적인 전일성全一性을 깨달아 절대적인 여실지견如實知見(an absolute point of view)의 경지에 이르게 되는 것은 육체를 통해서만이 가능한 것이다. 따라서 육체를 통하지 않고서는 순수의식에 이를 수 없다.

그러나 육체는 실체實體가 아니다. 육체가 자기라는 부분의식에 사로잡힌 자는 살아도 살아 있는 것이 아니다. 천국과 지옥은 인간의 의식상태를 이름이다. 이 마음 하나가 천국이요 지옥이라는 말이 바로 그것이다. 천국은 걸림이 없는 자유로운 의식의 영역이다. 말하자면 팔식八識[14]의 모든 물결이 다시 기동起動하지 않는 일심一心의 원천, 거기가 바로 천국이다. 지옥은 걸림으로 가득찬 구속의 영역이다. 진여真如한 마음의 본바탕이 가리워지고 무명無明의 바람이 일어 여러 형태의 생멸生滅을 짓게 되는 그 마음, 즉 생멸심生滅心이 지옥이다

순수의식의 영역은 생사生死를 초월한 영역이다. 이 경지에 든 자는 한 순간도 자성自性을 여의지 아니하고 모든 상황에서 자기 역할을 다한다. 마치 그 자신은 조금도 움직이지 않으면서 만상을 담는 거울과도 같이 세상사에 일희일비一喜一悲 하지 않고 관조함으로써 지고至高의 자유와 영적靈的인 충만감 속에 있게 된다. 순수의식[眞我]에 이르고자 하는 이유가 여기에 있다.

그러면 순수의식에 이를 수 있는 구체적인 방법은 무엇인가.

예로부터 '수신제가치국평천하修身齊家治國平天下'라 하여 나라와 온 세상을 편안하게 다스리는 근본을 수신修身이라고 보았고, 공자孔子의 호학적好學的 정신 또한 수학修學이 수신에 필요한 데서 기인하는 것이다. 그러나 몸과 마음을 닦아 각성[見性]을 이루는 수신만으로는 순수의식에 이를 수 없으며, 공동체에의 헌신적인 참여를 통하여 우리의 영혼은 비로소 완성에 이를 수 있다. 헌신적인 참여란 대가성에 기초한 것이 아니라 스스로 비료가 되는 자기 확대의 행위, 즉 봉사성에 기초한 참여를 말한다. 이 둘은 영적 진화 과정에서 동전의 양면과 같은 것이다. 즉 고요함 가운데 움직임이 있고 움직임 가운데 고요함이 있는 것이다(靜中動 動中靜). 수신과 헌신적인 참여를 통해서 우리의 영혼은 더 맑고 밝고 확대되고 강화되게 된다.

---

14 불교의 唯識思想에 의하면 인간의 意識은 여덟 단계로 구성되어 있다. 이 八識의 이론 체계를 보면, 우선 眼識, 耳識, 鼻識, 舌識, 身識, 意識이라는 흔히 前六識으로 총칭되는 표면의식이 있고, 이 여섯 가지의 식은 보다 심층의 第七識인 자아의식, 즉 잠재의식에 의해서 지배되며, 이 잠재의식은 보다 심층의 第八識에 연결되어 있는데 이 第八識이 우리 마음속 깊이 감춰진 모든 심리 활동의 원천이 된다.

이러한 수신과 헌신적인 참여의 방법을 『금강삼매경론金剛三昧經論』에서는 '지행止行'과 '관행觀行'으로 나타내고 있다. 즉 인간이 본래의 공적空寂한 마음을 얻기 위하여서는 행위를 멈추고 내면을 들여다봄과 동시에 사심 없는 행위를 해야 하는 것이다. 철저하게 집중하는 바로 그 순간, 행위자는 사라지고 행위 그 자체만이 남게 된다.

眞如門에 의하여 止行을 닦고 生滅門에 의하여 觀行을 일으키어 止와 觀을 동시에 닦아 나가야 한다.[15]

자아실현이란 에고의 강화가 아니라 에고의 소멸이다. 씨앗의 껍질이 터져야 싹이 나오듯이 인간도 에고라는 껍질이 터져 스스로 비료가 되어야 진리의 사과나무에 많은 사과가 열리게 된다. 말하자면 '나'와 '너'의 경계가 사라질 때 진정한 비료가 되는 것이다. 이는 곧 자아실현을 의미하는 것으로 적극적이고 자율적인 참여를 통해 이루어진다.

순수의식은 초월적 의미의 대공大公한 경지다. 일심一心의 원천으로 되돌아가 천지天地가 '나'와 그 뿌리가 같고 만물이 '나'와 한몸이라는 사실을 깨달음으로써 비로소 이웃을 내 몸과 같이 사랑하는 진정한 실천이 나올 수 있다. 그것은 곧 포용·관용·서恕의 나타남이다.

순수의식은 천지간에 걸림이 없이 노니는 '유희삼매遊戲三昧'의 경지다. 이렇게 영적으로 깨달은 본성은 태허太虛와도 같아 무시무종無始無終이며, 생사生死의 지배를 벗어나 있다. '진인불기眞人不器'라고 했

---

15 元曉,「金剛三昧經論」,『元曉大師全集』, 145쪽.

다. 타인의 영혼을 담는 그릇이 되려면 그 스스로는 비정형화非定型化 되어야 함을 나타낸 말이다. 순수의식은 일체의 대립성을 여읜 까닭에 만유萬有를 포용한다. 이렇게 볼 때 물질과 정신, 존재와 비존재, 주체와 객체, 부분과 전체의 이분법이 완전히 폐기된 경지인 순수의식[전체의식]이야말로 인류 구원의 의식이요 생명수다.

그것은 영혼의 세계에서가 아니라 우리의 삶을 통하여 실현될 수 있다. 그것은 바로 동중정動中靜의 나타남이다. 영혼의 홀로서기는 성장의 필수 요건이다. 고난 속에서도 깨끗하고, 착하고, 일관된 자긍자존自矜自尊의 삶이야말로 인간이 가질 수 있는 최대의 영광이다.

## 2. 진화의 3법칙

어떻게 영적 진화가 일어나는가. 대개 다음의 세 가지 법칙으로 설명될 수 있다. 즉 카르마(karma)의 법칙, 선택과 책임의 법칙, 인력引力의 법칙이 그것이다. 이 셋은 각기 독립적으로 작용하는 것이 아니라, 불가분의 상호관계 속에서 작용한다. 따라서 이 셋 중 어느 하나만으로는 영적 진화를 충분히 설명할 수 없다.

인간의 삶은 단순히 육안肉眼으로 보이는 지상에서의 삶 그것이 아니다. 인간이 상상할 수 없는 큰 세계가 있으며, 인간의 삶은 우주적 구도 속에서 카르마의 법칙, 선택과 책임의 법칙, 인력의 법칙에 따라 영혼의 완성을 향해 진행된다. 우주만물에 대한 공경과 사랑을 설파하는 해월의 '삼경'사상은 우주의 본질인 생명의 뿌리에 닿아 있으므로 해서 우주진화의 방향과 그 맥을 같이 한다.

현 물질문명의 위기는 우주 생명의 뿌리와 단절된 데서 오는 것으로, 생명의 질서에 대한 파괴는 무서운 결과를 초래하게 될 것이다.

### 1) 카르마의 법칙

카르마의 법칙은 인과因果(cause and effect)·윤회輪廻·작용 반작용의 법칙이라고도 한다. 카르마의 법칙은 인간이 완성을 향해 진화하는 과정에서 작용하는 삶의 법칙으로, 이에 따라 생사生死를 반복하면서 인간의 영혼이 진화하여 궁극적으로 순수의식[전체의식, 우주의식]에 이르게 된다.

'카르마'는 산스크리트어로 원래 '행위'를 뜻하지만 죄罪와 괴로움의 인과관계를 나타내는 '업業'이라는 의미로 흔히 사용된다. 지금 겪는 괴로움은 과거의 어떤 행위가 원인이 되어 나타나는 결과라는 것이다. 이 우주는 방대하고 복잡하면서도 매우 정교하게 짜여진 생명의 피륙이다. 비록 오관五官의 지각으로는 그것의 극히 일부밖에는 볼 수가 없다고 할지라도 보이지 않는 얽히고설킨 무수한 실들이 빈틈없이 짜여져 있다. 자기의 행복을 소중하게 여기는 만큼 다른 사람의 행복도 소중하게 여겨야 한다. 이는 곧 모든 인간의 행위를 지배하고 있는 작용·반작용의 의미다.

뉴턴의 '운동의 법칙' 제3법칙인 작용·반작용의 법칙-모든 작용에는 같은 크기의 반작용이 따른다-은 물리 현상에만 적용되는 것이 아니라 영적 진화에도 그대로 적용된다. "씨 뿌린 대로 거두게 된다."고 한 말이나 "사로잡는 자는 사로잡힐 것이요, 칼로 죽이는 자는 자기도 마땅히 칼로 죽으리니."라고 한 말은 단적으로 이를 나타낸 것이다. 또한 "악의를 품고 오는 사람을 좋게 해 주면 자기가 다른 사람들에게 저지른 일을 보상할 수가 있다."라는 말도 같은 뜻의 다른 표현에 지나지 않는다.

이 법칙은 "오이씨를 심으면 오이를 얻고 콩을 심으면 콩을 얻는다. 하늘의 그물이 넓고 넓어서 보이지는 않으나 새지 않는다."[16]라고 하는 『명심보감明心寶鑑』의 구절 속에 잘 나타나 있다. 현재 우리 인류가 직면하고 있는 자원고갈·지구환경의 위기·정신적 황폐는 지구 자원 낭비와 지구 훼손에 대한 작용·반작용이다.

삶의 매순간마다 우주만물을 자기 자신으로 대할 수 있다면 더이상 영적靈的 진화進化가 필요하지 않지만, 부적절한 감정을 품게 되면 그것을 극복하기 위해 그와 유사한 상황을 다시 만나게 된다. 이를테면 다른 사람을 업신여기거나 고통 속에 빠뜨린 사람은 내적內的 자아自我의 각성과 영적靈的인 힘의 계발을 위해 그 자신이 그와 유사한 고통을 당하는 경험을 하게 된다. 사람이 한평생을 살면서 이 우주만물에 대해 부적절한 감정을 많이 품게 되는데, 그것을 극복하기 위해 다생多生에 걸쳐 복잡한 상황 속으로 들어가 고통스러운 학습을 반복하게 되는 것이다.

여기서 왜 인간이 선善하게 살아야 하는지에 대한 해답이 나온다.

인간의 도덕적 행위는 단순히 인간 사회의 외적 질서를 유지하기 위한 방편이 아니라, 영적 진화와 관계된다. 도덕적 실천을 이매뉴얼 칸트(Immanuel Kant)가 말한 바 있는 이성理性의 '정언적定言的 명령命令 [至上命令, kategorischer Imperativ]'이라고만 해서는 진정한 행行을 낳지 못

---

16 『明心寶鑑』「天命篇」, 제6장: "種瓜得瓜 種豆得豆 天網 恢恢 疎而不漏."

한다. 참인식이 선행되어야만 참행동이 나올 수 있기 때문이다.

인간이 의식하든 하지 못하든, 인간의 존재 이유는 영적 진화이다. 왜냐하면 인간은 영적 진화의 지향성을 갖는 우주의 불가분의 한 부분이기 때문이다. 진정으로 다른 사람을 잘 되게 하겠다는 마음 그 자체가 영적 진화의 단초다. 도덕적 행위는 다른 사람에게 감동을 주어 영적 진화의 장으로 안내하는 역할을 하기도 하지만, 행위자 자신에게는 존재 이유와 직결된다. 그러나 다른 사람에게 보이기 위한 진실성이 없는 행위는 아무리 크게 베풀어도 영적 진화에는 전혀 도움이 되지 않는다. 문제는 행위의 크기가 아니라 진실성이다.

카르마는 근본적으로 영성靈性이 결여된 데서 생기는 것이다. 즉 우주 '한생명'의 나툼으로서의 영적 일체성一體性(spiritual identity)이 결여되어 '나'와 '너', '이것'과 '저것'을 구분하는 데서 카르마가 생기는 것이다. 행위 그 자체보다는 동기와 목적이 카르마의 작용을 불러일으키는 원인이 된다. 어떤 마음자리로 임하느냐가 중요한 것이다. 해월이 "도가道家에 사람이 오거든 사람이 왔다 이르지 말고 한울님이 강림降臨하였다 이르라."[17]고 한 것은 바로 이 때문이다. 아무리 선행善行을 하여도 상을 받고자 하는 다른 목적이 있거나 업신여기는 마음으로 한다면 그 행위는 뒤에 반작용으로 나타날 새로운 카르마가 되는 것이다. 동기와 의도의 순수성과 일관성, 성誠을 다하는 마음을 강조하는 것은 이 때문이다.

카르마의 목적은 단순한 징벌에 있는 것이 아니라, 영적 교정矯正의 의미와 함께 영적 진화進化를 위한 영성계발靈性啓發에 있다. 따라

---

17 『天道敎經典』, 앞의 책, 356-357쪽.

서 고통스러운 상황을 단지 수동적으로 받아들이기보다는 그 속에 담겨 있는 영적 교훈敎訓을 적극적으로 배우는 자세로 일관해야 한다. 그리하여 올바른 생각과 행위가 뿌리를 내리게 되면 원래의 카르마의 방향이 바뀌고 그 힘 또한 약해지게 되는 것이다.

새로운 카르마를 짓지 않는 비결은 에고를 초월하는 데 있다.

말하자면 오직 이 육체가 '나'라는 착각에서 벗어나 우주만물을 자기와 한몸으로 느끼는 데 있다. 행위를 하되 그 행위의 결과에 집착함이 없이 담담하게 행위할 수 있을 때 비로소 '존재의 집으로 가는 옛길'을 발견할 수 있게 될 것이다.

작용·반작용의 법칙은 공이 벽에 부딪치면 튕겨 나오듯이 즉각적으로 나타나는 것은 아니다. 인과관계는 아주 가까운 과거에 있을 수도 있고, 아주 먼 과거에 있는 경우도 있다. 반작용으로서의 오늘의 이 업業은 며칠 전의 작용이 낳은 결과일 수도 있고, 몇년 전, 아니 몇만년 전의 작용이 낳은 결과일 수도 있는 것이다. 이는 우리의 삶이 연속적이라는 사실에 기인한다. 우주적 견지에서 보면, 죽음은 소우주인 인간이 우주의식을 향한 진화 과정에서 단지 다른 삶으로 전이하는 것에 불과하다. 우주는 본질적으로 역동적이며 불가분의 전체이므로 카르마가 작용하는 것은 한정된 시간과 공간에서가 아니라, 시공時空 연속체에서 일어나는 것이다. 한마디로 카르마를 보상하기에 가장 적절한 시기와 장소에서 나타나는 것이다.

전 우주는 자연법인 카르마의 지배 하에 있다.

하늘의 그물은 넓고 넓어서 보이지는 않으나 티끌 하나라도 새는 일이 없으며, 아무리 미세한 카르마라 할지라도 언젠가는 반드시 보상하게 되어 있다. 따라서 이 육체가 '나'라는 착각 속에서 권력·재물·명예·인기와 같은 물형계物形界의 허상을 쫓는 삶은 마치 불 속으로 날아드는 부나비와도 같은 속절없는 삶이다.

그렇다고 현재의 불행이나 질병이 모두 과거에 그 원인이 있다는 것은 아니다. 현재의 부주의나 생활 속의 어떤 원인이 작용할 수도 있다. 카르마의 법칙과 마찬가지로 윤회의 법칙 또는 인과의 법칙은 인간의 영혼이 완성에 이르기 위한 조건에 관계한다. 말하자면 내적 자아의 각성과 영적인 힘의 계발을 위해 있는 것이다. 인내하고 용서하고 사랑하는 마음이야말로 이러한 법칙의 유일한 용제溶劑이다.

2) 선택과 책임의 법칙

선택과 책임의 법칙은 인간이 스스로 선택하고 그에 따른 책임을 지는 과정에서 영적 진화가 이루어지게 하는 것으로, 이는 곧 우주의 '큰사랑'을 나타낸다. 거듭되는 삶 속에서 시행착오와 깨달음을 통해 영혼의 완성을 향해 나아가는 것이 인생의 의미이며 목적이라고 한다면, 자신의 영혼을 성장시키고 완성시키는 책임은 개개인 스스로에게 있다.

다생多生에 걸친 각각의 삶은 모두 영적靈的 성장成長을 위한 소중한 기회다. 반복적인 학습 과정을 통해 교훈을 얻고, 궁극적으로는 진지眞知에 이를 수 있게 하는 것이다. 타인의 도움과 위로에 의존하는 것은 영적인 성장成長에 오히려 방해가 된다. 진리를 두뇌로 이해하려 하지 말고 있는 그대로 느끼고 수용해야 한다. 왜냐하면 진리는 논리의 영역이 아니라 직관의 영역이며, 초超지식·초超두뇌의 영역이기 때문이다.

우리가 감지하는 일체의 현상은 오직 마음으로부터 일어나는 것으로, 마음의 투사(projections) 혹은 그림자(shadows)에 불과한 것이다. 이것이 바로 일체유심조사상一切唯心造思想이라는 것이다. 인간은 마음의 작용을 통하여 시간과 공간 위에 행위의 궤적을 남긴다. 인간의 무의식의 창고 속에는 각자가 개체화되고 난 이후의 모든 기억이 저장되어 있다. 물질에서 의식으로의 방향 전환을 통하여 각자는 그것을 활용할 수가 있다. 모든 문제의 해답은 각자 내부에 있다. 자성自性에 대한 직관적 지각을 통해 각자는 우주의 창조적 에너지[우주의식]에 닿을 수 있다. 『삼일신고三一神誥』에서 "자신의 성性에서 씨를 구하라. 이미 네 머릿골에 내려와 있느니라[自性求子 降在爾腦]."라고 한 것이 바로 그것이다. 운명이란 각자의 영혼이 우주의식과 어떤 관계를 형성하느냐에 달려 있다.

인간의 영혼은 영적 교정矯正을 위해 자기 자신의 과거 행위의 반작용을 받고 있으며 동시에 장차 반작용으로 나타날 새로운 카르마를 만들고 있다. 사심 없는 행위를 하는 것, 바로 여기에 새로운 카르마를 짓지 않는 비결이 있다. 우주만물은 우주의식의 다양한 현현이다. 우리가 우주의식과 하나가 되어 모든 행위에서 우주의식이 나타날 수 있게 되면 원래의 카르마의 방향이 바뀌고 그 힘 또한 약화되게 된다.

영혼을 성장시키는 주요한 덕목이 인내·용서·사랑이다. 인내는 능동적이고 적극적인 것이어야 한다. 그 어떤 것도 회피할 수 있는 것이 아니다. 이 모든 힘은 각자의 내부에 있다. 결과를 빨리 보려고 서두르는 것은 마치 밭에 씨를 뿌리고서 빨리 자라게 하려고 싹을 뽑아 올리는 것과 같다. 사심 없는 행위는 그 자체로서 아름다운 것이고 우주의식에 부합되는 것이다. 각자의 의식이 시공時空의 제약에서 벗어날 때 인내는 완성된다.

하늘에는 시공이라는 개념이 없다. 우주의식에 부합되는 행위는 반드시 하늘의 감응이 있게 마련이다. 하늘에 대한 믿음과 인내에 대해 『참전계경參佺戒經』에서는 이렇게 말하고 있다.

> 하늘의 感應을 마음속 깊이 기다리지 않는다는 것은 곧 하늘을 믿는 정성이 부족한 것이니, 기다림도 끝이 없고 정성도 끝이 없어야 한다. 비록 하늘의 감응이 지나갔다 해도 스스로 하늘을 믿는 정성을 그치지 않아야 한다.[18]

용서는 곧 인仁의 나타남이다. '인'은 무사無私의 대공大公한 경지이며 사랑을 뜻한다. 따라서 용서와 사랑은 같은 뜻의 다른 표현에 지나지 않는다. '서[容恕]'에 관한 공자孔子와 그의 제자 자공子貢의 문답이 있다.

> 자공 : "일생 동안 행할 수 있는 것이 있습니까?"
> 공자 : "그것은 서(恕)이다. 자기가 하고 싶지 않은 것을 남에게 시키지 말라."[19]

---

18 『參佺戒經』「待天」: "無待天之深則無信天之誠 待之無限而誠亦無限 雖經感應 自不已 信天之誠也."
19 『論語』「衛靈公」: "子貢問曰, 有一言而可以終身行之者乎? 子曰, 其恕乎! 己所不欲 勿施於人."

여기서 서恕는 실천 공부를 지적한 것이다. 공자가 중시한 것은 지知가 아니라 의지意志 자체이며, 인지활동認知活動이 아니라 의지의 방향이다. 실로 지식은 단순히 사물의 법칙을 이해하기 위한 것이 아니라 인간 자신을 이해하고 내적인 자아의 성장에 기여할 수 있는 것이어야 한다. 인간이 공심公心을 세우고 올바름[義]을 추구할 수 있을 때 영적으로 성장하게 되는 것이다.

사랑은 곧 섬김과 나눔이다. 어떤 대가를 바라는 선행은 사랑의 나타남이 아니다. 진실로 사랑하는 마음이 없이는 헌신적 참여가 일어날 수 없으며, 따라서 영적 진화 또한 이루어질 수 없다. 범사에 항상 기뻐하는 것은 삶 자체에 대한 사랑의 나타남이다. 이러한 사랑의 나타남이 능동적이고도 적극적인 삶을 구현하게 한다.

무량無量·무변無邊·무애無崖한 마음의 본체를 깨달은 사람은 우주의식과 하나가 되어 영적인 충만감 속에 있으므로 항상 기쁨과 즐거움과 평화로 가득차게 되어 우주만물을 자기 자신으로 느낄 수 있고 사심없는 행위를 할 수 있게 된다. 개체의 수신과 헌신적인 참여는 지구의 자전궤도와 공전궤도의 관계와도 같이 상호 의존적이고 동시적으로 존재한다. 수신修身을 통해 자기의 참모습 즉 신성神性을 깨닫고, 자기의 전부를 던져서 더 큰 자기가 되는 자기 확대 행위를 통해 우주진화에 적극적이고도 자율적으로 참여함으로써 영혼은 성장하게 된다.

선택과 책임의 법칙은 인간에게 선택의 기회를 부여하기 위한 것으로 책임감 있는 선택이 진정한 힘을 발휘하게 한다. 반면 무의식적인 혹은 무책임한 선택은 부정적인 카르마를 낳게 된다. 진정한 힘은 내적·영적인 것으로, 깨달음·사랑 및 포용에서 오는 것이다. 인간의 선택과 책임을 통한 영적 진화의 요체가 바로 여기에 있다.

### 3) 인력의 법칙

인력引力의 법칙은 영적 진화 과정에서 각각의 인격이 같은 진동수의 의식을 끌어 당긴다는 것이다. 흔히 유유상종類類相從이라고 하는 것이 그것이다. 밝은 기운은 밝은 기운과 어울리고, 어두운 기운은 어두운 기운과 어울린다. 이는 국가차원에도 그대로 적용된다. 명군明君은 밝은 기운을 끌어들여 나라를 밝게 하지만, 암군暗君은 어두운 기운만 주위에 끌어모아 나라를 암울하게 한다. 사랑의 기운은 사랑의 기운을 끌어들여 사랑을 더욱 깊게 하지만, 분노와 탐욕의 기운은 마찬가지로 동종同種의 기운을 끌어들여 분노와 탐욕을 확대 재생산해낸다.

이와 같이 긍정적인 성향은 긍정적인 성향을 끌어당기지만, 부정적인 성향은 부정적인 성향을 끌어당긴다. 원망이나 저주는 새로운 카르마를 낳으며, 결국 자신이 되받게 된다. 노여움 또한 설령 정의의 노여움이었다 해도 감정을 분노로 떨게 한 만큼 영혼의 질質이 떨어지게 된다. 부정적인 의식은 삶 자체를 부정하게 하므로 영적으로도 퇴보하게 된다. 미움이 없어야 기氣의 순환이 정상적이 되어 심신이 건강하고 영적으로도 진화할 수 있게 된다. 긍정적이고도 적극적인 사고방식을 강조하는 이유가 여기에 있다.

인간의 감정 체계를 대개 두 가지로 나눠 보면, 영혼(삶)의 영역에 속하는 사랑과 육체(죽음)의 영역에 속하는 두려움이 있다. 사랑이 '하나'님(한얼)의 다른 이름이라면, 두려움은 사탄(Satan, 악마)의 다른 이름이다. 사랑은 우주의 근원적 생명력이며 진리다. 두려움은 분노·증오·질투·슬픔·탐욕·소외감·죄책감·열등감 등 모든 부정적인 감정을 포괄한다. 우리의 내부에 사랑이 충만하게 되면 우리가 사는 세상은 점점 사랑을 반영하게 되어 우리는 천국 속에 있는 자신을 발견하게 될 것이다. 반면 우리의 내부가 두려움으로 가득차게 되면 우리가 사는 세상은 점점 두려움을 반영하게 되어 우리는 어느새 지옥 속에 갇힌 자신을 발견하게 될 것이다.

이와 같이 긍정적인 성향과 부정적인 성향은 우리의 내부에만 깃들어 있는 것이 아니라 외부에도 반영이 된다. 그러나 우리가 부정적인 성향을 극복하려는 강한 의지를 가지고 힘써 노력한다면, 우리는 모든 상황과 만남에서 신중을 기하게 되고 조신調身하게 되므로 우리의 면모는 일신하게 될 것이다. 극복하려는 강한 의지와 다함이 없는 순수하고도 일관된 노력이 바로 영적 진화의 관건이다.

이렇듯 긍정적 및 부정적인 성향의 이원성은 그 자체의 리듬과 긴장감이 영적 진화를 위한 학습의 원동력이 된다. 그러나 완전지完全智〔絶對智〕에 이르게 되면 이러한 대립성과 분절성은 소멸하게 된다. 세상사에 일희일비一喜一悲하지 않는 부동심不動心의 경지인 까닭이다.

인간이 부정적인 성향을 키우게 되는 것은 근원적인 영혼의 갈증에 있다. 문제는 재물·권력·명예·인기·쾌락 등 허상으로 영혼의 갈증을 해소하려는 데서 생기는 것이다. 이러한 대리만족은 공허한 자아(empty self)를 재생산해 낼 뿐 근본적인 해결책이 되지 못한다.

영적인 충만감으로 가득찬 사람은 허상에 대한 집착이 없다. 우주 '큰사랑'을 인식하는 사람은 허상에 대한 욕심이 떨어져 나간다. 충분한 지하수원에 뿌리를 내린 나무는 지상의 사소한 상황에 영향을 받지 않듯이, 우주 생명의 뿌리와 연결된 삶은 물형계物形界의 조건에 구애받지 않는다. 생명의 뿌리와 연결된 삶은 충분한 영양분을 흡수할 수 있으므로 뿌리 없는 꽃꽂이 식물과는 삶의 질質이 다를 수밖에 없다.

인간은 기본적으로 자기 생에 대한 확신(생존과 안정)이 서지 않으면 절대로 양보하지 않으며, 이웃을 돌보지 않는다. 진정한 문제 해결의 열쇠는 생존 기반에 대한 확신에서 나온다. 각자가 타고난 천품天稟을 계발하고 개화시킬 수 있는 여건과 환경을 마련하고 알찬 삶의 결실을 맺을 수 있도록 촉매 역할을 하는 내적內的 자아自我로 결속된 공동체의 조성이 시급하다.

육체적 자아(corporal self)를 초월하여 고차원의 우주적 자아(cosmic self)로 나아가고자 타고난 원초적 생명의 불씨를 살려내어 각자의 천품의 불꽃을 피우고 자신과 주변이 생명의 환희로 하나가 되면 이 세상은 우주적 자아인 생명의 빛으로 충만하리니….


## 3. 순천의 삶

해월의 '삼경'사상은 순천의 삶을 지향하는 것으로 나타난다. 순천의 삶이란 보이는 그림자가 아닌, 보이지 않는 실체를 믿고 거기에 몸을 맡겨야 한다는 것이다. 만물만상이 보이는 그림자라면, 근원적인 일자一者('하나'님, 한울·한일·Brahman·道·佛), 즉 우주의 창조적 에너지는 보이지 않는 실체다. 우주의 창조적 에너지와 연결된 삶은 생명의 빛으로 충만하게 된다.

『참전계경』에도 하늘의 이치를 따름에 어긋남이 없게 되면 그 정성어린 뜻이 하늘에 통한다며 마음속 깊이 하늘을 믿는 정성을 그치지 않아야 한다고 나와 있다.

> 작은 정성은 하늘을 의심하고 보통 정성은 하늘을 믿으며 지극한 정성은 하늘을 믿고 의지한다.[20]

보이지 않는 실체란 곧 순수의식(전체의식, 우주의식)을 말함이다. 현대인은 시공時空과 물질의 노예가 되어 있으나 그것은 실체가 아닌 한갓 그림자에 불과하다. 그러나 우리는 물질이 아니라 본래 순수의식이다. 의식은 확장될수록 걸림이 없어져 자유롭게 되나, 물질은 확장될수록 걸림이 커져 구속되게 된다.

따라서 의식으로의 방향 전환은 가장 자연스러운 것이다. 권력·재물·명예는 한갓 교육 기자재에 불과한 것으로, 허상이며 진리가 아니다. 진화란 과정의 산물이므로 중요한 것은 결과가 아니라 그 과정에서의 동기와 의도의 순수성과 일관성, 그리고 최선을 다하는 성실성이다.

실로 성誠은 '도道를 이루는 전부이고 일을 성사시키는 가장 큰 근원'[21]이다. 홍익인간(自利他利)의 발현이며, 영적 진화의 단초다. 이 육체가 자기라는 생각이 사라지고 오로지 일념으로 성誠을 다할 때 자신의 성문誠門이 열리면서 스스로의 신성神性과 마주치게 되는 것이다. 우리가 가장 빈번하게 사용하는 말 중에 "사람이 성誠을 다하면

---

20 『參佺戒經』「恃天」: "下誠 疑天 中誠 信天 大誠 恃天."
21 『參佺戒經』「不忘」: "誠者 成道之全體 作事之大源也."

하늘도 감동한다."〔至誠感天〕는 말이 있다. 사람이 성誠하면 각覺, 즉 깨달음을 얻게 된다. 사람은 성誠으로 깨달음을 얻으며 성은 신神에서 완성된다. 여기서 성은 곧 정성이요 성실이라는 뜻이다.

사람은 처음에는 바라는 바가 있어 정성을 들이게 되지만, 정성이 지극하여 깊은 경지에 들어가면 바라는 바는 사라지고 오직 정성을 다하고자 하는 일만이 남는다. 이 경지에 이르게 되면, 마치 티끌이 모여 산을 이루는 것과도 같이 정성으로 된 산을 이룰 수 있다고 『참전계경參佺戒經』에서는 말한다.

> 티끌이 바람에 날려 산 기슭에 쌓이기를 오랜 세월 거듭하면 산 하나를 이루게 된다.
> 지극히 작은 티끌이 그토록 큰 산을 이루는 것은 바람이 쉬임없이 티끌을 몰고 오기 때문이다. 정성도 또한 이와 같아서 쉬임없이 誠을 다하면 정성으로 된 산〔誠山〕을 이룰 수 있다.[22]

정성을 쉬지 않으면 삿된 일이 끼어들 수가 없다. 그러므로 "가난하거나 천하다고 해서 그 정성이 게을러지지 않으며, 부유하거나 귀하다고 해서 그 정성이 어지러워지지 않는다."[23] 순천順天의 삶은 이 육체만이 '나'라는 착각이 사라짐으로서 가능해진다. 그것은 바로 '초아超我'의 삶을 지향하는 것이다. 우주만물은 극대로부터 극미에 이르기까지 나름대로의 존재 이유와 가치를 지닌 까닭에 하늘〔天〕과

---

22 『參佺戒經』「塵山」: "塵埃隨風 積于山陽 年久 乃成一山 以至微之土 成至大之丘者 是風之驅埃不息也 誠亦如是 至不息則誠山 可成乎."
23 『參佺戒經』「慢他」: "貧賤 不能其誠 富貴 不能亂其誠."

사람[人]과 만물[物]이 하나임을 직시하고 차별없이 존중하고 사랑해야 한다.

일반적으로 인간의 욕구체계는 식食·성性 등의 생리적 욕구에서부터 안전에 대한 욕구, 사회적 인정에 대한 욕구 등의 범주로 나눌 수 있으나, 이러한 에고 차원의 욕구는 한계 초과시 반드시 부작용이 있다. 반면 공동 진화를 추구하고 나아가 우아일여宇我一如 즉 우주의 전일성全一性을 체득하는 무위자연無爲自然의 경지는 초超에고 차원으로 무한계적이며 부작용이 없다. 에고 차원의 생리적 욕구에서 초 에고 차원의 무위자연無爲自然의 경지로 이행할수록 의식이 확장되고 영적으로 진화하게 된다.

'초아超我'란 개체의 자기 확장을 통해 에고가 사라짐으로 해서 '나'와 '너', '이것'과 '저것'의 구분이 없는, 생멸심生滅心이 사라진 경지다. 일체의 현상은 마음의 변화이며, 삼라만상은 하나의 진리가 남긴 자국들에 불과한 것…. 물질은 마음으로 인하여 존재하는 것으로 모두 마음의 투영에 지나지 않으며, 마음 역시 물질로 인하여 존재하므로 물질과 둘이 아니다. 현상[事]과 본체[理], 어느 것에도 걸림이 없는 경지가 '초아'의 경지다.

'초아'의 경지는 생生·주住·이異·멸滅의 사상四相의 변화가 그대로 공상空相임을 깨닫는 경지다. 임제선사臨濟禪師가 설파한 사종무상경四種無相境은 바로 이 사종四種, 즉 생주이멸生住異滅의 변화가 한갖 환화幻化의 작용임을 깨닫게 하는 것으로, 지地·수水·화火·풍風의 4대로 구성된 육신을 미혹에서 지키는 방법이다. 마음에 조금이라도 의심(疑)·애욕(愛)·성냄(瞋)·기쁨(喜)을 일으키면 그것이 자승자박이 되어 자유롭지 못하게 된다. 이 모든 것이 실체가 없음을 직시하고 도道에 계합契合함으로써만이 '초아'의 경지에 들어갈 수 있다.

그러면 '망아忘我'란 무엇인가.

'망아忘我'란 한마디로 개체의 자기상실이다. 도박이나 환락·섹스에 빠지는 것은 전형적인 '망아'의 한 형태다. 이 경우 '망아'를 반복하는 과정이 이루어지나 그 어떤 것에도 만족을 얻지 못하고 마약에 빠지는 등 결국 패가망신하게 된다. 또한 '드라마 중독증'·알코올 중독증에 걸린 사람들이나 영화광狂·스포츠광 등도 '나'를 잃어버리는 경우다. 특히 스포츠의 상업화는 '망아'를 확대 재생산함으로써 인격을 불구로 만들기까지에 이르고 있다. 이러한 '망아'의 양산量産은 과정이 증발한 문화에서 오는 일종의 '문명병'의 발호다. 모든 것에서 최고를 강요하는 사회, 개성이 존중되지 못하는 사회, 천품계발天稟啓發이 이루어지지 못하는 사회가 '망아'를 양산해 내는 온상이다. 이 점에서 가정·학교·사회는 누가 누구를 나무랄 수 없는 공범 구조를 형성하고 있다. '망아'는 '나'를 잃어버린 삶을 영위하는 까닭에 의식적 삶이 이루어질 수 없으며 따라서 자기확장을 도모할 수도 없다.

영적 진화는 의식의 자기 확장을 통하여 이루어지는 과정의 산물이다. 우리의 가치관과 생활양식의 변화, 즉 삶의 패러다임 자체가 근본적으로 바뀌지 않으면 안 된다. 개개인이 타고난 천품을 마음껏 꽃피우게 하고 알찬 삶의 결실을 맺을 수 있도록 여건을 조성하는 사회, 결과 제일주의가 아닌 과정을 중시하는 사회, 생산성보다 공동체의 삶을 중시하는 사회, 외적 자아(outer self)가 아닌 내적 자아(inner self)로 결속된 공동체로 전환되어야 한다. 진정한 조화의 미가 발현될 수 있는 삶은 바로 이러한 바탕에서 가능하다. 아름다운 삶이란 에고를 초월하여 하늘의 파장에 동조하는 삶이다. 인간이 지고의 즐거움과 행복을 느끼게 되는 것은 이러한 '초아超我'의 삶 속에서이다.

표피적인 형상에 치우친 에고(ego)의 문화는 '나'를 강조하며 '나'를 잃어버린 문화다. 오직 이 육체가 자기라는 에고에 의해 자승자박되어 허상만을 쫓는 문화다. 에너지의 흐름이 과도하게 외부로만 흘러 내적 자아가 간과된 문화다. 이러한 에고의 문화는 허무감만 재생산해낼 뿐, 진정한 아름다움이 발휘될 수 없다. 말하자면 삶의 생기生氣를 잃은 문화이며, 진정한 즐거움과 행복 또한 깃들 수가 없다.

'초아超我'가 이성적 분별력을 뛰어넘은 초超분별의 에고가 사라진 영역이라면, 현재의 문화는 무분별한 에고의 영역이다. 에너지의 흐름이 외부로 향하면 향할수록 진아眞我와는 더욱 멀어지게 되므로 공허감만 재생산하게 된다. 학문을 해서 날로 지식이 늘고, 사업을 해서 날로 재산이 늘고, 권력을 잡아서 날로 지위가 높아진다고 해서 공허감이 메워질 수 있는 것은 아니다. 왜인가? 그 공허감은 우주 생명의 뿌리와 단절된 데서 오는 것이기 때문이다. 다시 말해서 우주로부터 버림받은 데서 오는 공허감인 까닭에 물질계의 그 어떤 것으로도 대체될 수 없는 것이다.

반면 도道를 행하면 날로 준다. 줄고 또 줄어서 더이상 인위적인 것이 남지 않은 데까지 이르면, 함이 없으면서도 하지 않음이 없게 되는 이른바 '무위이무불위無爲而無不爲'의 경지에 이르게 된다.[24] 이 경지에 이르게 되면 존재는 영적靈的인 충만감으로 생명의 빛을 띠게 된다. 이러한 경지가 다름아닌 열락悅樂의 경지요 초超분별의 경지다. 일체의 행위가 찌꺼기를 남기지 않는 지선至善의 경지다.

---

24 『道德經』, 48장: "爲學日益 爲道日損 損之又損 以至于無爲 無爲而無不爲."

에고는 공동체의 적敵이다. 에고의 무명無明의 삶의 행태로 인해 개인은 말할 것도 없고 지구 공동체의 삶 또한 심각하게 위협 받는 수준에 이르고 있다. 오늘날 지구 공동체의 위기는 국익이라는 착각과 미신에 빠진 국가이기주의와 무분별한 근대 서구의 개발 이데올로기의 합작품이다. 지구 공동체의 삶보다는 무기 개발과 배타적인 국익에 열을 올리는 에고 집단과 물신物神 숭배에 열광하는 자본주의적 에고 집단이 초래한 것이다.

무분별한 에고의 영역에서 추구하는 일체의 행위는 영원히 붙잡을 수 없는 신기루를 붙잡으려는 것과 같다. 우주자연과 인간, 지구와 인간의 새로운 관계를 정립할 수 있기 위해서는 에너지 흐름의 방향을 바꾸어야 한다. 에고에서 '초아超我'로, 무분별한 에고의 영역에서 이성적 분별력을 넘어선 초超분별의 에고가 사라진 경지를 향해 나아가야 한다. 이성적 분별력까지도 넘어서야 하는 것은 지선至善의 영역이 이성적 분별로 닿을 수 있는 논리의 영역이 아니라, 초超분별로서만이 닿을 수 있는 직관의 영역이기 때문이다.

아무리 그림자를 잡으려고 줄달음쳐도 그림자는 형체에 기인하는 까닭에 붙잡을 수 있는 것이 아니다. 아무리 메아리를 멈추려고 소리질러도 메아리는 소리에서 비롯되므로 멈출 수 있는 것이 아니다. 일체의 현상은 그림자나 메아리와 같은 것. 보이지 않는 실체를 알지 못하고서는 무의미한 소모적인 행위에 인생을 소진할 뿐이다.

에고와 '초아超我'의 관계도 이와 같다. 전자는 현상의 영역이고 후자는 실체의 영역으로, 그 마음의 본체가 둘이 아니다. 단지 에너지의 방향을 바꾸기만 하면 된다. 그것은 곧 물질에서 의식으로의 방향 전환을 의미한다.

## IV. 물질 시대에서 의식 시대로 : 대大→소小 →공空

의식계(天) 흐름은 시공時空을 초월해 있으므로 걸림이 없이 끝없이 순환한다. 반면 물질계(地)와 인간계(人) 흐름은 시공時空의 제약 속에 있으므로 걸림이 있다. 특히 인간계 흐름은 상호 각쟁을 일삼으므로 더욱 걸림이 커 지옥이 되기도 한다. 해월의 '삼경'사상은 우주만물에 대한 차별 없는 공경과 사랑, 즉 평등성지平等性智의 나타남을 강조하고 있다는 점에서 의식 시대를 여는 단초가 되는 사상이라 하겠다. 물질 시대에서 의식 시대로의 전환은 우리 인류의 가치지향성 및 삶의 패러다임 전환과 그 맥을 같이 한다.

언젠가부터 '작은 것이 아름답다(small is beautiful)'는 말이 지구촌의 유행어가 되고 있다. 각종 기계와 컴퓨터 칩을 비롯한 모든 것이 날이 갈수록 더욱더 작아지고 있다. 지금 우리는 $0.1\mu$(1미크론=100만분의 1m)의 극미세極微細 세계에서 살고 있다. 극미세기술에 세계 최고인 미국 마이크론사의 세계 최소의 선폭線幅 축소 기술을 보면, 사람 머리카락 단면의 1000분의 1의 굵기에 불과한 $0.15\mu$의 미세한 회로로 가로 2.2cm, 세로 1cm의 반도체 칩을 만들어 신문 1000쪽, 원고지 4만장 분량의 정보를 저장하는 수준에까지 왔다. 자연계에 있어 형상의 크기가 힘의 크기를 나타내는 것은 아니다. 가장 위대한 힘은 원자原子(atom)와 같은 가장 작은 근원으로부터 나온다는 인식이 일반화되어 왔다.

그러나 현대 물리학의 발달로 원자의 존재가 실증되면서 원자를 구성하는 핵과 전자가 발견되고 이어 핵의 구성물인 양자와 중성자 및 기타 수많은 아원자입자亞原子粒子가 발견되면서 물질의 근본적인 단위로서의 '소립자素粒子'라는 개념은 사실상 폐기되게 되었다. 아원자 물리학의 '양자장量子場(quantum field)' 개념은 물질이 개별적인 원자들로 구성되어 있는 것이 아니라 근본적인 물리적 실체, 즉 공간의 도처에 미만彌滿해 있는 연속체로 되어 있는 것으로 본다. 말하자면 장場이 유일한 실재이며 물질은 장場이 극도로 강하게 집중된 공간의 영역에 의해 성립되는 것이라고 보는 것이다. 그것의 입자성粒子性은 마치 무한한 창조성을 지닌 '공空'과도 같이 대립자의 역동적 통일성에 기초해 있다.

이 세계가 우주의 근본적인 전일성全一性의 현시顯示이며 독립적인 최소의 단위로 분해될 수 없다고 하는 '양자장' 개념은 『반야심경般若心經』속에 이미 구현되어 있다.

    色이 空과 다르지 아니하고
    空이 色과 다르지 아니하니,
    色이 곧 空이요
    空이 곧 色이다.[25]

'결자해지結者解之'라고 했던가.

물질과 정신을 뚜렷하게 구분되는 두 개의 독립된 영역으로 간주

---

25 『般若心經』: "色不異空 空不異色 色卽是空 空卽是色."

하던 근대 과학이, 20세기에 접어들어 실험 물리학의 발달로 물질[色, 有]의 궁극적 본질이 비물질[空, 無]과 둘이 아님을 밝혀내면서 물질과 정신이 하나임을 과학 스스로 천명한 것은 분명 '결자해지結者解之'의 차원이다.

이 물질세계가 정신세계와 하나라는 인식은 소위 과학적 합리주의라는 이름으로 물질만능주의를 초래한 근대 서구적 가치관과 세계관에 있어서의 일대 지각변동으로, 물질계의 존재 이유를 분명하게 보여 준다. 그것은 물질이 우주의 자궁子宮이며, 육체를 통해서만이 영적 진화가 가능하다는 것이다. 따라서 물질은 이 지구 학교 '학생'들에게는 지옥이 아니라 배움의 기회를 제공한다는 점에서 축복이다. 지옥이란 육체만이 자기라는 착각에서 파생된 것이다.

이제 우리 인류의 가치 지향성은 현대 물리학의 안내로 대大에서 소小를 거쳐 공空으로 진입하고 있다. '대소大小'는 물질적 차원의 개념이지만 '공空'은 의식적 차원의 개념이다. 바로 여기에 물질 시대에서 의식 시대로의 패러다임 전환의 단초가 있다. 이러한 전환은 바로 과학과 신神의 운명적인 만남을 통하여 이루어진다.

과학과 신神의 관계는 곧 물질과 정신의 관계다. 우선 중세에는 말할 것도 없고 갈릴레이 시대까지도 신神의 이름으로 종교가 과학을 심판하는 위치에 있었다. 그러나 정신·물질 이원론[26]에 입각한 근대

---

26 정신·물질 이원론의 공식화는 17세기 르네 데카르트(Rene Descartes)의 철학에서 보여진다. 자연을 마음(res cogitans)과 물질(res extensa)로 이분화한 그의 철학은 근대 과학의 탄생과 발전에 크게 기여했을 뿐만 아니라 오늘에 이르기까지 서양의 일반적 사고 방식에도 지대한 영향을 미쳤다. "나는 생각한다. 고로 나는 존재한다(Cogito ergo sum)"는 그의 말은 인간 존재를 전체적 유기체로서가 아니라 자신의 마음과 동일시하게 함으로서 자신을 육체 속에 내재하는 고립된 자아로 인식하게 했다.

과학의 탄생과 더불어 물질문명의 비약적인 진보로 과학이 신神을 심판하게 되고 드디어는 인간 이성의 궁극적인 승리를 선언하게 되었다. 이제 과학이 그 정점에 이르면서 만물의 교직성과 상호 의존성을 깨달아 스스로의 분절성과 개체성을 극복함으로써 신神과의 진정한 화해를 도모하게 된 것이다. 이는 곧 정신과 물질의 합일을 뜻한다. 고전 물리학에서 현대 물리학으로의 이행 과정은 바로 이러한 과학의 자기 실현화 과정을 극명하게 보여 준다.

고전 물리학에 있어 사물의 본질적 속성은 뉴턴의 기계론적 우주 모형에 의해 설명된다. 그것은 3차원적인 절대적 공간, 절대적 시간 속에서 움직이고 있는 물질적 입자, 이른바 '질점質點'으로 인식되는 더 이상 쪼갤 수 없는 단단한 원자들의 운동과 상호작용인 것으로 나타난다. 이는 기원전 5세기경 그리스 원자론자들-대표적으로 레우키포스(Leucippos)와 데모크리토스(Democritos)[27]-의 모형과도 매우 유사한 것으로, 공허와 충만, 공간과 물체의 구분에 기초하고 있으며 입자들의 질량과 형태가 동일하므로 물질은 항상 보존되는 것으로 보았다. 이들과의 차이점은 물질적 입자들간에 작용하는 힘, 즉 중력에 대해 정확하게 기술하고 있다는 것이다.

그러나 20세기에 들어와 원자와 아亞원자 세계에 대한 탐구로 고전 물리학에 있어서의 전통적 실체관이 그 한계를 드러내면서 물질,

---

27 데모크리토스의 학설은 그의 스승, 레우키포스의 原子論을 계승·완성한 것이다. 그의 원자론은 不生不滅의 더 이상 쪼갤 수 없는 아토마(atoma)가 무수히 있다고 보고 이러한 아토마가 존재하고 운동하기 위한 장소로서 케논(Kenon, 空虛)을 그 원리로 삼았다. "있지 않는 것은 있는 것에 못지 않게 존재한다."라는 말은 케논의 존재를 천명한 것으로 유명하다. 아토마는 처음에 햇빛 안에 움직이고 있는 먼지와도 같이 각 방면에 움직여 충돌하는 동안에 선회운동을 일으키며 다양한 결집방법을 통하여 물체를 형성하고 그에 따라 세상이 이루어진다는 것이다.

시간, 공간, 인과율과 같은 고전 물리학에 있어서의 기본 개념에 대한 근본적인 수정이 불가피하게 되었다.

아인슈타인은 그의 상대성이론과 양자론에서 이미 과학과 신神의 운명적인 만남을 예언했었다. 그에 이르러 뉴턴의 3차원적 절대 시공時空의 개념은 폐기되고 4차원의 '시공時空' 연속체가 형성되어 우주는 본질적으로 역동적이며 불가분적인 전체로서, 정신적인 동시에 물질적인 하나의 실재實在로서 인식되게 된 것이다. 순수한 에너지에서 물질적 입자를 도출해내어 질량을 에너지의 한 형태로 본 그의 입자관은 우리의 물질상에 심대한 영향을 끼침으로써 정신세계에 대한 깊은 통찰을 환기시키게 했다. 그는 사유와 언어의 영역을 초월한 실재 세계實在世界가 과학적인 지식의 기반인 논리와 추론에 의해서는 적절하게 그 본성이 드러날 수 없다고 보았다. 그리하여 종교적인 지식의 기반인 직관直觀의 상보성相補性을 사실상 인정함으로써 종교와 과학의 오랜 분열에 종지부를 찍는 계기를 마련했던 것이다.

오늘날의 물질문명은 물질적 가치를 지상가치로, 경제적 발전을 진보로 보는 근대 서구 문명의 전세계적 확산에 기인한다. 이제 서구 산업 문명은 전지구적 자원과 환경이 이를 지탱할 수 없는 상태에까지 이르게 하고 있다. 그것은 자연과 인간, 인간과 인간의 연대 관계를 파괴시키고 물질문명의 왕국을 건설하기는 했지만, 고립된 개별 아個別我라는 관념을 극대화시킴으로써 정신세계의 황폐화를 초래하고 말았다.

자연은 이제 더 이상은 자유재가 아니라 더불어 보존하지 않으면 파괴되어 없어지는 연대자본이다. 물질적 재화가 유한하기 이전에 지구의 자원과 자연이 유한하다는 점이 우리에게는 중대한 의미를 지니게 된 것으로, 그것은 인간과 자연의 연대성을 근본적으로 변화시켰다. 그리하여 지금까지 낡은 산업 문명하에서 신봉되던 사상 및 가치 체계의 변화가 최근 몇십 년 동안에 나타나게 된 것이다.

신과학 운동의 거장巨匠 프리초프 카프라(Fritjof Capra)에 의하면, 전 지구적인 각종 위기현상-에너지 위기, 건강 관리의 위기, 생태계 파괴와 환경 재해 등 총체적인 인간 실존의 위기- 은 하나의 동일한 위기가 각각 달리 나타나는 것으로서, 본질적으로 '인식의 위기'이며 이는 이미 낡은 데카르트-뉴턴의 기계론적 세계관의 관점을 그러한 관념으로는 도저히 이해할 수 없는 실재에 무리하게 적용하려는 데서 연유된 위기라고 한다. 그는 우리가 살고 있는 세계가 생물적, 심리적, 사회적, 환경적 현상이 상호 연결되어 있는 까닭에 이러한 세계를 적절히 기술하기 위해서는 생태학적 전망이 필요하다고 본다.[28]

그러면 오늘날 물형계物形界의 실상을 보자.

너무도 작은 영혼에, 너무도 큰 권력이 주어져 있다. 권력자에게 있어 법은 거미줄에 불과하지만, 보통사람에게는 쇠사슬과 같은 것이다. 유전무죄有錢無罪요 무전유죄無錢有罪라는 말이 같은 말이다. 공동체는 간 곳이 없고 돈과 권력이 판을 치는 시대다. '어망漁網'은 큰 고기는 잡히고 작은 고기는 빠져 나가지만, '법망法網'은 큰 고기는 빠져 나가고 작은 고기만 잡히고 있지 않은가. 이렇게 해서는 공권력이 제대로 설 수 없고 공동체의 활력 또한 창출 유지될 수 없다. 활력은 곧 생명력으로 영적靈的 진화進化의 요체다. 따라서 권력·재력과 같은 물리적인 힘에 의존하는 물질 시대는 영향력과 같은 심리적인 힘에

---

28  Fritjof Capra, *The Turning Point* (New York : Simon& Schuster, 1982), pp.15-16.

의존하는 의식 시대로 전환되어야 한다.

경제 분야는 또한 어떠한가.

오늘날 세계적 경제문제가 생긴 것은 소비 규모를 너무 확대했기 때문이다. 더 불행한 것은 생산 규모를 소비 규모 이상 확대시킴으로써 낭비를 생활화하고 지구촌을 쓰레기장화했다는 점이다. 중요한 것은 생산성보다 공동체의 삶이다. 현재 생산성 지상주의는 주객이 전도된 것이다. 더구나 자원 고갈, 환경 파괴, 정신적 황폐는 현 경제체제가 더 이상 지속될 수 없음을 말하여 준다. 의식 시대의 산업은 생명의 원천과 연결된 생명 산업이 주가 되어야 한다.

오늘날 한국인 부모 대부분의 자녀에 대한 희망은 땀 흘리지 않고 물질적 풍요와 높은 지위와 존경과 명예를 갖는 것이다. 결국 불한당 不汗黨이 목표인 셈이다. 이는 노동이 단순히 물질적 재화를 얻기 위한 수단이 아니라 영적 진화의 매체라는 사실을 직시하지 못한 것이다. 실로 노동은 신성한 것이다. 에고를 초월하기 위한 명상이요 기도다. 따라서 자손에게 재물을 물려주는 것이 때로는 독毒을 물려주는 것이 되기도 한다. 소유라는 관념은 영적 퇴화의 출발점이다.

사회 윤리 또한 표피적이고 껍질 뿐인 윤리로 우리 의식의 깊은 곳에 닿아 있지 못하다. 영적靈的 확장의 단계에 따라 윤리의식도 바뀌어야 한다. 이를테면, 국가까지를 나 자신으로 느끼는 경우와 그 경계를 벗어나 지구촌, 나아가 우주자연까지도 나 자신으로 느끼는 경우는 영적靈的 확장의 단계가 분명 다르다. 이렇게 볼 때 오늘날 국익 國益이라는 이름으로 자행되는 강대국의 윤리적 폭행은 조만간 사라져야 할 구시대의 유산이다.

물질 시대의 대립적 사고는 우주 원리에 기초한 상생적相生的 사고로 바뀌어야 한다. 새 시대 정신은 영적 진화이다. 그것은 우주진화에의 자발적 참여를 통해 이루어진다. 카프라는 그의 두 권의 기념비적 저술에서[29] 전일적인 새로운 실재관-그의 용어를 빌면, '시스템적' 세계관-으로의 패러다임 전환이 서구의 '기계론적' 세계관의 근저에 있는 가치 체계의 한계성을 극복할 수 있다고 본다. 이는 곧 현대 과학-특히 아인슈타인, 하이젠베르크(Werner Heisenberg), 보어(Niels Bohr), 카프라 등으로 대표되는 현대 물리학-의 실재관이며 동시에 동양의 실재관이다. 과학적 지식의 자기부정을 통해 동양적 사유思惟에 접근한 카프라의 체계는 만물의 교직성과 상호 관통을 직시함으로써 부분과 전체, 주관과 객관이 결국 하나라는 인식에 이르고 있다. 이는 곧 해월海月의 체계와도 상통하는 것으로, 이러한 인식이야말로 의식 시대 개막의 단초가 되는 것이요 현대 물질문명의 위기에서 우리 인류를 구원할 수 있는 길이다.

## V. 결론

이상에서 우리는 해월의 '삼경'사상이 우주의 본질인 생명의 뿌리에 닿아 있음으로 해서 우주진화의 방향과 일치한다는 것을 살펴 보았다. 그것은 우주를 '한생명'으로 보는 전체의식의 발현인 동시에

---

29 *The Tao of Physics*(1975); *The Turning Point*(1982).

순수의식으로의 안내이며 순천順天의 삶을 지향하는 것으로 나타난다. 또한 그것은 인간의 궁극적 존재 이유인 영적 진화와 그 맥을 같이 하는 것이라는 점에서 물질 시대에서 의식 시대로의 대전환기에 의식 시대 개막의 단초가 되는 사상이기도 하다.

물질 시대에서 의식 시대로의 전환은 곧 좌뇌 주도 시대에서 우뇌 주도 시대로의 전환을 의미한다. 좌뇌 주도 시대와 우뇌 주도 시대의 구분은 곧 좌뇌와 우뇌의 특성에 기인하는 것이다. 이론·법칙의 정립이나 전기·정보기술의 혁명적 효과는 모두 물리차원의 좌뇌의 활동에 기인한다. 좌뇌는 분별지分別智에 기초하여 주로 지식 축적에 관계된다. 반면 우주 순수의식의 작용은 우주 원리 차원의 우뇌의 활동에 기인한다. 우뇌는 근본지根本智에 기초하여 주로 우주 공명에 관계된다. 전자가 '채우기'의 영역이라면, 후자는 '끊임없이 비우고 변함없이 지키기'의 영역이다.

따라서 좌뇌 주도 시대가 지식 차원(분별)의 이성理性이 지배하는 시대라면, 우뇌 주도 시대는 우주 공명 차원의 영성靈性이 지배하는 시대다. 좌뇌 주도 시대가 에고(ego) 차원의 물리物理 시대라면, 우뇌 주도 시대는 우주 차원의 공空 시대다. 좌뇌 주도 시대가 논리·판단·언어·수학·과학·시공時空·인과관계에 기초한 시대라면, 우뇌 주도 시대는 직관直觀·초超이성·초超논리·초超언어·초超과학·초超시공·상상력·창조력·영적靈的 개념에 기초한 시대다.

좌뇌의 세계가 말과 형상이 지배하는 에고의 인식 범위의 세계라면, 우뇌의 세계는 마음·기도·명상·신념과 초超형상이 지배하는 전 우주 세계다. 좌뇌의 세계가 정지·집착·초조·죽음·불안·두려움의 세계라면, 우뇌의 세계는 움직임·초월·여유·삶의 세계다. 좌뇌의 세계가 부분·한계·실증實證의 세계라면, 우뇌의 세계는 전체·무한·심화深化의 세계다.

『삼일신고三一神誥』에서는 자성自性에 대한 직관적直觀的 지각知覺을 통해 '하나(一)', 즉 '하나'님[한울·순수의식·우주의식]과 만날 수 있음을 말해 주고 있다. 즉 "소리내어 기운을 다하여 원하고 기도한다고 해서 '하나'님을 친견할 수 있는 것이 아니다. 자신의 성性에서 씨를 구하라. 이미 네 머릿골에 내려와 있느니라(聲氣願禱 絶親見 自性求子 降在爾腦)."라고 하고 있다. 우주 순수의식은 언어나 문자를 초월한 영역인 까닭에 소리내어 기도한다고 닿을 수 있는 영역이 아니다. 오직 자성自性에 대한 직관적 지각을 통해 닿을 수 있는 영역이다. 실체는 언어의 세계 저 너머에 있다.

진리는 오직 마음에서 마음으로만 전달 가능하며 경전은 개오開悟를 자극하고 환기시키는 하나의 수단, 즉 진리의 달을 가리키는 손가락에 불과하다. 따라서 자성에 대한 지각은 이성의 영역인 좌뇌의 작용에 기인하는 것이 아니라 직관의 영역인 우뇌의 작용에 기인한다. "이미 네 머릿골에 내려와 있느니라"고 한 것은 우주 순수의식이 우뇌로 연결되어 있음을 말하여 주는 것이다.

그러면 어떻게 우주 순수의식이 우뇌로 연결되는가.

『명심보감明心寶鑑』에 "하늘의 그물이 넓고 넓어서 보이지는 않으나 새지 않는다(天網恢恢 疎而不漏)."라고 나와 있다. 현재 과학 기술로도 직경이 0.1mm보다 작은 유리섬유 하나에 3만 회선 이상의 음성통신이 가능하다는데, 우주가 만든 통신선線은 인간이 만든 그것에 비길 바가 아니다. 우주의 실체는 의식이며, 우주 순수의식은 바로 이 우주가 만든 통신선을 통해 우뇌로 연결된다.

그것의 요체는 마음을 비움에 있다. 에고(ego)가 사라짐으로써 저절로 작동하게 되는 것이다. 이는 곧 영적 진화의 방향과도 일치하는 것으로 전혀 부작용이 없으며 항상 유익한 결과만 있다. 좌뇌 주도 시대의 인터넷이 인류의 삶에 획기적인 전기轉機를 마련하긴 했으나 장비의 노예화·인터넷 중독·실종된 윤리의식 등으로 영적 진화의 방향에 역행하는 것과는 대조적이다.

우리 인류는 무지無知의 완력 시대에서 지식 차원의 좌뇌 주도 시대를 거쳐 초지超知의 우뇌 주도 시대로 진입하고 있다. 좌뇌 주도 시대의 삶의 패러다임이 '채우기'와 '높이 오르기'에 그 초점이 맞춰져 있는 반면, 우뇌 주도 시대는 '비우기'와 '깊게 들어가기'가 그 핵심 과제다. 따라서 좌뇌가 쉬어야 우뇌가 작동할 수 있다. 그렇다고 좌뇌의 작동이 완전히 멈추고 우뇌만 작동한다는 것은 아니다. 지금 좌뇌 주도 시대라고 해서 우뇌가 완전히 멈춘 것은 아니지 않는가. 다만 지금까지의 좌뇌 주도에서 우뇌 주도로 그 주도적 역할이 바뀌는 것 뿐이다.

지식 차원의 좌뇌 주도 시대는 지식의 분절적 속성으로 인해 개체와 공동체의 상호 의존성과 불가분성을 직시하지 못함으로 인해 공동체적 삶의 중요성이 간과되고 있다. 반면 지성 차원의 우뇌 주도 시대는 우주 전체와의 관련 속에 있으므로 공동체적 삶의 중요성을 인식하게 되고, 궁극에는 개체와 전체를 하나로 볼 수 있게 된다. 이는 사람이 각성이 될수록 두뇌에 있는 뉴런(neuron, 신경세포)을 연결하는 시냅스(synapse, 신경세포 連接)가 확장되어 사고력이 증폭되고 지성이 높아져 포괄적 이해 능력이 향상되기 때문이다. 우뇌 주도 시대 교육은 단순한 지식의 축적이 아닌 각성에 그 초점을 두게 될 것이다.

좌뇌 주도 시대가 무한경쟁·물신物神 숭배·치기稚氣 및 기교가 판을 치는 시대라면, 우뇌 주도 시대는 공동진화·'비우기'·자연스러움에 주력하는 시대다. 좌뇌 주도 시대의 사회적 관계가 대가성에 기초한 고용·피고용의 형식적인 관계라면, 우뇌 주도 시대는 내적 자아의 결속에 기초하여 대다수가 주체가 되는 희망의 시대다.

우뇌 주도 시대는 지구 문명상 물병 별자리인 보병궁寶甁宮 시대이며 비움(空·虛)의 시대다. 많은 사람들은 새 시대가 근본적인 패러다임 전환, 즉 물질 시대에서 의식 시대로의 대전환을 가져올 것이라고 예측한다. 우뇌 주도 시대는 공空의 시대이며, 물병 별자리가 바로 '공'을 상징함은 우연이 아닐 것이다.

세계는 지금 기계론적이고 분석적이며, 추론적이고 물질적이며, 환경 파괴의 남성적이고 양적陽的인 특성을 지닌 서구 문명이 쇠망해 가는 반면, 전일적이고 종합적이며, 직관적이고 정신적이며, 환경 회생回生의 여성적이고 음적陰的인 특성을 지닌 새로운 문화-동아시아 문화-가 대두하고 있으며, 우리는 바로 그 전환점에 와 있다. 이러한 문화적 대전환은 곧 좌뇌 주도 시대에서 우뇌 주도 시대, 물질 시대에서 의식 시대로의 이행을 의미한다. 해월의 '삼경'사상이야말로 이러한 문명의 대전환을 이룩하는 단초가 되는 사상이라 하겠다.

# 동학의 정치철학적 원형과 리더십론

## I. 서론

본 연구는 불연기연不然其然의 논리와 「시천주侍天主」 도덕에 입각해 있는 동학의 정치철학적 원형原型을 우리 민족 고유의 경전인 『천부경天符經』과 『삼일신고三一神誥』 그리고 『참전계경參佺戒經』을 통해 살펴보고 아울러 동학의 리더십을 생태정치학적 측면에서 조명하기 위한 것이다. 동학의 정치철학적 원형을 『천부경』과 『삼일신고』 및 『참전계경』에서 찾는 까닭은 동학의 철학적 토대랄 수 있는 불연기연의 논리와 「시천주」 도덕을 관통하는 원리가 『천부경』과 『삼일신고』 및 『참전계경』의 중핵을 이루는 영원한 '하나(一)'의 원리에 닿아 있기 때문이다. 이러한 영원한 '하나(一)'의 원리는 또한 동학의 리더십을 관통하고 있으며 이를 생태정치학적 측면에서 조명해 보는 것은 인간 중심주의가 초래한 근대의 역사적·사회적 상황의 초극과 관련된 것이라는 점에서 정신·물질 이원론에 입각한 근대 문명의 자기 부정인 동시에 '패러다임 전환(paradigm shift)'을 내포하는 것이다. 이 과제가 포괄하는 영역은 미시적인 차원에서 거시적인 차원에 이르기까지 개인과 국가와 세계의 거의 모든 것과 연관되어 있으며, 그런 점에서 그것은 고도의 정치적 문제이기도 하다. 따라서 개인과 국가와 세계를 관통하는 새로운 세계관 및 역사관의 정립에 대한 구체적인 논의가 필요하다 할 것이다.

『천부경(造化經)』은 우주만물의 창시창조創始創造와 생성, 변화, 발전, 완성의 원리를 밝힌 총 81자로 이루어진 우리 민족 으뜸의 경전이다. 한민족 정신문화의 뿌리이며 세계 정신문화의 뿌리가 되는 큰 원리를 담고 있는 바, 『삼일신고(敎化經)』, 『참전계경(366事, 治化經)』을 비롯한 우리 민족 고유의 경전과 역易 사상에 근본적인 설계원리를 제공하였다. 『천부경』은 천제 환인桓仁[1]이 다스리던 환국桓國으로부터 구전되다가 환웅桓雄이 신지神誌 혁덕赫德에게 명하여 녹도문鹿圖文으로 적게 했던 것을, 훗날 고운孤雲 최치원崔致遠이 전자篆字로 기록해 놓은 옛 비석을 보고 다시 서첩書帖으로 만들어 세상에 전한 글이며,[2] 『삼일신고』는 본래 신시개천神市開天의 시대에 나온 것이라고 『환단고기桓檀古記』 소도경전본훈蘇塗經典本訓에는 나와 있다.[3] 또한 소도경전본훈에서는 『참전계경』에 대해 을파소의 말을 인용하여 적기를, "신시이화神市理化의 세상에 8훈을 날(經)로 삼고 5사를 씨(緯)로 삼아 교화가

---

[1] 『桓檀古記』 「太白逸史」 桓國本紀 初頭에서는 『朝代記』를 인용하여 桓仁(또는 桓因)이 역사적 실존인물임을 밝히고 있으며 모두 7대를 전한 것으로 나와 있다. 神市本紀와 「三聖紀全」 下篇에서는 기원전 3,898년에 개창한 神市(倍達國)의 桓雄 18대가 7대 智爲利 桓仁의 뒤를 이은 것으로 나와 있고, 「檀君世紀」에는 기원 전 2,333년에 창건한 고조선의 檀君(桓儉) 47대가 18대 居弗檀桓雄(桓雄)의 뒤를 이은 것으로 나와 있다.
[2] 崔致遠 이후 『天符經』은 朝鮮 中宗 때 一十堂主人 이맥(李陌)이 太白逸史에 삽입하여 그 명맥을 잇다가 1911년 운초(雲樵) 계연수(桂延壽)가 三聖紀·檀君世紀·北夫餘紀·太白逸史를 하나로 합쳐 『桓檀古記』를 편찬하여 오늘에 이르고 있다.
[3] 『桓檀古記』 「太白逸史」 蘇塗經典本訓. 『桓檀古記』는 1911년 雲樵 桂延壽가 三聖紀·檀君世紀·北夫餘紀·太白逸史를 합쳐 하나의 책으로 만든 것으로 우리 상고 桓檀의 역사적 사실을 알게 해주는 소중한 역사서이다.

널리 행해져서 홍익제물弘益濟物하였으니 참전參佺의 이룬 바가 아닌 것이 없다. 지금 사람들이 이 참전계를 통해 수양에 더욱 힘쓴다면 백성을 편안케 함에 어찌 어려움이 있겠는가."[4]라고 하여 그 연원이 환웅 신시 시대에 있음을 말해 준다. 이는 북애자北崖子의 『규원사화揆園史話』「태시기太始記」의 366사에 관한 기록과도 그 내용이 일치한다.[5] 조화신(造化神, 理化神)으로서의 환인천제는 환국을 열면서 천리天理에 부합하는 가르침으로 근본을 삼으셨으니, 이를 『천부경』이라 하고 그 가르침을 천신교天神敎 또는 경천교敬天敎라고도 하는데 정치사상의 원류가 되는 것이라 하겠다. 교화신敎化神으로서의 환웅천황은 삼신교三神敎인 천신교를 이어받고 개천하여 『천부경』과 『삼일신고』 그리고 『참전계경』으로써 백성들을 교화하였으며, 치화신(治化神)으로서의 단군왕검 또한 이를 이어받아 백성들을 다스렸다.

이렇듯 『천부경』과 『삼일신고』 그리고 『참전계경』에 나타난 정치 이념과 우리 민족의 건국 이념은 정치의 교육적 기능에 그 초점이 맞춰져 있음을 알 수 있다. 이는 개개인의 도덕적 인격의 완성을 통해 마음을 밝히고 세상을 밝혀서 재세이화在世理化의 이념을 구현하려는 우리 국조國祖의 의지가 표출된 것이다. 동학의 이념 또한 만물에 편재遍在해 있는 우주적 본성과 혼원일기混元一氣로 이루어진 생명의 유기성 및 상호 관통을 직시함으로써 영적 일체성(spiritual identity)의 확

---

4 『桓檀古記』「太白逸史」蘇塗經典本訓. 이는 「太白逸史」三韓管境本紀에 나오는 내용과도 일치한다. 즉 "將風伯雨師雲師 而主穀主命主刑主病主善惡 凡主人間三百六十餘事…"
5 『揆園史話』「太始記」.「太始記」에는 神市氏(환웅천황)가 세상을 다스린 것이 오래되었으며 蚩尤, 高矢, 神誌, 朱因氏가 어울리어 인간의 삼백 예순 여섯 가지 일을 다스렸다고 나와 있다.

립과 더불어 우주 '한생명'에 대한 진정한 실천을 강조하고 있다는 점에서 우리의 건국 이념과 그 맥을 같이하는 것이라 하겠다. 만인이 한울을 모시는 영적 주체로서의 자각이 이루어져야 하는 것은 이 때문이다. 해월海月이 "오직 한울을 양養한 사람에게 한울이 있고, 양치 않는 사람에게는 한울이 없나니…."[6]라고 한 것은 '한울을 모심(侍天)'이 곧 '한울을 키움(養天)'이라는 뜻이다. 이렇듯 불연기연의 논리와 「시천주」도덕은 자각적 실천이 수반될 때 그 진면목이 드러나는 것이라 하겠다.

도덕과 정치의 묘합妙合에 기초한 동학적 사유의 특성은 한마디로 대통합이다. 이는 전일적이고 생태적이며 영적靈的인 현대 물리학의 새로운 실재관(vision of reality)과도 일치하는 것이다. 그것은 인간 존재의 세 중심축이랄 수 있는 종교와 과학과 인문, 즉 신과 세계와 영혼의 세 영역(天地人 三才)의 분절성을 극복하고 전체로서의 통일성을 지향하게 함으로써, 그리하여 제로섬(zero-sum) 게임이 아닌 윈-윈(win-win) 게임이라는 새로운 발전 패러다임을 제시할 수 있게 함으로써 21세기 정치학의 뉴 패러다임을 제시할 수 있을 것이다. 실로 가장 깊은 수준에서 일어나는 생태적 자각은 우주 '한생명'을, 우주만물의 유기적 통일성을 직관적으로 깨닫는 것이라는 점에서 본질적으로 영적靈的일 수밖에 없다. 생태주의의 진정한 자기 실현은 정치실천적 차원과의 연결을 요하며, 그런 점에서 인간 존재의 '세 중심축'의 연관성 상실을 초래한 근대 서구의 정치적 자유주의를 치유할 수 있는 에코 폴리틱스(eco-politics) 또는 디비너틱스(divinitics)[7]의 구현과 그 맥을

---

6 『天道敎經典』, 「養天主」, 368쪽.
7 디비너틱스(divinitics)란 '靈性(神聖)'을 뜻하는 '디비너티(divinity)'와 '정치'를 뜻하

같이 하는 것이라 하겠다.

인간 존재의 '세 중심축'의 연관성 상실을 초래한 서학西學의 그것과는 달리, 동학의 리더십론은 천도天道와 천덕天德에 입각하여 만인이 「시천주」의 자율적이고도 자각적인 주체로서 평등무이平等無二한 '열린 사회(open society)'·수평 사회(horizontal society)로의 전환을 촉구한다. 다시 말해서 이성과 신성, 기술과 도덕 간의 심연(深淵, abyss)을 해소함으로써 천天·지地·인人 삼재三才의 분절성을 극복하고 대통합을 지향하게 하는 것이다. 이러한 동학의 리더십론에 대한 생태적 통찰(ecological insight)은 수운水雲이 "십이제국 괴질운수 다시개벽 아닐런가."[8]라고 하여 쇠운衰運과 성운盛運이 교체하는 역학적易學的 순환사관循環史觀을 펼쳐 보인 것과 그 맥을 같이 하는 것이다. 우주만물은 모두 간 것은 다시 돌아오고 돌아온 것은 다시 돌아가는 법. 그것은 그 무엇으로도 거역할 수 없는 자연의 이법理法인 것이다. 그러면 동학의 정치철학적 원형에 대한 논의 배경부터 살펴보기로 하자.

---

는 '폴리틱스(politics)'를 합성하여 필자가 만든 신조어로 靈性政治를 의미한다. 필자는 '힘'이 지배하는 先天의 정치형태를 포괄하여 '파워 폴리틱스'라고 하고, '靈性'이 지배하는 後天의 정치형태를 포괄하여 '디비너틱스(divinitics)'라고 명명하였다. 이에 대해서는 이 책에 함께 실린 「수운의 후천개벽과 에코토피아(Ecotopia)」, 99-106쪽 참조.

8 『龍潭遺詞』, 「夢中老少問答歌」.

## II. 동학의 정치철학적 원형의 논의 배경

### 1. 전통과 근대 그리고 탈근대의 변증법

동학의 정치철학적 원형의 논의 배경은 한마디로 수운의 불연기연의 논리와 「시천주」 도덕이 전통과 근대 그리고 탈근대를 관통하는 '아주 오래된 새것'으로 홍익인간弘益人間·광명이세光明理世의 이념을 현대적으로 구현하는 원리를 제공해 준다는 데 있다. 다시 말해서 동학의 즉자대자적卽自對自的 사유체계 속에서 일체의 이분법은 폐기되며, 특수성과 보편성, 개체성과 전체성이 통합됨으로써 '참여하는 우주(participatory universe)'가 그 모습을 드러내게 되는 것이다. 실로 전통은 근대의 다른 이름인 동시에 탈근대의 또 다른 이름이기도 하다. 그럼에도 전통과 근대 그리고 탈근대를 분절적인 현상으로 보는 것은, 실재하는 것은 오직 이 순간뿐이라는 사실을 알지 못하는 데서 오는 것이다. 동학의 도덕관과 불연기연적 세계관 속에서 전통과 근대 그리고 탈근대는 변증법적 통합을 이루게 된다. 3장에서는 영원한 '하나(一)'의 원리가 전통과 근대 그리고 탈근대를 관통하고 있음을 『천부경』과 『삼일신고』 그리고 『참전계경』을 통해 명징하게 보여줄 것이다.

동학에서 주창하는 이념은 '아주 오래된 새것'이다. 여기서 '새것'은 근대적인 동시에 탈근대적이다. 말하자면 동학은 근대성의 발현인 동시에 근대성을 넘어서 있다. 19세기 서세동점西勢東漸의 시기에 보국안민輔國安民의 계책을 강조하여 아래로부터의 민중에 기초한 근대적 민족국가 형성의 사상적 토대를 마련함으로써 인간 평등과 민중 정치 참여의 전기를 마련한 것은 근대성의 발현이요,「시천주」사상이 근대의 이분법적 사유체계를 초월한 것은 근대성을 넘어선 것이다. 다시 말해서「시천주」로서의 주체적 자각을 통해 봉건적 신분 차별을 철폐하고 만인이 다 같은 군자로서 평등하다는 인식과 더불어 천하를 만인의 공유물로 생각하게 하는 계기를 마련한 것은 동학의 사상적 근대성을 드러낸 것이요, 인간 중심주의가 초래한 근대의 역사적·사회적 상황의 초극과 관련하여 '패러다임 전환'을 내포한 것이라는 점에서는 근대성을 넘어선 것이다.

그런 점에서 동학은 서구의 '오리엔탈리즘(orientalism)'과 아시아의 '옥시덴탈리즘(occidentalism)'을 모두 넘어선 것이다. '오리엔탈리즘'에 의해 대변되는 '동양'은 서구인들에 의해 재구성되거나 표상된 허상일 뿐이며 그 배후에는 동양에 대한 체계적인 편견과 인종 차별적 왜곡이 숨어 있고, 서구의 문화적 우월성을 확보함과 동시에 타 지역에 대한 지배력의 행사를 정당화하기 위해서였다.[9] 이제 서구의 '오리엔탈리즘'이 아시아를 묘사했던 방식처럼 획일적이며 부정적으로 서구를 묘사하는 아시아의 '옥시덴탈리즘'이 나타나고 있는 것이다. 동아시아의 경제 발전이 문화적 자기 주장을 낳고 점증하는 자신감이 아시아의 새로운 보편성을 낳고 있는 현상을 헌팅턴은 서구의 '오리엔탈리즘(orientalism)'에 맞서 아시아의 '옥시덴탈리즘(occidentalism)'이 나타나고 있는 것이라고 단언한다.[10] 이처럼 동학이 '오리엔탈리즘'과

---

9 이승환,「오리엔탈리즘을 해부한다」,『전통과 현대』, 1997년 겨울호, 206-223쪽.
10 Samuel P. Huntington, *The Clash of Civilizations and the Remaking of World*

'옥시덴탈리즘'을 모두 넘어설 수 있는 것은 「시천주」 도덕을 관통하는 원리가 '부정의 부정(negation of negation)'을 통해 대긍정大肯定에 닿아 있기 때문이다. 이는 곧 동학이라는 문을 통하여 동학이라는 이름을 넘어서는 것이다.

대긍정의 경계는 곧 대공大公한 경계이다. 「시천주」 도덕이 대공한 경계와 닿아 있음은 「시侍」의 세 가지 뜻 중에서 「시천주」 도덕의 실천적 측면과 관계되는 '각지불이各知不移'에서 명징하게 드러난다. 여기서 '옮기지 않음'은 한울의 마음자리에서 벗어나지 않음을 말하는 것으로 본래의 진여眞如한 마음을 지키고 기운을 바르게 하는 것이 그 요체다. 진여한 마음이란 분별지分別智가 나타나기 전의 근본지根本智를 이름이요, 일一과 다多, 이理와 사事를 회통시키는 우주적 본성을 이름이다. 기운을 바르게 하는 것이란 순천順天의 삶을 실천하는 공심公心의 발현을 이름이요, 이는 곧 일심一心의 근원성根源性·포괄성包括性·보편성普遍性이 구체적 현실태現實態로 그 모습을 드러내는 것을 말한다. 따라서 「시천주」 도덕의 요체랄 수 있는 수심정기守心正氣는 우주적 본성의 자리를 지키는 것인 동시에 내면화된 '성경 이자誠敬二字'[11]의 자각적 실천을 중시한 점에서 실천과 유리된 당시의 형식적·외면적 윤리 체계와는 다른 것임을 분명히 보여 준다. 그것은 각 개인의 내면적 수양에 기초한 자각적 실천 수행을 통해 만인이 동귀일체同歸一體하여 지상천국地上天國을 건설하는 요체가 되고 있다. 동학의 탈근대성은 바로 이러한 동학의 생태적이며 영적인 본질에서 비롯되

---

Order(New York: Simon & Schuster, 1996), p.109.
11 『龍潭遺詞』「道修詞」: "誠敬 二字 지켜내어 차차차차 닦아내면 無極大道 아닐런가 시호시호 그때 오면 道成立德 아닐런가."

는 것이다.

또한 동학은 '아주 오래된' 새것이라는 점에서 동학의 근대성과 탈근대성 속에는 전통성이 용해되어 흐르고 있다. 동학의 인내천人乃天 사상은 한국 전통사상의 골간이 되어온 경천숭조敬天崇祖의 보본報本 사상과 일맥상통해 있다. 고조선의 개조 제1대 단군은 경천숭조의 보본사상을 이전의 신시 시대로부터 이어받아 고유의 현묘지도(玄妙之道, 風流)를 기반으로 하는 조의국선皂衣國仙[12]의 국풍國風을 열었다. '보본報本'이라 함은 '근본에 보답한다'는 뜻으로 효孝와 충忠에 기반된 숭조崇祖사상은 제천祭天에 기반된 경천(敬天, 敬神)사상과 함께 한국 전통사상의 골간을 형성해 온 것이다. 상고와 고대의 국중國中 대축제는 물론, 중세와 근세에도 제천, 즉 천지의 주재자主宰者를 받들고 보본하는 예를 잊지 아니하였다. 이는 곧 우리의 전통사상이 천·지·인 삼재에 기초하여 하늘(天)과 사람(人)과 만물(物)을 하나로 관통하고 있음을 보여 주는 것이라 하겠다.

우리 조상들은 박달나무 아래 제단을 만들고 소도라는 종교적 성지가 있어 그곳에서 하늘과 조상을 숭배하는 수두교(蘇塗敎)를 펴고 법질서를 보호하며 살았다. 말하자면 당시로서는 수두교가 정치의 핵심사상이 되었던 것이다. 이러한 수두, 제천의 고속古俗은 대개 삼한 시대 혹은 삼국 시대까지 이어졌는데, 부여의 영고, 고구려의 동맹, 동예의 무천, 삼한의 5월제와 10월제 등이 그것이다. 이처럼 하늘에 제사 지내고 보본하는 소도 의식을 통하여 천인합일天人合一·군

---

12 단군시대로부터 고구려를 거쳐 고려에 이르는 심신훈련단체. 송(宋)나라 사신으로 왔던 서긍(徐兢)의 『고려도경(高麗圖經)』에는 훈련단체 단원들이 머리를 깎은 채 허리에는 검은 띠를 매고 훈련을 받은 것으로 나타나 있다.

민공락君民共樂을 이루어 국권을 세우고 정치적 결속력을 강화하며 국운의 번창을 기원했던 것으로 보인다.

북애자北崖子에 의하면 고대의 임금은 반드시 먼저 하늘과 단군 삼신三神을 섬기는 것을 도道로 삼았다고 한다. 관직에는 대선大仙·국선國仙·조의皂衣라는 것이 있었다. 고구려의 조천석朝天石, 발해의 보본단報本壇, 고려의 성제사聖帝祠, 요遼의 삼신묘三神廟, 금金의 개천 홍성제묘開天弘聖帝廟는 모두 단군의 묘이며, 근조선에 이르러서도 세종은 단군묘를 평양에 설치했고 세조 원년에는 위패를 '조선 시조 단군 사당'이라 하였다고 한다.13 옛부터 높은 산은 하늘로 통하는 문으로 여겨져 제천 의식이 그곳에서 거행되었다. 단군이 천제를 지낸 백두산과 갑비고차甲比古次의 단소壇所와 마리산摩利山의 참성단塹城壇 등은 고산高山 숭배사상의 단면을 보여 준다. 단군의 건국 이념 및 교훈은 부여의 9서(九誓: 孝·友愛·師友以信·忠誠·恭謙·明知·勇敢·淸廉·義)와 삼한의 5계(五戒: 孝·忠·信·勇·仁)와 고구려의 조의국선의 정신 및 다물多勿14의 이념과 신라 화랑도의 세속5계(世俗五戒: 事君以忠·事親以孝·交友以信·臨戰無退·殺生有擇)로 그 맥이 이어져 내려왔다.

이와 같이 제천祭天을 기반으로 한 '경천'사상과 효孝와 충忠을 기반으로 한 '숭조'사상이 한국 전통사상의 골간이 되어 왔다는 사실은 우리의 전통사상이 천·지·인 삼재에 기초하여 경천敬天·경인敬人·경물敬物을 생활화해 왔음을 말하여 준다. 예로부터 우리 민족이 하늘을

---

13 『揆園史話』「檀君記」.
14 이는 본래 고구려의 시조 고주몽(高朱蒙)의 연호(年號)로서 "옛땅을 회복한다"는 뜻으로 쓰이던 고구려 때의 말. 이러한 '회복(恢復)'을 뜻하는 고구려의 정치이념을 '다물이념'이라고 하는데 이는 곧 단군조선의 영광을 되찾고 그 통치 영역을 되물려받겠다는 것이다.

숭경하고 조상을 숭배하는 것을 하나로 본 것은 사람이 곧 하늘이기 때문이다. 따라서 사람을 섬기지 않는 것은 곧 하늘을 섬기지 않는 것인 까닭에 수운은 서학이 조상 숭배를 부정하고 제사조차 지내지 않는 것에 대해 크게 비판하고 있다. 말하자면 서학은 내재와 초월의 합일에 대한 인식이 없이 한울과 인간을 이원화시키고 한울을 위하는 공심公心은 없이 다만 제 몸만을 위하여 사심으로 비니, 몸에는 한울의 감응이 없고 학學에는 한울의 가르침이 없다는 것이다. 하여 서학의 도道는 허무에 가깝고 학學은 한울의 학이 아니라는 것이다.[15]

수운은 그의 천도天道가 서학과는 달리 '마음을 지키고 기운을 바르게 하여 한울의 본성을 거느리고 그 가르침을 받게 되면 자연한 가운데에 화해져 나오는 것'[16]이라 하여 '무위이화無爲而化'라고 하고 있다. 한울의 '학'은 한마디로 심학心學이다. 일체의 분절성과 대립성을 극복하여 일심一心이 될 때 사람이 곧 하늘이 되는 것이다. 그 하나인 마음속에서 물질과 정신이, 현상과 실재가, 자유의지와 필연이 변증법적 통합을 이루게 됨으로써 소아小我의 유위有爲가 아닌 대아大我의 무위無爲를 따르게 되어 동귀일체同歸一體가 이루어져 천덕天德은 현실 속에서 현현顯現하게 되는 것이다. 말하자면 홍익인간·광명이세의 이념이 발현되는 것이다.

단군의 개국 이념인 홍익인간은 널리 모든 사람을 이롭게 하는 것으로 전 인류 사회의 평화와 행복이라는 이상을 담고 있다. 그것은 인간의 존엄성을 기초로 하여 인간을 본위로 하며 인민을 근본으로

---

15 『東經大全』, 「論學文」: "曰洋學…頓無爲天主之端 只祝自爲身之謀 身無氣化之神 學無天主之敎…道近虛無 學非天主."
16 『東經大全』, 「論學文」: "守其心正其氣 率其性受其敎 化出於自然之中也."

하는 '인본人本' '위민爲民' 사상이다. 치자와 피치자, 개인과 국가가 일체가 되어 하늘과 조상을 숭경崇敬하는 천인합일天人合一의 보본報本 사상이다. 이렇듯 광대한 이념은 광명이세(밝은 정치)라는 정치 이념과 깊은 관계가 있다. 이화(理化, 造化)·교화敎化·치화治化의 시대를 연 환인·환웅·환검의 '환'과 우리나라 최초의 나라인 환국의 '환'은 환하게 밝음을 뜻하는 것으로 밝은 정치의 이념을 표상한 것이다. 고구려의 시조가 태양이 비치어서 수태하였다 하여 그 이름을 동명東明이라고 한 것과, 신라의 시조를 박혁거세(朴赫居世, 밝게 세상을 다스린다는 뜻)라고 이름한 것, 그리고 신선한 아침 해의 밝음을 뜻하는 조선이라는 국호는 모두 광명의 이념을 나타낸 것이다. 태백산, 백두산, 장백산의 '백白'과 배달민족이 즐겨 입은 흰 옷빛 또한 그러한 이념이 투영된 것이다.

환桓 또는 한韓은 전일全一·광명 또는 대大·고高를 의미한다. 이러한 '환'의 이념은 국가·민족·계급·인종·성·종교 등 일체의 장벽을 초월하여 평등하고 평화로운 이상세계를 창조하는 토대가 될 수 있다. 그런 점에서 '환'은 지상친계地上天界 또는 지상선계地上仙界의 이념을 함축한 것이라 하겠으며, 그 구현자로서의 우리 민족은 스스로를 천손족天孫族이라고 불렀던 것이다. 환인·환웅·환검(天皇·地皇·人皇)께서 마음을 밝히는 가르침을 근본으로 삼으신 것은 정치의 주체인 인간의 마음이 밝아지지 않고서는 밝은 정치가 이루어질 수 없기 때문이다. 수운의 「시천주」도덕 또한 인간의 신성 회복을 통해 인간의 삶을, 이 세상을 근본적으로 바꾸기 위한 것이다. 그의 사상에는 고금을 통하고 역사를 초월하며 민족과 종교의 벽을 뛰어넘는 보편성이 흐르고 있다. 그런 점에서 동학은 전통과 근대 그리고 탈근대를 관통하는 '아주 오래된 새것'이라 할 만하다. 동학은 우리 인류가 시대적·사상적·종교적 질곡에서 벗어나 유기적 생명체 본연의 통합적 기능을 회복하게 함으로써 진정한 역사 발전의 동력이 될 수 있게 할 것이다. 실로 동학은 홍익인간·광명이세의 이념을 현대적으로 구현하는 원리를 제공해 준다는 점에서 진정한 문명의 시작을 알리는 신곡(神曲)이라 할 수 있을 것이다.

## 2. 동학의 도덕관과 초국가적 발전 패러다임

'오심불경吾心不敬이 즉천지불경卽天地不敬이라'[17]고 한 데서도 알 수 있듯이, 동학의 도덕관은 한울과 인간의 일원성一元性에 기초해 있다. 우주만물에 대한 차별 없는 사랑과 공경의 원천인 바로 그 하나인 마음(一心)을 공경함이 곧 한울을 공경함인 까닭에 "내 마음을 공경치 않는 것이 곧 천지를 공경치 않는 것이라."고 한 것이다. 수운이 자신의 학을 '심학心學'[18]이라고 말한 바 있거니와, 본래의 진여한 마음을 회복하여 동귀일체하게 하려는 것이 동학적 도덕관의 요체다. 그것은 바로 귀천·빈부·반상班常·적서嫡庶 등 일체의 봉건적 신분 차별이 철폐된 무극대도無極大道의 세계를 구현하는 것이다.

후천개벽에 의한 무극대도의 세계, 즉 우주자연과 인간, 인간과 인간의 연대성에 기초한 무위자연無爲自然의 이상향은 동학적 이상향인 동시에 에코토피아(ecotopia)[19]라고 불러도 무방할 것이다. 생태주의는

---

17 『天道敎經典』「三敬」, 354-355쪽.
18 『龍潭遺詞』「敎訓歌」.

정신·물질, 자연·문명, 생산·생존 이원론의 극복을 통하여 생산성 제일주의 내지 성장 제일주의적 산업 문명을 넘어서는 탈근대주의에 닿아 있다는 점에서, 말하자면 근대 산업 문명의 폐해라 할 수 있는 국가·지역·계층 간 빈부 격차, 지배와 복종, 억압과 차별, 환경 파괴 등의 문제를 해결하고 공존의 대안적 사회를 마련하려는 모색의 중심에 자리잡고 있다는 점에서 일체의 이분법을 넘어선 동학적 사유와 그 맥을 같이 한다. 그것은 우주만물에 대한 차별 없는 공경과 사랑의 나타남이며, 이는 곧 우리의 우주적 본성에 대한 인식이자 동시에 실천이다.

따라서 정치실천적 측면에서 볼 때 동학적 도덕관은 전 인류 사회의 평화와 행복이라는 이상을 담고 있는 홍익인간의 이념과 마찬가지로 국민국가의 패러다임을 넘어선 초국가적 발전 패러다임과 그 맥을 같이 하는 것으로 볼 수 있다. 오늘날 초국가적 발전 패러다임에 관한 논의의 근거는 크게 두 가지로 나누어 살펴 볼 수 있다. 그 하나는 '정보화 혁명'으로 비대한 조직과 제왕적 위계질서, 대량주의와 비효율적인 결제 라인을 가진 수직 구조의 문화에서 자율적 소집단의 그랜드 네트워크로 이루어진 탈대량주의적인 수평 구조의 문화로 바뀌게 됨에 따라 지구 동시 생활권 형성과 더불어 전 지구적 삶의 조건이 근본적으로 변화한 것을 들 수 있다. 다른 하나는 탈냉전 이후 만주 지역 대부분과 연해주 일대가 한·소 수교와 한·중 수교로 내왕이 자유로워지고 교류 및 협력이 촉진됨에 따라 동북아 권역의

---

19 에코토피아(ecotopia)는 '주거지, 집'을 뜻하는 그리스어 'oikos'에서 유래한 'ecology'와 '없음'을 뜻하는 그리스어 'ou' 및 '장소'를 뜻하는 그리스어 'topos'가 합쳐진 데서 유래한 'utopia'의 합성어로 생태적 이상향을 의미한다.

외연적 확대와 더불어 지정학적으로나 물류 유통상으로 이 지역의 통합적 가치가 증대된 것을 들 수 있다.

세계는 지금 단일한 사회 체계 속에서 상호 의존성이 심화되고 있으며 WTO 체제의 등장과 FTA 체결의 확산, 그리고 동북아의 역동적 변화와 맞물려 점차 국민국가의 패러다임이 깨어지면서 세계화 현상이 급물살을 타고 있다. UR(우루과이라운드), WTO 등 초국가적 경제 실체의 등장과 더불어 다국적 기업의 확대에 따른 경제의 세계화와 더불어 정치의 세계화 및 문화의 세계화가 가속화되면서 매스(mass)와 디매스(demass), 빅 프레임과 그랜드 네트워크가 병존하는, 말하자면 근대와 탈근대, 국민국가 패러다임과 세계 시민사회 패러다임이 중층화된 구조를 이루는 이른바 지구 '한마당'이 우리의 활동 무대가 되고 있다. 또한 국민국가의 경계를 넘어선 NGO와 다국적 기업의 다원화된 활동 증대가 뚜렷한 추세를 보이는 가운데 소규모 공동체의 연대 강화와 역할 증대가 이루어지고 있다.

초국가적 발전 패러다임의 모색의 필요성은-다니엘 벨(Daniel Bell)의 표현을 빌리자면-"세계화 시대의 국민국가는 큰 문제를 해결하기에는 너무 작고 작은 문제를 해결하기에는 너무 크다."는 데 있다. 체코의 바츨라프 하벨(Vaclav Havel) 전 대통령은 세계화란 것이 단지 표면적으로만 이루어졌을 뿐 우리의 내적 자아(inner self)를 결속시키는 진정한 수준이 되지 못하고 있으며, 지금 우리에게 필요한 것은 인류와 우주에 대한 새로운 자각과 함께 인간과 지구에 대한 새로운 관계 정립이라고 말한다.[20] 세계화는 그 어떤 의미에서도 획일성을 추구하

---

20 http://www.hrad.cz/president/Havel/speeches/1994/0407_uk.html

거나 유도하는 것이 되어서는 안 되며, 다양성 존중을 바탕으로 다차원적 세계화가 되어야 한다. 여기서 세계화와 지역화의 통합 문제가 제기된다. 오늘날 세계 경제는 세계화와 다자주의를 지향하는 한편, 지역주의 추세가 강화되고 있고 지역 협력의 범위 또한 다층적이다. APEC(아태경제협력체), ASEM(아시아·유럽정상회의), TAFTA(범대서양자유무역지대) 등은 '지역 대 지역'의 협력 형태로 발전한 것으로 가장 지역적으로 포괄적인 형태의 것이다. 이렇게 볼 때 향후 세계화와 지역 협력의 문제는 초국가적 실체에 대한 인식 및 협력의 다층적 성격에 대한 이해와 더불어 냉전 시대의 국가 중심적 발전 전략에서 벗어나 초국가적 발전 패러다임을 모색하는 접근이 필요하다 하겠다.

　미국 헤게모니 체제의 쇠퇴와 중국의 부상이라는 세계사적 변화 속에서 한반도 통일 문제 역시 한반도를 둘러싼 동북아의 역동적인 거시적 변화와 연결시킬 수 있어야 한다. 다시 말해서 국가를 분석 단위로 한 기존 사회과학의 틀을 뛰어넘어 한반도 통일 문제를 동북아와 세계의 평화질서 구축과 같은 세계사적인 담론으로 전환시킴으로써 제로섬(zero-sum) 게임이 아닌 윈-윈(win-win) 게임이라는 새로운 발전 패러다임을 창출해내야 할 시대적·역사적 책무가 우리에게 있는 것이다. 지난 15년 간, 특히 동북아를 중심으로 한 역동적 변화상은 우리에게 국민국가의 패러다임을 넘어선 초국가적 발전 패러다임의 긴요성을 명징하게 보여 주는 것이라 하겠다. 즉 동유럽 공산권의 몰락(1989)과 소연방의 해체(1991), 남북한 유엔 동시 가입(1991), 한·소 수교(1990)와 한·중 수교(1992), WTO 체제의 등장(1995)과 FTA 체결의 확산, NGO와 다국적 기업의 활동 증대 및 초국가적 실체의 등장, 속초-자루비노(러시아)-훈춘(중국)을 통해 백두산으로 가는 새로운 해륙로 개통(2000), 9·11 테러(2001), TSR 전철화 작업의 완공(2002)에 따른 대륙간 물류망 확보 및 송유관·가스관 건설을 위한 극동 시베리아 개발 계획의 가시화, 러시아의 '에너지 전략 2020'(2002)[21]과 TSR-TKR 연결 협력 요청(2004), 중국의 '동북공정'(2002)을 둘러싼 한·중 역사전쟁의 표면화(2004)에 이어 중·일 댜오위다오(釣魚島) 분쟁(2004)[22]과 해묵은 한·일 역사전쟁, 그리고 북한의 핵 보유 및 6자회담 무기한 불참 선언(2005) 등이 그것이다.

그러나 이러한 근거는 초국가적 발전 패러다임에 관한 논의를 가능하게 하는 외적 조건일 뿐 그것이 효율적으로 작동할 수 있는 내적 조건을 마련한 것은 아니다. 오늘날 가장 세계화된 현상이 되고 있는 NGO의 반세계화 시위[23]는 신자유주의와 세계화가 '진정한 참여민주주의의 최대의 적'이라고 보는 노암 촘스키(Noam Chomsky)[24] 등의 이

---

21 '강력한 러시아 재건'을 꿈꾸는 러시아의 '에너지 전략 2020'은 러시아 에너지부의 이고르 유수포프 장관이 오는 2020년까지의 장기 에너지 전략을 검토하기 위한 특별 정부회의를 2002년 5월 28일에 주재한 데서 비롯되었다. 주요 내용으로는 러시아가 동시베리아 에너지 생산량을 기존보다 3배 가량 늘려 한국·중국·일본 등 아태지역의 석유와 천연가스 시장을 확대하며, 또한 중앙정부의 역할을 강화해 에너지 수출을 직접 관리 통제한다는 것 등이 담겨져 있다.
(http://bbs1.kbs.co.kr/ezboard.cgi?db=1Tsunspe_notice&dbf=34&action=read&scenario=1).
22 2004년 1월 15일 중국과 일본이 영유권 마찰을 빚고 있는 댜오위다오(일본명 센카쿠 열도)에 상륙하려던 중국 어선을 일본 순시선이 물대포로 공격, 물리적 충돌이 일어남으로써 분쟁이 재연됨.
23 1990년대 이후 다자간 국제회의와 다보스 포럼 등 세계화 확산을 주창하는 국제행사장에서 어김없이 발생했던 반세계화 시위의 공통점은 기존 국제정치경제체제, 특히 신자유주의와 세계화를 비판하고 강대국이 독점한 정의와 부(富)의 형평한 분배를 촉구한다는 것이다. 2001년 G8 정상회담이 열린 이탈리아 제노바에서 15만여 명이 참여하여 전 세계에 충격을 준 사상 최대의 반세계화 시위는 제노바사회포럼(GSF)이라는 단체가 주도한 것으로 이 단체는 전 세계 반세계화 관련 단체 800여 개를 포괄하고 있다고 한다.
24 Noam Chomsky, *Profit over People*(New York : Mosek Publishing Co., 1999).

념적 지향성을 대변한 것으로 초국가적 발전 패러다임이 안고 있는 내포적 과제를 환기시킨다. 그것은 바로 '힘(power)'이 지배하는 파워 폴리틱스(power politics)의 지양이다. 힘의 논리에 기초한 음양상극陰陽相剋의 '닫힌 사회'·수직사회(vertical society)에서 영성(靈性, divinity)의 논리에 기초한 상생조화의 '열린 사회'·수평 사회(horizontal society)로의 전환이다. 말하자면 파워 폴리틱스에서 디비너틱스〔에코 폴리틱스〕로의 전환이다.

이제 주권국가를 기본 단위로 힘의 논리에 기초한 파워 폴리틱스는 초국가적 실체를 기본 단위로 대등한 상호 의존적 협력 체계에 기초한 디비너틱스로 이행되어야 한다. 다시 말해서 제로섬 게임의 발전론에 입각하여 지배자와 피지배자, 강대국과 약소국을 이원화시키는 파워 폴리틱스의 폐해를 치유하고 윈-윈 게임의 발전론에 입각하여 특수성과 보편성, 지역성과 세계성을 통합시키는 디비너틱스의 새로운 지평을 여는 것이다. 이는 곧 우리 인류가 '무한경쟁'이라는 물신숭배자들의 미신과 착각에서 벗어나 유기적 생명체 본연의 통합적 기능을 회복함으로써 진정한 지구 공동체의 실현이라는 지상과제를 완수하는 것이다. 말하자면 '인간 존중의 정치(politics as if people mattered)'와 '인간의 얼굴을 가진 기술(technology with a human face)'이 실현되는 것이다.

국민국가 패러다임에서 초국가적 발전 패러다임으로, 파워 폴리틱스에서 디비너틱스로의 이행은 천시天時와 인사人事의 연계성, 즉 필연과 자유의지의 조화에 기인하는 것으로 '각지불이各知不移', 즉 '옮기지 않음'이 그 요체다. '각지불이'란 「시侍」의 세 가지 뜻 중에서 「시천주」 도덕의 실천적 측면과 연결되는 것으로 인人이 시時에 머물러 같이 감으로써 하늘을 거스르지 않는 것을 말한다. 이는 곧 우주적 본성에 부합되는 순천順天의 삶을 지향하는 것이다. 이러한 이행은 에고(ego) 차원의 물리物理 시대에서 우주 차원의 공空 시대로 진입하는 과정에서 나타나는 현상으로 초국가적 발전 패러다임이 진정한 역사 발전의 동력으로 작용할 수 있게 할 것이다.

  이처럼 동학의 「시천주」 도덕은 초국가적 발전 패러다임의 내포적 과제인 디비너틱스의 새로운 지평을 여는 추동체推動體로서 기능할 수 있다는 점에서 홍익인간·광명이세의 이념을 현대적으로 구현하는 원리를 제공해 주는 것이라 하겠다. 다양성 존중을 바탕으로 다차원적 세계화가 이루어질 수 있기 위해서는, 다시 말해서 세계화와 지역화, 보편성과 특수성이 통합될 수 있기 위해서는 초국가적 발전 패러다임에 대한 모색과 더불어 정치실천적 차원에서 디비너틱스로의 전환이 이루어져야 하며, 「시천주」는 바로 그러한 전환을 추동하는 원리로 기능할 수 있다는 점에서 동학의 도덕관과 초국가적 발전 패러다임을 연계시켜 본 것이다.

## III. 동학의 정치철학적 원형과
## 제2의 르네상스·제2의 종교개혁

### 1. 『천부경』·『삼일신고』·『참전계경』에 나타난 동학의 정치철학적 원형

우리 민족의 3대 경전인 『천부경天符經』·『삼일신고三一神誥』·『참전계경參佺戒經』을 관통하는 원리는 한마디로 영원한 '하나(一)'[25]의 원리이다. 동학의 불연기연의 논리와 「시천주」도덕을 관통하는 원리도 이 영원한 '하나(一)'의 원리에 닿아 있다. 이 '하나(一)'의 원리는 인간 존재의 '세 중심축'-신과 세계와 영혼의 세 영역(天地人 三才)-의 연관성 상실을 초래한 근대 서구의 정치적 자유주의를 치유할 수 있는 묘약妙藥을 함유하고 있다. 천인합일天人合一의 보본報本사상, 즉 '한사상'이 그것이다. 말하자면 전 인류 사회의 평화와 행복을 추구하는 홍익인간·광명이세의 정치이념을 함축하고 있는 것이다. 우리 민족의 3대 경전에 나타난 정치이념과 건국 이념이 정치의 교육적 기능에 그 초점이 맞춰져 있다는 것은 천도天道에 순응하는 도덕적 인격의 완성을 통해 마음을 밝히고 세상을 밝혀서 이화세계理化世界를 구현하려

---

25 근원적 일자 또는 궁극적 실재로서의 '하나(一)'는 우주의 **本源**을 일컫는 것으로 하늘(天)·天主(하느님, 하나님, **創造主**, **造物者**, 한울, 한얼)·**天神**·**道**·**佛**·一心·太極(無極)·브라만(Brahman, 梵)·우주의식(전체의식, 순수의식)·우주의 창조적 에너지(至氣, 混元一氣) 등으로 다양하게 명명되고 있다.

는 뜻이 담겨진 것이라 하겠다. 그러면 『천부경』·『삼일신고』·『참전계경』에 나타난 동학의 정치철학적 원형을 차례로 살펴보기로 하자.

1) 『천부경』[26]

『천부경(造化經)』은 본래 장이 나누어져 있지 않았지만 필자는 『천부경』이 담고 있는 의미를 보다 명료하게 풀기 위하여 그 구조를 다음과 같이 셋으로 나누어 살펴보았다. 즉 상경上經 「천리天理」, 중경中經 「지전地轉」, 하경下經 「인물人物」이라는 주제로 나눈 것이다. 상경 「천리」는 '一始無始一析三極無盡本, 天一一地一二人一三, 一積十鉅無匱化三'으로 구성되어 있으며, 시작도 끝도 없는 영원한 '하나(一)'의 본질과 무한한 창조성, 즉 천·지·인 혼원일기混元一氣인 '하나(一)'에서 우주만물이 나오는 일즉삼一卽三의 이치를 드러낸 것이다. 중경 「지전」은 '天二三地二三人二三, 大三合六生七八九, 運三四成環五七'로 구성되어 있으며, 음양 양극 간의 역동적인 상호작용으로 천지 운행이 이루어지고 음양오행이 만물을 낳는 과정이 끝없이 순환 반복되는, 말하자면 '하나(一)'의 이치와 기운의 조화造化 작용을 나타낸

---

26 『天符經』 81자 전문은 다음과 같다.
    中本衍運三三一盡一
    天本萬三大天三本始
    地心往四三二一天無
    一本萬成合三積一始
    一太來環六地十一一
    終陽用五生二鉅地析
    無昂變七七三無一三
    終明不一八人匱二極
    一人動妙九二化人無

것이다. 하경「인물」은 '一妙衍萬往萬來用變不動本, 本心本太陽昻明人中天地一, 一終無終一'로 구성되어 있으며, 사람과 우주만물의 근본이 '하나(一)'로 통하는 삼즉일三卽一의 이치와 소우주인 인간의 대우주와의 합일을 통해 하늘의 이치가 인간 속에 징험徵驗됨을 보여 주는 것이다. 말하자면 상경「천리」가 가능태可能態라면 하경「인물」은 구체적 현실태인 것이다. 요약하면,「천리」에서는 '하나(一)'의 이치를 드러내고,「지전」에서는 '하나(一)'의 이치와 기운의 조화造化 작용을 나타내며,「인물」에서는 '하나(一)'의 이치와 그 조화 기운과 하나가 되는 일심一心의 경계를 보여 준다. 이렇듯 필자가『천부경』을 하늘의 이치(天理)와 땅의 운행(地轉)과 인물人物이라는 주제로 삼분하여 조명하는 것은『천부경』이 천·지·인 삼재三才에 기초하여 하늘(天)과 사람(人)과 만물(物)을 '하나(一)'로 관통해 있기 때문이다. 또한 이러한 분류는『천부경』을 보다 자세하게 풀이한『삼일신고三一神誥』의 내용과도 부합되는 것이다. 이에 대해서는 본 장 2절에서 살펴보게 될 것이다.

그러면 먼저『천부경』의 상경上經「천리」에 대해 살펴보기로 하자.

'하나(一)'에서 우주만물이 비롯되나 시작이 없는 하나이며, 그 '하나(一)'에서 천·지·인 삼극三極이 갈라져 나오지만 그 근본은 다함이 없는 것이라 하여 '일시무시일 석삼극무진본一始無始一 析三極無盡本'이라고 한 것이다. 동학에서도 '이천식천以天食天-이천화천以天化天'이라 하여 우주만물이 모두 한 기운 한 마음으로 꿰뚫어진 까닭에 우주만물의 생성·변화·소멸 자체가 모두 한울(天)의 조화造化 작용인 것으로 나타나고 있다.[27] 여기서 한울은 '하나(一)'와 마찬가지로 그러한 명상名相이 생기기 전부터 이미 사실로서 존재해 온 것으로, 유有라고 하자니 한결같은 모습이 텅 비어 있고 무無라고 하자니 만물이 다 이로부터 나오니 그 이름을 알지 못하여 그냥 그렇게 부른 것이다. 이 묘한 '하나(一)'에서 만유萬有가 비롯되니 하도 신령스러워 때론 '님'자를 붙여 '하나'님이라고 부르기도 한다.

먼저 하늘이 열리고, 다음으로 땅이 열리고, 그 다음으로 인물人物이 생겨나게 된다고 하여 '천일일 지일이 인일삼天一一地一二人一三'[28]이라고 한 것은, 소강절(邵康節, 邵擁)이 천개어자天開於子, 즉 자회子會에서 하늘이 열리고, 지벽어축地闢於丑, 즉 축회丑會에서 땅이 열리며, 인기어인人起於寅, 즉 인회寅會에서 인물人物이 생겨나는 선천개벽先天開闢이 있게 되는 것[29]이라고 한 것과 일치한다. '하나(一)'의 묘리妙理의 작용으로 천지창조天地創造가 이루어지는 과정을 일一, 이二, 삼三으로 나타낸 것이다. 여기서 천일天一·지일地一·인일人一은 설명의 편의상 '하나(一)'의 본체를 셋으로 나눈 것일 뿐 그 근본은 모두 하나로 통하므로 우주만물은 결국 '한생명'이다. 다시 말해서 '하나(一)'에서 우주만물이 비롯되고 그 쓰임은 무수히 변하지만 그 근본은 변함도 다함도 없는 것이다. 그런 까닭에 '하나에서 비롯되나 시작이 없는 하나이며(一始無始一)', '하나로 돌아가나 끝이 없는 하나(一終無終一)'이다. 이러한 '하나(一)'의 무한한 창조성을 일컬어 수운은 조물자造物者[30]라고 하고

---

27 『天道教經典』「靈符呪文」, 294쪽: "宇宙萬物 總貫一氣一心也."
28 '天一'은 하늘의 본체를, '地一'은 땅의 본체를, '人一'은 人物의 본체를 의미함. 여기서 '人'은 '人物' 즉 사람과 우주만물을 가리킴. '一, 二, 三'은 하늘이 열리고 땅이 열리고 人物이 생겨나는 순서를 말함.
29 『黃極經世書』「纂圖指要·下」. 중국 宋代의 巨儒 邵康節에 의하면, 천지의 始終은 1元의 氣이며, 1元은 12만 9천 6백 년이요 1元에는 12會(子會, 丑會, 寅會, 卯會, 辰會, 巳會, 午會, 未會, 申會, 酉會, 戌會, 亥會)가 있어 1會인 1만 8백 년마다 소개벽이 일어나고 우주의 봄과 가을에 우주가 생장·분열하고 수렴·통일되는 先·後天의 대개벽이 순환하게 된다고 한다.

있다. 시작도 끝도 없는 영원한 '하나(一)', 이 '하나(一)'의 원리가 바로 만유를 범주範疇하며 가없는 변화에 응답하는 원궤圓軌의 중심축이다. 천부경의 사상은 한마디로 대일大一의 사상 즉 '한사상'이다.

이 '하나(一)'는 만유가 비롯되는 현묘玄妙한 문門이요, 천변만화千變萬化가 작용하는 생멸生滅의 문이며, 만물만상이 하나가 되는 진여眞如의 문이다. '하나(一)'가 쌓여 열(十)이 되지만 다시 다함이 없이 셋(三)으로 화하게 되는 것이라 하여 '일적십거 무궤화삼一積十鉅無匱化三'이라 하였다. '하나(一)'가 종자라면, 우주만물(三)은 그 나무이고, 열(十)은 그 열매다. 종자인 '하나(一)'와 그 나무인 우주만물(三)은 둘이 아니며, 종자인 '하나(一)'와 그 열매인 열(十) 또한 둘이 아니다. 따라서 '하나(一)'와 셋(三)과 열(十)은 종자와 나무와 열매의 관계로 모두 하나이다. 이는 마치 움직임이 극極에 달하면 고요해지고 고요함이 극에 달하면 다시 움직이는 태극太極과도 같이, '하나(一)'가 묘하게 피어나 생장·분열하여 열매(十)를 맺게 되지만 그로써 끝나는 것이 아니라 그 열매(十)는 다시 종자인 '하나(一)'가 되고 그 '하나(一)'에서 천·지·인 삼극이 갈라져 나오는 과정이 다함이 없이 순환 반복되는 것이다. 이렇듯 상경上經「천리」에서는 '하나(一)'에서 우주만물이 나오는 일즉삼一即三의 이치를 드러내고 있다. 여기서 '일즉삼'은 동시에 '삼즉일三即一'의 이치를 내포하고 있긴 하나, 상경「천리」에서는 영원한 '하나(一)'의 다함이 없는 창조성을 가능태로서 나타내 보이고 있으므로 '일즉삼'의 이치를 드러낸 것이라고 한 것이다. 다시 말해서 '일적십거 무궤화삼'은 '하나(一)'의 본체가 염染·정淨 제법諸法을

---

30 『東經大全』「不然其然」

포괄하며 다함이 없이 순환 반복하는 이치를 가능태로서 보여 주고 있는 것이다.

다음으로 중경中經「지전地轉」에 대해 살펴보기로 하자.

하늘에도 음양(日月)이 있고, 땅에도 음양(水陸)이 있으며, 사람에게도 음양(男女)이 있어 음양 양극 간의 역동적인 상호 작용으로 천지 운행이 이루어지고 만물이 생장·변화하게 되므로 '천이삼 지이삼 인이삼天二三地二三人二三'이라고 한 것이다. 이는『도덕경』에서 "도(道, Tao)는 하나를 낳고, 하나는 둘을 낳으며, 둘은 셋을 낳고, 셋은 만물을 낳는다. 만물은 음陰을 업고 양陽을 안으며 충기冲氣라는 화합력에 의하여 생성된다."[31]라고 한 것과 그 맥을 같이하는 것이다.『도덕경』의 '도道'는『천부경天符經』의 '하나(一)'와 같은 것이고, '일一'은『천부경』의 천일 지일 인일天一地一人一'의 일一과 같이 도道의 본체를 나타낸 것이며, '이二'는『천부경』의 '천이 지이 인이天二地二人二'의 이二와 같이 도道의 작용을 나타낸 것이고, '삼三'은『천부경』의 '천이삼 지이삼 인이삼天二三地二三人二三'의 삼三과 같이 사람과 우주만물(人物)을 나타낸 것이다. 말하자면 '하나(一)', 천일 지일 인일天一地一人一', '천이 지이 인이天二地二人二', '천이삼 지이삼 인이삼天二三地二三人二三'이 되는 것으로 만유의 본원으로서의 도道, 즉 '하나(一)'가 만물을 생성하는 과정은 음양의 원리가 변증법적인 커뮤니케이션을 통하여 발전하는 과정인 것이다. 천일 지일 인일天一地一人一'이 '하나(一)'의 본체를 나타낸 것이라면, '천이 지이 인이天二地二人二'는 '하나(一)'가 음양(二) 양극 간의 상호 작용으로 나타난 것으로 이는 곧 불연不然과 기연其然, 진여眞

---

31 『道德經』42章: "道生一 一生二 二生三 三生萬物 萬物負陰而抱陽 冲氣而爲和."

如와 생멸生滅이 본체와 작용의 상호적인 관계에 있음을 말하여 주는 것이다. 말하자면 '비무이비유非無而非有 비유이비무非有而非無'[32]인 것이다. 본체계와 현상계를 회통會通하는 이 '하나(一)'의 원리는 「무체법경無體法經」에서 의암義菴이 보여 주는 개합開闔의 논리에서도 명징하게 드러난다. 즉 "성性이 닫히면 만리만사萬理萬事의 원소原素가 되고 성이 열리면 만리만사의 거울이 되나니…"[33]라고 한 것이 그것이다. 이렇듯 본체와 작용의 관계를 일심법一心法으로 논함으로써 일一과 다多, 이理와 사事를 회통시키고 있다. 수운의 내유신령內有神靈과 외유기화外有氣化 또한 본체와 작용의 관계로 그 체體가 둘이 아니므로 모두 일심법이다.

대삼大三, 즉 하늘의 음양(二)과 땅의 음양(二)과 사람의 음양(二)이 합하여 육六이 되고, 칠七, 팔八, 구九가 생겨나는 것이라 하여 '대삼합육 생칠팔구大三合六生七八九'라 한 것이다. 여기서 육六은 천·지·인 기본수인 일一, 이二, 삼三을 합한 수이기도 하며, 본체로서의 천·지·인 셋(三)과 작용으로서의 천·지·인 셋(三)을 합한 수이기도 하다. 그런데 본체와 작용은 본래 둘이 아니라 하나이며 작용은 본체로서의 작용인 까닭에 '천이天二'·'지이地二'·'인이人二'를 합하여 육六이라고 한 것으로 이는 천·지·인 음양의 총합을 나타낸 것이다. 말하자면 육六은 대삼大三의 묘합妙合이자 '하나(一)'의 체상體象을 나타낸 것으로 '하나(一)'의 진성眞性은 이들 음양(二) 속에도 그대로 보존되어 있는 것이다. 여기에 천·지·인 기본수인 일一, 이二, 삼三을 더하면 칠七, 팔八, 구九가

---

32 『大乘起信論別記』, 477쪽.
33 『天道敎經典』「無體法經」, 437쪽: "性 闔則 爲萬理萬事之原素 性 開則 爲萬理萬事之良鏡."

생겨나게 되는 것이니, 이는 천·지·인 혼원일기混元一氣 즉 '하나(一)'가 생명의 물레를 돌리는 이 우주의 가없는 파노라마를 천지 포태胞胎의 이치와 기운을 담은 이수理數로 나타낸 것이다. 다시 말해서 '하나(一)'의 진성眞性과 음양오행의 정精과의 묘합妙合34으로 우주자연의 사시사철과 24절기의 운행과 더불어 감感·식息·촉觸이 형성되면서 만물이 화생化生하는 과정을 칠七, 팔八, 구九로 나타낸 것이다.35 말하자면 우주 섭리가 써내려 가는 생명의 대서사시大敍事詩요, 천·지·인 혼원일기가 연주하는 생명의 교향곡이다. 따라서 일체의 생명은 우주적 생명이다. 그 뉘라서 천지에 미만彌滿해 있는 이 우주적 무도舞蹈를 그치게 할 수 있으리오!

또한 천·지·인 셋(三)이 네(四) 단계, 즉 '하나(一)'인 단계, '천일 지일 인일天一地一人一'인 단계, '천이 지이 인이天二地二人二'인 단계, '천일 지일 인일天一地一人一'과 '천이 지이 인이天二地二人二'가 상호 작용하는 단계를 거치면서 오행(五行, 水火木金土)이 생성되고 음양오행(七)이 만물을 낳는 과정이 끝없이 순환 반복되는 원궤圓軌를 형성하는 것이라 하여 '운삼사 성환오칠運三四成環五七'이라 한 것이다. 음양의 이기二氣에 의해 오행이 생성되고 음양오행에 의해 만물이 화생하나, 만물은 결국 하나의 음양으로, 그리고 음양은 '하나(一)'인 혼원일기로 돌아간다는 것이다. 우주만물은 모두 간 것은 다시 돌아오고 돌아온 것은

---

34 陰陽의 二氣에 의해 五行(水火木金土)이 생성되고 陰陽五行에 의해 만물이 생겨나지만 陰陽과 五行 및 만물 내에도 '하나(一)'는 존재하므로 '하나(一)'와 陰陽五行과 만물은 분리시켜 생각할 수 없다. 말하자면 한 氣運으로 꿰뚫어진 것이다.

35 『三一神誥』의 人物에 대한 가르침을 보면, 사람과 우주만물이 다 같이 받은 '하나(一)'의 眞性을 셋으로 나누어 性·命·精이라고 하고 이어 心·氣·身과 感·息·觸의 순서로 說하고 있는데, 7, 8, 9는 『三一神誥』의 논리적 구조와 연결시켜 볼 때 感·息·觸에 해당하는 것이라 하겠다.

다시 돌아간다는 자연의 이법理法을 말하는 것으로 수운은 이를 일러 '무왕불복지리無往不復之理', 즉 '가고 돌아오지 않음이 없는 이법理法'이라고 하고 천도天道라고 명명하였다.³⁶ 이 숫자들의 묘합妙合에서 하도낙서河圖洛書³⁷로 설명되는 음양오행, 팔괘八卦³⁸가 나오고 천지 운행의 원리가 나온다. 실로 자연 현상에서부터 인체 현상, 사회 및 국가 현상, 그리고 천체 현상에 이르기까지, 극대로부터 극미에 이르기까지, 그 어느 것 하나도 이 '하나(一)'의 원리에서 벗어나 있는 것은 없다. 한마디로 천지 운행 그 자체가 '하나(一)'의 법이다. 이렇듯 중경中經「지전地轉」에서는 음양 양극 간의 역동적인 상호작용으로 천지 운행이 이루어지고 음양오행에 의해 만물이 화생하는 과정이 끝없이 순환 반복되는, 말하자면 '하나(一)'의 이치와 기운의 조화造化 작용을 보여 준다. 『천부경』에서 천지 포태胞胎의 이치와 기운을 일一부터 십十까지의 숫자로 풀이한 것은 진리가 언설의 경계를 넘어서 있는 까닭이다. 강을 건너기 위해서는 나룻배가 필요하나 언덕에 오르기 위해서는 배를 버려야 하듯, 진리의 언덕에 오르기 위해서는 이 숫자들마저도 버려야 한다.

---

36 『東經大全』, 「論學文」.
37 河圖는 태호복희씨(太皞伏羲氏)가 黃河 龍馬의 등에서 얻은 그림인데 이것으로 易의 八卦를 만들었다고 하며, 洛書는 夏禹가 洛水 거북의 등에서 얻은 글인데 이것으로 禹는 천하를 다스리는 大法으로서의 洪範九疇를 만들었다고 한다. 河圖(龍圖)는 열 개의 숫자 1, 2, 3, 4, 5, 6, 7, 8, 9, 10이 일으키는 변화이며 그 합인 55라는 숫자는 相生五行을 나타내고, 洛書(龜書 또는 九書)는 아홉 개의 숫자 1, 2, 3, 4, 5, 6, 7, 8, 9가 일으키는 변화이며 그 합인 45라는 숫자는 相剋五行을 나타내는 것으로, 河圖洛書는 相生相剋하는 천지 운행의 玄妙한 이치를 드러낸 것이라 하겠다.
38 八卦는 太皞伏羲氏에 의해 창시된 것으로 건(乾, ☰), 곤(坤, ☷), 진(震, ☳), 손(巽, ☴), 감(坎, ☵), 이(離, ☲), 간(艮, ☶), 태(兌, ☱)를 말함인데 우주자연의 오묘한 이치를 부호화하여 나타내고 있다.

끝으로 하경下經 「인물」에 대해 살펴보기로 하자.

영원한 '하나(一)'는 곧 하나인 마음(一心)으로 우주적 본성을 일컬음이다. 만법귀일萬法歸一, 즉 만 가지 법이 하나인 마음의 법으로 돌아가는 것인 까닭에, 해월은 "마음이란 것은 내게 있는 본연의 한울이니 천지만물이 본래 한 마음이니라."[39]라고 한 것이다. 동학의 내유신령內有神靈의 '신령[神聖]'은 우주의 본원인 이 '하나(一)'를 일컬음이다. 우주적 본성인 신령은 내재해 있는 동시에 지기至氣로서 만물화생萬物化生의 근본이 되고 있으므로 '내유신령 외유기화'라고 한 것이다. '하나(一)'의 묘리妙理의 작용으로 삼라만상이 오가며 그 쓰임은 무수히 변하지만 근본은 변함도 다함도 없는 까닭에 『천부경』에서는 '일묘연만왕만래 용변부동본一妙衍萬往萬來用變不動本'이라 하였다. 이렇듯 우주만물의 생성·변화·소멸 자체가 모두 '하나(一)'의 조화의 자취이며, 우주만물이 다 지기至氣인 '하나(一)'의 화현化現이라는 점에서 우주 섭리의 작용과 인류 역사의 전개 과정이 긴밀히 연계되어 있음은 부인할 수 없는 사실이라 하겠다. 생사生死란 우주의 숨결이며, 생명은 결코 죽지 않는다. 다만 형태와 모습만이 변할 뿐이다. 생명의 흐름은 영원히 이어진다. 이처럼 자본자근自本自根·자생자화自生自化하는 '하나(一)'의 조화, 즉 생명의 파동적波動的 성격을 깨닫게 되면, 다시 말해서 '하나(一)'의 묘용妙用을 활연관통豁然貫通하게 되면, 불연不然의 본체계와 기연其然의 현상계를 회통會通하게 됨으로써 내재와 초월, 본체와 작용이 결국 하나임을 알게 되어 상대적 차별성을 떠난 여실한 대긍정의 경계에 이르게 되는 것이다.

---

39 『天道敎經典』, 「靈符呪文」, 289쪽: "心者 在我之本然天也 天地萬物 本來一心."

그러나 그러한 묘각妙覺의 경지는 매순간 깨어 있는 의식이 아니면 결코 이를 수 없는 까닭에 해월은 "오직 한울을 양養한 사람에게 한울이 있고, 양養치 않는 사람에게는 한울이 없나니…"[40]라고 한 것이다. 「시侍」가 함축하고 있는 세 가지 의미, 즉 내유신령·외유기화·각지불이各知不移에서 명징하게 드러나듯, '한울을 모심(侍天)'은 곧 '한울을 키움(養天)'이라는 뜻이다. '양천養天'은 의식意識 확장을 말하며, 이는 영적靈的 진화와 관계된다. 이렇듯 「시천주」 도덕은 자각적 실천이 수반될 때 그 진면목이 드러난다고 하겠다. 내재적 본성인 신성과 혼원일기混元一氣로 이루어진 생명의 유기성과 상호 관통을 깨달아 순천順天의 삶을 지향하게 하는 것, 바로 여기에 '하나(一)'의 비밀이 있고 '시천侍天'의 비밀이 있다. 그것은 천인합일天人合一의 대공大公한 경계에 이르게 하는 것이다. 수운이 "무궁한 그 이치를 불연기연 살펴내어… 무궁히 알았으면 무궁한 이 울 속에 무궁한 내 아닌가."[41]라고 한 것은, 무궁한 한울의 조화를 깨닫게 되면 조물자造物者[42]인 한울과 그 그림자인 인간이 분리될 수 없는 하나라는 사실을 알게 된다는 것이다. 해월의 경천敬天·경인敬人·경물敬物의 '삼경三敬'사상은 영원한 '하나(一)' 즉 한울이 만유의 본질로서 내재해 있는 동시에 만물 화생의 근본 원리로서 작용하고 있으므로 우주만물과 한울이 둘이 아니라는 사실에 기초해 있다. 따라서 지기至氣의 화현化現인 만유의 생명을 존중하고, 태양이 사해를 두루 비추고 비가 대지를 고루 적시듯

---

40 『天道敎經典』, 「養天主」, 368쪽.
41 『龍潭遺詞』, 「興比歌」.
42 『東經大全』, 「不然其然」의 말미에서 水雲은 만유를 생성케 하는 한울의 창조성을 일컬어 造物者라고 하고 있다.

사랑을 실천함으로써 영적 진화를 이루는 것이 천리天理에 순응하는 삶이다. 따라서 우리가 이 세상에서 새로이 이루어야 할 것은 아무것도 없으며 오직 자성自性을 회복하는 일만이 있을 뿐이다.

자성을 회복한다는 것은 일심의 근원으로 돌아간다는 것이다. 말하자면 '귀일심원歸一心源'이요 '동귀일체同歸一體'다. 일심의 근원으로 되돌아가면 사람이 한울을 모시고 있음(侍天)을 저절로 알게 되는 법. 이는 곧 평등성지平等性智의 나타남이다. 만유가 그러하거니와, 사람 또한 지기至氣인 한울의 화현인 까닭에 한울과 둘이 아니므로 인내천人乃天이라 한 것이다. 깨달은 자의 눈으로 보면 모두가 깨달은 존재이다. 마음의 근본 자리는 본시 태양과도 같이 광명한 것이어서 이렇게 마음을 밝힌 사람에게는 천지가 하나로 녹아 들어가 있으므로 '본심본태양 앙명 인중천지일本心本太陽昂明人中天地一'이라고 한 것이다. 말하자면 일심은 근원성·포괄성·보편성을 띠는 까닭에 우주만물의 근본과 하나로 통하게 되므로 일체가 밝아지게 되는 것이다. 이는 곧 소우주인 인간과 대우주가 하나가 되는 것을 말한다. 『천부경』의 진수眞髓는 바로 이 '인중천지일'에 있다. 말하자면 천·지·인 삼재三才의 조화의 열쇠는 사람에게 있고 사람의 마음이 밝아지면 그 열쇠는 저절로 작동하게 되는 것이다. 따라서 『천부경』의 '인중천지일'과 동학의 '시천侍天'은 그 의미가 같은 것으로 우주의 조화 기운과 함께 하는 자각적 실천이 수반될 때 구체적 현실태가 될 수 있는 것이라 하겠다. 해월이 "사람이 바로 하늘이요 하늘이 바로 사람이니 사람 밖에 하늘이 없고 하늘 밖에 사람이 없다"[43]라고 한 것도 같은 의미이다.

---

43 『天道敎經典』, 「天地人·鬼神·陰陽」, 268쪽: "人是天 天是人 人外無天 天外無人."

'하나(一)'에서 우주만물이 비롯되고 다시 '하나(一)'로 돌아가지만, 우주만물의 근본이 되는 그 '하나(一)'는 하나라는 명상名相이 생기기 전부터 이미 사실로서 존재해 온 까닭에 하나로 돌아가나 끝이 없는 하나라 하여 '일종무종일一終無終一'이라 한 것이다. 끝이 없다는 것은 곧 시작이 없다는 것과 같은 뜻으로 무시무종無始無終의 영원한 '하나(一)'로 『천부경』은 끝나고 있다. 이렇듯 하경下經 「인물」에서는 사람과 우주만물의 근본이 '하나(一)'로 통하는 삼즉일三卽一의 이치와, 마음을 밝힘으로써 하늘의 이치가 인간 속에 징험徵驗됨을 보여 준다.

상경·중경·하경을 요약하면, 「천리」에서는 '하나(一)'의 이치를 드러내고, 「지전」에서는 '하나(一)'의 이치와 기운의 조화造化 작용을 나타내며, 「인물」에서는 '하나(一)'의 이치와 그 조화 기운과 하나가 되는 일심一心의 경계를 보여 준다. 이렇듯 『천부경』은 천·지·인 삼재에 기초하여 하늘(天)과 사람(人)과 만물(物)을 '하나(一)'로 관통하고 있음을 보여 준다. 이러한 『천부경』의 내용은 수운의 「시천주 조화정 영세불망 만사지侍天主造化定永世不忘萬事知」라고 하는 주문呪文 열세 자에 함축되어 있는 것으로 나타난다. 「시천주」에 대해서는 앞서 설명한 바 있거니와, '내유신령'과 '외유기화'는 둘로 된 이치가 아니라 하나의 이치를 양 방향에서 관찰한 것으로 하늘의 이치와 그 조화의 작용이 둘이 아님을 말하여 준다. 안으로 신령神靈이 있고 밖으로 기화氣化가 있어 온 세상 사람이 각기 알아서 옮기지 아니한다는 뜻은 내재적 본성인 신성과 생명의 유기성 및 상호 관통을 깨달아 순천의 삶을 지향하는 것을 말한다. '조화정'이란 무위이화無爲而化의 덕德과 그 기운과 하나가 되는 것을 말한다. '영세불망 만사지'란 앞서 말한 천도天道와 천덕天德을 평생 잊지 아니하면 일체를 관통하게 된다는 뜻이다. 말하자면 우주의 이치와 기운의 조화 작용으로 만물이 생겨난 까닭에 본래의 진여한 마음을 회복하여 우주의 조화 기운, 즉 무위이화의 덕과 하나가 되면 지기至氣와 합일하고 무왕불복無往不復의 이치, 즉 천도를 깨닫게 되는 것이다.

환인·환웅·환검(天皇·地皇·人皇)께서 마음을 밝히는 가르침을 근본으로 삼은 것은 정치의 주체인 인간의 마음이 밝아지지 않고서는 밝은 정치가 이루어질 수 없기 때문이다. 마음이 밝아진다고 하는 것은 우주만물이 결국 하나임을 알게 된다는 것이고 이는 곧 더불어 사는 삶을 실천하게 되는 것을 말한다. 우주만물의 개체성은 '하나(一)', 즉 궁극적 실재가 다양한 모습으로 현현한 것이다. 우주만물의 생성·변화·소멸은 모두 '하나(一)'의 조화의 작용-음양오행陰陽五行의 우주적 기운의 응결凝結에 의해 만물이 화생化生하나 궁극에는 그 근원으로 되돌아가는-이다. 본래의 마음(天心)을 회복하여 우주의 조화 기운과 하나가 되면 천지 운행을 관조할 수 있게 됨으로써 천덕天德을 몸에 지니게 되어 이화세계理化世界를 구가할 수 있게 된다. 모든 종교가 생겨난 것도 바로 이 '하나(一)'인 참자아를 깨닫기 위한 것이었다. 그러고 보면 『천부경』은 경전의 종주宗主요 정치사상의 원류라 할 만하다.

이러한 『천부경』의 사상은 단군조선의 건국 이념인 홍익인간·광명이세의 이념과 경천숭조의 보본사상 속에 잘 구현되어 있다. 이들 사상의 요체는 한마디로 천·지·인 삼재의 조화이며, 그 조화라는 것은 사람의 마음이 밝아지면 저절로 일어나게 되는 것이다. 전일全一·광명 또는 대大·고高를 뜻하는 '환桓'의 이념은 국가·민족·계급·인종·성·종교 등 일체의 장벽을 초월하여 평등하고 평화로운 이상세계를 창조하는 토대가 될 수 있게 한다는 점에서 우리 지구촌 미래의 청사진을 담고 있는 것이라 하겠다. 다시 말해서 이들 사상 속에는 개인과 국가, 국가와 세계가 조응관계에 있다는 점에서 우리 인류가 추구하는 평화복지의 이상이 담겨진 것이다. 이는 동학적 이상향이 후천개벽後天開闢[44]에 의한 무극대도無極大道의 세계, 즉 우주자연과 인간, 인간과 인간의 연대성에 기초한 군자공동체라는 점과 일치하는 것이다. 이들 사상은 모두 인간의 존엄성에 기초하여 치자와 피치자, 개인과 국가가 일체가 되어 밝은 정치를 구현하고자 하는 사상으로 그 지향성은 인간 소외의 극복과 그 맥을 같이 한다. 현대 민주주의가 정치의 요체를 사람이 아닌 제도와 정책에 둠으로써 인간 소외 현상을 야기시켰다면, 이들 사상은 자연과 인간, 인간과 인간의 대립성과 분절성을 지양하고 융합과 조화에 그 토대를 둠으로써 현대사회가 안고 있는 인간 소외 문제를 극복할 수 있게 할 것이다.

2) 『삼일신고』

『천부경』 81자의 의미는 『삼일신고』 366자에서 보다 명료하게 드러난다. 신시개천神市開天의 시대에 나온 『삼일신고(敎化經)』는 한마디로 삼일三一사상을 본령本領으로 삼고 삼신 조화造化의 본원과 세계 인물의 교화를 상세하게 논한 것이다. 삼일사상이란 집일함삼執一含三과 회삼귀일會三歸一을 뜻하는데,[45] 이는 곧 일즉삼一卽三·삼즉일三卽一을

---

44 후천개벽은 단순히 정신개벽과 사회개벽을 통한 지구적 질서의 재편성이 아니라 천지 운행의 원리에 따른 우주적 차원의 질서 재편으로, 이를 통해 坤運의 후천 5만년이 열리게 된다. 水雲의 後天開闢에 대해서는 이 책에 함께 실린 「수운의 후천개벽과 에코토피아(Ecotopia)」를 참조.
45 『桓檀古記』「太白逸史」蘇塗經典本訓.

말하는 것으로 우주만물(三)이 '하나(一)'라는 사상에 기초해 있다. 그런 점에서 우주만물을 한울의 화현으로 보는 동학사상과 일치한다. 또한 '하나(一)'는 곧 하늘(天)이며 삼三은 '인人[人物]'을 나타내는 기본수이므로 삼일사상은 인내천사상과 상통한다. 소도경전본훈蘇塗經典本訓에서는 『삼일신고』의 다섯 가지 큰 지결旨訣이 천부天符에 근본을 두고 있으며, 『삼일신고』의 궁극적인 뜻이 천부중일天符中一의 이상에서 벗어나지 않음을 밝히고 있다.[46] 여기서 '천부중일'의 '중일'이란 『천부경』 하경下經에 나오는 '인중천지일人中天地一'을 축약한 것이다. 이는 『삼일신고』가 삼즉일三卽一의 이치를 드러낸 『천부경』 하경下經 편을 중점적으로 다루고 있음을 보여 주는 것으로, 백성들을 교화하기 위한 교화경으로서의 위상을 말하여 주는 것이라 하겠다.

설명의 편의상 『삼일신고』를 5장-하늘(天), 일신一神, 천궁天宮, 세계世界, 인물人物[47]-으로 나누어 살펴보기로 하자. 전체 5장 중 1, 2장 「하늘」과 「일신」은 『천부경』의 상경 「천리天理」에 해당하는 것으로 『천부경』의 '하나(一)'가 『삼일신고』에서는 '하늘'·'일신'으로 명명되고 있다. 4장 「세계」는 『천부경』의 중경 「지전地轉」에 해당하는 것이며, 5장 「인물」은 『천부경』의 하경 「인물」에 해당하는 것이다. 그리고 3장 「천궁」은 '일신[唯一神. 하나님]'이 거居하는 곳으로, 오직 마음을 밝히고 세상을 밝힘으로써 '성통공완性通功完'을 이룬 사람만이 갈 수 있는 곳이라고 하여 천부중일天符中一의 실천적 의미와 그 효과를

---

46 『桓檀古記』「太白逸史」蘇塗經典本訓.
47 『三一神誥』舊本에선 章을 나누지 않았는데 고려 말기 행촌(杏村) 이암이 5章으로 나누었으며, 필자는 『桓檀古記』「太白逸史」에 수록된 이암의 분류 방식대로 5章으로 나누어 살펴볼 것이다. 다만 1章의 제목을 「太白逸史」에서는 '허공(虛空)'이라고 하였으나, 필자는 '하늘(天)'이라고 하였다.

밝히고 있다. 이는 천지인天地人을 이룬 사람이 곧 하늘이요 '일신'임을 명징하게 보여 주는 것으로, 우주만물의 중심에 존재하는「천궁」을 다섯 장의 중앙에 위치시킴으로써 논리구조적 명료성과 더불어 삼일三一원리의 실천적 측면을 그만큼 강조하는 것이라 하겠다. 본 절에서는『삼일신고』의 요점에 대해서만 논하기로 한다.

제1장「하늘(天)」편에 보면, 영원한 '하나(一)'에 관한 설명이 나오는데 그 내용이『천부경』과 일치하고 있다. 즉 "하늘(天)은 형상도 바탕도 없고, 시작도 끝도 없으며, 위아래와 사방도 없고, 텅 비어 있는 듯하나 있지 않은 곳이 없으며, 포용하지 않음이 없다."48라고 한 것은 저 푸른 창공도, 저 까마득한 허공도 아닌 '하나(一)'의 근원성·포괄성·보편성을 풀이한 것이다. 여기서 '있지 않은 곳이 없다'는 말은 기독교의 '무소부재無所不在'와 일치하는 것이다.「천궁」편에서는 하늘(天)을 신국神國이라고 하고 이 신국의 천궁天宮에 일신一神이 거居하는 것으로 나온다. 이는 인간세계의 구조로 나타낸 것일 뿐, 하늘[神國, 하나(一)]과 '일신'은 둘이 아니다. 그런데 하늘과 사람 또한 둘이 아니니[人乃天] '일신', 즉 유일신은 특정 종교의 신이 아니라 진리 그 자체이며 '참나'[大我, 一心]를 일컫는 것이다. 말하자면 내재적 본성인 신성을 일컫는 것이다.

다음으로 제2장「일신一神」편이 나오는데 '천天'과 '신神'이 둘이 아니므로 별개의 장이라고 볼 수는 없다.「하늘」편이 '하나(一)'의 본질을 밝힌 것이라면,「일신」편은 '하나(一)'의 무한한 창조성을 밝히고 그 '하나(一)'에 이르는 길을 제시한다. "자신의 성性에서 씨를 구

---

48 『三一神誥』: "天無形質 無端倪 無上下四方 虛虛空空 無不在 無不容."

하라(自性求子)."고 한 것은 그 '하나(一)'가 오직 자성自性에 대한 직관적 지각을 통해 닿을 수 있는 영역인 까닭이다. 말하자면 소리내어 기운을 다하여 원하고 기도한다고 해서 신神을 친견할 수 있는 것이 아니라, 내재적 본성인 신성神性을 깨달을 때 비로소 신은 그 모습을 드러낸다는 말이다.[49] "이미 네 머릿골에 내려와 있다(降在爾腦)."라고 한 것은, 자성에 대한 지각이 직관의 영역인 우뇌의 작용에 기인하며 우주 순수의식이 우뇌로 연결되어 있음을 말하여 주는 것이다. 『명심보감明心寶鑑』에 "하늘의 그물이 넓고 넓어서 보이지는 않으나 새지 않는다(天網 恢恢 疎而不漏)."라고 나와 있듯이, 우주 순수의식은 바로 이 우주가 만든 통신선을 통해 우뇌로 연결된다. 그것의 요체는 마음을 비움에 있다. 에고(ego, 個我)가 사라짐으로써 저절로 작동하게 되는 것이다. 따라서 그 '하나(一)'는 우리와 무관한 초월적 존재가 아니라 내재적인 동시에 초월적이며, 개체적인 동시에 전체적이며, 우주의 본원인 동시에 현상 그 자체인 우주의 혼원일기混元一氣인 것이다.

이렇듯 내재와 초월, 본체와 작용을 상호 관통하는 '하나(一)'의 특성은 수운의 '내유신령內有神靈'과 '외유기화外有氣化'의 관계에서 명징하게 드러난다. 한울(天)이 만유의 본질로서 내재해 있는 동시에 만물 화생의 근본 원리로서 작용하고 있다는 것은 내재와 초월, 본체와 작용의 합일을 말하여 주는 것으로 그 체體가 둘이 아니라는 것이다. 또한 마음과 기운은 그 작용이 둘이 아니므로 한울, 즉 '하나(一)'는 하나인 마음(一心)의 근원성·포괄성·보편성을 일컫는 것이다. 해월은 경천敬天·경인敬人·경물敬物의 '삼경三敬'사상이 이 우주만물의 조화적

---

[49] 『三一神誥』: "…聲氣願禱 絶親見 自性求子 降在爾腦."

질서를 이루는 바탕이 되는 것으로 보고 그 '하나(一)', 즉 일심에 이르는 길을 구체적으로 제시한다. 그에 의하면 '경천'은 우주만물에 대한 차별 없는 사랑과 공경의 원천인 바로 그 하나인 마음(一心)을 공경함이다. "경천은 결단코 허공을 향하여 상제上帝를 공경하는 것이 아니요, 내 마음을 공경함이 곧 경천의 도道를 바르게 아는 길이니, 「오심불경吾心不敬이 즉 천지불경天地不敬이라」…"50고 한 것이다. 우상숭배란 바로 이 '경천'의 도道를 바르게 알지 못하는 데서 오는 것으로 '내 마음을 공경하지 않는 것이 곧 천지를 공경하지 않는 것'이라고 한 말을 깊이 음미해 볼 필요가 있다 하겠다.

인내천人乃天으로 대표되는 동학의 불연기연不然其然의 논리는 「시천주侍天主」를 통해 '하나(一)'의 진리를 드러내는 데 그 주안점을 두고 있다. 이 하나인 마음, 즉 한울(天)을 공경함으로써 불생불멸의 참자아, 즉 자신의 내재적 본성인 신성을 깨닫게 될 것이고, 일체의 우주만물이 다 내 동포라는 전체의식[우주의식·순수의식]에 이를 수 있을 것이며, 기꺼이 헌신하고자 하는 마음, 책임과 의무를 다하고자 하는 마음이 우러나올 수 있으므로 한울에 대한 공경이야말로 모든 진리의 중추中樞를 틀어쥐는 것이라고 한 것이다.51 그런데 '경천'의 원리는 경인敬人의 행위가 수반되지 않으면 발현될 수 없는 까닭에 한울만 공경하고 사람을 공경함이 없으면 행위의 실효를 거둘 수 없다고 하면서, 이를 농사의 이치는 알되 실지로 종자를 땅에 뿌리지 않는 행위에 비유하고 있다.52 또한 한울이 사람을 떠나 따로 존재하는 것이

---

50 『天道敎經典』, 「三敬」, 354-355쪽.
51 『天道敎經典』, 「三敬」, 355-356쪽.
52 『天道敎經典』, 「三敬」, 356쪽.

아니라는 것을 물과 해갈解渴의 관계에 비유하여 "사람을 버리고 한울을 공경하는 것은 물을 버리고 해갈을 구하는 자와 같다."[53]고 하고 있다. 그런데 '경인'은 '경물'이 없이는 도덕의 극치에 이르지 못한다고 하고, 천지기화天地氣化의 덕德에 합일될 수 있기 위해서는 물物을 공경함에까지 이르러야 한다고 하고 있다.[54] 이렇듯 동학은 『천부경』·『삼일신고』와 마찬가지로 사람과 우주만물의 근본이 되는 그 '하나(一)'의 본체가 일심一心임을 밝히고 거기에 이르는 방법을 구체적으로 제시하고 있는 것이다.

제3장「천궁天宮」편은 일신一神이 거居하는 천궁(하늘궁전)에 대한 설명과 더불어 '오직 성통공완性通功完을 이룬 사람만이 그곳에 나아가 영원한 쾌락을 얻게 될 것'[55]이라고 하고 있다. 우주만물은 지기至氣인 '하나(一)', 즉 '일신'의 화현이므로 우주만물과 '일신'은 둘이 아니며 따라서 천궁은 우주만물의 중심에 존재한다. 그것은 태양과도 같이 광명한 마음의 근본 자리를 가리키는 것이다. 우리들 자신의 깊은 의식이 천궁으로 통하는 문이다. 의식의 근원에 이르게 되면 하나의 진리가 그 모습을 드러내는데 그것이 바로 일심一心, 즉 '일신'의 나타남이다. '성통공완'을 이룬 사람이란 마음을 밝히고 세상을 밝혀서 홍익인간·재세이화의 이념을 자각적으로 실천한 사람이다. 그런 사람만이 천궁에 나아가 영원한 쾌락을 얻게 된다는 것은, 천지 기운과 조화를 이룬 사람은 '일신(天)'과 하나가 될 수 있다는 말이다. 말하자면 천지 기운과 하나가 된 사람이 바로 '일신', 즉 하늘이다. 이는 동

---

53 『天道敎經典』,「三敬」, 357쪽.
54 『天道敎經典』,「三敬」, 358쪽.
55 『三一神誥』: "惟性通功完者 朝永得快樂."

학의 「시천주侍天主」 도덕의 요체가 한마디로 마음의 본체를 밝혀서 세상 사람들이 한울의 마음을 회복하여 동귀일체同歸一體하게 하려는 지행합일知行合一의 심법心法이라는 점과 상통한다. 본장 1절에서 살펴본 「시천주 조화정 영세불망 만사지」는 삼일三一원리의 실천적 측면을 명징하게 보여 주는 것이라 하겠다. 이는 곧 이성과 신성의 통합이며, 동귀일체요 귀일심원歸一心源이다.

제4장 「세계世界」 편은 대폭발과 우주의 탄생, 그리고 은하계와 지구의 형성 과정에 대하여 말해 준다. 이에 대해 해월은 「천지이기天地理氣」에서 명쾌하게 설명해 준다. "천지, 음양, 일월, 천만물이 화생한 이치가 한 이치 기운의 조화 아님이 없다."56라고 한 것이 그것이다. 해월이 말하는 한 이치 기운(一理氣)이 곧 일신一神이다. '일신'은 '일시무시일종무종일一始無始一終無終一', 즉 시작도 끝도 없는 영원한 '하나(一)'이며, 무소부재無所不在이며, 자본자근自本自根·자생자화自生自化하는 무궁한 이치와 조화造化 기운 자체를 일컫는 것이다. 대폭발과 우주 탄생과 우주만물이 화생하는 시작도 끝도 없는 전 과정 자체가 '일신'의 조화의 작용인 것이다. "신神이 기운을 불어넣어 바닥까지 감싸고 햇빛과 열로 따뜻하게 하여 걷고 날고 탈바꿈하고 헤엄치고 심는 온갖 만물이 번식하게 되었다."57라고 한 것은 한 이치 기운의 조화 작용으로 만물이 화생하는 과정을 의인화시켜 나타낸 것이다. 기운을 불어넣는 '일신', 즉 창조주와 기운을 받는 피조물이 따로 있는 것이 아니고 일신의 화현化現이 곧 우주만물이니 우주만물과 '일

---

56 『天道敎經典』, 「天地理氣」, 246쪽: "天地 陰陽日月於千萬物 化生之理 莫非一理氣造化也."
57 『三一神誥』: "神呵氣包底 煦日色熱 行翥化游栽物 繁殖."

신'은 둘이 아니다. 경신년 4월 5일 수운이 받은 '오심즉여심吾心卽汝心'의 심법心法은 이를 명징하게 보여 준다. 말하자면 '일신', 즉 유일신唯一神은 특정 종교의 신도 아니요 섬겨야 할 대상도 아니다. 바로 우리 자신이며 우주만물 그 자체인 것이다. 그런 까닭에 공자孔子는 "신은 어떤 태도로 섬기면 좋겠습니까?"라는 자로子路의 물음에, "신을 섬기기보다는 먼저 사람을 섬기는 것을 생각하는 편이 좋겠지."라고 답했던 것이다.

제5장 「인물人物」편은 사람과 만물 모두 근본이 되는 '하나(一)'에서 나왔으며, 그 '하나(一)'의 진성眞性을 셋으로 표현하여 성性·명命·정精이라 하고, 사람은 이를 온전하게 받으나 만물은 치우치게 받는다고 하고 있다. "참본성(眞性)은 착함도 악함도 없으니 가장 밝은 지혜(上哲)로서 두루 통하고, 참 목숨(眞命)은 맑음도 흐림도 없으니 다음가는 밝은 지혜(中哲)로서 잘 알며, 참정기(眞精)는 두터움도 엷음도 없으니 그 다음 가는 밝은 지혜(下哲)로서 잘 보전하나니, 근본이 되는 '하나(一)', 즉 삼진三眞으로 돌아가면 '일신'과 하나가 될 수 있다."[58]

다음으로 사람이 처지에 미혹하여 세 가지 망령됨(三妄) 즉 심心·기氣·신身이 뿌리를 내리는 것에 대해 설명하고 있다. "마음(心)은 본성(性)에 의지한 것으로 선악이 있으니 선하면 복이 되고 악하면 화가 되며, 기氣는 목숨(命)에 의지한 것으로 청탁淸濁이 있으니 맑으면 오래 살고 흐리면 일찍 죽으며, 몸(身)은 정기精氣에 의지한 것으로 후박厚薄이 있으니 두터우면 귀하고 엷으면 천하다."[59] 이는 '하나(一)'의

---

58 『三一神誥』: "眞性 無善惡 上哲通 眞命 無淸濁 中哲知 眞精 無厚薄 下哲保 返眞一神."
59 『三一神誥』: "心依性 有善惡 善福惡禍 氣依命 有淸濁 淸壽濁夭 身依精 有厚薄 厚貴薄賤."

진성眞性인 성·명·정에 의지하여 일어나는 심·기·신 현상에 대해 설명한 것이다.

끝으로 삼진三眞과 삼망三妄이 서로 맞서 세 갈래 길을 지으니 이를 감感·식息·촉觸이라고 하고, 이 세 가지가 굴러 열여덟 가지 경계를 이룬다고 하고 있다. "느낌(感)에는 기쁨, 두려움, 슬픔, 성냄, 탐냄, 싫어함이 있고, 숨쉼(息)에는 향기, 탁기, 한기, 열기, 진기, 습기가 있으며, 접촉觸에는 소리, 색깔, 냄새, 맛, 음란, 닿음이 있다."⁶⁰ 뭇사람들은 선악과 청탁淸濁과 후박厚薄을 뒤섞어 이 여러 갈래의 길을 마음대로 달리다가 나고 자라고 늙고 병들고 죽는 고통에 떨어지고 말지만, "밝은 지혜를 가진 이는 느낌을 그치고(止感), 호흡을 고르게 하며(調息), 접촉을 금하여(禁觸) 한 뜻으로 나아가 망령됨을 돌이켜 참됨에 이르고 마침내 크게 하늘의 조화 기운을 발휘케 되니, 성품이 열리고 공덕을 완수함(性通功完)이 바로 이것이다."⁶¹ 말하자면 귀일심원이요 동귀일체다. 이는 삼일三一원리의 실천성을 강조한 것이라 하겠다.

삼일三一원리의 실천성이 동학에서도 강조되고 있음은 「시천주」 도덕의 요체가 수심정기守心正氣에 있다는 점에서 분명히 드러난다. 「시侍」의 세 가지 뜻 중에서 '각지불이各知不移'는 「시천주」 도덕의 실천적 측면과 연결된다. 즉 본래의 진여眞如한 마음을 지키고 기운을 바르게 하는 것이 '옮기지 않음'의 요체다. 진여한 마음이란 우주적 본성을 이름이요, 기운을 바르게 하는 것이란 공심公心의 발현을 이름이다. 따라서 수심정기란 우주적 본성의 자리를 지키는 것인 동시에 우주 '한생명'에 대한 자각적 실천의 나타남이다. '성통공완'이 바로 이것

---

60 『三一神誥』: "感 喜懼哀怒貪厭 息 芬𝒰寒熱震濕 觸 聲色臭味淫抵."
61 『三一神誥』: "哲 止感調息禁觸 一意化行 返妄卽眞 發大神機 性通功完 是."

이다. 수운이 "인의예지는 옛 성인의 가르친 바요, 수심정기는 오직 내가 다시 정한 것이라."[62]고 한 것이나, 해월이 "수심정기가 아니면 인의예지의 도를 실천하기 어렵다."[63]라고 한 것은 수심정기가 실천과 유리된 당시의 형식적·외면적 윤리체계와는 다른 것임을 분명히 보여 준다. 수운은 수심정기를 내면화된 '성경 이자誠敬二字'로 설명하고, 이 두 자만 지켜내면 한울의 무극대도無極大道에 이르고 도성입덕道成立德이 되는 것으로 보았다.[64] 이렇듯 동학은 각 개인의 내면적 수양에 기초한 자각적 실천을 중시한 점에서 삼일三一원리의 실천성을 강조한 『삼일신고』와 일맥상통한다.

### 3) 『참전계경』

『참전계경(366事, 治化經)』은 신시 배달국 시대에 환웅천황이 5사(穀·命·刑·疾·善惡)와 8훈(誠·信·愛·濟·禍·福·報·應)을 중심으로 삼백 예순 여섯 지혜로 백성들을 가르친 것을 신지神誌가 기록한 것인데, 오늘날 전해지는 것은 고구려 명재상 을파소乙巴素가 다시 정리하여 만든 것이다. 『천부경』의 '하나(一)'는 『삼일신고』에서 하늘(天)·신神·일신一神으로 나타나고, 『참전계경』에서는 하늘(天)·신神·천신天神·성령聖靈·천령天靈·천심天心·천리天理·천명天命으로 나타나고 있다. 이처럼 우주만물의 근본인 혼원일기混元一氣 즉 '하나(一)'는 그 무어라 명명할 수 없는 까닭에 다양한 이름으로 나타나고 있으나 그 의미는 같은 것이다.

---

62 『東經大全』, 「修德文」: "仁義禮智 先聖之所敎 修心正氣 惟我之更定."
63 『天道敎經典』, 「守心正氣」, 300쪽: "若非守心正氣則 仁義禮智之道 難以實踐也."
64 『龍潭遺詞』, 「道修詞」.

『참전계경』은 『천부경』의 '인중천지일人中天地一', 『삼일신고』의 '성통공완性通功完'을 이루는 구체적인 방법을 제시하고 있다. 말하자면 홍익인간·재세이화의 이념을 구현하는 방법을 366사事로써 보여 주고 있는 것이다. 본 절에서는 366사를 일일이 열거하지 않고 동학과 관련하여 그 핵심만 살펴보기로 한다.

『참전계경』은 여덟 가지 강령綱領 즉 성·신·애·제·화·복·보·응이 각각 성誠이 6체體 47용用, 신信이 5단團 35부部, 애愛가 6범範 43위圍, 제濟가 4규規 32모模, 화禍가 6조條 42목目, 복福이 6문門 45호戶, 보報가 6계階 30급及, 응應이 6과果 39형形으로 이루어져 있다. 8강령은 『천부경』·『삼일신고』와 마찬가지로 천·지·인 삼재에 기초하여 하늘과 사람과 만물을 하나로 관통하고 있음을 보여 준다. 8강령의 논리구조를 보면, 전前 4강령 성·신·애·제와 후後 4강령 화·복·보·응은 인과관계를 이루고 있다. 여기서 성·신·애·제 4인因과 화·복·보·응 4과果는 그 성性이 따로 있는 것이 아니고 오직 일심一心일 따름이다. 다만 제문諸門에 의지하여 일성一性을 나타낸 것일 뿐이다. 다시 말해서 일심의 체體는 인因도 아니고 과果도 아니므로 '인'을 짓기도 하고 '과'가 되기도 하며, '인'의 '인'을 짓기도 하고 '과'의 '과'가 되기도 하는 것이다. 따라서 '4인·4과'는 단선적인 구조가 아니라 상호 의존(interdependence)·상호 전화(interchange)·상호 관통(interpenetration)하는 원궤圓軌를 형성하고 있는 것이다. 시작도 끝도 없는 영원한 '하나(一)'의 조화 기운과 하나가 되는 것, 바로 여기에 마음을 밝히고 세상을 밝히는 '인중천지일人中天地一'·'성통공완性通功完'의 비밀이 있다. 거기에 이르는 구체적인 길을 366사로 제시한 것이 『참전계경』이다.

제1강령 「성誠」에서는 '정성(誠)'이란 마음속 깊은 곳에서 우러나오는 것으로 타고난 본성을 지키는 것'[65]이라고 하고 있다. 이어 「성성誠誠」의 제1체 「경신敬神」에서는 하늘을 형상 있는 하늘(有形之天)과 형상 없는 하늘(無形之天)로 나누어 형상 없는 하늘을 '하늘의 하늘(天之天)', 즉 천신天神이라고 하고,[66] 지극한 마음을 다하여 천신을 공경해야 한다고 하고 있으며, 「성誠」의 제39용 「시천恃天」에서는 "작은 정성은 하늘을 의심하고, 보통 정성은 하늘을 믿으며, 큰 정성은 하늘을 믿고 의지한다."[67]고 나와 있다. 제2강령 「신信」에서는 '믿음(信)이란 하늘의 이치와 반드시 부합하는 것으로 인간 만사를 반드시 이루게 하는 것'[68]이라고 하고 있다. 이는 하늘의 이치를 따름에 어긋남이 없게 되면 그 정성어린 뜻이 하늘에 통해 만사가 이루어지므로 마음속 깊이 하늘을 믿고 의지해야 한다는 뜻이 담겨진 것으로 그 의미는 '성경誠敬'의 범주에서 벗어나지 않는다.

실로 성성誠誠은 '도道를 이루는 전부이고 일을 성사시키는 가장 큰 근원'[69]이다. '순일純一하고 쉬지 않는 정성'[70]을 다할 때 자신의 성문誠門이 열리면서 스스로의 신성神性과 마주치게 되는 것이다.[71] 경敬은 우

---

65 『參佺戒經』, 제1綱領 「誠」: "誠者 衷心之所發 血性之所守."
66 『參佺戒經』, 「敬神」: "日月星辰 風雨雷霆 是有形之天 無物不視 無聲不聽 是無形之天 無形之天 謂之天之天 天之天 卽天神也."
67 『參佺戒經』, 「恃天」: "下誠 疑天 中誠 信天 大誠 恃天." 여기서 '恃天', 즉 '하늘을 믿고 의지한다'는 뜻은 하늘의 조화 기운과 하나가 되어 일체를 믿고 하늘에 맡기는 것을 말한다. 이는 東學의 '侍天' 즉 '한울(天)을 모심'과 그 의미가 다르지 않다.
68 『參佺戒經』, 제2綱領 「信」: "信者 天理之必合 人事之必成."
69 『參佺戒經』, 「不忘」: "誠者 成道之全體 作事之大源也."
70 『天道敎經典』, 「守心正氣」, 304쪽.
71 cf. 『參佺戒經』, 「塵山」: "塵埃隨風 積于山陽 年久 乃成一山 以至微之土 成至大之丘者 是風之驅埃不息也 誠亦如是 至不息則誠山 可成乎". 정성이 지극하여 깊은 경지에 이르게 되면, 마치 티끌이 모여 산을 이루는 것과도 같이 정성으로 된 산(誠山)을 이룰 수 있는 것이다.

주만물을 대할 때 하늘을 대하듯 공경을 다한다는 뜻이다. 경은 덕德을 세우는 전부이고 조화적 질서를 이루는 원천이다. 이렇듯 『참전계경』은 여덟 가지 강령 중 「성誠」이 첫 번째 위치하고 그 첫 번째에 「경신敬神」이 위치해 있다는 점에서 성경 이자誠敬二字로 이루어진 수심정기守心正氣를 그 요체로 하는 동학의 「시천주」 도덕과 일맥상통하는 바가 있다. 앞서 살펴본 「시천주侍天主」 도덕의 실천적 측면과 연결되는 '옮기지 않음(各知不移)'은 한울(天)의 마음자리에서 벗어나지 않는 것을 말한다. 말하자면 우주적 본성에 부합되는 순천順天의 삶을 지향하는 것이다. 수심정기는 각 개인의 내면적 수양에 기초한 자각적 실천 수행으로서 만인이 동귀일체하여 지상천국을 건설하는 요체가 되고 있는 것이다.

제3강령 「애愛」에서는 '사랑이란 자비로운 마음에서 자연히 일어나는 것으로 어진 성품의 본바탕이 되는 것'[72]이라고 하고, 「애愛」의 제1범 「서恕」에서는 '용서(恕)는 사랑에서 비롯되며 자비로운 마음에서 일어나고 어진 마음에서 정해지며, 참지 못하는 마음을 돌이켜 참게 하는 것'[73]이라고 나와 있다. 서恕란 애愛·자慈·인仁의 덕목과 하나로 통해 있으며 경천애인敬天愛人의 정신이 함유된 지공무사至公無私한 경계이다. 제4강령 「제濟」에서는 "제濟는 덕이 갖추어진 선善이며, 도道에 의거하여 그 힘이 미치게 되는 것"[74]이라고 하고, 「제濟」의 제1규 「시時」에서는 "시時란 만물을 구제함에 때가 있다는 것이다. 구제함이 때에 맞지 않는 것은, 마치 제비와 기러기가 찾아오는 때가 서

---

72 『參佺戒經』, 제3강령 「愛」: "愛者 慈心之自然 仁性之本質."
73 『參佺戒經』, 「恕」: "恕 由於愛 起於慈 定於仁 歸於不忍."
74 『參佺戒經』, 제4강령 「濟」: "濟者 德之兼善 道之賴及."

로 어긋나며 물과 산이 서로 멀고 털과 껍질이 서로 같지 않은 것이나 다름없다."[75]고 하고 있다. 이는 천시天時와 인사人事의 조응관계를 말하는 것이다. 이러한 인사와 천시의 상합은 수운의 불연기연적 세계관에서도 분명히 드러난다. 불연기연은 체體로서의 불연과 용用으로서의 기연의 상호 관통에 대한 논리로서 기연其然은 불연不然으로 인하여 존재하고 불연 역시 기연으로 인하여 존재하므로 둘이 아니다. 따라서 인人이 시時에 머물러 같이 가며 하늘을 거스르지 않는 것이 순천의 삶이다.

제5강령 「화禍」에서는 '화禍란 악이 불러들이는 것'[76]이라고 하고, 「화禍」의 제1조 「기欺」에서는 '속이는 것은 본성을 태우는 화로요 몸을 베는 도끼'[77]라고 하며 속임을 행하는 것을 경계하고 있다. 제6강령 「복福」에서는 '복福이란 선善을 행함으로서 받게 되는 경사'[78]라고 하고, 「복福」의 제1문 「인仁」에서는 '인仁이란 사랑의 저울추이며…어질지 않으면 그 중심을 잡을 수가 없다. 어짊(仁)은 온화한 봄기운과도 같아서 만물을 피어나게 하는 것'[79]이라고 하고 있다. 제7강령 「보報」에서는 "보報란 하늘이 악인에게는 재앙으로 갚고 선인에게는 복으로 갚는 것"[80]이라고 하고 있다. 제8강령 「응應」에서는 "응應이란 악은 재앙으로 응보를 받고 선은 복으로 응보를 받는 것"[81]이라고 하고 있다.

---

75 『參佺戒經』, 「時」: "時者 濟物之時也 濟不以時 燕鴻相違 水與山遠 毛甲不同."
76 『參佺戒經』, 제5강령 「禍」: "禍者 惡之所召."
77 『參佺戒經』, 「欺」: "欺者 燒性之爐 伐身之斧也."
78 『參佺戒經』, 제6강령 「福」: "福者 善之餘慶."
79 『參佺戒經』, 「仁」: "仁者 愛之錘也…非人 莫能執中 仁 如春氣溫和 物物 發生."
80 『參佺戒經』, 제7강령 「報」: "報者 天 報惡人以禍 報善人以福."
81 『參佺戒經』, 제8강령 「應」: "應者 惡受禍報 善受福報."

이렇듯 여덟 강령은 각기 독립적으로 존재하는 것이 아니라, 상호 의존·상호 전화·상호 관통하는 관계 속에 있으므로 참본성이 열리지 않고서는 세상을 밝힐 수 없는 것이다. 그런 까닭에 『참전계경』에서는 8강령에 따른 삼백 예순 여섯 지혜로 뭇사람들을 가르침으로써 천인합일의 이치를 터득하게 하고 사람으로서의 도리를 깨우치게 하여 이른바 '무위이화無爲而化'의 세상을 열고자 했던 것이다. 말하자면 아무런 작위함이 없는 천지 운행의 이치를 본받아 명령하거나 시키지 않아도 저절로 따르는 재세이화의 세계를 구현하고자 했던 것이다. 이는 곧 수운이 말하는 '무위이화'의 덕과 그 기운과 하나가 되는 것이며, 이러한 우주의 조화 기운과 하나가 되면 소아小我의 유위有爲가 아닌 대아大我의 무위를 따르게 되어 동귀일체가 이루어져 천덕天德은 현실 속에서 현현하게 되는 것이다. 수운이 '마음을 지키고 기운을 바르게 하는 것(守心正氣)'을 강조한 것도 바로 이러한 이화세계를 열기 위한 것이었다.

『천부경』과 『삼일신고』 그리고 『참전계경』에 나타난 정치 이념과 우리 민족의 건국 이념은 정치의 교육적 기능에 그 초점이 맞춰져 있음을 알 수 있다. 이는 개개인의 도덕적 인격의 완성을 통해 마음을 밝히고 세상을 밝혀서 홍익인간·재세이화의 이념을 구현하려는 우리 성조聖祖의 의지가 표출된 것이라 하겠다. '인중천지일人中天地一'·'성통공완性通功完'·'시천侍天' 등은 세 경전을 관통하고 있는 천인합일의 이치를 극명하게 보여 주는 것으로 이러한 불연기연의 상호 관통에 대한 논리는 일심一心 속에서 하나가 된다. 인간이란 존재는 물질적인 동시에 정신적이고, 기연적인 동시에 불연적이며, 자유의지적인 동시에 필연적이다. 이들 모두를 관통하는 법이 바로 일심법이다. 일심의 도道는 지극히 가까우면서도 또한 지극히 먼 것이어서, 찰나에 저절로 만나게 되는가 하면 억겁을 지나도 이르지 못한다. 그것의 비밀은 바로 의식의 깨어 있음에 있다.

조화경·교화경·치화경의 사상은 한마디로 천·지·인 삼재의 융화, 즉 천시天時·지리地理·인사人事의 조응관계에 기초한 '한사상'이다. 오늘날 인류가 직면하고 있는 다차원적인 문제의 본질은 이성理性과 영성靈性, 현상과 실재, 객관과 주관, 기술과 도덕, 보편성과 독자성 간의 심연(深淵, abyss)에 있다. 이러한 심연을 해소시키는 사상이 '한사상'이다. '한사상'은 인간 존재의 세 중심축이랄 수 있는 종교와 과학과 인문, 즉 신과 세계와 영혼의 세 영역(天地人 三才)의 분절성을 극복하고 전체로서의 통일성을 지향하게 함으로써, 그리하여 제로섬 게임이 아닌 윈-윈 게임이라는 새로운 발전패러다임을 제시할 수 있게 함으로써 21세기 인류 사회의 뉴 패러다임을 창출해낼 수 있을 것이다. '한사상'의 요체는 근대적 인간 중심주의를 넘어 우주만물에 대한 차별 없는 공경과 사랑을 실천하는 것이다. 그것은 곧 우리의 우주적 본성에 대한 인식이며 동시에 그것의 실천이다. 이렇듯 '한사상'은 동학과 마찬가지로 인간 존재의 세 중심축의 연관성에 대한 자각, 즉 혼원일기로 이루어진 생명의 유기성과 상호 관통에 대한 깨달음에 기초해 있는 까닭에 본질적으로 에코토피아(ecotopia)적 지향성을 띠게 된다. 이에 대해서는 제4장에서 살펴보게 될 것이다.

## 2. 영원한 '하나(一)'의 원리와 제2의 르네상스·제2의 종교개혁

『천부경』에 나오는 시작도 끝도 없는 영원한 '하나(一)'의 원리는 우주만물이 천·지·인 혼원일기의 화현인 까닭에 그 근본이 하나로 통한다는 사실에 기초해 있다. '하나(一)'는 우주의식이요 전체의식이며 우주의 창조성 그 자체로서 우주만물에 편재遍在해 있는 보편자이다. 그 영원한 '하나(一)'가 '하나'님 곧 유일신唯一神이며 '참나(大我)'이다. '하나'님을 특정 종교의 '하나'님으로 간주하는 것은 만유의 근원인 '하나'님을 개체화시킨 것으로 영적靈的 무지에 기인한다. 유사 이래 신神을 섬기는 의식이 보편화된 것은 우리의 본신이 곧 신(神性)이기 때문이다. 지금 이 순간에도 우리는 잃어버린 본신을 찾아 신으로 가는 도상에 있다. 언젠가 거기에 이르면 알게 될 것이다. 마치 소를 타고 소를 찾아 헤매는 것처럼, 우리의 본신인 신을 찾아 천지사방을 헤매었다는 것을! 마음을 지키고 기운을 바르게 함으로써 우리의 마음이 태양과도 같이 광명하게 되면 '사람이 곧 하늘'임을 저절로 알게 되고 평등무이平等無二한 세계가 그 모습을 드러낼 것이다.

진정한 인간의 권위 회복은 인간 자신의 존재성에 대한 규명에서부터 시작되어야 한다. 신은 인간과 분리된 외재적인 존재가 아니라 내재적인 동시에 초월적인 존재이다. 신은 만유에 내재해 있는 신성神性인 동시에 만유를 생성·변화시키는 지기至氣로서 일체의 우주만물을 관통한다. 오늘날 만연한 인간성 상실은 곧 내재적 본성인 신성 상실에서 비롯되는 것이다. 우리의 부정한 의식이 인간[理性]과 신[神性]을 이원화시킴으로써 인간은 우주의 조화 기운과 하나가 되지 못하고 신은 마침내 우상 숭배의 대상으로 전락해 버리고 만 것이다. 수운이 서학西學의 도는 허무에 가깝고 학學은 한울의 학이 아니라고 한 것은, 서학이 내재와 초월의 합일에 대한 인식이 없이 한울과 인간을 이원화시키고 한울을 위하는 공심公心은 없이 다만 제 몸만을 위해 사심으로 비는 것을 두고 한 말이다.[82] 진정한 인간의 권위 회복은 내재적 본성인 신성을 회복함으로써 비로소 가능해진다는 점에서 인간의 권위 회복은 곧 신의 권위 회복이다. 다시 말해서 이성과 신성이 합일하는 일심 속에서 인간은 비로소 신과 하나가 되는 것이다.

그런 점에서 인간의 권위 회복을 기치로 내건 서구의 르네상스와 신의 권위 회복을 기치로 내건 종교개혁은 본질적으로는 하나이다. 유럽 근대사의 기점이 된 서구의 르네상스와 종교개혁은 기술과 도덕 간의 심연 속에서, 이성과 신성 간의 심연 속에서 결국 미완성인 채로 끝나 버리고 말았다. 이제 우리는 다시 인간을 찾아야 하고, 다시 신을 찾아야 한다. 부정한 의식의 철폐를 통한 진지眞知의 회복, 바로 여기에 제2의 르네상스가 있고 제2의 종교개혁이 있다. 그것은 곧 인간의 존재성에 대한 규명인 동시에 만유의 근원인 영원한 '하나(一)'의 존재성에 대한 규명이다. 우주만물은 지기至氣인 '하나(一)'의 화현이라는 점에서 그것은 다양성으로 이루어진 하나의 통일체를 창출하는 일이다. 말하자면 조화경·교화경·치화경의 중핵을 이루는 일즉삼一卽三·삼즉일三卽一[83]의 원리에 대한 인식이며 동시에 그것의 실

---

82 『東經大全』「論學文」: "曰洋學…頓無爲天主之端 只祝自爲身之謀 身無氣化之神 學無天主之敎…道近虛無 學非天主."
83 여기서 '三'은 우주만물을 뜻하므로 '多'와 같은 의미이다. 말하자면 一卽三·三卽一은 곧 一卽多·多卽一이다.

천이다. 근원성·포괄성·보편성을 띠는 그 '하나(一)'가 바로 '참나'임을 직시하고 무위이화의 덕德과 그 기운과 하나가 되면 일체를 관통하게 됨으로써 이화세계를 건설할 수 있게 되는 것이다.

 모든 종교에서 '하나'님·절대자·창조주·신神 등 다양한 이름으로 '하나(一)'를 그토록 숭배해 온 것은 그 '하나(一)'가 바로 만유의 원형이자 인간의 존재론적 원형이기 때문이다. 그럼에도 인간의 의식이 일심에 이르지 못함으로 해서 내재적 본성인 신성을 외재적 존재로 물화物化하여 객체화된 하나의 대상으로 숭배함으로써, 다시 말해서 '나'만의 '하나'님 또는 내 종교만의 '하나'님으로 묶어둠으로써 '하나'님이 그토록 경계하는 우상 숭배에 빠지게 된 것이다. 우리 성조께서 조화경·교화경·치화경으로 백성들을 교화한 것이나, 부처나 예수, 수운과 같은 성인이 이 세상에 온 것도 바로 우리 내부의 신성에 눈뜨게 함으로써 빗나간 길을 가지 않도록 하기 위한 것이었다. 그 '하나(一)'는 소리내어 기운을 다하여 원하고 기도한다고 해서 닿을 수 있는 영역이 아니다. 오직 자성自性에 대한 직관적 지각을 통해서만이 닿을 수 있는 영역인 까닭에 "자신의 성性에서 씨를 구하라(自性求子)."고 한 것이다. 말하자면 오직 내면으로 들어가는 길이 있을 뿐, 밖에서 구한다고 해서 구해질 수 있는 것이 아니다. 그럼에도 우리가 쉬임없이 행위의 길을 가고 있는 것은, 행위의 길을 따르지 않고 완전한 포기가 일어나기는 매우 어렵기 때문이다. 순수하고도 헌신적인 행위의 길을 통해 우리는 언젠가는 '참나'에 이르게 될 것이다. 진정한 문명은 '참나'에 대한 깨달음에서 시작되어야 한다.

 『천부경』에서는 '일시무시일一始無始一 일종무종일一終無終一'이라 하여 우주만물이 '하나(一)'에서 비롯되나 시작이 없는 하나이며, '하나

(一)로 돌아가나 끝이 없는 하나'라고 했다.

『삼일신고』「하늘(天)」에도 "하늘은 형상도 바탕도 없고, 시작도 끝도 없으며, 위 아래와 사방도 없고, 비어 있는 듯하나 있지 않은 곳이 없으며, 포용하지 않음이 없다."라고 나와 있다.

『아함경阿含經』에서 고타마 붓다는 '존재의 집으로 가는 옛길'을 발견했노라고 말한다.

『문다까 우파니샤드(Mundaka Upanishad)』(2. 2. 3)에서는 "'우파니샤드'라는 위대한 무기를 활로 삼고 명상으로 예리하게 간 화살을 그 위에 걸어 브라만을 향한 일념으로 잡아당기어 표적인 바로 그 불멸을 꿰뚫어라."[84]라고 말한다.

『바가바드 기타(The Bhagavad Gita)』(5. 6)에서는 "…지혜로운 자는 순수하고도 헌신적인 행위의 길을 통해 곧 브라만(God)에 이르게 될 것이다."[85]라고 말한다.

『성경』「요한 계시록」 21장 6절에는 "나는 알파(α)와 오메가(Ω)요, 처음과 나중이라."라고 되어 있고, 1장 8절에는 "나는 알파와 오메가라. 이제도 있고, 전에도 있었고, 장차 올 자요, 전능한 자라."라고 나와 있다.

『동경대전』「논학문」에서는 「시侍」를 세 가지 뜻으로 풀이하여 '내유신령·외유기화·각지불이'라고 하고 「시천주」를 통해 천인합일의 대공大公한 경계를 드러내 보이고 있다.

---

84 *Mundaka Upanishad in The Upanishads*, translated from the Sanskrit with an introduction by Juan Mascaro(London: Penguin Books Ltd., 1962), 2. 2. 3, p.79.
85 *The Bhagavad Gita*, translated from the Sanskrit with an introduction by Juan Mascaro(London: Penguin Books Ltd., 1962), 5. 6, p.27.

이들 모두는 시작도 끝도 없는 영원한 '하나(一)' 즉 일심一心에 관한 설명으로 내용이 일치하고 있다. '존재의 집'이란 일신一神이 거居한다는 '천궁天宮'을 말하며, '브라만'·'불멸'은 '일신'을 말하는 것이니, 모두 '일신[唯一神], '하나'(님), 渾元一氣, 一心, 참나]'에 대해 설한 것으로 볼 수 있다. 『삼일신고』의 '있지 않은 곳이 없다'는 말은 기독교의 '무소부재無所不在'와 일치하는 것이다. 다만 차이점이 있다면, 「요한계시록」에서는 '하나(一)'에 인격을 부여하여 '나'라는 '하나'님이 되면서 절대적 권위를 갖는 인격체로서 인간세계를 군림하게 되었다는 것이다. 그러나 인격체가 되면 '하나'님은 인간화·물질화되어 '무소부재'일 수도 없고, 절대·영원일 수도 없다. 우주 섭리의 의인화는 우주 섭리에 대한 이해를 용이하게 해 주는 순기능적인 측면이 있는 반면, 사고를 제한시키고, 착각을 증폭시키고, 본질을 왜곡시키고, 결과적으로 우민화愚民化시켜 맹종을 강요하는 것이나 다름없는 역기능적인 측면이 있음을 부인할 수 없다. 수운의 「시천주」 도덕의 요체는 마음의 본체를 밝혀서 무위이화의 덕과 그 기운과 하나가 됨으로써 동귀일체하게 하려는 데 있다. 인내천으로 대표되는 불연기연의 논리가 말하여 주듯, 동학의 특징은 본체와 작용, 내재와 초월의 변증법적 통합 체계에 기초해 있다는 점이다.

이렇듯 모든 경전에서 우주의 본원인 영원한 '하나(一)'를 그 체體로 삼고 있는 것은, 우주만물의 근원에 대한 인식이 없이는 더불어 사는 진정한 실천이 나올 수 없기 때문이다. 모든 존재 속에 내재하는, 동시에 초월하는 이 하나인 '참자아' 즉 영원한 신성神性을 보는 사람은 우주만물이 결국 하나임을 알게 되고 보편적 실재인 그 '하나(一)'를 깨닫게 될 것이다. '천상천하유아독존天上天下唯我獨尊'이란 말은 영원한 '하나(一)'의 실재를 명징하게 보여 준다. 여기서 '아我'란 태어나지도 죽지도 않으며 세상사에 물들지도 않는, 우주만물의 근원과 하나로 통하는 '참나(神性, 하나(님))'를 가리키는 것이다. '참나'는 이 세상 그 무엇에도 비길 데 없이 존귀한 까닭에 이 세상에 오직 '참나'만이 홀로 높다고 한 것이다. 이 '참나'가 바로 시작도 끝도 없는 영원한 '하나'(님), 즉 유일신(唯我)이다. 예수 그리스도께서 "나를 따르라."고 하신 그 '나' 또한 '참나' 즉 유일신을 가리키는 것이다. 유일신은 특정 종교의 신이 아니라, 우주만물에 내재하는 동시에 초월하는 '하나(一)'인 '참자아'를 일컫는 것이다. 우주만물의 개체성은 유일신이 다양한 모습으로 현현한 것이다. 우주만물에 내재하는 '참자아'의 동질성을 깨달은 사람은 우주의 조화 기운과 하나가 됨으로써 유일신과 한 호흡 속에 있게 된다.

그러나 물질 차원의 에고(ego, 個我)에 갇혀서는 '참나'와 만나지 못한다. '참나'와 만나지 못한다는 것은 우주만물이 '한생명'임을 깨닫지 못한다는 것이다. 이 세상의 모든 반목과 갈등은 우주만물에 내재하는 절대 유일의 '참자아'를 깨닫지 못하고 서로 다른 것으로 분리시킨 데서 오는 것이다. 내재적 본성인 신성을 깨달을 때 비로소 유일신은 그 모습을 드러낸다. 『천부경』에 나오는 시작도 끝도 없는 영원한 '하나(一)', '천상천하유아독존'의 '유아唯我', "나를 따르라"의 그 '나'는 모두 절대 유일의 '참나', 즉 유일신을 가리킴이니, 이로써 유일신의 논쟁은 종식되게 된다. 유일신의 실체는 수운이 체험한 '내 마음이 곧 네 마음(吾心卽汝心)'에서, 동학의 인내천에서 명징하게 드러나듯, 내재적 본성인 신성을 일컫는 것이다. 인간과 신의 이원성을 폐기함으로써 이성과 신성의 통합을 이룩하는 것, 바로 거기에 제2

의 르네상스가 있고, 제2의 종교개혁이 있다. 이 길만이 추락된 인간의 권위와 신의 권위를 진정하게 회복할 수 있는 길이며, 미완성으로 끝나 버린 서구의 르네상스와 종교개혁을 완수할 수 있는 길이다. 그것은 유럽적이고 기독교적인 서구의 르네상스와 종교개혁과는 달리, 전 인류적이고 전 지구적이며 전 우주적인 존재 혁명이 될 것이다. 삶과 지식, 삶과 종교, 지식과 종교, 종교와 종교의 진정한 화해는 이로부터 시작될 것이다.

# IV. 동학의 리더십론과 정치실천적 과제

## 1. 동학 리더십의 생태적 본질과 통치의 정당성

동학의 리더십론은 인간과 한울(天)의 일원성一元性에 기초하여 후천개벽에 의한 무극대도無極大道의 세계 구현과 관계된다. 인내천으로 대표되는 불연기연의 논리에서 극명하게 드러나듯, 한울과 인간의 일원성은 동학의 즉자대자적卽自對自的 사유체계의 단면을 보여 주는 것이라 하겠다. 수운의 후천개벽은 한울과 인간의 변증법적 통합 체계에 기초하여 새 하늘과 새 땅을 창조하는 '다시개벽'[86]이라는 점에서 우주 섭리와 인사人事의 연계성을 읽을 수 있다. 우주 섭리의 작용

---

86 『龍潭遺詞』「安心歌」; 『龍潭遺詞』「夢中老少問答歌」.

과 인류 역사의 전개 과정이 긴밀히 연계되어 있다는 것은 천시天時와 지리地理 그리고 인사人事가 조응관계에 있다는 것이다. 그럼에도 이러한 연계성을 인식하지 못하는 것은 천지 운행 그 자체가 한울의 법이라는 사실을 알지 못하기 때문이다. 따라서 후천개벽은 인위人爲의 정신개벽과 사회개벽, 그리고 무위자연의 천지개벽이 분리될 수 없는 하나라는 사실에 기초한다. 그것은 일원(一元, 宇宙曆 1년)인 12만 9천 6백 년이라는 시간대를 통해 우주가 춘하추동의 '개벽'으로 이어지는, 이른바 천지개벽의 도수度數에 따른 것이다.[87] 수운은 선천先天의 분열 도수가 다하여 후천後天의 통일 도수가 밀려옴을 감지하고 후천개벽에 의한 무극대도의 세계를 펼쳐 보인 것이다. 우주자연과 인간, 인간과 인간의 연대에 기초한 무극대도의 세계를 구현하는 것, 그것은 바로 동학 리더십론의 실천적 과제인 것이다.

무극대도의 세계 구현은 선천의 건운乾運 5만 년이 다하고 후천의 곤운坤運 5만 년이 열리게 되는 문명의 대전환과 그 맥을 같이 한다. 천지비괘天地否卦인 음양상극의 선천 건도乾道 시대와는 달리, 지천태괘地天泰卦인 음양지합의 후천 곤도坤道 시대는 대립물의 통합이 이루어지고 진리가 정치 사회 속에 구현되는 성속일여聖俗一如·영육쌍전靈肉雙全의 시대라고 할 수 있을 것이다. 수운이 말하는 새로운 성운盛運의 시대, 후천 5만 년의 무극지운無極之運은 인간의 신성 회복을 통한 새로운 문명의 개창과 그 맥을 같이 하는 것이다. 새로운 문명의 개창은 '신령神靈'과 '기화氣化'가 애초에 둘로 된 이치가 아니라 하나의 이치를 양 방향에서 관찰한 것으로 영靈과 기운이 본래 일기一氣[88]라

---

87  天地開闢의 度數에 대해서는 이 책에 함께 실린 「수운의 후천개벽과 에코토피아(Ecotopia)」 참조.

는 인식에서 출발한다. 다시 말해서 생명 경외에 입각하여 이 우주가 '한생명'임을 자각하는 데서 새로운 후천문명이 열리는 것이다.

수운에게 있어 최상의 정치 형태는 '무위자화無爲自化'의 그것인 것으로 나타난다. 이상적 위정자가 될 수 있기 위하여서는 무위이화無爲而化의 덕을 지녀야 한다는 것이다. 무위이화의 덕과 그 기운과 하나가 되면, 무위無爲이나 실제로는 무불위無不爲의 통치를 하게 되는 것이고 따라서 최고도로 유능하고 효율적인 정부가 되지만 그러한 유능성이나 효율성은 피치자에게는 의식되지 않는 까닭에 저절로 그렇게 되었다고 생각하게 되는 것이다. 이렇게 되면 피치자는 치자의 존재를 의식하지 않은 채 저절로 순화되므로 지배와 복종의 관계도 사실상 종적인 관계라 할 수 없으며, 결과적으로 치자와 피치자의 구분 또한 의미를 상실하게 된다. 따라서 무위이화의 덕이란 함이 없으면서도 하지 않음이 없는 이른바 '무위이무불위無爲而無不爲'의 경지를 가리키는 것으로, 이러한 경지에 이르게 되면 무극대도의 세계가 그 모습을 드러내게 되는 것이다.

동학의 「시천주」 도덕은 실천과 유리된 기존 윤리 체계의 한계를 극복하고 무극대도에 이르게 하는 실천 원리를 제공한다는 점에서 동학 리더십론의 중핵을 이루는 것이라 하겠다. 「시천주」 도덕은 삼라만상이 모두 혼원일기의 역동적인 나타남으로 무수한 것 같지만 기실은 하나의 기氣밖에 없다는 명제에 입각해 있다. 영靈과 기운은 본래 둘이 아니라 일기一氣[89]인 까닭에 우리가 우주적 본성과의 고리를 되찾기 위해서는, 그리하여 새로운 연대로 거듭나기 위해서는, 현

---

88 『天道敎經典』 「講論經義」, 693쪽: "…靈與氣 本非兩端 都是一氣也."
89 『天道敎經典』 「講論經義」, 693쪽: "…靈與氣 本非兩端 都是一氣也."

재의 모든 생명 전략들에 대한 재검토와 더불어 생존의 영적靈的 차원의 중요성을 인식해야 한다는 것이 「시천주」 도덕의 요체이자 동학 리더십론의 요체다. 이는 곧 우주만물의 전일성을 깨달음으로써 개체화(particularisation)와 무지無知에서 벗어나는 것을 말한다.

이처럼 「시천주」 도덕은 리더십의 신지평을 여는 추동체推動體로 기능할 수 있다는 점에서, 나아가 파워 폴리틱스에서 디비너틱스로의 전환을 추동하는 원리로 작용할 수 있다는 점에서 단순히 개인철학이기 이전에 국가의 통치철학이라 하겠다. 동학 리더십론의 발현은 정치실천적 차원에서 디비너틱스의 구현과 그 맥을 같이 한다. 신성과 이성, 도덕과 정치의 묘합妙合에 기초한 디비너틱스는 무극대도에 이르는 직접적인 통로로서 동학에서는 '접포接包'의 형태로 나타난다. 접포제는 '접'이라는 인맥 단위의 영성靈性 공동체로서의 성격과 '포'라는 지역 단위의 정치적·사회적 운동체로서의 성격이 복합된 것으로 '접포'라고 하는 유기적 네트워크 체제로 이루어져 있다.

1862년 수운이 '접주제接主制'를 창설한 지 거의 30년 만인 1890년대에 '접'은 전국적인 조직으로 뿌리를 내리게 된다. 특히 1884년 12월 동학도의 수적 증가에 따른 조직의 기능적 분화와 전문성 및 효율성을 극대화하기 위한 방안의 일환으로 교장敎長, 교수敎授, 도집都執, 집강執綱, 대정大正, 중정中正으로 이루어진 육임제六任制의 도입은 동학이 명실공히 조직으로서의 체계성과 유기성을 갖추게 되는 단초가 된 것이라 하겠다. 접포제가 동학농민군의 자치체인 집강소執綱所로 발전한 것은 풀뿌리 민주주의의 실천이라는 측면에서 특기할 만하다. 1890년대 후반에 이르러서는 '접'에 기초한 '포'가 활발하게 형성되어 동학의 사회정치적 참여가 강화되게 된다. 접포제는 사실상

1894년 동학농민혁명과 1910년대 갑진개화운동 그리고 1919년 3·1 운동의 사상적·조직적 기초가 되었다. 자율성과 평등성에 기초한 접포제는—비록 그것이 현실적으로 완성된 형태는 아니었다 할지라도—권력과 자유가 조화를 이루는 이상적인 직접 정치의 원형(prototype)을 보여 주고 있다는 점에서 오늘날 대의 정치의 한계를 극복하는 하나의 방안을 제시한 것으로 볼 수 있다.

리더십 문제가 필연적으로 정당성 문제와 결부될 수밖에 없는 것은, 정당성이 결여된 리더십은 효율적이고도 지속가능한 통치를 할 수 없다는 데 있다. 어떻게 하면 나라를 바로잡을 수 있는지에 대한 제경공齊景公의 물음에 공자孔子는 "군군 신신 부부 자자(君君臣臣父父子子)"라고 대답했다. 즉 임금은 임금답고, 신하는 신하다우며, 어버이는 어버이답고, 자식은 자식다워야 정치 질서가 확립될 수 있다는 것이다. 정치는 '정명正名', 즉 이름을 바로잡는 것을 근본으로 삼는다는 것이 공자의 '정명'사상이다. 공자는 당시의 혼란을 '정명'의 혼란으로 규정하고, 침권侵權을 정치질서 붕괴의 주요 원인으로 보았다. 공자의 호학적好學的 정신이 수신修身에 그 토대를 둠으로써 강한 실천성을 내포하고 있는 것은 그가 정치의 교육적 기능을 중시한 것과 맥을 같이하는 것이라 하겠다. 맹자孟子는 천하의 득실이 민심民心의 향배에 달려 있다고 보고 인의仁義에 의한 왕도정치王道政治를 부르짖었다. 민심이 곧 천심天心이며 정치의 근본이 백성에 있다고 하는 것이 맹자의 민본주의民本主義이다. 그는 민심으로 천명天命을 해석함으로써 실민심失民心이 곧 실천하失天下라고 하여 역성혁명易姓革命을 시인하는 데까지 이르고 있다. 내성內聖을 근본으로 삼아 인정仁政을 베푸는 것이 왕도王道라는 맹자의 이러한 관점은 송·명대의 이학파理學派에게로 계승되고 다시 조선의 조광조趙光祖·이율곡李栗谷 등의 성리학자들에 의해 도학의 맥이 이어졌다.

'정명'의 혼란은 어디에서 오는가? 그것은 바로 자기 자신이 누구인지를 알지 못하는 데서 오는 것이다. 인간 존재를 전체적인 유기체로서 인식하지 못하는 데서 오는 것이다. 우리의 마음과 행위가 모두 세상 전체와 연결되어 있으며 우리의 꿈과 삶이 전체의 질서와 어우러질 때 풍요롭게 된다는 사실을 알지 못하는 데서 오는 것이다. 하夏·은殷·주周가 득천하得天下한 것은 인정仁政을 행함으로써 득민심得民心했기 때문이며, 또한 실천하失天下한 것은 '인정'을 행하지 못함으로써 실민심失民心했기 때문이다. 우주만물의 본원에 대한 깊은 자각이 없이는 인仁의 덕성적德性的 및 효용적 의미가 제대로 발현되기 어렵다. '이불인인지심以不忍人之心 행위불인인지정行爲不忍人之政', 즉 참지 못하는 사람의 동정심으로써 동정하는 정치를 행하게 되는 것은, 모든 존재 속에 내재하는 동시에 초월하는 하나인 '참자아'를 깨달음로서이다. 우주와 인간의 본질에 대한 깊은 인식에 이르게 되면 사람이 하늘임을 저절로 알게 되고 따라서 본래의 천심을 회복함으로써 동귀일체 할 수 있게 되는 것이다.

수운은 「포덕문布德文」에서 당시 유교의 규범적 기능의 상실에 따른 국가 기강의 문란과 도덕적 해이의 심각성을 탄식하여 "임금이 임금답지 못하고, 신하가 신하답지 못하고, 아비가 아비답지 못하고, 자식이 자식답지 못하다."[90]라고 했고, 「수덕문修德文」에서는 "인의예지仁義禮智는 옛 성인의 가르친 바요, 수심정기守心正氣는 오직 내가 다

---

90 『龍潭遺詞』「夢中老少問答歌」: "君不君 臣不臣 父不父 子不子."

시 정한 것이라"[91]고 했으며, 해월은 "수심정기가 아니면 인의예지의 도를 실천하기 어렵다."[92]라고 함으로써 당시 양반 지배층의 이데올로기로서 형식화하고 외면화한 주자학의 한계를 극복할 수 있는 새로운 도덕에의 요청을 피력하고 있다. 수운과 해월은 당시 기득권을 독점하고 있던 양반 지배층의 통치 정당화 논리의 허구성을 비판하고 수심정기에 의한 「시천주」 도덕의 자각적 실천을 강조한다. 본래의 천심을 지키고 기운을 바르게 하는 것이 '옮기지 않음'의 요체라는 점에서 성경 이자誠敬二字로 이루어진 수심정기는 성속일여成俗一如의 무극대도에 이르고 도성입덕이 되는 원천인 것으로 나타난다.

이렇게 볼 때 동학의 통치의 정당성은 「시천주」 도덕의 자각적 실천에 있다. 다시 말해서 만인이 「시천주」의 자각적 주체로서 도성입덕이 되면 효율적이고도 지속 가능한 통치가 이루어질 수 있게 되는 것이다. 해월이 '부화부순夫和婦順은 우리 도의 제일 종지宗旨'[93]라고 하여 음양의 조화를 특히 강조한 것은 후천 곤도坤道 시대가 지천태괘地天泰卦인 음양지합陰陽之合의 시대[94]인 것과 맥을 같이 하는 것으로 천시天時와 인사人事가 상합하고 있음을 보여 준다. 이처럼 인사이 시時에 머물러 같이 가며, 생명의 유기성과 상호 관통을 깨달아 공심公心의 발현이 이루어지게 되면 효율적이고도 지속 가능한 리더십의 구

---

91 『東經大全』「修德文」: "仁義禮智 先聖之所敎 修心正氣 惟我之更定."
92 『天道敎經典』「守心正氣」, 300쪽: "若非守心正氣則 仁義禮智之道 難以實踐也."
93 『天道敎經典』「夫和婦順」, 339쪽: "夫和婦順 吾道之第一宗旨也."
94 先天 乾道시대는 天地否卦(☰☷)인 陰陽相剋의 시대인 관계로 民意가 제대로 반영되지 못하고 빈부의 격차가 심하며 여성이 제자리를 찾지 못하는 시대로 일관해 왔으나, 後天 坤道 시대는 地天泰卦(☷☰)인 陰陽之合의 시대인 관계로 대립물의 통합이 이루어지고 종교적 진리가 정치사회 속에 구현되는 聖俗一如·靈肉雙全의 시대라고 할 수 있을 것이다.

사가 가능해지는 것이다. 그것은 곧 일심의 원천으로 되돌아가 경천敬天·경인敬人·경물敬物의 삶을 실천하는 것을 말한다. 지배-복종의 이원화 구조에 입각해 있으므로 해서 리더십의 태생적 한계를 드러내고 있는 서구 민주주의와는 달리, 동학은 자율성과 평등성에 기초하여 풀뿌리 민주주의를 지향하는 관계로 조직의 유기성 및 효율성이 최고도로 발휘될 수 있게 한다. 말하자면 동학은 만인을「시천주」의 자각적 주체로 평등하게 설정하고 신분이 아닌 능력과 도덕적 자질에 따른 합리적인 역할 분담 체계를 상정하고 있으므로 해서 진정한 참여민주주의로의 길을 열어 놓고 있는 것이다.

이러한 동학 리더십론의 특성은 내재와 초월, 본체와 작용의 합일이라는 동학적 인식론에서 비롯된 것이다. 수운의 불연기연의 논리가「시천주」를 통해 드러낸 평등무이平等無二의 진리는 하늘과 사람과 우주만물이 결국 하나라는 것이다. 다시 말해서 이 우주는 자기 생성적 네트워크 체제로 형성되어 있으며 그 어떤 것도 분리되어 있지 않은 까닭에 '한생명'이라는 것이다. 따라서 동학의 리더십론은 단순히 지배-복종의 단선적 구조를 강화시키는 전략이나 기술이 아니며, 또한 그 어떤 의미에서도 권력·부富·명예로 통하는 통로가 될 수 없다. 그것의 기능은 근원성·포괄성·보편성을 띠는 것이어야 한다는 점에서 홍익인간의 이념 구현과 그 맥을 같이하는 것이라 하겠다. 동학의 접포제가 신분체계를 뛰어넘어 능력과 도덕적 자질에 따른 리더 선정을 원칙으로 삼은 것은, 리더가「시천주」의 자각적 주체로서 공심公心의 발현이 이루어지게 되면 인위적인 조작에 의하지 않고도 자연스럽게 구성원들에게 공명 현상을 불러일으킴으로써 동귀일체하게 할 수 있다는 데 있다.

동귀일체란 이분법적인 사유체계를 초월하여 하나의 마음 뿌리에로 돌아가는 것이다. 따라서 동학의 리더십론은 본래의 천심을 지키고 기운을 바르게 하는 것이 동귀일체의 요체라는 점에서 본질적으로 생태적이며 영적靈的일 수밖에 없다. 「시侍」가 함축하고 있는 세 가지 의미 즉 내유신령·외유기화·각지불이에서 명징하게 드러나듯, 동학의 리더십론은 혼원일기로 이루어진 생명의 유기성과 상호 관통을 직관적으로 깨닫는 생태적 자각-본질적으로 영적인-에 기초해 있다는 점에서 정신·물질 이원론의 극복인 동시에 패러다임 전환을 내포하는 것이다. 말하자면 전일적인 새로운 실재관에 기초하여 서구의 기계론적 세계관의 근저에 있는 가치체계의 한계성을 극복할 수 있게 한다는 점에서 근대 서구 리더십론의 태생적 한계를 치유할 수 있는 묘약妙藥을 함유하고 있다 하겠다. 「시천주」의 자각적 주체가 된다는 것은 곧 내재적 본성인 신성의 자각적 주체가 된다는 것이다. 생명 경외 사상에 입각하여 일체의 신분 차별을 철폐하고 우주자연-인간-문명이 조화를 이루는 평등무이한 무극대도의 세계, 즉 지상천국을 건설하는 것이 동학 리더십론의 목적이다. 그것은 바로 신성 회복을 통해 이루어진다.

## 2. 동학 리더십론의 정치실천적 과제

앞서 살펴본 바와 같이 동학이 통치의 정당성을 물리적 강제력이나 신적 권위 또는 리더의 카리스마에 의존하지 않을 수 있었던 것은 「시천주」의 자각적 주체로서의 인간의 특수한 지위에 기인한다. 하늘과 사람이 하나이고, 사람과 사람이 하나이며, 사람과 우주만물이 하나이니, 일체 우주만물의 근본은 모두 하나로 통해 있는 것이다. 말하자면 신성과 인성과 물성이 한데 어우러져 상호 관통하고 있는 것이다. 수운은 내재적 본성인 신성의 자각적 주체가 된다는 것이 "내가 나 된 것일 뿐 다른 것이 아니다."[95]라고 하며 존재의 자기 근원성을 명징하게 보여 준다. 또한 「논학문」에서 수운이 자신의 도를 '예전에도 지금에도 듣지도 못했고 비할 바도 없는 새로운 도'[96]라고 한 것도 일체 우주만물의 자기 근원성을 불연기연不然其然의 논리로 새롭게 밝힌 데서 그 의미를 찾을 수 있다. 수운은 궁극적 실재인 지기至氣와 지기의 화현인 우주만물과의 관계를 실체와 그림자의 관계와 같은 불이不二의 관계로 상호 회통시키고 있는 것이다. 우주만물에 편재遍在해 있는 자본자근自本自根·자생자화自生自化하는 '참자아'를 깨닫게 되면 이 우주가 '한생명'임을 알게 되는 것이다. 동학의 리더십론이 의거하고 있는 생명의 존엄성과 평등성 그리고 자율성이 바로 여기에서 도출된다.

진정한 리더는 스스로가 무위이화의 덕을 지님으로써 무위자화無爲自化가 이루어지게 하는 자이다. 다시 말해서 인위적인 조작이나 통제를 통하지 않고도 '무위이무불위無爲而無不爲'의 통치가 이루어지게 함으로써 권력 행사의 효율성을 극대화시킴은 물론 지속 가능한 통치가 이루어지게 하는 자이다. 내성외왕內聖外王·수기치인修己治人의 도에 대해서는 유가儒家에서도 강조한 바 있지만, 동학의 수기修己에 대한 인식은 「시천주」로서의 주체적 자각을 통해 일체의 신분 차별

---

95 『東經大全』「後八節」: "我爲我而非他."
96 『東經大全』「論學文」: "今不聞古不聞之事 今不比古不比之法."

을 철폐하고 만인이 다 같은 군자로서 평등하다는 인식과 더불어 천하를 만인의 공유물로 생각하게 하는 계기를 마련했다는 점에서 보다 철저한 것이었다. 유가적 민본民本 개념은 동학에 이르러 비로소 구체적 현실태로 나타나게 된 것이다. 수운은 「몽중노소문답가夢中老少問答歌」에서 지벌地閥이나 문필이 군자나 도덕의 기준이 될 수 없음을 분명히 하고 있다.[97] 수운이 내건 보국안민輔國安民·광제창생廣濟蒼生의 기치는 「시천주」 도덕의 실천을 통해서만이 비로소 현실화될 수 있는 것이었다.

수운이 「도수사道修詞」에서 "성경 이자誠敬二字 지켜내어 차차차차 닦아내면 무극대도 아닐런가. 시호시호 그때 오면 도성입덕 아닐런가."[98]라고 하여 수심정기를 '성경' 두 자로 설명한 데서도 알 수 있듯이, 「시천주」 도덕의 실천은 한마디로 마음을 지키고 기운을 바르게 하는 데 있다. 이러한 실천은 우주와 인간의 본질인 생명에 대한 궁극적 성찰이 없이는 이루어질 수 있는 것이 아니다. 생명의 유기성과 상호 관통과 영원성에 대한 깊은 인식이 있은 연후에야 비로소 무위이화의 덕과 그 기운과 하나가 될 수 있으며, 그러한 덕의 발현으로 무위자화가 이루어지게 되는 것이다. 그러나 매순간 깨어 있는 의식이 아니고서는 그러한 인식에 이를 수 없는 까닭에 수운은 '영세불망 만사지永世不忘 萬事知'라고 한 것이다. 다시 말해서 「시천주 조화정 영세불망 만사지侍天主造化定永世不忘萬事知」는 주문 열세 자에 동학 리더십론의 정수가 다 들어 있는 것이다.

---

97 『龍潭遺詞』「夢中老少問答歌」: "우습다 저 사람은 地閥이 무엇이게 君子를 비유하며 文筆이 무엇이게 道德을 의논하노."
98 『龍潭遺詞』「道修詞」.

이러한 동학의 리더십론은 한마디로 내수도內修道에 의한 도덕적 인격의 완성을 통해 마음을 밝히고 세상을 밝혀서 무극대도의 세계를 구현하려는 것이라는 점에서 제3장에서 논한 바 있는 조화경·교화경·치화경에 나타난 정치이념과 일맥상통한다. 말하자면 정치의 교육적 기능을 중시하고 있는 것이다. 무극대도의 세계를 구현하는 이법理法은 우주만물의 근원인 '하나(一)', 즉 한울(天)에로 원시반본原始返本하는 것이다. '하나'님(天主)·절대자·창조주·유일신唯一神·도道·불佛·브라만 등 다양한 이름으로 행해지는 종교적 숭배는-그 무어라 명명하든 모두 우주만물의 근원인 혼원일기混元一氣를 지칭하는 것으로-본래의 뿌리에로 원시반본하여 순수의식[우주의식·전체의식]으로 돌아가기 위한 것이다. 가을이 되면 나무가 수기水氣를 뿌리로 돌리듯, 우주의 봄·여름인 선천先天 5만 년이 다하고 우주의 가을이 되면 우주 섭리에 따라 원시반본하는 후천개벽이 일어나게 되는 것이다. 해월이 향아설위向我設位라고 하는 우주적 본성으로의 회귀를 강조한 것도 본래의 뿌리로 돌아가는 것이 곧 영원한 생명을 유지하는 길이기 때문이다.

「시천주侍天主」·「양천주養天主」는 개인적 차원의 원시반본이요, 우리 민족의 원형을 함유하고 있는 상고사 복원과 국조國祖이신 환인·환웅·환검 숭배는 민족적 차원의 원시반본이며, '천지부모天地父母'[99]를 섬기는 것은 지구 공동체적 차원의 원시반본으로 그 이치는 모두 근원인 뿌리에로 돌아가는 것이다. 해월은 '천지는 곧 부모요 부모는 곧 천지니 천지부모는 일체'라고 하고, '부모의 포태가 곧 천지의 포

---

99 『天道敎經典』「天地父母」, 249-254쪽.

태'라고 했다.[100] 부모의 포태와 천지의 포태가 동일한 것은 천·지·인 자체가 지기至氣인 한울의 화현인 까닭이다. 말하자면 삼라만상은 모두 혼원일기의 역동적인 나타남으로 무수한 것 같지만 기실은 하나의 기氣밖에 없는 것이다. 따라서 '천지부모'를 섬기는 것은 곧 생명의 뿌리를 찾는 것이요 우주적 본성으로 돌아가는 것이다. 만인이 우주적 본성을 회복하여 소아小我의 유위有爲가 아닌 대아大我의 무위無爲를 따르게 되면 동귀일체가 이루어져 천지가 합덕合德하는 후천의 새 세상이 열리게 되는 것이다. 동학의 「시천주」 도덕은 조화경·교화경·치화경의 사상과 마찬가지로 천·지·인 삼재의 융화에 기초해 있다는 점에서 사상적 원시반본이라 하겠다.

원시반본이란 일심一心의 원천으로 되돌아가 하늘과 사람과 우주만물을 공경하는 삶을 실천하는 것이다. 본래의 천심天心을 회복하면 천시天時와 지리地理와 인사人事가 상합하고 있음을 알게 되고 후천개벽 또한 천지개벽의 도수度數에 따른 것임을 알아 사람이 할 바를 다하게 되어 천지가 합덕合德하는 후천의 새 세상이 열리게 되는 것이다. 그것은 혼원일기로 이루어진 생명의 유기성과 상호 관통을 직관적으로 깨닫는 생태적 자각에 기초해 있으며 그런 점에서 본질적으로 영적靈的이다. 따라서 원시반본은 우주 '한생명'에 대한 자각적 실천의 나타남이며 생태적 리더십의 단초가 되는 것이다. 생태적 리더십은 전일적 실재관에 기초하여 근원성·포괄성·보편성을 띠는 것이라는 점에서 지배-복종의 이원화 구조에 입각한 서구 리더십의 태생적 한계를 극복할 수 있게 한다. 이렇게 볼 때 자율성과 평등성에 기

---

100 『天道教經典』,「天地父母」, 249쪽: "天地卽父母 父母卽天地 天地父母 一體也 父母之胞胎 卽天地之胞胎."

초하여 풀뿌리 민주주의를 지향함으로써 조직의 유기성 및 효율성이 최고도로 발휘될 수 있게 하는 동학의 리더십은 본질적으로 생태적일 수밖에 없다. 필자가 「수운의 후천개벽과 에코토피아(Ecotopia)」라는 앞의 글에서 후천개벽에 의한 무극대도의 세계를 에코토피아(ecotopia)라고 부른 것은 동학적 이상향이 본질적으로 영적인 동시에 생태적이기 때문이다.

이러한 동학의 에코토피아적 지향성은 정신·물질 이원론에 입각한 서구적 근대의 초극인 동시에 패러다임 전환을 내포하는 것이다. 이는 곧 데카르트·뉴턴의 기계론적 세계관으로부터 전일적인 새로운 실재관으로의 패러다임 전환, 다시 말해서 생태 패러다임으로의 전환과 그 맥을 같이하는 것이다. 생태 패러다임의 진정한 자기실현은 정치실천적 차원과의 연결을 요하며 그런 점에서 에코 폴리틱스(eco-politics)의 구현과 그 맥을 같이 한다. 생태학과 영성靈性 간의 심오한 연계에 비추어 볼 때 에코 폴리틱스는 그 본질에 있어 도덕과 정치의 묘합妙合에 기초한 디비너틱스(divinitics)와 상이하지 않음을 알 수 있다. '힘'이 지배하는 선천의 정치 형태인 '파워 폴리틱스'에서 '영성'이 지배하는 후천의 정치 형태인 디비너틱스로의 이행은 시대적 필연이며 이는 사조思潮의 전환을 통해 가시적으로 나타나고 있다. 즉 부계사회의 쇠퇴와 여성운동의 고조, 화석 연료 시대(fossil-fuel age)의 종언과 태양 시대(solar age)로의 변천, 그리고 패러다임 전환[101]이 그것이다.

생태 패러다임에 입각한 동학 리더십의 진정한 자기실현은 디비너

---

[101] Fritjof Capra, *The Turning Point*(New York : Simon & Schuster, 1982), pp.29-30.

틱스의 구현과 그 맥을 같이한다. 다시 말해서 동학 리더십의 정치실천적 과제는 한마디로 디비니틱스의 구현이다. 디비니틱스는 무극대도의 세계에 이르는 직접적인 통로이며 그 요체는 「시천주 조화정 영세불망 만사지」라는 주문 열세 자에 함축되어 있는 천도天道와 천덕天德의 실천이다. 무위이화의 덕과 그 기운과 하나가 되면 일체를 관통하게 됨으로써 공심公心의 발현이 극대화되어 무극대도의 세계를 이룰 수 있게 되는 것이다. 근대 서구의 민주주의가 지속 가능한 발전의 사회적 토대를 구축하지 못한 것은, 정신·물질 이원론에 입각하여 통치의 정당성을 조직의 합리성·효율성과 같은 제도적 기반에 집중한 나머지 사회적 통합의 단초가 되는 정신적·도덕적 기반이 약화된 데 있다. 동학은 이러한 서구 민주주의의 한계를 극복할 수 있는 새로운 도덕을 제시함으로써 진정한 풀뿌리 민주주의로의 길을 열어 놓고 있는 것이다.

오늘날 동학 리더십론의 재조명의 필요성은 대개 다음과 같은 세 가지 정도로 나누어 살펴 볼 수 있다. 그 첫째는 현재의 세계 자본주의 네트워크가 생태학적으로나 사회적 또는 정치적으로 지속 가능하지 않다는 점, 둘째는 인간의 자기 실현과 생태계의 지속 가능성을 위해서는 생물학적·인지적·사회적 차원에서의 근본적인 변화가 필요하다는 점, 셋째는 세계화의 도덕적 기반 상실에 따른 지구 공동체의 구심력 약화 등이 그것이다.

우선 현재의 세계 자본주의 체제가 생태학적·사회적·정치적으로 지속가능하지 않은 징후는 영국의 가디언지가 소개한 전 세계 과학자들이 전망한 '인류의 10대 재앙'에서도 분명히 드러난다. 인류가 직면할 10대 재앙으로는 기후 변화, 텔러미어 퇴화, 바이러스 창궐,

테러, 핵전쟁, 유성체 충돌, 로봇의 반란, 별 폭발에 의한 우주선 폭풍, 조대형 화산폭발, 지구가 블랙홀에 먹힘 등 10가지이다. 이 중 바이러스 창궐, 테러, 초대형 화산 폭발은 70년내 발생 확률이 매우 높은 것으로 나타나고 있고, 기후 변화, 로봇의 반란도 발생 확률이 높은 것으로 나타나고 있다. 인류 멸망을 10이라는 수치로 나타낼 경우 2050년쯤 인간의 지적 능력을 갖춘 로봇의 반란으로 인류가 멸망할 가능성은 8이라는 매우 높은 수치를 보이고 있고, 초대형 화산폭발의 경우에도 7이라는 높은 수치를 보이고 있다. 기후 변화의 경우 세계 평균 기온 상승이 식량 불안과 사회 체제 붕괴로 이어져 인류가 멸망할 가능성은 6이라는 비교적 높은 수치를 보이고 있다.[102]

다음으로 인간의 자기 실현과 생태적 지속 가능성을 위해 생물학적·인지적·사회적 차원에서의 근본적인 변화가 필요하다는 것이다. 인간의 자기 실현과 생태적 지속 가능성이 세계화를 재설계하는 기본 윤리가 되어야 한다는 것은 두 말 할 필요도 없다. 그러기 위해서는 우리의 세계관과 사고방식 및 가치 체계의 근본적인 변화를 필요로 한다. 프리초프 카프라(Fritjof Capra)는 새로운 정치의 제1원리를 생태학에서 찾고 녹색 정치의 위상을 새로운 생태 패러다임에 근거하는 것으로 규정짓고 있다. 그에 의하면, 전 지구적인 각종 위기 현상은 이미 낡은 데카르트-뉴턴의 기계론적 세계관의 관점을 실재에 무리하게 적용하려는 데서 연유된 것으로서 본질적으로 '인식의 위기'이며, 생물적·심리적·사회적·환경적 현상이 상호 연결된 이 세계를 적절히 기술하기 위해서는 생태학적 전망이 필요하다는 것이다.[103]

---

102 『조선일보』, 2005년 4월 16일자 기사.
103 Capra, *op.cit.*, pp.15-16.

말하자면 토플러(Alvin Toffler)적인 의미에서 '제2물결'의 낡은 세계관과 사고방식 및 가치 체계 그리고 낡은 정치제도나 조직은 '제3물결' 시대에는 적용될 수 없을 뿐더러 오히려 역사 발전을 저해하는 질곡桎梏이 되어 위기를 증폭시키는 요인이 되는 것이다.

끝으로 세계화의 도덕적 기반 상실에 따른 지구 공동체의 구심력 약화로 세계의 안전과 평화를 담보할 수 없게 되었다는 것이다. 세계화가 안정과 평화를 가져오는 수단이라는 세계화론자들의 주장은 허구일 뿐 강대국들의 또 다른 식민 정책이라고 보고 이러한 추세가 시장과 자본의 독점을 초래하여 '부익부 빈익빈富益富 貧益貧' 현상을 심화시킴으로써 심각한 경제적, 생태적 재앙을 불러올 것이라는 시각이 점차 힘을 얻고 있다. 노암 촘스키(Noam Chomsky)로 대표되는 진보주의자들은 신자유주의와 세계화가 '진정한 참여민주주의의 최대의 적'이라고 보고 있다. 촘스키는 그의 저서[104]에서 신자유주의의 문제점을 예리하게 지적하면서 WTO, NAFTA(북미자유무역지대), 다자간 투자협정이 전 세계 민중을 어떻게 착취하고 비탄에 빠뜨리게 될 것인지를 생생하게 펼쳐 보여 준다. 이러한 촘스키의 이념적 지향성을 대변하는 NGO의 반세계화 시위는 오늘날 가장 세계화된 현상이 되고 있으며 공통적으로 기존 국제 정치 경제 체제, 특히 신자유주의와 세계화를 비판하고 정의와 부富의 형평한 분배를 강조한다. 이와 같이 세계화에 대한 NGO의 연대적 반란은 공존의 룰을 무시한 특정 국가 중심의 세계 질서와 시민사회를 도외시한 국가 중심의 세계 질서에 대한 경종이다. 뿐만 아니라 세계 도처에서 유발되고 있는 예측 불허

---

104 Chomsky, *op.cit.*

의 테러는 지구 공동체의 미래를 더욱 어둡게 한다.

　세계화는 그 어떤 의미에서도 획일성을 추구하거나 유도하는 것이 되어서는 안 되며, 다양성 존중을 바탕으로 다차원적 세계화가 되어야 한다. 여기서 세계화와 지역화의 통합 문제가 제기된다. 지역화와 세계화, 특수성과 보편성의 통합 문제는 세계화의 시대를 살고 있는 오늘의 우리에게 심대한 과제이다. 생태 설계에 바탕을 둔 지속 가능한 공동체의 건설, 지속가능한 미래로의 전환은 기술적인 문제가 아니라 세계관과 사고방식 및 가치 체계의 문제이며 정치적 의지의 문제이다. 앞서 살펴 본 바와 같이, 동학의 리더십론은 지배-복종의 이원화 구조에서 벗어나 자율성과 평등성에 기초하여 풀뿌리 민주주의를 지향하는 관계로 조직의 유기성 및 효율성이 최고도로 발휘될 수 있게 하며, 만인을「시천주」의 자각적 주체로 평등하게 설정하고 신분이 아닌 능력과 도덕적 자질에 따른 합리적인 역할 분담 체계를 상정하고 있으므로 해서 진정한 참여민주주의로의 길을 열어 놓고 있는 것이다. 말하자면 동학의 리더십론은「시천주」도덕에 기초하여 생존의 영적靈的 차원의 중요성을 인식함으로써 지속 가능한 공동체를 건설할 수 있게 하는 것이다. 오늘날 동학 리더십론에 대한 재조명의 필요성이 제기되는 것은 이 때문이다.

　동학 리더십론의 정수는「시천주」도덕의 자각적 실천에 있다. 말하자면 리더 스스로가「시천주」의 자각적 주체가 되어 무위이화의 덕을 지니게 되면 인위적인 조작이나 통제를 통하지 않고도 이른바 '무위이무불위無爲而無不爲'의 통치를 하게 되므로, 이러한 경지에 이르게 되면 무극대도의 세계가 그 모습을 드러내게 되는 것이다. 말하자면 무극대도의 세계에 이르는 직접적인 통로가 디비너틱스이다.

국민국가 패러다임에 기초하여 헤게모니 장악을 목표로 한 20세기 파워 폴리틱스와는 달리, 21세기 디비너틱스는 NGO, 다차원적 공동체 및 국제기구와 같은 초국가적 실체를 기본단위로 대등한 상호의존적 협력 체계에 기초하여 진정한 지구 공동체 실현을 그 목표로 한다. 제로섬 게임의 발전론에 입각하여 지배자와 피지배자를 이원화시키는 파워 폴리틱스의 폐해를 치유하고 윈-윈 게임의 발전론에 입각하여 특수성과 보편성을 통합시키는 디비너틱스의 새로운 지평을 여는 것, 이것이 동학 리더십론의 정치실천적 과제이다. 이는 곧 동학의 도덕관과 초국가적 발전 패러다임의 연계를 통해 유기적 생명체 본연의 통합적 기능을 회복함으로써 생태적 지속 가능성을 띤 지구 공동체를 건설하는 것이다.

# V. 결론

이상에서 우리는 우리 민족 고유의 경전인 『천부경』과 『삼일신고』 그리고 『참전계경』을 통하여 동학의 정치 철학적 원형을 살펴보고 아울러 동학의 리더십을 생태 정치학적 측면에서 조명해 보았다. 동학의 정치 철학적 원형에 대한 논의 배경은 동학의 불연기연의 논리와 「시천주」 도덕이 전통과 근대 그리고 탈근대를 관통하는 '아주 오래된 새것'으로 홍익인간·광명이세光明理世의 이념을 현대적으로 구현하는 원리를 제공해 준다는 데 있다. 동학의 인내천 사상이 한국 전통사상의 골간이 되어온 경천숭조敬天崇祖의 보본報本사상과 일맥상통해 있다는 것은 주지의 사실이다. 「시천주」·「양천주養天主」는 개인적 차원의 원시반본原始返本이요, 상고사 복원과 국조 숭배는 민족적 차원의 원시반본이며, '천지부모'를 섬기는 것은 지구 공동체적 차원의 원시반본으로 그 이치는 모두 근원인 뿌리에로 돌아가는 것이다. 동학의 「시천주」 도덕은 조화경·교화경·치화경의 사상과 마찬가지로 천·지·인 삼재의 융화에 기초해 있다는 점에서 사상적 원시반본이라 하겠다. 원시반본이란 일심一心의 원천으로 되돌아가 하늘과 사람과 우주만물을 공경하는 삶을 실천하는 것이다. 동학은 원시반본의 사상이다.

『천부경』과 『삼일신고』 그리고 『참전계경』에 나타난 정치이념과 우리 민족의 건국 이념은 정치의 교육적 기능에 그 초점이 맞춰져 있다. 이는 도덕적 인격의 완성을 통해 마음을 밝히고 세상을 밝혀서 재세이화의 이념을 구현하려는 우리 국조의 의지가 표출된 것이다. 우선 『천부경』을 상경上經 「천리天理」, 중경中經 「지전地轉」, 하경下經 「인물人物」이라는 주제로 나누어 살펴보면, 「천리」에서는 천·지·인 혼원일기混元一氣인 '하나(一)'에서 우주만물이 나오는 일즉삼一卽三의 이치를 드러내고, 「지전」에서는 음양 양극 간의 역동적인 상호작용으로 천지 운행이 이루어지고 음양오행이 만물을 낳는 과정이 끝없이 순환 반복되는, 말하자면 '하나(一)'의 이치와 기운의 조화 작용을 나타내며, 「인물」에서는 사람과 우주만물의 근본이 '하나(一)'로 통하는 삼즉일三卽一의 이치와 소우주인 인간의 대우주와의 합일을 통해 하늘의 이치가 인간 속에 징험徵驗됨을 보여 준다. 요약하면, 「천리」에서는 '하나(一)'의 이치를 드러내고, 「지전」에서는 '하나(一)'의 이치와 기운의 조화造化 작용을 나타내며, 「인물」에서는 '하나(一)'의 이치와 그 조화 기운과 하나가 되는 일심一心의 경계를 보여 준다. 말하자면 「천리」가 가능태라면 「인물」은 구체적 현실태인 것이다. 이렇듯 『천부경』은 천·지·인 삼재에 기초하여 하늘과 사람과 만물을 '하나(一)'로 관통하고 있음을 보여 준다.

이러한『천부경』의 사상은 수운의 「시천주 조화정 영세불망 만사지侍天主造化定永世不忘萬事知」라고 하는 주문呪文 열세 자에 함축되어 있다. '내유신령'과 '외유기화'는 하나의 이치를 양 방향에서 관찰한 것으로 하늘의 이치와 기운의 조화 작용이 둘이 아님을 말하여 준다. 안으로 신령神靈이 있고 밖으로 기화氣化가 있어 온 세상 사람이 각기 알아서 옮기지 아니한다는 뜻은 내재적 본성인 신성과 생명의 유기성 및 상호 관통을 깨달아 순천의 삶을 지향하는 것을 말한다. '조화정'이란 무위이화의 덕과 그 기운과 하나가 되는 것이고, '영세불망 만사지'란 이러한 천도天道와 천덕天德을 평생 잊지 아니하면 일체를 관통하게 된다는 뜻이다. 말하자면 우주의 이치와 기운의 조화의 작용으로 만물이 생겨난 까닭에 본래의 진여한 마음을 회복하여 우주의 조화 기운, 즉 무위이화의 덕과 하나가 되면 지기至氣와 합일하고 무왕불복無往不復의 이치, 즉 천도를 깨닫게 되는 것이다.

『삼일신고』는 한마디로 삼일三一사상을 본령으로 삼고 삼신 조화造化의 본원과 세계 인물의 교화를 상세하게 논한 것이다. 삼일사상이란 일즉삼一卽三·삼즉일三卽一의 사상으로 우주만물(三)이 '하나(一)'의 화현이라고 보는 점에서 동학사상과 일치한다. 『삼일신고』는 전체 5장 중 1, 2장 「하늘(天)」과 「일신一神」은 『천부경』의 상경 「천리」에 해당하며, 4장 「세계」는 『천부경』의 중경 「지전」에 해당하고, 5장 「인물」은 『천부경』의 하경 「인물」에 해당한다. 그리고 3장 「천궁」은 '일신〔唯一神, '하나'님〕'이 거居하는 곳으로, '성통공완性通功完'을 이룬 사람만이 갈 수 있는 곳이라고 하여 천부중일天符中一의 실천적 의미와 그 효과를 밝히고 있다. 이는 천지인天地人을 이룬 사람이 곧 하늘이며 '일신'임을 명징하게 보여 주는 것으로, 우주의 중심에 존재하는 「천궁」을 다섯 장의 중앙에 위치시킴으로써 논리구조적 명료성과 더불어 삼일三一원리의 실천적 측면을 그만큼 강조한 것으로 볼 수 있다. 삼일三一원리의 실천성이 동학에서도 강조되고 있음은 수심정기가 「시천주」 도덕의 요체라는 점에서 분명히 드러난다. 「시侍」의 세 가지 뜻 중에서 '각지불이各知不移'는 「시천주」 도덕의 실천적 측면과 관계된다. 본래의 천심을 지키고 기운을 바르게 하는 것이 '옮기지 않음'의 요체다. 수심정기란 우주적 본성의 자리를 지키는 것인 동시에 우주 '한생명'에 대한 자각적 실천의 나타남이다. 이것이 바로 '성통공완'이다. 수심정기는 실천과 유리된 당시의 형식적·외면적 윤리 체계와는 분명히 다른 것으로, 수운은 이를 내면화된 '성경 이자誠敬二字'로 설명하고 이 두 자만 지켜내면 한울의 무극대도에 이르고 도성입덕이 되는 것으로 보았다. 이렇듯 동학은 내면적 수양에 기초한 자각적 실천을 중시한 점에서 삼일三一원리의 실천성을 강조한 『삼일신고』와 일맥상통한다.

『참전계경』은 『천부경』의 '인중천지일人中天地一', 『삼일신고』의 '성통공완'을 이루는 구체적인 방법을 8강령 즉 성·신·애·제·화·복·보·응으로 제시하고 있다. 말하자면 홍익인간·재세이화의 이념을 구현하는 방법을 366사事로써 보여 주고 있는 것이다. 8강령의 논리구조를 보면, 성·신·애·제4인因과 화·복·보·응 4과果가 인과관계를 이루고 있는데 그 성性이 따로 있는 것이 아니고 오직 일심一心일 따름이다. 다만 제문諸門에 의지하여 일성一性을 나타낸 것일 뿐이다. 따라서 '4因·4果'는 단선적인 구조가 아니라 상호 의존·상호 전화·상호 관통하는 관계 속에 있으므로 참본성이 열리지 않고서는 세상을 밝힐 수 없는 것이다. 시작도 끝도 없는 영원한 '하나(一)'의 조화 기운과 하나가 되는 것, 바로 여기에 마음을 밝히고 세상을 밝히는 '인중천지일人中天地一'·'성통공완性通功完'의 비밀이 있다. 이렇듯 『참전계경』에서는 8강령에 따른 삼백 예순 여섯 지혜로 뭇사람들을 가르침으로써 천인합일의 이치를 터득하게 하고 사람으로서의 도리를 깨우치게 하여 이른바 '무위이화'의 세상을 열고자 했던 것이다. 말하자면 아무런 작위함이 없는 천지 운행의 이치를 본받아 명령하거나 시키지 않아도 저절로 순화되는 재세이화의 세계를 구현하고자 했던 것이다. 이는 곧 수운이 말하는 '무위이화'의 덕과 그 기운과 하나가 되는 것이며, 이러한 우주의 조화 기운과 하나가 되면 동귀일체가 이루어져 천덕天德은 현실 속에서 현현하게 되는 것이다. 수운이 '마음을 지키고 기운을 바르게 하는 것'을 강조한 것도 바로 이러한 이화세계를 열기 위한 것이었다.

조화경·교화경·치화경의 사상은 한마디로 천·지·인 삼재의 융화, 즉 천시天時·지리地理·인사人事의 조응관계에 기초한 '한사상'이다. '한사상'이 우주의 본원인 영원한 '하나(一)'를 그 체體로 삼고 있는 것은, 우주만물의 근원에 대한 인식이 없이는 더불어 사는 진정한 실천이 나올 수 없기 때문이다. 모든 존재 속에 내재하는, 동시에 초월하는 이 하나인 '참자아' 즉 영원한 신성을 보는 사람은 우주만물이 결국 하나임을 알게 되고 보편적 실채인 그 '하나(一)'를 깨닫게 될 것이다. 이 '참나'가 바로 시작도 끝도 없는 영원한 '하나'님, 즉 유일신(唯我)이다. 유일신은 특정 종교의 신이 아니라, 우주만물에 내재하는 동시에 초월하는 '하나(一)'인 '참자아'를 일컫는 것이다. 우주만물의 개체성은 유일신이 다양한 모습으로 현현한 것이다. '한사상'은 인간 존재의 세 중심축이랄 수 있는 종교와 과학과 인문, 즉 신과 세계와 영혼의 세 영역(天地人 三才)의 분절성을 극복하고 전체로서의 통일성을 지향하게 함으로써, 그리하여 제로섬 게임이 아닌 윈-윈 게임이라는 새로운 발전패러다임을 제시할 수 있게 함으로써 21세기 인류 사회의 뉴 패러다임을 창출해낼 수 있을 것이다. 이렇듯 '한사상'은 동학과 마찬가지로 인간 존재의 세 중심축의 연관성에 대한 자각, 즉 혼원일기로 이루어진 생명의 유기성과 상호 관통에 대한 깨달음에 기초해 있는 까닭에 본질적으로 에코토피아적 지향성을 띠게 된다. 이들 사상 속에는 개인과 국가, 국가와 세계가 조응관계에 있다는 점에서 우리 인류가 추구하는 평화 복지의 이상이 담겨진 것이다. 이는 동학적 이상향이 후천개벽에 의한 무극대도의 세계라는 점과 일치한다. 현대 민주주의가 정치의 요체를 사람이 아닌 제도와 정책에 둠으로써 인간 소외 현상을 야기시켰다면, 이들 사상은 자연과 인간, 인간과 인간의 대립성과 분절성을 지양하고 융합과 조화에 그 토대를 둠으로써 현대사회가 안고 있는 인간소외문제를 극복할 수 있게 할 것이다.

  오늘날 만연한 인간성 상실은 내재적 본성인 신성 상실에서 비롯되는 것이다. 우리의 부정한 의식이 인간(理性)과 신(神性)을 이원화시킴으로써 인간은 우주의 조화 기운과 하나가 되지 못하고 신은 마침내 우상 숭배의 대상으로 전락해 버리고 만 것이다. 수운이 서학의 도는 허무에 가깝고 학學은 한울의 학이 아니라고 한 것은 이를 두고 한 말이다. 진정한 인간의 권위 회복은 인간 자신의 존재성에 대한 규명에서부터 시작되어야 한다. 신神은 인간과 분리된 외재적인 존재가 아니라 내재적인 동시에 초월적인 존재이다. 신은 만유에 내재해 있는 신성神性인 동시에 만유를 생성·변화시키는 지기至氣로서 일체의 우주만물을 관통한다. 이성과 신성이 합일하는 일심 속에서 인간은 비로소 신과 하나가 된다. 부정한 의식의 철폐를 통한 진지眞知의 회복, 바로 여기에 제2의 르네상스가 있고 제2의 종교개혁이 있다. 그것은 유럽적이고 기독교적인 서구의 르네상스와 종교개혁과는 달리, 전 인류적이고 전 지구적이며 전 우주적인 존재 혁명이 될 것이다. 삶과 지식, 삶과 종교, 지식과 종교의 진정한 화해는 이로부터 시작될 것이다. 우주만물은 지기至氣인 '하나(一)'의 화현이라는 점에서 그것은 다양성으로 이루어진 하나의 통일체를 창출하는 일이다. 말하자면 조화경·교화경·치화경의 중핵을 이루는 일즉삼一卽三·삼즉일三卽一의 원리에 대한 인식이며 동시에 그것의 실천이다. 근원성·포괄성·보편성을 띠는 그 '하나(一)'가 바로 '참나'임을 직시하고 무위이화의 덕과 그 기운과 하나가 되면 일체를 관통하게 됨으로써 이화세계를 건설할 수 있게 되는 것이다.

 본래의 천심天心을 회복하면 천시天時와 지리地理와 인사人事가 상합하고 있음을 알게 되고, 후천개벽 또한 천지개벽의 도수度數에 따른 것임을 알아, 사람이 할 바를 다하게 되어 천지가 합덕合德하는 후천의 새 세상이 열리게 되는 것이다. 자율성과 평등성에 기초하여 풀뿌리 민주주의를 지향함으로써 조직의 유기성 및 효율성이 최고도로 발휘될 수 있게 하는 동학의 리더십은 본질적으로 영적이며 생태적

일 수밖에 없다. 그런 점에서 지배-복종의 이원화 구조에 입각한 서구 리더십의 태생적 한계를 극복할 수 있게 한다. 이러한 동학의 에코토피아적 지향성은 정신·물질 이원론에 입각한 서구적 근대의 초극인 동시에 패러다임 전환을 내포하는 것이다. 이는 곧 데카르트·뉴턴의 기계론적 세계관으로부터 전일적인 새로운 실재관으로의 패러다임 전환, 다시 말해서 생태 패러다임으로의 전환과 그 맥을 같이 하는 것이다. 생태 패러다임의 진정한 자기 실현은 정치실천적 차원과의 연결을 요하며 그런 점에서 에코 폴리틱스의 구현과 그 맥을 같이 한다. 생태학과 영성靈性 간의 심오한 연계에 비추어 볼 때 에코 폴리틱스는 그 본질에 있어 도덕과 정치의 묘합에 기초한 디비너틱스와 상이하지 않음을 알 수 있다. '힘'이 지배하는 선천의 정치 형태인 '파워 폴리틱스'에서 '영성'이 지배하는 후천의 정치 형태인 디비너틱스로의 이행은 시대적 필연이다. 인간 존재의 '세 중심축'의 연관성 상실을 초래한 서학의 그것과는 달리, 동학의 리더십론은 천도와 천덕에 입각하여 만인이 「시천주」의 자율적이고도 자각적인 주체로서 평등무이한 '열린 사회'·수평 사회로의 전환을 촉구한다. 다시 말해서 이성과 신성, 기술과 도덕 간의 심연을 해소함으로써 천·지·인 삼재의 분절성을 극복하고 대통합을 지향하게 하는 것이다.

# 동학적 사유의 특성과
## 21세기 동학인의 좌표

## I. 동학적 사유의 특성

동학의 진수眞髓를 담고 있는 「시천주侍天主」 도덕의 요체는 한마디로 마음의 본체를 밝혀서 세상 사람들이 한울(天)의 마음을 회복하여 동귀일체同歸一體하게 하려는 지행합일知行合一의 심법心法이다. 인내천人乃天으로 대표되는 수운水雲의 불연기연不然其然의 논리는 「시천주」를 통해 이분법적인 사유체계를 초월하여 하나(Oneness)의 진리를 드러내는 데 주안점을 두고 있다. 다시 말해서 내재와 초월, 본체와 작용의 합일에 대한 인식은 인내천의 요체라 할 수 있는 「시侍」가 함축하고 있는 세 가지 의미, 즉 내유신령內有神靈 외유기화外有氣化 각지불이各知不移 속에서 명징하게 드러난다. 안으로 '신령'이 있고 밖으로 '기화'가 있어 온 세상 사람이 각기 알아서 옮기지 아니한다는 뜻은 인간의 신성(영성)과 생명의 유기성을 깨달아 천리天理에 순응하는 삶을 지향하는 것을 말한다.

이처럼 우주자연과 인간, 인간과 인간의 유기적 통일성을 그 본질로 하는 「시侍」의 철학은 우주의 실체가 의식意識이고, 그 본질은 생명이며, 진행 방향은 영적 진화라는 사실을 직시하는 것으로부터 시작한다. 그리하여 우리 내부의 신성에 눈 뜨게 되면 내재와 초월이, 개체성과 전체성이 결국 하나임을 알게 되고, 궁극적으로 우주가 '한생명'이라는 사실을 체득하게 됨으로써 '참나'에 이를 수 있게 되는 것이다. '참나'는 생사를 초월한 순수의식의 영역으로 이 경지에 든 자는 한 순간도 자성自性을 여의지 아니하고 모든 상황에서 자기 역할을 다한다. 마치 그 자신은 조금도 움직이지 않으면서 만상을 담는 거울과도 같이 세상사에 일희일비一喜一悲하지 않고 관조함으로써 지고至高의 자유와 영적인 충만감 속에 있게 되는 것이다. 「시천주」의 자각적 주체가 됨으로써 우리는 그러한 경지에 이를 수 있다.

「시천주」. 사람이 한울을 모시고 있다는 이 말은 매우 혁명적이다. 사람들이 자기 자신에 대해 알기 시작하면, 다시 말해서 한울을 모시고 있음을 자각하게 되면 이 세상은 뒤집어진다. 세상이 뒤집어지니 혁명적이라고 할 만하지 않은가. 여기서 뒤집어진다고 하는 것은 세상이 제자리를 찾는다는 말이다. 귀천·빈부·반상班常의 차별이 철폐되고 만인이 도성입덕道成立德하여 군자로서 거듭나게 되니, 세상이 뒤집어지는 것인 동시에 제자리를 찾는 것이다. 도성입덕이 소수 양반층의 전유물인 '만권시서萬卷詩書' 등 형식적·외면적 수양을 통해서가 아니라 수심정기守心正氣, 즉 내면화된 '성경 이자誠敬二字'의 자각적 실천에 있음을 간파한 것은 만인의 군자화, 즉 지상신선화의 길을 터놓은 것으로, 지벌地閥이나 문필이 군자나 도덕의 기준이 될 수 없음을 분명히 한 것이다.

동학은 「시천주」로서의 주체적 자각을 통해 봉건적 신분 차별을 철폐하고 만인이 다 같은 군자로서 평등하다는 인식과 더불어 천하를 양반 지배층의 전유물이 아닌 만인의 공유물로 생각하게 하는 계기를 마련했다는 점에서 그 사상적 근대성을 엿볼 수 있다. 다시 말해서 만인의 「시천주」로서의 주체적 자각은 보국의 주체로서의 근대적 민중의 대두를 의미하는 것으로, 서세동점西勢東漸의 시기에 보국안민의 계책을 강조하여 근대적 민족국가 형성의 사상적 토대를 마련한 것이다. 동학은 근대성의 발현인 동시에 근대성을 넘어서 있다. 인간 평등과 민중 정치 참여의 전기를 마련한 것은 근대성의 발현이요, 「시천주」사상이 근대의 이분법적 사유체계를 초월한 것은 근대성을 넘어선 것이다.

실로 사람들이 '각자위심各自爲心' 하지 않고 동귀일체하여 천인합일의 대공大公한 경계에 이르게 되면 후천개벽의 새 세상이 열리게 되는 것이다. 선천개벽이 하늘과 땅이 열리는 무위無爲의 천지창조라면, 후천개벽은 「시천주」를 통해 사람과 하늘이, 유위有爲와 무위가 변증법적 통합을 이루어 새로운 하늘과 땅을 창조하는 '다시개벽'이다. 시작도 끝도 없는 영원한 '하나(一)', '명名'과 '무명無名'의 피안에서 본체와 현상을 모두 포괄하는 그 '하나(一)'를 '모심(侍天主)'으로써 이성과 신성, 내재와 초월, 자유의지와 필연의 이분법적 경계가 사라지고 하나의 진리가 드러나게 되면 인위의 사회개벽과 무위자연의 천지개벽의 구분 또한 의미를 상실하게 된다. 왜냐하면 불연의 본체계와 기연의 현상계를 상호 관통하게 되면 불연과 기연이 본래 하나임을 알게 되기 때문이다. 다시 말해서 무궁한 한울의 조화를 깨닫게 되면 조물자인 한울과 그 그림자인 인간이 분리될 수 없는 하나라는 사실을 직시함으로써 천시天時와 인사人事가 조응하고 있음을 알게 되기 때문이다.

수운의 후천개벽이 본질적으로 에코토피아(ecotopia)적 지향성을 띠는 것은 생태학과 영성靈性 간의 심오한 연계에 기인하는 것이다. 생태적 자각이란 혼원일기混元一氣로 이루어진 생명의 유기성과 상호 관통을 직관적으로 깨닫는 것이라는 점에서 본질적으로 영적이며, 이는 인내천의 요체라 할 수 있는「시侍」가 함축하고 있는 세 가지 의미 속에서 명징하게 드러난다. 인간의 신성과 생명의 유기성을 깨달아 순천의 삶을 지향한다는 것은 우주적 본성의 자리를 지키는 것인 동시에 혼원일기로 이루어진 우주 '한생명'에 대한 자각적 실천의 나타남이며 이는 곧 더불어 사는 삶을 실천하는 것이다. 즉 본래의 진여한 마음을 지키고 기운을 바르게 하는 것이 동귀일체의 요체라는 점에서 그것은 본질적으로 생태적이며 영적일 수밖에 없는 것이다.

이러한 수운의 에코토피아적 지향성은 서구적 근대의 초극이라는 테제에 유효한 기제로서 작용할 수 있다. 근대의 초극은 인간 중심주의가 초래한 근대의 역사적·사회적 상황의 초극이어야 하며, 구체적으로는 서구적 근대의 사상적 토대라 할 수 있는 자유민주주의와 자본주의는 물론 서구적 근대의 변종인 사회주의의 초극이라는 점에서, 근대 문명의 자기 부정인 동시에 '패러다임 전환(paradigm shift)'을 내포하는 것이다. 그것은 정신·물질, 자연·문명, 생산·생존 이원론의 극복을 통하여 생산성 제일주의 내지 성장 제일주의적 산업문명을 넘어서는 탈근대주의에 닿아 있다. 말하자면 근대 산업문명의 폐해라 할 수 있는 국가·지역·계층 간 빈부 격차, 지배와 복종, 억압과 차별, 환경 파괴 등의 문제를 해결하고 공존의 대안적 사회를 마련하려는 모색의 중심에 생태주의가 자리 잡고 있는 것이다. 이는 곧 근대 서구 사회의 형성과 기타의 세계에 심대한 영향을 끼쳤던 데카르트-뉴턴의 기계론적 세계관으로부터 전일적인 새로운 실재관-동양의 실재관-으로의 패러다임 전환과 그 맥을 같이 하는 것이다. 그런 점에서 수운의 후천개벽에 내재된 에코토피아적 지향성은 21세기 생명 시대의 개창 원리라 할 만하다.

진리가 주관의 늪에 빠져 신음하던 그 시대에 존재 자체에 대한 본질적인 규명 시도를 통하여 참삶의 소중함을 일깨워 주고자 했던 수운. 「시천주」에 대한 자각이야말로 참삶의 시작이라는 그의 명제가 물신物神 숭배에 빠져 있는 오늘의 우리에게까지 깊이 와 닿을 수 있는 것은 아마도 그의 가르침 속에 언어적 대화를 넘어선 진리의 정신이 살아 숨쉬고 있기 때문일 것이다. 서세동점의 시기였던 수운의 시대와 문명의 대전환기인 우리의 시대는 본질적으로 크게 다르지 않다. 기득권층을 위한 '국가'라는 이름의 제도적 장치, 지식을 위한 지식이 판을 치는 지적知的 희론戱論, 실종된 윤리의식의 빈자리에 독버섯처럼 피어나는 사회악惡, 그 속에서 사람들은 궁극적인 삶의 문제들을 물었고, 그리고 지금도 묻고 있다. 지혜가 없는 공허한 이성, 미덕이 없는 껍질뿐인 명예, 행복으로 위장한 감각적 쾌락에 몸을 내맡긴 채 물신을 우상으로 받드는 오늘의 우리에게 수운은 천도天道와 천덕天德의 진수를 주문 열세 자로 함축하여 펼쳐 보이고 있다.

"시천주 조화정 영세불망 만사지侍天主造化定永世不忘萬事知."

우주의 이치와 기운의 조화造化의 작용으로 만물이 생겨난 까닭에 본래의 진여한 마음을 회복하여 우주의 조화 기운, 즉 무위이화無爲而化의 덕과 하나가 되면 지기至氣와 합일하고 무왕불복無往不復의 이치,

즉 천도를 깨닫게 되는 것이다. 선과 악의 피안에서, 삶과 죽음의 피안에서, '고불문古不聞 금불문今不聞'의 '천도天道'를 설파하며 수운이 믿은 최후의 심판관은 다름 아닌 '진리(Truth)'였다. 일시적으로 우리에게 속하는 것들, 이를테면 재물, 권력, 명예, 인기와 같은 것들은 그 어떤 의미에서도 진리가 아니다. '진리는 통일체(The Truth is the Whole)'라고 한 헤겔(G. W. F. Hegel)의 명구도 있거니와, 거기에는 어떠한 분열도 경계선도 없다. 생명은 전체적인 것이다. 우주를 '한생명'으로 보는 전체의식이 진리다. 진리는 곧 생명이요 사랑이다. 이렇게 볼 때 수운의 불연기연의 논리와 「시천주」 속에 나타난 동학적 사유의 특성은 한마디로 대통합이다.

동학의 「시천주」 도덕은 인간의 신성 회복을 통해 인류의 삶을, 이 세상을 근본적으로 바꾸기 위한 것이다. 그것은 기존의 낡은 교의나 철학을 떠나 있으며, 에고(ego, 個我)가 만들어 낸 일체의 장벽을 해체할 것을 선언한다. 그것은 우주 '한생명'에 대한 선언이요 성통공완性通功完에 대한 갈파喝破이다. '성통공완'이란 참본성이 열리어 공을 완수하는 것을 말한다. 공덕은 자기 본성 속에서 발견해야 하는 것이므로 참본성이 열리지 않고서는 세상을 근본적으로 바꿀 수 있는 것이 아니다.

1533년 중순 부오나로티 미켈란젤로(Buonarroti Michelangelo)는 교황 클레멘스 7세로부터 시스티나 성당의 제단 위 벽에 역사상 그 유명한 '최후의 심판도'를 그리라는 명을 받았다. 당시 클레멘스 7세는 스페인군에 의한 로마의 점령과 약탈 등 재난이 이어지자 분노의 감정을 달래기 위해 이 그림을 의뢰한 것이었다. 그러나 얼마 안 되어 클레멘스 7세가 사망하고 그의 뒤를 이어 교황이 된 바오로 3세가 다시 그에게 이 작업을 의뢰함으로써 1541년 10월 31일, 드디어 공식적인 낙성식이 거행되게 되었다.

거대한 벽면에 드러난 갖가지 모습을 한 총 391명의 나체 인물상, 그 중앙에 무서운 형상의 심판자 그리스도가 수염도 나지 않은 당당한 나체로 그려진 것을 보며, 전 로마 시민은 경악과 찬탄을 금치 못했다. 나체 인물상의 분위기가 좀 비속(卑俗)하다고 생각한 교황이 그에게 말했다.

"그림을 좀 바꾸어야 하지 않겠소?"
그러자 미켈란젤로는 담담한 표정을 지으며 이렇게 답했다.
"그건 지극히 사소한 일이오. 교황께서 먼저 세상을 바꾸시면…."

그렇다! 예술가는 단지 보이는 대로 표현할 뿐이다. 예술가를 탓할 것이 아니라 먼저 세상이 바뀌어야 한다. 세상이 바뀌기 위해서는 내재적 본성인 신성에 대한 주체적 자각이 이루어져야 한다. 그러나 1564년 1월 트리엔트 공의회에서 〈비속한 부분은 모두 가려져야 한다〉는 칙령이 반포되어 결국 생식기 부분에는 덧그림이 그려지게 되었다. 생식기 부분을 가린다고 해서 인간의 비속함이, 이 세상의 비속함이 가려질 수 있을까?

## II. 진정한 문명은 '참나'에 대한 깨달음에서

진리에 대한 사랑 그리고 진리를 밝혀 드러내려는 갈망은 시대적 전환기에 뚜렷하게 나타난다. 로마 교황의 면죄부 발매에 반대하여 1517년 95개조 반교황선언문을 기치로 내걸고 종교개혁의 횃불을 들었던 마르틴 루터(Martin Luther). 그가 비텐베르크 성城 교회 정문에 게시한 〈95개조의 논제〉는 순식간에 전 독일에 퍼져 종교개혁운동의 발단이 되었으며, 나아가 중세적 봉건질서의 해체를 촉발시킴으로써 유럽 근대사를 여는 포문이 되었다.

그는 중세를 풍미했던 스콜라 사변신학을 지칭하는 '영광의 신학'에 반기를 들고 천국은 면죄부를 통해서가 아니라 고난을 통해서만이 들어갈 수가 있다며 그리스도의 '십자가의 신학'을 갈파했다. 이러한 그의 실존적인 고뇌에도 불구하고 종교개혁은 신적 권위의 회복이라는 측면에서 볼 때 결코 완성된 것이 아니다. 신 중심의 세계관이 지배한 중세로부터 인간 중심의 세계관이 지배하는 근세로 이행하면서, 특히 근대 과학의 비약적인 발달로 인간 이성의 오만함이 극에 이르렀기 때문이다.

오늘날 만연해 있는 물신 숭배의 사조와 종교적 타락상은 인간적 권위와 신적 권위의 회복을 각기 기치로 내건 서구의 르네상스와 종교개혁이 결국 미완성인 채로 끝나버렸음을 실증적으로 보여 주는 것이다. 이제 인류가 지향할 바는 물질에서 의식으로의 방향 전환을 통하여 실체를 지향하는 삶을 촉구하는 것이다. 우주의 실체는 의식이며, 인간은 본래 순수의식이다. 인간 본래의 진면목인 순수의식, 즉 '참나'를 깨닫게 되면, 인간의 내재적 본성인 신성을 깨닫게 되면, 모든 종교의 본체가 하나라는 사실을 알게 되고 인간적 권위와 신적 권위의 회복이 이루어져 르네상스와 종교개혁은 완수되게 될 것이다. 그것은 유럽적이고 기독교적인 차원이 아니라 전 지구적이고 전 인류적이며 전 우주적인 차원이 될 것이다. 이는 후천개벽이 단순히 정신개벽과 사회개벽을 통한 지구적 질서의 재편성이 아니라 천지 운행의 원리에 따른 우주적 차원의 질서 재편으로 이를 통해 곤운坤運의 후천 5만 년이 열리게 되는 것과 맥을 같이 하는 것이다.

진정한 문명은 이제부터 시작되어야 한다. 진정한 문명이란 무엇인가? 그것은 한마디로 실체를 지향하는 문명이다. 물신 숭배에 기초한 문명이 아니라 순수의식을 지향하는 문명이다. 생명과 사랑의 문명이다. 종교적 진리가 개개인의 삶 속에 구현되는 문명이다. 삶의 도道, 종교의 도, 학문의 도가 하나인 문명이다. 삶과 죽음의 저 너머에 있는 문명이다.

다음은 『우파니샤드(The Upanishads)』에 나오는 나치케타스(Nachiketas) 이야기이다.

브라만 사제인 바쟈스라바사(Vajasravasa)는 천국에 가기 위해 자기 재산을 사람들에게 나눠 주기로 했다. 늙고 병든 소들을 나눠 주는 것을 본 아들 나치케타스는 그러한 이름뿐인 자선 행위로는 천국에 갈 수 없다고 생각했다. 어린 아들은 아버지에게 물었다.

"전 누구에게 주실 건가요?"

아무 대답이 없자, 아들은 두 번 세 번 반복해서 물었다. 그러자 아버지는 홧김에 이렇게 말했다.

"죽음의 신에게 줄 것이다."

이 말을 들은 나치케타스는 아버지가 무슨 목적으로 자기를 죽음의 신에게 바치려 할까 하고 생각했다. 결국 아버지가 내뱉은 말 때문에 아들은 죽어 죽음의 신 야마(Yama)에게로 갔다. 야마는 그에게 세 가지 소원을 말하라고 했다. 그러자 그는 첫 번째 소원으로, 다시 집에 돌아가기를 바란다고 했다. 두 번째 소원으로, 천상으로 인도하는 영적인 지혜의 불의 신비한 힘에 대해 알고 싶다고 했다. 그리고 세 번째 소원으로, 죽음의 비밀에 대해 알고 싶다고 했다. 야마는 첫 번째와 두 번째 소원은 쾌히 들어주었으나, 세 번째 소원에 대해서는 그렇게 쉽게 알 수 있는 문제가 아니라고 하면서 다른 소원을 말하라고 했다. 부귀영화, 자손의 번창, 수명장수 등 이 세상의 온갖 환락을 다 줄 것이니 그것만은 묻지 말아 달라는 것이었다. 그러자 나치케타스는 이렇게 말했다.

"오, 죽음의 신이시여! 이제 당신을 본 이상 부귀영화나 수명장수가 다 무슨 소용이겠나이까. 오직 한 가지, 죽음의 비밀에 대해 알고 싶을 뿐입니다."

그제서야 야마는 나치케타스가 신심이 돈독한 구도자임을 알고 삶과 죽음의 저 너머에 이르는 길과 영원불멸의 '참자아' 아트만(Atman, 영혼)에 대해 설하기 시작했다. 삶과 죽음의 저 너머에 이르는, 영원한 평화에 이르는 유일하고도 완전한 길은 인류가 자기 자신을 아트만으로, 순수의식으로 인식하는 것이다. 아트만 속에는 그 어떤 차별성도 존재하지 않으며, 오직 전체성만이 물결칠 뿐이다. 그러나 이 광대무변한 아트만은 경전 공부나 학문, 지식에 의해서는 결코 깨달을 수 없다고 야마는 말한다. 악행을 그만두지 않고는, 감각을 잠재우지 않고는, 마음을 모으고 내면의 밭을 갈지 않고는 결코 거기에 이를 수 없다는 것이다.

쾌락이나 부귀영화에 눈 먼 사람에겐 오직 이 세상이 존재할 뿐, 내세 같은 것은 없다고 야마는 말한다. 곧 사라져 버릴 일시적인 것들에 전 존재를 걸고 있으니 계속해서 죽음의 지배 하에 놓이게 되는 것이다. 야마가 설치한 죽음의 덫은 바로 이런 사람들을 잡기 위한 것이다. 이들은 어둠 속에 살면서도 자기 자신이 꽤나 현명하고 박식하다고 생각한다. 하지만 눈 먼 장님이 또 다른 장님을 이끄는 것과 마찬가지로 빗나간 길을 가고 있을 뿐이다.

풀잎에서 떨어진 이슬방울이 강으로 흘러가듯, 모든 존재에 내재하는 아트만은 존재의 강으로 흘러간다. 하여 이슬방울이 강물과 하나가 되어 강물 속으로 사라지듯, 아트만은 브라만과 하나가 되어 우주 속으로 사라진다. 전체 속으로 용해되어 존재계와 하나가 되는 것이다. 모든 존재 속에 내재하는 아트만의 동질성을 깨달은 사람은 그 어떤 환영(maya)이나 슬픔도 없으며, 유일자 브라만과 한 호흡 속에 있게 된다.

진정한 문명은 영원 불멸의 아트만 즉 '참나'에 대한 깨달음에서 시작되어야 한다. 오늘날 국가·민족·인종·종교·계급간의 반목과 갈등은 우주만물에 내재하는 절대유일의 '참나'를 깨닫지 못하고 서로 다른 것으로 분리시킨 데서 오는 것이다. 인간 존재를 전체적인 유기체로서 인식하지 못하는 데서 오는 것이다. 우리의 마음과 행위가 모두 세상 전체와 연결되어 있으며 우리의 꿈과 삶이 전체의 질서와 어우러질 때 풍요롭게 된다는 사실을 알지 못하는 데서 오는 것이다. 우주라는 숲이 브라만(Brahman, '하나'님, 道, 佛)이라면, 그 숲을 이루는 만물인 나무 한 그루 한 그루는 아트만이다. '참나'가 '하나'님이요 아트만이 곧 브라만이다. 일즉다一即多요 다즉일多即一이다.

'참나'를 깨달으면 지고의 자유와 영적인 충만감, 즉 지복至福의 경지에 들게 된다. 반면 에고는 모든 불행의 뿌리이며 고통은 에고의 그림자일 뿐이다. 열반涅槃이 '참나'의 집이라면, 윤회輪廻는 '에고'의 집이다. 『법화경法華經』'화택유火宅喩'에 보면, 중생이 이 세상에서 괴로워하는 것을 불타는 집안에 있는 것에 비유하고 있다.

어느 부유한 장자의 집에 갑자기 불이 났다. 그런데 그의 여러 자식들은 모두 집안에서 불이 난 줄도 모르고 재미있는 놀이에 정신이 팔려 있었다. 그러자 장자는 아이들을 구하기 위한 방편으로 그들이 좋아하는 진귀한 물건의 이름을 외치면서 어서 나와 그것을 받아가라고 집 밖으로 유인하여 불길에서 아이들을 구해냈다는 이야기다. 여기서 장자는 '아이들'인 중생이 골몰해 있는 윤회라는 놀이로부터 열반이라는 안전지대로 중생을 구해내는 자비로운 붓다이다.

물질 차원의 에고(ego)에 갇혀서는 '참나'를 깨닫지 못한다. 이기적인 욕구 충족을 위해서가 아니라 '영혼의 정화(purification of the soul)'를 위해서, 마치 신에게 바치는 번제의식燔祭儀式과도 같이 정성을 다하여 자신의 의무를 수행할 때 비로소 '참나'에 이를 수 있다. 삶과 죽음, 빛과 어둠, 기쁨과 슬픔, 사랑과 증오, 건강과 병, 맑은 하늘과 태풍 등의 대조적 체험을 통해 우리의 영혼은 더욱 맑고 밝고 확대되고 강화되게 된다. 그리하여 마침내 이들이 모두 하나라는 인식에 이르게 된다. 얼음을 버리고 물을 얻을 필요가 없듯이, 생사를 버리고 열반에 들 필요가 없는 것이다. 그것은 티끌 속에서 티끌 없는 곳으로 가는 경지다. 순수하고도 헌신적인 행위의 길을 통해, 죽음조차도 삼켜 버리는 '참나'를 깨달음으로써 우리는 신과 하나가 되고 삶과 죽음의 저 너머에 이르게 된다. 『열반종요涅槃宗要』에서는 말한다.

> 이미 건너가야 할 저쪽 언덕이 없는데,
> 어찌 떠나가야 할 이쪽 언덕이 있으리.

그러나 깨달음의 여정은 멀고도 험난한 길이어서 때론 '자살'이란 복병을 만나기도 한다. 왜 사는지를 모르니 죽음의 키스에 쉽게 유혹되는 것이다. 영적인 성장을 통해 절대 유일의 아트만을 깨닫기 위해, 그리하여 이 우주가 '한생명'이라는 진리를 체득하기 위해 육체라는 옷을 입고 지구 학교로 온 것인데, 공부가 하기 싫으니 육체라는 옷을 벗어 버리는 것이다. 그러나 육체라는 옷을 임의로 벗어 버린다고 해서 괴로움이 해소될 수 있는 것은 아니다. 옷을 벗는다고 몸의 통증이 멎는 것이 아니듯, 육체라는 옷을 벗는다고 영혼의 고통이 멎는 것은 아니다. 죽음은 결코 고통하는 영혼의 탈출구가 아니다. 오히려 영혼의 여정을 더욱 멀고 험난하게 할 뿐이다. 왜냐하면 삶에 대한 부정은 곧 죽음에 대한 부정이며, 생사에 대한 부정은 영혼이 길을 잃은 것을 의미하기 때문이다. 부정적인 의식은 순수의식과는 거리가 먼 부정한 의식이다.

'참나'로 가는 길에서 만나게 되는 가장 무서운 복병은 물신物神이다. 현대판 물신의 등장은 정신의 자기 분열의 표징이다. 스스로의 영적 이미지로서가 아닌 육적 이미지로서 에고가 그려낸 것이다. 이 물신이라는 강력한 복병은 모든 정치 이념과 이데올로기를 초월하여 지구촌 방방곡곡을 누비고 다니며 "유일신 나를 따르라."고 외친다. 많은 사람들은 물신의 강력한 흡입력에 매료되어 물신을 진정한 유일신으로 받들고 경배하고 있다. 에고에 의해 자승자박되어 허상만을 쫓는 사람은 물신과 주파수가 맞으니 물신이 진정한 신으로 보이는 것이다. 반면 '참자아'를 추구하는 사람은 본능적으로 그것이 진짜가 아님을 단번에 알아차린다. 자본주의를 표방하든, 사회주의를 표방하든 현재 지구촌은 무소불위의 권력을 행사하는 물신이 강력하게 군림하고 있다.

인도의 대서사시 『마하바라타(Mahabharata)』에 나오는 아름다운 영적인 시로 이루어진 『바가바드 기타(The Bhagavad Gita)』경전의 배경이 되고 있는 것은 인간 내면의 영적靈的인 전쟁으로, 비슈누(Visnu) 신의 화신인 크리슈나(Krishna)와 전사인 아르주나(Arjuna) 사이에 주고받는 대화로 이루어져 있다. 아르주나의 전차몰이꾼으로 변장한 크리슈나는 두 군대 사이로 전차를 몰고 들어가서 전장이라는 극적인 무대에서 아르주나에게 영적인 세계에 대한 심오한 가르침을 펴 보이기 시작한다. 순간 아르주나가 싸워야 할 상대는 외부의 육적인 친족과 친구가 아니라 자신의 내부에서 영적 진화를 방해하는 온갖 부정적인 에너지라는 사실이 밝혀진다.

크리슈나는 말한다.

"아르주나여, 아무리 죄많은 사람일지라도 영적인 지혜의 배를 타면 죄악의 바다를 건널 수 있다.

타오르는 불길이 장작을 재로 만들 듯, 영원한 지혜의 불은 행위로 인한 모든 카르마를 재로 만든다.

이 세상에 영적인 지혜의 불만큼 순수하게 정화시키는 것은 없다.

요가의 길을 가며 계속해서 영적인 지혜의 불을 타오르게 하는 사람은 '참나'에 이르는 길이 자신의 내면에 있음을 깨닫게 될 것이다."

진정한 해방이란 마음의 해방에서 오는 것이다. 마음은 물질(色)을 비추더라도 물질의 영역에 속하는 것이 아니다. 또한 마음은 물질이 아닌 것(空)을 비추더라도 물질이 아닌 영역에 속하는 것도 아니다. 즉 마음은 색으로서의 마음도 아니며, 그렇다고 공으로서의 마음도 아니다. 마음은 사물을 비추지만, 비추는 마음의 작용은 색과 공, 그 어디에도 속하지 않는다. 이렇듯 일심一心의 원천이 유有·무無를 떠나서 홀로 청정하며, 그 어떤 것에도 속하지 않음을 깨달으면 우리의 마음은 이미 해방된 것이다. 해방된 마음은 먹장구름에 물들여지지 않는 푸른 하늘과도 같이 세상사에 물들여지지 않는다.

해방된 마음은 만물의 전일성을 깨달아 모든 것을 포괄하는 거대한 전체다. 해방된 마음은 허공과도 같아 사私가 없다. 육조 혜능六祖慧能의 다섯 제자 중의 한 사람으로 지목되고 있는 남양 혜충南洋慧忠에 관한 선화仙畵 같은 일화가 있다. 761년에 숙종肅宗이 그를 국사國師로 봉하고 법회를 개최했다. 법회에서 숙종이 많은 질문을 던졌으나, 혜충은 그것에 전혀 관심을 두지 않았다. 황제가 화가 나서 말하기를, "짐朕은 대당大唐의 황제이거늘, 그대가 짐을 거들떠보지 않는 것은 무슨 연유인가?" 이에 혜충이 질문하기를, "폐하께서는 허공을 보시옵니까?" 황제가 "그렇다"고 대답하자, 혜충이 다시 묻기를, "허공이 폐하께 눈짓이라도 하옵니까?" 이로써 문답은 끝났다.

로마 제정시대의 스토아(Stoa) 파의 철인 에픽테투스(Epictetus)는 한때 네로(Nero) 측근의 노예로 있었다. "자유의지를 훔쳐갈 사람은 존재하지 않는다."는 한마디로 스스로가 이미 자유인임을 선언한 에픽테투스. 육체적으로는 노예였지만 정신적으로는 분명 자유인이었던 그가 한 말은 오늘날에도 깊이 음미해 볼 만하다. 루소(J. J. Rousseau)는 말하지 않았던가. '근대인은 전혀 노예를 갖지 않지만 그 자신이 노예'라고. 에픽테투스는 인간이 '사물로 인해 고통받는 것이 아니라 그것을 받아들이는 관점으로 인해 고통받는 것'이라고 말한다. 삶과 죽음에 대한 그의 깊은 통찰을 엿볼 수 있게 하는 대목이다.

> 에픽테투스가 사람들에게 말했다.
> "당신의 자식에게 입맞춤할 때 '이 아이는 내일 죽을지도 모른다' 하고 속으로 말하라."
> 사람들이 그에게 말했다.
> "그건 불길한 말이 아닌가?"
> 그러자 그는 이렇게 응수했다.
> "천만에. 다만 자연의 이치를 말했을 뿐이네. 익은 옥수수를 수확한다는 말도 불길한 말이 되겠군."

추수한다는 말이 불길한가? 꽃이 지고 열매가 맺는다는 말이 불길한가? 가을이 가고 겨울이 온다는 말이 불길한가? 낮이 가고 밤이 온다는 말이 불길한가? 해가 지고 달이 뜬다는 말이 불길한가? 보름달이 그믐달이 된다는 말이 불길한가? 구름이 비 된다는 말이 불길한가?

사람이 태어나서 살다가 죽는 것도 이와 똑같은 자연의 이치다. 생자필멸生者必滅, 즉 살아 있는 자는 반드시 죽게 되어 있다. 사람이 죽는 것은 가을이 가고 겨울이 오는 것이나 낮이 가고 밤이 오는 것이나 다를 바가 없다. 그럼에도 죽는다는 말이 불길하게 들리는 것은 삶과 죽음이 낮과 밤과 마찬가지로 하나의 고리로 연결되어 있다는 사실을 알지 못하기 때문이다. 삶은 죽음의 시작이며 죽음은 새로운 삶의 시작이라는 것을, 움직임〔삶〕은 고요함〔죽음〕의 또다른 모습이라는 것을 알지 못하는 데서 오는 것이다. 이 연결된 고리를 직시할 수 있게 되면 삶과 죽음의 저 너머에서 온갖 슬픔과 고통과 두려움과 죄악에서 벗어나게 된다.

임제선사臨濟禪師가 설한 사종무상경四種無相境은 사종四種, 즉 생生·주住·이異·멸滅의 사상四相의 변화가 한갓 환화幻化의 작용임을 깨닫게 하는 것으로, 지地·수水·화火·풍風 의 4대로 구성된 육신을 미혹에서 지키는 방법이다. 마음에 조금이라도 의심疑·애욕愛·성냄瞋·기쁨喜을 일으키면 그것이 자승자박이 되어 자유롭지 못하게 된다. 이 모든 것이 실체가 없음을 직시하고 도道에 계합契合함으로써만이 여여한 실재에 이를 수 있다.

> 그대 한 생각의 의심, 흙에 이르러 묻히네
> 그대 한 생각의 애욕, 물에 흘러 잠겨 버리네

그대 한 생각의 성냄, 불에 휩싸여 타오르네
그대 한 생각의 기쁨, 바람에 날려 흩어져 버리네

로마의 제16대 황제이자 5현제賢帝의 마지막 황제이며, 후기 스토아 파의 대표적 철학자인 마르쿠스 아우렐리우스 안토니누스(Marcus Aurelius Antoninu)의 어린 시절 이야기다. 당시의 황제 하드리아누스는 그의 아명인 'Verus'를 'Verissimus(가장 진실한 사람)'라는 이름으로 바꿔 부를 정도로 그에 대한 총애는 대단했다. 그가 17세 되던 해 하드리아누스 황제가 별세하자 그의 유언에 따라 안토니누스 피우스가 후계자로 즉위했고, 또한 고인의 유지遺志에 따라 그는 안토니누스의 양자로 영입되었다. 24세 되던 해 그는 안토니누스의 딸과 결혼했고, 40세 되던 161년에는 안토니누스 뒤를 이어 로마 황제로 즉위했다.

그는 우주를 하나의 본질과 하나의 영혼을 가진 유기체로 생각했으며, 우리 모두가 우주와 연결되어 있다고 보았다. 그는 인간이 우주의 본질을 이해하지 못하면 자신이 어디에 있는지 알지 못하며, 우주의 목적을 이해하지 못하면 자신이 어떠한 존재인지 알지 못한다고 하고, 이러한 것을 알지 못하면 자신이 어떤 목적을 위해 존재하는지도 이해할 수 없다고 했다. 진중陣中에서 쓴 『명상록(Meditations)』은 스토아적 철인으로서의 그의 정관靜觀에 대한 생생한 기록이다.

인생에서 일어나는 어떤 일에 놀란다는 것은 얼마나 우스꽝스럽고 어설픈 일인가! 자신들이 어디에 있는 어떠한 존재인지, 어떤 목적을 위해 존재하는지도 모르며 외치는 군중들의 갈채를 추구하거나 피하려고 노력하는 사람들에 대해 어떻게 생각해야 할까?

인간은 우주라는 생명의 피륙의 한 올이다. 우주의 본질이 생명이며, 그 진행 방향이 영적 진화이고, 궁극적으로는 영혼의 완성에 이르게 하는 것이 우주의 목적이라는 사실을 알지 못하고서는 우리가 어디에 있는 어떠한 존재인지, 어떤 목적을 위해 존재하는지를 알 수 없다. 스스로가 누구인지조차 알지도 못하는 사람이 남을 칭찬하거나 비난한다는 것, 그리고 그러한 칭찬이나 비난을 듣고 그것을 마음속에 담아둔다는 것, 이 얼마나 우스꽝스럽고도 어리석은 짓인가! 세상사가 겉으로는 불합리하고 부조리하게 보일지라도 그 이면에 담긴 깊은 뜻을, 시련이 주는 교육적 의미를, 영적 진화의 의미를 새기게 되면 삶과 죽음의 바다를 건너 피안의 언덕에 이를 수 있게 된다. 아우렐리우스는 역설적으로 말한다.

> 현재 당신이 처해 있는 환경보다 철학을 연마하기에 더 좋은 환경이 없다는 것은 명백 하지 않은가!

우주자연과 소우주인 인간, 전체성과 개별성에 대한 그의 깊은 인식은 부동심의 경지, 즉 아파테이아(apatheia)를 희구하며 사해동포의 세계 시민주의에 이르고 있다. 이러한 아우렐리우스의 정관靜觀은 18세기 영국의 역사학자 에드워드 기본(Edward Gibbon)이 『로마 제국의 쇠망사(The History of The Decline and Fall of The Roman Empire)』에서 안토니누스 피우스와 그의 치적을 가리켜 〈온 국민의 행복을 통치의 제일 목표로 삼고 42년 간 로마 제국을 예지와 인덕仁德으로 다스린 역사상 유일한 시대〉라고 평한 단초가 된 것이라고 할 수 있다.

자로子路가 공자에게 물었다.
"죽음이란 대체 어떤 것입니까?"
"아직 삶의 의미조차 모르고 있거늘, 하물며 죽음에 대해서 어찌 알겠는가."
공자의 대답이었다.

삶과 죽음은 동전의 양면과 같아서 삶의 의미를 깨우치게 되면 죽음에 대해서도 알 수 있게 된다. 그리하여 죽음을 삶과 분리된 것으로가 아니라 삶의 한 부분으로, 옛 사람이 이른 바 '거꾸로 매달린 고통을 푸는 것'으로 보게 되어 담담하게 죽음을 맞을 수 있게 된다. 사람이 죽으면 돌아가셨다고 한다. 영의 본래 자리로 되돌아갔다는 말이다. 지금 이 순간에도 인간은 무덤을 향해 기어가고, 걸어가고, 달려가고 있다. 죽음은 삶이라는 나무 위에 맺어지는 열매라고 했던가. 슬프다, 존재여! 왜 사는지도 모르고 죽어가야 한다는 것은, 그리고 다시 태어남을 반복해야 한다는 것은.

삶과 죽음의 의미를 깨우치기 위해 인간에게는 재물, 권력, 명예, 인기와 같은 교육 기자재가 주어진다. 그러나 주업主業인 공부보다는 근사하게 보이는 교육 기자재에 현혹되어 숱한 갈등을 야기시키게 된다. 그러한 것들이 단지 교육 기자재에 불과하다는 사실을 아는 사람도 있지만, 대부분의 경우 공부는 뒷전이고 교육 기자재를 갖는 것 자체가 목표가 되어 인생을 낭비하거나 탕진하는 경우가 많다.

사람이 깨우친다는 것은 우주자연의 모습을 닮아간다는 것이다. 인간이 우주자연의 모습을 닮아 순수성과 단순성, 성실성과 일관성을 견지할 수 있다면 삶과 죽음을 하나의 연결된 고리로 보게 되고 따라서 생사로부터 해방되게 된다. 춘하추동의 사시가 순환하는 것과 같이 우주자연과 하나가 되어 삶의 흐름에 몸을 맡기게 되면 불길할 것도 해로울 것도 하나 없는 그야말로 매일매일이 참 좋은 날이 되는 것이다.

화산 폭발이나 대지진, 태풍이나 해일로 인해 수많은 인명이 희생되었다 할지라도 거기에는 선도 악도 없다. 단지 자연 현상일 뿐이다. 전체와 분리된 '나'라는 생각이 자리 잡는 순간 선과 악이 생겨나고, 행과 불행이 그림자처럼 따른다. 그러나 삶은 선도 악도, 행도 불행도 아니다. 그것은 다만 에고의 해석일 뿐이다. 우주 속의 그 어떤 것도 분리될 수 있는 것이 아닌데 에고라는 잣대로 분리하는 데서 오는 것이다.

육체의 병을 치료하기 위해서는 병의 원인이 밝혀져야 하듯, 영적 치유를 위해서는 어두움의 본질이 드러나지 않으면 안 된다. 미워하고, 분노하고, 슬퍼하고, 두려워하는 마음은 다름 아닌 '나'와 '너', '이것'과 '저것'을 구분하고 편착하는 데서 오는 것이다. 원래 이 우주는 방대하고 복잡하면서도 매우 정교하게 짜여진 생명의 피륙으로 우주만물의 그 어떤 것도 전체로부터 분리될 수 있는 것이 아니다. 그런데 에고의 잣대로 분리하고 있으니, 실은 분리하는 그 마음을 미워하고, 그것에 대해 분노하고, 슬퍼하고, 두려워하는 것이다. 왜 두려워하는가? 우주로부터 버림받을 것이 자명하다는 것을 잠재의식은 알고 있기 때문이다.

좀 예민한 사람은 이러한 마음의 속임수를 금방 알아차린다. 우리가 화를 낼 때 처음에는 어떤 대상에 대해 화를 낸다고 생각하지만 얼마 지나지 않아 화를 내고 있는 자기 자신의 마음에 대해, 에고의 잣대로 '이것'과 '저것'을 구분하고 편착하는 그 마음에 대해 화를 내고 있다는 사실을 알아차리게 된다. 원래 우주는 '한생명'인데 에고의 잣대로 분리시켜 우주에 역행하는 짓을 하고 있으니 화가 난 것이다. 마음이 열린 사람일수록 이러한 사실을 금방 알아차리게 된다. 종극에는 내적 자아의 각성과 영적인 힘의 계발을 통해 영적 치유가 일어나게 되는 것이다.

언젠가는 알게 될 것이다. 원수는 영적 성장을 도우는 스승이었다는 사실을, 증오와 분노가 어떤 대상이 있는 것이 아니라 바로 증오하고 분노하는 자기 자신의 마음의 작용이며 증오와 분노를 유발시킨 것으로 간주되는 그 대상은 단지 자기 내부의 부정적인 에너지를 외부로 끌어낸 동인動因에 불과하다는 것을, 따라서 증오하고 분노해야 할 상대는 외부의 육적인 대상이 아니라 자신의 내부에서 영적 진화를 방해하는 온갖 부정적인 에너지라는 사실을 알아차리게 될 것이다.

그리하여 종극에는 깨닫게 될 것이다. 우리가 세상사라는 눈꽃을 바라볼 수는 있지만 소유할 수는 없다는 사실을, 그리고 그 눈꽃은 우리 영혼이 빛으로 충만할 때 녹아 없어진다는 사실을. 산 자든 죽은 자든, 사랑하는 자든 미워하는 자든, 잘난 자든 못난 자든, 생물이든 무생물이든, 우주만물은 '한생명'이다. 우리가 이 세상에 온 것은 우주가 '한생명'임을 체득하기 위한 것이다.

# III. 21세기 동학인이 나아가야 할 길

오늘도 길을 걸으며 나는 '그 길'에 대해 명상한다. 수많은 붓다들이, 보살들이, 성자들이 마침내 존재계와 하나가 되어, 영원한 무無의 향기가 되어 사라져간 그 길, '참나'로 가는 그 길에 대해 명상한다. 아직 집을 떠나 본 적이 없는 아이들, 이제 막 집을 떠나려는 청소년들, 맹렬한 삶의 불길 속에서 길을 잃었다는 사실조차 자각하지 못하는 물신 숭배자들, 허위의식의 늪에 빠져 무엇을 모르는지를 모르는 정신 숭배자들, 그들이 걷고 있는 그 길에 대해 명상한다.

미국의 시인 로버트 프로스트(Robert Lee Frost)는 그의 〈가지 않은 길(The Road Not Taken)〉에서 훗날 그가 이렇게 회상할 것이라고 적고 있다. "숲 속에 두 갈래 길이 나 있었는데 나는 인적이 드문 길을 택하였고 그것이 내 운명을 바꾸어 놓았다."라고. 이 시는 바로 우리들 자신의 삶의 이야기이기도 하다.

서쪽으로 여행 중인 한 나그네가 물과 불의 거대한 두 강(二河) 앞에 이르렀다. 남에 있는 불의 강과 북에 있는 물의 강은 너비가 각각 백보로 매우 깊으며 남북의 변邊이 없이 중간에 폭이 겨우 네댓 치 정도의 '하얀 길(白道)'이 있어 물과 불이 교대로 밀려들고 있었다. 두 강을 건널 수 있는 유일한 방법은 양쪽으로부터 물과 불이 번갈아 넘나드는, 바로 이 좁은 하얀 길뿐이었다. 그런데 뒤돌아보니, 무서운 도적떼와 맹수들이 그를 향해 몰려들고 있었으므로 나아갈 길이라고는 오직 하나, 하얀 길밖에는 없었다.

　나그네가 마음을 굳게 다지고 하얀 길을 향해 나아가려고 하는 순간, 아미타불의 음성이 들려왔다. "올바른 생각과 올곧은 마음으로 이 길을 두려움 없이 가라, 내가 너를 지키리라." 그리하여 나그네는 의심 없이 하얀 길을 따라 걸었고, 마침내 아미타불의 서방정토에 이르게 되었다.

　이것이 바로 그 유명한 '이하백도二河白道'의 이야기다. 중국의 승려 선도善導가 설한 것으로 정토왕생에 이르는 경로를 비유적으로 나타낸 것이다. 중생의 성냄과 미워함을 불의 강에, 사랑에 집착함을 물의 강에, 온갖 망상과 번뇌를 도적떼와 맹수에, 정토왕생을 바라는 청정한 신심을 하얀 길에 각각 비유한 것이다. 여기서 하얀 길은 '참나'로의 길이며, 이는 곧 신으로의 길이다. 이 '하얀 길'의 우화는 자신을 잃어버리고도 잃어버렸다는 사실조차 까맣게 잊어버리고 사는 오늘의 우리에게 던지는 심오한 메시지다.

　자신을 잃어버렸다는 것은 곧 자신의 본성인 신성을 잃어버렸다는 것이다. 이탈리아의 시인 알리기에리 단테(Alighieri Dante)가 남긴 불멸의 거작 『신곡(La Divina Commedia)』은 단테 자신의 영혼의 순례 과정, 즉 잃어버린 신성을 찾아가는 과정을 그린 것으로, 당시는 물론 오늘의 인류 문화가 지향할 목표를 제시한 것이기도 하다. 〈지옥편〉〈연옥편〉〈천국편〉의 3부로 이루어져 있는 이 작품은 우리에게 신으로 가는 길을 생생하게 보여 준다.

　단테는 베르길리우스의 안내로 '세 마리의 야수〔세 가지 아집: 색욕·교만·탐욕〕'에 의해 지배되는 '어두운 숲〔이성과 덕이 결핍된 삶〕'을 벗어나 먼

저 지옥으로, 다음에는 연옥의 산으로 오르며 현세에 있어서의 지선(至善, 지상낙원)에 이른다. 산꼭대기에서 베르길리우스와 작별한 단테는 다시 성녀 베아트리체에게 인도되어 지고천至高天에까지 이르고, 그곳에서 한순간 신神을 친견하게 된다는 이야기다.

여기서 일반적으로 지옥편은 조각에, 연옥편은 회화에, 천국편은 음악에 비유되기도 하는데, 이는 지옥편이 예리한 조각적 표현으로, 연옥편이 섬세한 회화적 표현으로, 그리고 천국편이 시공을 초월한 음악적 표현으로 노래하고 있는 데서 붙여진 이름이다. 지옥은 물질〔형상〕차원에 갇힌 무명無明의 삶의 행태를 말함이니 조각 작품처럼 표현되고 있는 것이고, 천국은 형상을 초월한 초超시공의 영역을 말함이니 음악적 표현으로 나타낸 것이다.

『장자莊子』에서는 '천악天樂', 즉 우주자연의 오묘한 조화로서의 하늘음악을 노래했고, 『부도지符都誌』에서는 '태초에 소리가 있었다'고 하였으며, 『요한복음』1장 1절에서는 "태초에 말씀〔하늘 소리〕이 계시니라…"고 하였다. 이는 모두 초형상·초시공의 소리의 오묘한 경계를 나타낸 것으로 우주 삼라만상의 기원과 천국의 조화성을 이로써 보여 준다.

지옥이 물질 차원에 갇힌 에고의 영역〔어두움의 세계〕이라면, 천국은 물질과 정신이 조화를 이루는 전체의식의 영역〔빛의 세계〕으로 하늘 음악은 바로 조화자의 말씀 그 자체다. 그리고 이 양단의 중간에 지옥보다 순화된 회화적 표현으로 연옥편이 나타나고 있다. 지옥편에서 연옥편을 거쳐 천국편으로의 여행은 물질 차원에서 의식 차원으로의 변환, 즉 의식의 자기 확장을 의미한다.

흔히 이 마음 하나가 천국이요 지옥이라는 말은 천국과 지옥이 시공 개념이 아니라 인간의 의식 상태임을 말해 준다. 살아 있어도 마음이 분노와 증오의 불길로 타오르고 있으면, 괴로움과 고통의 나락에 빠져 있으면, 그게 바로 지옥이다. 반면 마음이 용서와 사랑으로 충만해 있으면, '나'와 '너'의 경계가 사라지고 존재계와 하나가 되면, 그게 바로 천국이다.

천국과 지옥을 생전의 죄가에 따라 사후에 가는 곳이라고 말하기도 하는 것은, 시간과 공간의 지배 하에 있는 인간이 보다 직접적이고도 구체적으로 느낄 수 있게 하기 위한 교훈적 의미가 크다. 사는 동안 마음을 부정한 심상으로 가득 채운 사람은 살아서도 지옥을 경험하고 또한 육체를 벗어 버린다고 해서 의식의 작용이 멎는 것은 아니므로 사후에도 지옥을 경험하게 되는 것이니, 생전의 죄가에 따라 천국과 지옥에 간다는 말이 틀린 것은 아니다. 그러나 정확하게 말하자면 천국과 지옥은 인간의 의식 상태를 말하는 것이므로 삶과 죽음을 관통하는 개념이다.

천국의 문은 부자에게나 가난한 자에게나, 배운 자에게나 배우지 못한 자에게나 물질 세계에서의 개인적 및 사회적 조건과는 상관 없이 항상 공평하게 열려 있다. 그런데 문제는 영적靈的 시력이 좋지 않은 사람은 그 문을 찾을 수 없다는 것이다. 물질에 대한 욕망이 크면 클수록 영적 시력은 약해져서 결국 물질의 노예가 되어 사는 것이 천국이라고 착각하기까지에 이른다. 스스로 기뻐하며 물질을 숭배하고 그것의 노예가 되기를 자청하는 자들이 이 세상에는 얼마나 많은가!

영혼이 가난해지면 걸신乞神이 자라기에 적합한 토양이 된다. 육체라는 집은 걸신으로 우글거리게 되고, 그 숱한 걸신을 먹여 살리자니 매일 먹이감을 사냥하지 않으면 안 된다. 마치 '걸신증' 환자처럼 허덕이며 계속해서 먹을 것을 찾지만, 끝내는 정상적인 방법으로는 그것을 충족시킬 수가 없기 때문에 큰 도적이 되는 것도 마다하지 않게 된다. 결국 허망한 소유욕으로 인해 우주 생명의 뿌리로부터 멀어지는 것이니, 소탐대실小貪大失이 이를 두고 하는 말이다.

좀도둑은 물건을 훔치지만, 큰 도적은 나라를 훔친다. 물건을 훔친 좀도둑은 감옥에 가지만, 나라를 훔친 큰 도적은 왕좌에 앉는다. 그러나 그 본질이 반反생명인 물신物神은 태생적 한계로 인해 그 지배력이 오래 가지 못한다. 그래서 '권불십년權不十年'이라는 말이 생기게 된 것이다. 어떤 사람에게는 존재하는 모든 것이 소위 '한 자리' 하기 위한 발판일 뿐이다. 이런 사람의 논리는 지극히 간단명료하다. '한 자리' 하는데 도움이 되면 선이고, 방해가 되면 악이다.

역사상 얼마나 많은 독재자들이 권력의 마력 앞에 자신들의 영혼을 팔아 바쳤던가. 권력에 대한 집착, 그것은 일종의 병이다. 자기 정체성이 확립되지 않은 사람일수록 돈이니 권력이니 명예니 하는 외적인 것에 대해 강한 집착을 갖는다. 이 지구 학교에 있는 모든 것은 공부하기 위해 잠시 빌려 쓰고 있는 교육 기자재에 불과한 것인데, 공부는 뒷전이고 교육 기자재에 탐심을 일으켜 자기 것으로 만들기 위해 열을 올리고 있으니 이 어찌 병이 아닌가!

어떤 사람은 말한다. "난 돈이나 권력 따위엔 관심도 없어. 내가 소중하게 생각하는 건 오직 명예뿐이야." 그러나 그 명예라는 것이 미덕이 없는 껍질뿐인 것이라면? 여기에는 마음의 속임수가 숨어 있다. 허식이 강할수록 진실에서 그만큼 멀어진다. 명예욕 또한 권력욕과 마찬가지로 소유욕의 다른 얼굴일 뿐이다.

또 어떤 사람은 평생을 '하나'님 아버지 이름을 부르며 선교 활동으로 보내기도 한다. 이런 사람은 자기 스스로는 세속적인 것을 초월했다고 생각하지만 그렇지 않다. 사람마다 각자의 고유한 길이 있으니 역할이 다른 것이지, 종교계에 몸담고 있다고 해서 정신이 순화되고 성스러워지는 것은 아니다. 자기가 부르는 '하나'님 아버지라는 이름을 통해 에고가 작용하게 되면서 '나'만의 '하나'님, 내 종교만의 '하나'님이 되기도 한다. 이런 사람에게는 '나'와 내 종교가 동일시되고 교세의 확장이 곧 '나'의 확장인 것으로 나타난다. 이처럼 개인적 차원의 에고가 종교적 차원의 에고와 결합할 때 에고의 힘은 더욱 강력해진다. 종교적 광신이 불러오는 유혈 충돌 또한 양 차원의 에고가 결합하여 나타난 경우이다.

또한 현세보다는 내세에서의 행복을 희구하며 평생을 아낌 없이 이타주의적으로 사는 사람은 이렇게 말할지 모른다. "오직 다른 사람을 위해서 존재할 뿐, 나 개인의 행복은 문제가 되지 않아." 그러나 이런 사람의 이타적 삶은 내세에서의 행복이 그 대가인 셈이다. 어떤 대가-그것이 현세에서의 것이든, 내세에서의 것이든-를 바라는 선행은 참사랑의 나타남이 아니다. 아무리 선행을 하여도 그것이 대가성에 기초한 것이거나 상을 받고자 하는 다른 목적이 있다면, 그 행위는 새로운 카르마(karma, 業)를 불러일으키는 원인이 된다. 중요한 것은 행위 그 자체보다는 어떤 마음자리로 임하느냐 하는 것이다.

그러면 연구와 사색을 통해 진리에 접근하고자 하는 과학자나 철학자, 사상가의 삶은 어떤 것일까? 그들은 이성과 논리의 세계에 갇혀 있으며, 지식 축적을 통해 진리에 접근하고자 한다. 그러나 진리는 초이성·초논리·직관의 세계로, 지식으로 닿을 수 있는 영역이 아니다. 그들의 지식은 진리의 달을 가리키는 손가락에 불과하다. 그럼에도 손가락을 진리의 달 자체라고 보는 데서 부질없는 공론空論이 일게 된다. 그리하여 〈산을 버리고 골짜기로 돌아가거나 나무를 버리고 큰 숲으로 달려가는 격〉이 되는 것이다. 지식의 한계를 깨달을 수 있을 때 보다 높은 단계로의 발전이 가능하다.

평생을 선禪이나 명상 등의 수행에 몰입하는 정신 수행자들의 삶은 또한 어떤 것일까? 그들은 이성과 논리의 세계를 초월해 있으며, 끊임없이 스스로를 비움으로써 진리에 접근하고자 한다. 비운다는 것은 순수해지는 것이고, 에고가 사라지는 것이고, 이는 곧 존재계와 하나가 되는 것이다. 그러나 보통 사람들에게는 비우는 것이 채우는 것보다 훨씬 어렵다. 왜냐하면 에고 차원의 육체적 자아는 본능적으로 소유하고 집착하는 데 익숙해 있기 때문이다. 에고가 허상이라는 것을 알지 못하는 이들에게 에고의 사라짐은 공포 그 자체이기도 하다. 정신 수행자가 삿된 마음을 일으키면 어두운 기운에 쉽게 감염된다. 온갖 시험을 물리칠 수 있는 강인한 정신력이 없이는 길을 잃기 십상이다. 세속적인 성공에는 편법이 작용할 수도 있겠지만, 정신 수행의 길에 편법이란 것은 없다. 오직 쉼없는 정진만이 있을 뿐이다. 비워야 한다는 생각도, 도道에 대한 집착마저도 방기되어야 궁극적인 '참나'[神]에 이를 수 있다.

이렇듯 인간의 삶의 형태가 다양한 것은 영적 진화의 단계에 따라 학습해야 할 과목이 다르기 때문이다. 우리가 의식하든 하지 못하든, 세속적인 삶을 살든 정신 수행자로서의 삶을 살든, 종교라는 통로를 통하든 통하지 않든, 우리 모두는 우리의 본신인 신神으로 가는 도상에 있다. 어떤 사람은 오늘, 또 어떤 사람은 내일, 그리고 또 다른 사람은 모래…, 거기에 이를 것이다. 언젠가 '존재의 집'에 이르게 되면 알게 될 것이다. 마치 소를 타고 소를 찾아 헤매는 것처럼, 우리의 본신인 신을 찾아 천지 사방을 헤매었다는 것을.

> 내게도 소를 타고 소를 찾아 헤매던 시절이 있었다.
> 소를 타고 소를 찾아 나선 길에서 나는 한 수행자를 만났다.
> "'콧구멍 없는 소' 못 보았소?"
> 내가 묻자 그는 이렇게 말했다.
> "산으로 가 보시오."
> 하여 나는 산으로 향했다.
> ……………………………
> 종일토록 '콧구멍 없는 소'를 찾아 헤매었건만,
> 소는 보지 못하고 다리가 쉬도록 아지랑이 능선만 밟고 다니다가
> 집으로 돌아와 웃음 짓고 의식의 등불 밝히니,
> '콧구멍 없는 소'가 그 모습을 드러내며 이렇게 말했다.
> "나는 그대의 신성이다."
> "그러면 당신은 신神이십니까?"
> 내가 되묻자 그는 이렇게 말했다.
> "신이라고 부르지 말라. 나를 신이라고 부르는 것은 그대 의식이 아직도 이분화되어 있기 때문이다. 의식이 물질 차원에 가까울수록 나는 형상화된다. 그대 의식 속에서 신이라는 형상을 지워버리면 나는 곧 그대 자신이다.

여기서 '콧구멍 없는 소'란 고삐에 얽매이지 않는 자유로운 의식,

즉 우리의 신성을 말한다. '콧구멍 없는 소'는 소위 우리가 말하는 신이요 '참나'이다. 보이는 것은 보이지 않는 것의 그림자에 불과하다고 했던가. 우리 모두는 보이지 않는 신의 그림자다. 물체와 그림자가 분리될 수 없는 하나이듯, 신과 우리는 본래 하나다. 사실 따로이 신이라고 부를 필요도, 신을 믿을 필요도 없는 것이다. 다만 우리의 의식이 이분화되어 있다 보니 설명의 편의상 그렇게 부르고 있을 뿐이다. 따라서 '콧구멍 없는 소'란 얽매임이 없는 우리의 본래 모습이다. 우리가 자유인이 아닌 것처럼 느껴지는 것은 우리의 의식이 분열되어 있기 때문이다.

'콧구멍 없는 소'를 찾아 나선 길에서 나는 많은 영혼의 순례자들을 만났다. 그들도 나와 마찬가지로 소를 타고 소를 찾아 헤매고 있었다. '콧구멍 없는 소'와 만나기 위해서는 오직 내면으로 들어가는 길이 있을 뿐, 천지 사방을 헤맨다고 해서 찾을 수 있는 것이 아니다. 돈, 권력, 명예, 인기 등 이 세상 그 어떤 것도 '콧구멍 없는 소'로 가는 길이 아님을 알게 될 때, 그리하여 진정한 포기가 일어날 때 그때 비로소 내면으로의 길은 열리게 된다. 그러기 위해 우리는 태어남과 죽음을 반복하며 학습을 계속하게 되는 것이다.

"어린 아이처럼 단순해지지 않고서는 천국에 들어갈 자가 없다."라고 한 것은 어디까지나 비유이다. 어린아이의 단순함이 에고가 생기기 전의 단순함이라면, 깨달은 자의 단순함은 에고가 허상이라는 것을 알고 난 다음의 단순함이다. 말하자면 전자는 영혼이 아직 순례를 시작하기 전의 단순함이고, 후자는 영혼이 순례를 마치고 존재의 집으로 돌아온 후의 단순함이다. 익지 않은 단순함은 빗나갈 수 있지만, 무르익은 단순함은 빗나가는 일이 없다. 삶과 죽음에 대한, 존재의 본질에 대한 정확한 인식이 없이는 인간은 진화할 수 없다.

에고란 말이 쌓인 것으로 말은 곧 생각이다. 묵언 수행의 비밀은 말 없음을 통해, 생각의 끊어짐을 통해 에고를 지우는 데 있다. 그러나 수신〔止行, 坐禪〕만으로는 순수의식에 이를 수 없으며, 헌신적 참여〔觀行, 行禪〕가 병행될 때 우리의 영혼은 비로소 완성에 이를 수 있다. 헌신적 참여란 대가성이 아닌 봉사성에 기초한 참여를 말한다. 영적 진화 과정에서 수신과 헌신적 참여는 동전의 양면과도 같이 동시적으로 존재한다. 마치 고요함 가운데 움직임이 있고 움직임 가운데 고요함이 있는 것처럼. 수신과 헌신적 참여의 길은 곧 신으로 가는 길이다.

인도인들이 애송하는 『바가바드 기타』 경전에는 전사인 아르주나(Arjuna)가 비슈누(Visnu) 신의 화신인 크리슈나(Krishna)에게 이렇게 묻고 있다.

> "크리슈나여, 당신은 행위의 포기에 대해 말씀하시면서 또한 신성한 행위의 길을 권면勸勉하십니다. 지혜의 길(the path of wisdom, Jnana Yoga)과 행위의 길(the path of action, Karma Yoga), 이 둘 중에서 어느 것이 더 나은 길입니까?"

이것은 아르주나의 물음인 동시에 우리 모두의 물음이기도 하다. 여기서 '지혜의 길'과 '행위의 길'은 '지행止行'과 '관행觀行' 또는 '좌선坐禪'과 '행선行禪'의 관계와 같은 것이다. 말하자면 전자가 행위를 멈추고 자신의 내면을 들여다보는 것이라면 후자는 사심 없는 행위를 하는 것으로, 이는 곧 수신과 헌신적 참여를 말함이다. 이 둘은 깨달은 자의 눈으로 본다면 결국 하나이며 그 목표는 같은 것이다. 하지만 보통 사람들에게는 행위를 포기하는 길보다는 행위의 길이 더 낫다고 크리슈나는 말한다.

"아르주나여, 행위의 길을 따르지 않고 완전한 포기가 일어나기는 매우 어렵다. 지혜로운 자는 순수하고도 헌신적인 행위의 길을 통해 곧 브라만(Brahman)에 이르게 될 것이다."

여기서 브라만은 근원적 일자一者 또는 궁극적 실재를 일컫는 것으로 하늘天·천주(天主, 하느님, 하나님, 創造主, 絶對者, 造物者, 唯一神, 一神, 天神, 한울, 한얼)·도道·불佛·태극太極, 무극無極·우주의식(전체의식, 순수의식, 一心)·우주의 창조적 에너지(至氣, 混元一氣)·진리(실체, 眞如(suchness), 불멸) 등으로 다양하게 명명되고 있다. 행위의 길에 대한 크리슈나의 영적인 가르침은 지금 이 순간에도 행위의 길을 가고 있는 우리 모두에게 던지는 심오한 메시지다.

영혼을 노래하는 시인 칼릴 지브란(Kahlil Gibran)은 인생이 제공하는 가장 중요한 두 가지 선물인 아름다움과 진실 가운데, 아름다움은 사랑하는 마음속에서, 진실은 일하는 사람의 손에서 찾아내었다고 했다. 또한 자신의 꿈을 황금과 은으로 해석하는 것보다 더 낮은 수준으로 몰락할 수 있는 인간은 이 세상에 없다고 단언했다. 행복이란 아름다움과 진실의 동의어다. 사랑하는 마음과 헌신적인 행위는 에고를 초월하기 위한 명상이요 기도다.

붓다의 길과 보통 사람의 길은 정녕 다른 것인가?
여기서 붓다(Buddha)는 각자覺者, 즉 깨달은 자를 의미한다. 붓다의 길은 내면(참자아)으로의 길이요, 보통 사람의 길은 외부(에고)로의 길이다. 전자가 순수의식(우주의식, 전체의식)으로의 길이라면, 후자는 부귀영화(부분의식)로의 길이다. 전자가 진지眞知로의 길이라면, 후자는 분별지分別智로의 길이다. 전자가 영원한 삶(대자유)으로의 길이라면, 후자는 죽음(구속)으로의 길이다.

거듭되는 시행착오의 과정을 통해 지혜의 밝음이 그 모습을 드러내면 어리석음의 어둠은 저절로 사라지는 법. 바로 그때 전환이 일어난다. 물질에서 의식으로, 에고에서 참자아로의 방향 전환이 일어난다. 따라서 붓다의 길과 보통 사람의 길은 영원히 만날 수 없는 평행선이 아니다. 붓다의 길은 영혼의 세계에서가 아니라 티끌 속에서 티끌 없는 곳으로 가는 길이다. 붓다의 길은 '나'도 없고 '너'도 없는 길이기에, 행위자는 사라지고 행위만 있는 길이다.

진정한 신앙은 종교라는 이름을 초월하는 것이다. 그것은 개체라는 착각에서 벗어나 내부의 신성에 눈뜨는 것, 말하자면 영원한 '참나'를 믿고 받드는 것이다. 사람들은 흔히 내게 묻는다. "무슨 종교를 믿으십니까?"라고. 중요한 것은 종교의 이름이 아니라 종교적 진리의 정수를 삶 속에서 실천하는 것이다. 이 세상에는 특정 종교의 이름을 걸지는 않더라도 종교적 진리를 삶 속에서 구현하는 사람들도 적지 않게 있다. 우리가 스스로의 신성에 눈뜨기 위해 특정 종교의 안내를 받을 수는 있겠지만, 그렇다고 타종교의 안내를 받거나 종교라는 이름을 표방하지 않는 사람들을 질타해서는 안 된다. 왜냐하면 '참나'로 가는 길은 다양하기 때문이다.

또한 신앙이 기복신앙 차원에 머물러서는 결코 '참사랑'이 일어날 수 없다. 열심히 조각상에 절하고 기도하여 각자가 소원하는 바를 이루면 다 되었다고 하는 발상 자체가 잘못된 것이다. 그 소원이라고 하는 것이 진정한 자기 실현의 의미를 담고 있는 것이 아니라 이기적인 욕구 충족을 위한 것에 불과하며 따라서 에고를 더욱 증폭시킬 것이기 때문이다. 에고가 강한 사람일수록 이름에 집착한다. 왜냐하면 이름을 통해 '나', '내것'이라는 에고가 들어오기 때문이다. 누군가가 내 이름을 부르면 '나'라는 존재를 느끼게 되는 것은 '나'라는 존재가 내 이름과 동일시되기 때문이다. 내 부모, 내 자식, 내 종교, 내 집, 내 자동차…, 이 모든 이름을 통해 '내것'이라는 에고가 들어온다. 허나 이 세상에 전체와 분리된 '나'라는 개체도 없고, 영원한 '내것'이란 것도 없다. 모두가 공부하기 위해 잠시 빌려 쓰다가 갈 뿐이다.

종교는 그 어떤 의미에서도 진리를 구획 짓는 울타리가 되어서는 안 된다. 종교의 사명은 우리가 개체라는 착각에서 벗어나 자기 자신의 신성에 눈뜰 수 있도록, 우주가 '한생명'이라는 사실을 인식할 수 있도록 참사랑으로 안내하는 것이다. 참종교는 참사랑으로 안내만 할 뿐, 그 이름을 드러내지는 않는다. 종교 또한 에고라는 껍질을 깨지 않으면 진리의 구현이라는 본래의 사명을 다할 수 없다.

아래 내용은 인간이 얼마나 종교 의식의 지배를 받는지를 보여 주는 일화이다.

두 사람이 죽어 저승으로 갔다. 한 사람은 기독교인이고, 다른 한 사람은 이슬람교인이었다. 옥좌에 앉은 존귀한 존재에게 기독교인이 먼저 말했다.

"오, 하느님 아버지시여! 저는 평생 당신의 이름으로 기도하고 당신만을 믿으며 살았습니다. 그러니 천국으로 들어가게 해 주소서."

그러자 옆에 있던 이슬람교인이 이렇게 말했다.

"오, 알라신이시여! 저는 당신이 유일신임을 믿습니다. 그러니 천국으로 들어가게 해 주소서."

그러자 존귀한 존재는 이렇게 말하는 것이었다.

"나는 본래 무명無名이다. 어찌하여 그대들은 내게 이런 저런 이름 붙이기를 좋아하는가? 진실로 나를 믿는 자는 이름에 연연해 하지 않는다. 나를 믿는다는 것은 이름을 버린다는 것이고 이는 곧 단순[순수]해진다는 것이다. 어린아이처럼 단순해지지 않고서는 천국에 들어갈 자가 없느니라."

두 사람은 사후 세계를 각자가 믿는 종교의 언어로 표현하고 있는 것이다. 그들이 보았다는 사후 세계는 다름 아닌 그들 자신의 의식의 작용이 나타난 것이다. 종교가 선행을 권장함으로써, 참사랑으로 안내함으로써 천국으로 안내하는 역할을 할 수도 있겠지만, 자기 울타리에 갇혀 다른 종교를 배척한다면 빗나간 길을 가는 것이다. 중요한 것은 언어적인 교리가 아니라 그 이면에 숨겨진 의미와 행行이다. 참 인식이 선행되지 않으면 참행동이 나올 수 없다. 우리가 종교를 올바르게 이해해야 하는 이유가 바로 여기에 있다. 우리가 '신神'을 제대로 인식하지 못하면 그것은 짚신이나 나막신 수준의 물신 숭배에 지나지 않게 된다.

세상 사람들은 왜 종교라는 이름에, 유일신의 이름에 연연해 하는지 나는 알지 못한다. 그 이름이 '하나'님이면 어떻고, 알라신이면 어떻고, 불佛이면 어떻고, 도道면 어떻고, 브라만이면 어떻고, 아트만이면 어떻고, 또 순수의식이면 어떤가. 실재 세계는 언어의 영역을 초월해 있으며, 무엇이라고 정확하게 명명될 수가 없다. 따라서 무엇이라고 부르든, 이는 억지로 붙인 이름일 뿐 그 이름이 곧 실상을 나타내는 것은 아니며, 그러한 이름이 있기 전부터 이미 그것은 사실로서 존재해 온 것이다. 중요한 것은 삶 속에서 어떻게 진리를 구현하느냐 하는 것이다.

기독교의 무소부재無所不在라는 말은 '하나'님이 만물에 편재遍在해 있음을 나타낸 말이다. 마치 비가 대지를 고루 적시고 태양이 사해를 두루 비추는 것처럼, '하나'님이 없는 곳이 없다는 것이다. 도道가 만물에 편재해 있음이나 불佛이 만물에 편재해 있음도 이와 같다. 호흡하는 공기, 호수 위의 물안개, 오색찬란한 무지개, 바람과 구름과 돌과 티끌과 똥오줌 속까지 '하나'님이 없는 곳이 없고, '도'가 없는 곳이 없고, '불'이 없는 곳이 없다. 따라서 이름으로 실상을 구분하는 것은 '하나'님을 죽이는 일이요 '도'를 죽이는 일이요 '불'을 죽이는 일이다.

일一과 다多, 이理와 사事, 정靜과 동動, 진眞과 속俗, 정淨과 염染, 공空과 색色 등의 상호 대립하는 범주들은 본체(體)와 작용(用)이라는 불가분의 관계로 분석할 수 있다. 만물만상은 곧 일심의 나타남이다. 하나(一)와 여럿(多)은 상호 연관되어 있으며 상호 관통한다. 여럿(多)이 하나로 돌아간다면, 하나는 여럿(多)으로 돌아간다. 귀로 듣고 눈으로 보고 입으로 말하고 코로 냄새 맡고 손으로 잡고 발로 걷고 뛰고 하는 것 모두 일심이 감각기관을 통해 활동하는 것이다. 희·로·애·락·애·오·욕喜怒哀樂愛惡慾의 감정 또한 일심의 나타남이다. 호수 위의 물안개, 물 흐르는 다리, 흐느끼는 바람소리, 연꽃 사이로 불타오르는 원색의 저녁노을, 영혼을 적시는 희열, 폭풍우 같은 분노, 욕망이라는 이름의 전차, 문명이라는 이름의 화산…, 이 모두 일심의 나타남이다.

그러나 일심을 깨닫지 못하면 이 마음을 떠나서 다른 마음을 만들고, 본체를 버리고 그림자를 구하게 되어 미망迷妄 속을 헤매게 된다. 그러나 지혜는 남이 대신 닦을 수 없는 것. 어리석음의 어두움을 없애면 지혜의 밝음은 저절로 그 모습을 드러내게 될 것이다. 그것은 곧 '평등성지平等性智'의 나타남이다. '나'가 없기 때문에 '나' 아닌 것이 없고, 나 아닌 것이 없으므로 일체가 평등무차별하게 된다. 다만 일심의 도道는 지극히 가까우면서도 또한 지극히 먼 것이어서, 찰나에 저절로 만나게 되는가 하면 억겁을 지나도 이르지 못한다. 그것의 비밀은 바로 의식의 깨어있음에 있다.

모든 종교에서 그토록 경계하는 우상 숭배란 바로 우리의 내재적 본성인 신성을 우리 자신으로부터 분리시켜 외재적 존재로 물화物化하여 객체화된 하나의 대상으로 숭배하는 것을 말한다. 물신은 모든 존재에 내재한 신성을 외재적 존재로 물화하여 '나'만의, 내 종교만의 신으로 묶어두기를 좋아한다. 말하자면 마음이 물신의 지배를 받게 되면 영적 시력이 약화되어 물신이 진정한 신으로 보이게 되는 것이다. 이렇게 되면 '하나'님이 그토록 경계하는 우상 숭배에 빠지게 된다. 이러한 자기 자신의 이원화는 곧 자기의식의 분열의 표징이며, 영적 진화에 역행하는 것이다. 진리는 전체적인 것인데 종교가 이원화를 심화시키고 있음은 우상 숭배에 앞장섬으로서 영적 퇴보로 안내하는 것이나 다름없으니, 이 또한 얼마나 우스꽝스러운 어리석음의 극치인가? 수운이 서학의 도道는 허무에 가깝고 학學은 한울의 '학'이 아니라고 한 것은 바로 이를 두고 하는 말이다. 서학西學은 내재와 초월의 합일에 대한 인식없이 한울과 인간을 이원화시키고 한울을 위하는 공심公心은 없이 다만 제 몸만을 위하여 사심私心으로 비니, 몸에는 한울의 감응이 없고 학學에는 한울의 가르침이 없다는 것이다.

서구의 종교개혁이 교회의 권력 남용을 바로잡기 위해 시작한 것이었다면, 제2의 종교개혁은 다양하게 명명되고 있는 우주의 근원적인 일자의 실체가 하나임을 밝힘과 동시에 그 하나가 바로 우리 내부의 신성 즉 순수의식이라는 사실을 직시하게 함으로써 모든 종교간의 대립성과 분절성을 극복하고 실체를 지향하는 삶으로의 방향 전환이 될 것이다. 그렇게 되면 육체적 자아(corporal self)가 우주적 자아(cosmic self)로 향하는 직로直路가 뚫려 종교적 진리가 개개인의 삶 속에 구현되는 직접시대가 될 것이다. 우상 숭배는 목적지로 갈 수 없는 빗나간 길이다. 수운과 같은 성인이 이 세상에 오신 것도 바로 우리 내부의 신성에 눈뜨게 함으로써 빗나간 길을 가지 않도록 하기 위한 것이었다.

언어는 단지 의사소통을 위한 하나의 도구에 불과하다. 언어가 그려 놓은 부정한 심상을 지우지 않고서는 결코 그 이면에 있는 궁극적 실재에 이를 수 없는 것이다. 이 궁극적 실재는 분별하고 추상하고 분류하는 지식에 의존하고 있지 않은 까닭에, 드러낼 수 있는 지식의 대상이 될 수 없다. 우리들 각자의 내부 의식으로 깊이 들어가 일체의 현상을 근원적인 전일성의 현시顯示로 볼 수 있을 때, 부정한 심상은 완전히 지워지게 되고 평등무이平等無二한 궁극적 실재에 이를 수 있는 것이다. 부정한 의식의 철폐를 통한 진지眞知의 회복, 바로 여기에 제2의 르네상스가 있고 제2의 종교개혁이 있다. 그것은 다양성으로 이루어진 하나의 통일체를 창출하는 일이다.

　곰팡이 슨 문화와 사상이 난무하는 시대, 기술과 도덕 간의 심연 속에서 우리는 다시 인간을 찾아야 한다. 종교 이기주의와 세속화·상업화·기업화로 삶의 향기를 잃어버린 시대, 이성과 신성 간의 심연 속에서 우리는 다시 신神을 찾아야 한다. "인간의 모든 지식 중에서 가장 유용하고도 진보되지 않은 것은 인간에 관한 지식."이라고 루소(J. J. Rousseau)가 말했던가. 인간이면서도 인간에 대해 너무 모르고 있거나, 너무 잘못 알고 있거나, 상당히 알고 있다고 착각하고 있으니, 우리는 만고에 다시 없는 역설 속에 살고 있는 셈이다. 우주를 알지 못하고서는 인간을 논할 수 없고 인간을 알지 못하고서는 시대를 논할 수 없다고 하는 것은 자명한 이치다. 「시천주」 도덕은 제2의 르네상스, 제2의 종교개혁의 개창 원리를 담고 있다.

　수운이 「불연기연」의 말미에서 '한울의 섭리에 부쳐 살펴보면 불연은 또한 기연이라'고 한 것은 그의 즉자대자적 사유체계의 단면을 보여 주는 것이라 하겠다. 수운의 불연기연의 논리와 「시천주」 도덕은 이성과 신성, 현상과 본체의 회통會通을 통하여 '무리지지리 불연지대연無理之至理 不然之大然'의 경계를 지향한다. 학문과 종교와 삶이 하나로 어우러진, 상대적 차별성을 떠난 여실한 대긍정大肯定의 세계를 지향하는 것이다.

　수운은 그의 천도天道가 서학과는 달리 '마음을 지키고 기운을 바르게 하여 한울의 본성을 거느리고 그 가르침을 받게 되면 자연 한 가운데에 화해져 나오는 것'이라 하여 '무위이화無爲而化'라고 하고 있다. 한울의 '학'은 한마디로 심학心學이다. 일체의 분절성과 대립성을 극복하여 일심一心이 될 때 사람이 곧 하늘이 되는 것이다. 그 하나인 마음속에서 물질과 정신이, 현상과 실재가, 자유의지와 필연이 변증법적 통합을 이루게 됨으로써 소아小我의 유위有爲가 아닌 대아大我의 무위無爲를 따르게 되어 동귀일체同歸一體가 이루어져 천덕天德은 현실 속에서 현현顯現하게 되는 것이다. 말하자면 홍익인간弘益人間·광명이세光明理世의 이념이 발현되는 것이다.

　인간 존재의 '세 중심축'-종교와 과학과 인문 즉 신과 세계와 영혼의 세 영역(天地人 三才)-의 연관성 상실을 초래한 서학西學의 그것과는 달리, 동학은 천도天道와 천덕天德에 입각하여 만인이 「시천주」의 자율적이고도 자각적인 주체로서 평등무이平等無二한 '열린 사회(open society)·'수평 사회(horizontal society)'로의 전환을 촉구한다. 다시 말해서 이성과 신성, 기술과 도덕 간의 심연(深淵, abyss)을 해소함으로써 천天·지地·인人 삼재三才의 분절성을 극복하고 대통합을 지향하게 하는 것이다. 그리하여 제로섬(zero-sum) 게임이 아닌 윈-윈(win-win) 게임이라는 21세기 새로운 발전 패러다임을 제시할 수 있게 할 것이다. 이는 우주 '한생명'을, 우주만물의 유기적 통일성을 직관적으로 깨닫게 하는 동학의 생태적이며 영적인 본질에서 비롯되는 것이다.

　수운의 불연기연의 논리와 「시천주」 도덕은 전통과 근대 그리고 탈근대를 관통하는 '아주 오래된 새것'이라 할 만하다. 다시 말해서 동학의 즉자대자적卽自對自的 사유체계 속에서 일체의 이분법은 폐기되며, 특수성과 보편성, 개체성과 전체성이 통합됨으로써 '참여하는 우주(participatory universe)'가 그 모습을 드러내게 되는 것이다. 동학의 도덕관과 불연기연적 세계관 속에서 전통과 근대 그리고 탈근대는 변증법적 통합을 이루게 된다. 이는 「시천주」 도덕을 관통하는 원리가 '부정의 부정(negation of negation)'을 통해 대긍정에 닿아 있음을 반증하는 것이다.

　이상에서 볼 때 21세기 동학인이 나아가야 할 길은 「시천주」의 자각적이고도 실천적 주체가 되는 것이다. 그것은 곧 이성과 신성의 통합에 기초한 우리의 영적 본질이 발현되는 것을 말한다. 실로 천·지·인天地人 삼재三才의 조화의 열쇠는 사람에게 있고 사람의 마음이 밝아지면 그 열쇠는 저절로 작동하게 되는 것이니, 시천주의 자각적 실천이야말로 동학의 세계화를 담보하는 것이라 하겠다. 그것은 동학이라는 문을 통하여 동학이라는 이름을 넘어서는 것이다. 동학이라는 이름마저도 넘어설 수 있을 때 일심一心의 근원성·포괄성·보편성은 구체적 현실태로 그 모습을 드러낼 것이다.

　실로 수운의 「시천주」 도덕은 인간의 신성 회복을 통해 인간의 삶을, 이 세상을 근본적으로 바꾸기 위한 것이다. 그의 사상에는 고금을 통하고 역사를 초월하며 민족과 종교의 벽을 뛰어넘는 보편성이 흐르고 있다. 그런 점에서 동학은 전통과 근대 그리고 탈근대를 관통하는 '아주 오래된 새것'이라 할 만하다. 동학은 우리 인류가 시대적·사상적·종교적 질곡에서 벗어나 유기적 생명체 본연의 통합적 기능을 회복하게 함으로써 진정한 역사 발전의 동력이 될 수 있게 할 것이다. 실로 동학은 홍익인간·광명이세의 이념을 현대적으로 구현하는 원리를 제공해 준다는 점에서 진정한 문명의 시작을 알리는 신곡神曲이라 할 수 있을 것이다.

　진정한 문명의 시작을 알리는 신곡, 그것은 우리의 이성이 내재적 본성인 신성과 통합될 때 울려 퍼지는 영혼의 교향곡이다. 덴마크의 철학자이며 현대 실존주의 철학의 창시자인 쇠렌 키에르케고르(Søren Kierkegaard)는 절망을 죽음에 이르는 병이라고 하고 그것은 죽을 수 있다는 마지막 희망까지도 잃은 실존적 절망을 의미하는 것이라고 했다. 그의 두려움은, 불행한 의식은, 절망은 어디로부터 오는 것일까? 그것은 바로 이성이 스스로를 신성으로부터 분리시키는 데서 오는 것이다. 그리하여 '이것이냐 저것이냐(to be or not to be)'의 문제가 항상 따라다니게 되는 것이다.

독일의 철학자 아더 쇼펜하우어(Arthur Schopenhauer)는 『의지와 표상으로서의 세계(Die Welt als Wille und Vorstellung)』에서 욕구에 사로잡힌 고통스런 삶에서 벗어날 수 있기 위해서는 해탈과 적정寂靜의 경지에 이르는 길밖에 없다고 했다. 나아가 고통의 나눔, 즉 동고(同苦, Mitleid)를 지고의 덕으로 보았다. 이러한 그의 통찰은 깨달음 속에, 에고의 사라짐 속에, 집착의 끊어짐 속에 행복이 실존한다고 보는 것이다. 진정한 문명은 행복이 실존하는 문명이다. 삶과 죽음, 현상과 실재, 주관과 객관의 경계가 사라질 때 울려 퍼지는 영혼의 교향곡이 바로 신곡이다.

산 자와 죽은 자가 동거하는, 아니 죽은 자가 산 자를 지배하는 문명을 우리는 기억한다. 12세기부터 쿠스코를 중심으로 발흥한 잉카 제국의 문명이 그것이다. 잉카인들이 사후에도 죽은 미이라를 데리고 다니며 대소사에 관여하게 하거나 재산을 소유하게 한 것은 죽은 자에 대한 경배라기보다는 그들 자신의 욕망이 투영된 것이다. 살아서는 물론이고 죽어서까지 삶에 관여하고 재산을 소유하겠다는 그들의 삶에 대한 왜곡된 집착을 보여 주는 것이다. 왜 그토록 집착하는가? 두렵기 때문이다. 전체 속으로 용해되어 사라지는 것이 두렵기 때문이다. 그들은 죽음이 육체를 소멸시키도록 내버려두지 않았다. 그리하여 내장을 들어내고 미이라로 만들어 육체적인 자아를 영속시키고자 했다. 결국 그들의 의식은 원시적인 에고 차원에 갇혀 버리고 신과 연결되지 못했다.

우리가 신으로부터 분리될 때, 다시 말해서 우리의 내재적 본성인 신성과 연결되지 못할 때 진정한 문명은 빛을 발할 수가 없다. 20세기 초현실주의의 거장 살바도르 달리(Salvador Dali)의 1936년작 '구름으로 가득 찬 머리를 가진 커플'이란 그림을 보면서 필자는 사념의 구름으로 가득 찬 인류의 자화상을 보는 듯 했다. 모든 사람에게는 에고의 구름만 걷어내면 오염되지 않은 '참나(神性)'가 있다. 에고는 개체라는 착각이며, 일종의 병이다. 개체라는 착각이 사라지고 '나'와 '너'를 구분하는 마음이 사라지면, 그리하여 우주를 '한생명'으로 보는 전체의식에 이르면 저절로 신성을 깨닫게 된다. 그리하여 지고의 자유와 영적인 충만감, 즉 지복至福의 경지에 들게 된다. 동학인들이 「시천주」의 자각적이고도 실천적 주체가 되어야 하는 것은 이 때문이다. 다시 말해서 동학인들은 진정한 문명을 개창해야 할 시대적·역사적 사명을 안고 있다. 실로 모든 존재의 내면에 있는 신성을 일깨워 스스로가 등불이 되어 세상을 밝힐 수 있다면, 그리하여 온 세상에 영혼의 교향곡이 울려 퍼지게 된다면 진정한 문명은 그 모습을 드러낼 것이다.

|부록|

# 발전과 변증법辨證法
## -절대정신과 도道의 변증법적 발전 논리에 대한 일고一考

# I. 서론

    인간 본질의 양극성兩極性을 기반으로 한 현상계現象界는 필연적으로 신적神的 인식認識과 인간적人間的 인식 사이에 놓이게 된다. 인간 존재人間存在에 내포된 모순矛盾은 바로 존재 그 자체의 불완전성의 표징表徵이며, 이러한 인간 존재의 불완전성에 대한 인식과 더불어 존재 그 자체에 대한 본질적 규명을 통하여 인간의 불완전성을 극복하고자 진지眞知에 대한 애구愛求로서의 철학哲學이 나타나게 되었다.

    물론 인간의 불완전성 내지는 한계성의 극복에 대한 희구希求를 철학만이 갖는 것은 아니다. 종교 또한 인간의 한계적限界的 내지는 모순적矛盾的 속성으로부터 일탈하고자 절대자絶對者의 개념을 상정想定한다. 그러나 종교는 'a priori'한 세계관에 입각하여 무조건적 권위나 신앙에 의거해 있다는 점에서, 'a posteriori'한 세계관에 입각하여 인간의 이성적理性的 인식을 통해 진리에 도달하려는 철학과는 근본적인 차이가 있다.[1] 철학은 어디까지나 인간의 사유 작용思惟作用에 의하여 존재나 사물 등의 근원을 밝힘으로써 현실 전체에 관한 통일적 견해를 수립하고자 한다.

역사적으로 볼 때 이러한 철학의 근원적이고도 통일적인 기능은 그리스도교를 비롯한 제반 정신적 운동에서, 학문적 영역, 그리고 사회·정치적 실제實際에서 유감없이 발휘되었던 바, 이는 철학이 단지 인식론적인 차원뿐만 아니라 실천론적인 차원에도 깊이 관여하고 있음을 보여 주는 것이라 하겠다. 인식론적 차원을 실천론적 차원으로 연결하려는 시도는 일찍이 플라톤(Plato)의 철인정치哲人政治에서도 나타나고 있고 오늘에 이르기까지 통일성統一性을 추구하는 철학의 근본 과제로 남아 있는 것이다.

이와 같이 철학이 존재의 자기 실현화 과정(the process of self-realization)에 있어 단순 조력자單純助力者로 머물러서는 안 되며, 적극적이고도 실천적인 활동 수행이 요청된다고 하는 것은 철학이라고 하는 학문의 근본적 이유가 인간 존재의 불완전성 극복에 있는 한에 있어서는 당연한 논리적 귀결이라 하겠다. 특히 근대에 이르러서는 철학이 인간 존재의 근원적 문제를 구체적인 사회적 제조건諸條件과 연관시키면서 이제 철학은 객관적 현실 전체의 운동 법칙을 파악하고 나아가서는 이를 극복할 수 있는 보다 포괄적包括的인 기능 수행을 필요로 하게 되었다. 실로 철학은 현실과의 적극적인 연관 속에서 비로소 학學으로서의 진정한 임무 수행을 할 수가 있는 바, 변증법辨證法이야말로 현실 전체의 움직임을 파악하는 논리적 도구로서 사유思惟를

---

[1] cf. Frederick Copleston, S. J., *A History of Philosophy*(Westminster, Maryland: The Newman Press, 1962), II, ch. 32.

구체적인 실천의 장場에 연결시키는 생동하는 철학이라 하겠다.

최근에 들어 변증법에 대한 관심이 고조되는 것은 변증법적 사유가 형식논리학적形式論理學的 사유 방식과는 달리 세계를 추상적抽象的 정태靜態로서가 아니라 구체적具體的 동태動態로서 파악함으로써, 사회적 총체성(總體性, social totality)의 체계에 대한 논리적 이해와 아울러 일체의 사물을 관통貫通하는 운동 법칙 및 발전 법칙을 밝히는 데 있다 할 것이다.

'변증법(dialectic)'이라는 말의 의미는 역사적으로 변천해 온 것으로서 극히 다의적多義的이기 때문에 확고부동確固不動한 일의적一義的 정의正義란 사실상 불가능하다. 변증법이 의미하는 바로 가장 오래된 것 중의 하나는 '세계 원리(world principle)'이다. 밀레토스(Miletus)의 아낙시만드로스(Anaximander, B.C. 611~547)[2]는 우주의 제원소諸原素(elements)들이 대립성에 의해 결합된다고 보았으며, 모든 것의 기초로서 무제약적無制約的인 실체實體, 즉 'apeiron'을 설정하고 있다. 다음에 헤라클레이토스(Heraclitus, B.C. 540~480)[3]는 대립이 모든 삶의 근본을 이루고 있다는 사실에서 투쟁이 변화의 원리라고 보고, "만물은 유전流轉한다.", "사람은 똑같은 강江을 두 번 다시 건널 수 없다."고 하면서 반대되는 양극兩極의 의미를 동일한 것으로 보았고, 또한 엠페도클레스(Empedocles, B.C. 493~433)[4]는 사랑과 투쟁이 만물을 움직이는 변증법적 대립자對立者라 믿었다. 이러한 '세계 원리世界原理'로서의 변증법은 엘레아(Elea)의 제논(Zeno, B.C. 490~430)[5]에 이르러서는 대화·문답의 기술

---

2 Copleston, *op. cit.*, I, pp.24-26.
3 *Ibid.*, ch. 5.
4 *Ibid.*, ch. 8.

을 의미하는 용어, 즉 dialektike techne로서 사용되었는데, 오늘날 Dialektik의 역어譯語로서의 변증법은 바로 이 그리스어에서 유래한다. 이와 같은 문답술問答術로서의 변증법은 상징적象徵的인 견해를 매개로 해서 사건의 본질에 대한 탐구 과정을 통하여 진리에 도달하게 되는 방법으로서 모순을 발전의 논리 기반으로 삼는다. 변증법이 동태動態의 논리이자 필연성의 논리이며, 또한 부정否定의 부정否定(negation of negation)의 논리이자 발전의 논리라고 하는 것은 바로 이 대화對話의 논리에서 유추類推할 수 있는 것이다. 이러한 대화의 논리로서의 변증법은 그 후 소크라테스(Socrates, B.C. 470~399)[6]와 플라톤(Plato, B.C. 427~346)[7]에 의해 일층 발전되어 학문적 사고의 방법 또는 법칙을 의미하는 용어로 사용되게 되었다.

그런데 여기서 한 가지 주지해야 할 사실은 변증법이 서구 사상의 전유물이 될 수는 없다는 것이다. 물론 동양의 경우에는 고대로부터 종교와 철학, 그리고 과학 간의 구분이 엄격하지 않았기 때문에 논리적이고 인식론적인 서구적인 의미에서의 철학은 존재하지 않는다 할지라도 동양사상의 변증법적 기반에 대해서는 결코 과소평가할 수 없다 하겠다.

동양인(이하에서는 동양인이라고 할 때 주로 한국인·중국인·일본인을 지칭한다.)의 변증법적 사유思惟는 특히 발전적인 측면에서 자연(自然, nature)에 밀접하게 연관되어 있다. 동양의 성서聖書라 일컬어지는 『역경易經』(I Ching 혹은 The Book of Changes, 周王朝, B.C. 1122~256)은 천지자연의 법칙을 동적

---

5 *Ibid.*, ch. 7.
6 *Ibid.*, chs. 12-16, esp. ch. 14 참조.
7 *Ibid.*, chs. 17-26, esp. chs. 19-23 참조.

動的으로 파악하고 변증법적 논리에 입각하여 일체의 현상이 궁극窮極에 달하게 되면 변화가 일어나고, 이에 의해 새로운 국면이 전개된다고 본다. 그리하여 건(乾, 天)과 곤(坤, 地)의 대립과 통일을 우주의 근본원리로 삼아 이를 모든 인간사에 적용시키고 대립적 연관성聯關性을 모든 사상사물事象의 본질적 부분으로 간주한다. 후에 노자老子(Lao Tzu, B.C. 604?~531)의 『도덕경道德經』(Tao Te Ching) 역시 변증법적 개념으로 충만해 있는데, 특히 음양陰陽의 원리(yin-yang principle)는 우리가 익히 알고 있는 터이다. 노자는 천지만물天地萬物의 성립이 '도道(Tao)', 즉 '무無(Non-Being)'가 가장 최초의 '유有(Being)'인 '하나(One)'의 근원이 되어 그 '하나'에서 음양陰陽의 '둘(Two)'이 생기고, 이 두 기운이 충기沖氣에 의해 화합和合함으로써 이루어진다고 했다.[8] 그리하여 그는 수동적受動的이고 유순柔順하나 무한한 창조성을 지닌 음陰과 능동적이며 담대한 양陽, 이 두 기운 간의 일종의 변증법적 균형으로서의 조화調和(harmony)[9]를 강조하고 천지만물의 생성 및 발전의 기반을 바로 이 음양陰陽의 조화적調和的 원리에 두었다. 그는 또한 자연의 무위無爲와 일체一體가 되는 것을 궁극적 목표로 삼고 정靜이나 유柔·우愚와 같은 소극적消極的인 덕목德目들을 지킬 것을 요구했다.[10] 여기에서 우愚·유柔·정靜에 대한 그의 요구는 음양陰陽의 조화적 원리와 양립兩立할 수 있는 것으로 동動을 내포한 정靜, 강剛을 내포한 유柔, 지知를 내포한 우愚라고 보아야 할 것이다. 노자老子 이후로 이 음양陰陽의 원리는 전

---

8 『道德經』, 42장.
9 老子의 조화의 美에 대한 예찬은 矛盾의 相互依存性에 대한 그의 지적 속에서 보여진다. 『道德經』, 28장 참조.
10 『道德經』, 28장.

국시대戰國時代(the Warring States Period, B.C. 403~221)를 거쳐 진왕조辰王朝(Ch'in dynasty, B.C. 255~209) 및 한왕조漢王朝(Han dynasty, B.C. 206~A.D. 220)의 여러 철학자들에 의해 역사적 제사건諸事件의 발전적인 전개 과정을 설명하는 데 사용되었다. 장자莊子(Chuang Tzu, B.C. 369~286)는 그 대표적 인물로서 유가사상儒家思想의 엄격성 및 변증법적 사유思惟의 결핍을 비판하고 노자老子의 사상을 창조적으로 계승·발전시켰다. 동양사상의 삼대주류三大主流 중의 하나인 불교佛敎 또한 변증법적인 요소가 다분히 내재해 있다. 시작도 끝도 없는 '영원永遠(permanence)'-이를테면 헤겔의 계몽군주국啓蒙君主國(enlightened monarchy)의 개념이나 마르크스(Karl Marx)의 계급 없는 사회(classless society)와 같은 일종의 영구적永久的 균형均衡(eternal balance)-의 추구, 이것이 바로 불교 철학佛敎哲學이 지향하는 바이다. 이러한 변증법적인 발전 과정은 존재存在가 자기 실현自己實現을 완수할 때까지, 즉 해탈nirvana에 이를 때까지 계속된다. 이상에서 동양 철학은 이 세계를 단지 변증법적으로 파악했을 뿐만 아니라 오랜 세월을 두고 동양인의 생활 태도에 지대한 영향을 미쳤으며 이들의 생활 방식을 규정하는 것이기도 했다.

근대近代에 들어와서 변증법적 세계 원리는 헤겔(G. W. F. Hegel)에 의해 비로소 체계화되었다. 근대의 변증법이 단순한 환원(還元, reduction)의 논리가 아니라 발전(development)의 논리이며 인간 실존人間實存과의 관계에서 일체의 사회적 제현상諸現象을 파악하는 인간 존재의 기본 구조에 관한 법이라고 하는 것은, 변증법적 사유 전체가 인간학적人間學的 내지는 사회학적社會學的으로 된다는 것을 의미한다. 이는 연관적聯關的이고 총체적總體的인 변증법적 사유가 인간의 모든 행위 및 발전에 대한 논리적 기초[11]가 된다는 것으로 칸트(Immanuel Kant)에서부터 새로운 형태를 갖추기 시작한 근대의 변증법이 피히테(J. G. Fichte), 셸링(F. W. J. Schelling)을 거쳐 헤겔에 이르러 관념론적觀念論的 변증법으로 완성되면서 일체의 사물事物이 운동運動·변화變化·발전發展하는 법칙으로서 정립된 것이다.

헤겔에 이르러 완성된 근대의 변증법은 고정성固定性(fixedness)과 일면성一面性(one-sidedness)을 띤 형식논리학적 사유 방식과는 달리 이 세계를 끊임없는 생성과 발전, 운동과 변화의 과정으로 파악한다. 일체의 사물은 자기 모순(self-contradiction)의 힘에 의하여 운동·발전하는 까닭에 사물이 발전하는 근본 원인根本原因은 사물의 내부에 있다 하겠으며 발전이란 다름 아닌 가능성에서 현실성으로(from potentiality to actuality) 되는 것이다. 즉 잠재潛在되어 있는 본질의 현실화 과정이요, 이념의 실재화 과정이며, 정신의 자기 실현화 과정인 것이다.[12] 이러한 과정을 추진시키는 원리로 헤겔은 절대정신(=神的 理念)을 들고 있는데, 이 절대정신은 헤겔 철학의 근본 전제根本前提로서 정正(Thesis)·반反(Antithesis)·합合(Synthesis)이라고 하는 입체적인 Triade적 구조를 가지는 바, 즉자적卽自的 존재(being-in-itself)가 자기 부정自己否定(self-negation)에 의해 대자적對自的 존재(being-for-itself)가 되고, 다시 부정否定의 부정否定(negation of negation)에 의해 즉자대자적卽自對自的 존재(being-in-and-for-itself)가 되는 이러한 절대정신의 변증법적 자기 발전은 그의 이론적 출발점인 현상적 주체主體(phenomenal subject)와 본질(nature)

---

11 cf. J. F. Rychlak, "The Multiple Meanings of Dialectic," in Rychlak(ed.), *Dialectic: Humanistic Rationale for Behavior and Development*(Basel, Switzerland: S. Karger AG., 1976), p.2.
12 이에 대한 좋은 해설서로서 Walter Kaufmann, *Hegel: Texts and Commentary*(New York: Anchor Books, Doubleday, 1965)가 있다.

간의 괴리乖離를 메우려는 시도라 볼 수 있으며, 이와 같은 자기 실현을 위한 부단한 교육 과정은 절대정신이 궁극적으로 인간 존재 속에 실현될 때까지, 환언하면 '신적神的 이념(the march of God in the world)' 13 이 역사 발전을 통하여 실재화된 인륜人倫이 될 때까지 계속된다.

이렇게 볼 때 헤겔의 절대정신은 비본래적非本來的인 자기自己에서 본래적인 자기로의 인간의 자기 환귀自己還歸의 자각과 노력 속에서 필연적 자기법칙성自己法則性에 의해 운동運動하는 포괄적이고도 근원적인 존재로서의 노자老子의 '도道'의 개념과 유사類似함을 발견할 수 있다. 그러나 한편으로는 비록 헤겔의 절대정신이 완전히 자기 실현을 함으로써 존재와 의식意識이 하나가 되어 아름다운 '윤리적倫理的 정신精神(the ethical mind)'으로 복귀復歸하는 일종의 순환성循環性의 원리를 내포하고 있다 할지라도 시작과 종말은 전혀 같지 않다. 시작이 무자각적無自覺的이고 추상적抽象的인 가능태可能態라면, 종말終末은 자각적自覺的이고 구체적具體的인 현실태現實態인 것이다. 그런 점에서 "대왈서大曰逝 서왈원逝曰遠 원왈반遠曰反" 14이라고 하는 노자老子의 도의 순환적循環的 자기법칙성自己法則性과는 차이가 있는 것처럼 보여진다. 그러면 헤겔의 '부정否定의 부정否定'의 논리와 노자老子의 '무위無爲'의 논리를 통하여 이를 고찰해 보기로 하자.

---

13 Hegel, *Philosophy of Right*, ed. and trans. by T. M. Knox(Oxford: Oxford University Press, 1980), Addition to §258.
14 『道德經』, 23장.

## II. 헤겔의 절대정신과 '부정否定의 부정否定' 논리

### 1. 존재 속의 당위

헤겔 철학의 근본 과제로서의 현실적現實的인 것과 당위적當爲的인 것의 통일은 이미 현상現象의 본질로서 존재 자체 속에 내재해 있는 당위當爲가 구체적 현실태現實態로 되는 것을 의미한다. 그런데 헤겔체계體系 속에서 당위當爲의 진실태眞實態는 일체의 모순과 소외疎外의 극복을 통한 '이성적理性的 자유(rational freedom)' – '나(I)'의 형태로서가 아니라 보편적으로 상호의존적인 '우리(We)' [15]의 형태로서의 자유로운 정신–의 실현과 더불어 현실 속에서 현현顯現하게 된다. 이를 헤겔은 그의 『정신현상학The Phenomenology of Mind』 속에서 주인主人과 노예奴隷 간의 변증법적인 관계를 통하여 생생하게 보여 준다.[16]

---

15 'We'는 "I"의 複數이나 그 복수는 개인 의식의 단순한 累積으로서가 아니라 개인 의식의 초월로서이며, 동시에 그 多樣性이 실체 속에 유지되는 것으로서이다. See Hegel, *The Phenomenology of Mind*, trans. by J. B. Baillie(London: George Allen & Nuwin, 1931), p.227.

16 *The Phenomenology of Mind*, 228-240쪽, 462-506. See also *Philosophy of Right*, p.239; Hegel, *Philosophy of Mind*, translated from *the Encyclopedia of the Philosophical Sciences* by William Wallace(Oxford: The Clarendon Press, 1894), p.175. cf. Alexandre Kojève, *Introduction to the Reading of Hegel*, ed. by Allan Bloom, trans. by James H. Nichols Jr.(New York: Basic Books, 1969), p.47; John Plamenatz, *Man and Society*(London: Longman, 1963), II, p.155; Aristotle, *Politics*(1277b), ed. and trans. by Ernest Barker(Oxford: Oxford University Press, 1962), III, p.105.

주인과 노예의 변증법(the master-slave Dialectic)은 '아我(self)'와 '비아非我(other)'의 두 대립되는 자의식自意識에 관한 것으로 이러한 변증법은 에고(ego) 내에서와 마찬가지로 인간 사회의 역사 속에서도 면면히 나타나는 바, 헤겔은 이를 역사 과정의 참 동인動因이 되는 원리로 간주看做한다. 따라서 그에게 있어 역사는 주인과 노예의 변증법의 역사에 불과하며, 그 최후의 단계에서는 대립을 이루는 특수적特殊的 자의식(particular self-consciousness)이 통합을 이루어 보편적 자의식(universal self-consciousness)이 되면서 정신은 자유를 현실로서 실감하게 된다. 그러나 어떻게 특수성을 보편성에로 연결시켜 역사를 완성시킬 수 있을 것인가? 코제브(Kojève)에 의하면 역사를 완성시킬 수 있는 자는 오로지 노예뿐이며 이는 노예가 '의식적 만족(conscious satisfaction)'을 달성함으로써이다.[17] 그렇다면 이러한 주장의 논거論據는 무엇인가? 여기에는 주인과 노예 간의 관계에 대한 변증법적 고찰이 필요하다.

지배支配와 예속隸屬의 관계가 나타난 것은 '인식認識(recognition)'[18]을 위한 최초의 투쟁에서였다. 이 인식을 위한 최초의 투쟁에서 자기의 절대적 우월성이 타자他者에 의해 인식되도록 하기 위해 기꺼이 죽음을 무릅쓴 자者는 주인이 되었다. 그는 피정복자被征服者를 노예로 삼아 이제는 그 노예의 노동을 통하여 그의 우월성을 현실화시키고 물질화시킨다. 이렇게 되면 그의 발전은 정지되게 된다. 더 이상 그는 욕구 충족을 위한 노력을 기울이지도, 자연을 변형시키거나 역사를

---

17 Alexandre Kojève, *Introduction to the Reading of Hegel*, ed. by Allan Bloom, trans. by James H. Nichols, Jr.(New York: Basic Books, 1969), p.47.
18 헤겔에게 있어서 상호적 인식(mutual recognition)의 개념은 곧 자유의 개념 그 자체이다.

창조하려고도 하지 않는다. 삶을 매개媒介로 하여 노예에 연결된 주인은 다시 그 노예를 매개로 하여 사물事物로 연결된다. 주인은 노예에 의해 인식된 한에 있어서의 주인이며 그의 지배는 타의식他意識, 즉 노예의 매개에 의거해 있다. 이리하여 인식을 위한 최초의 투쟁에서 쟁취한 주인의 자유는 이제 난국(impasse)에 처하게 된다. 자유를 실현시키기 위해서는 주인은 그의 자유가 노예에 의해 인식되게 해야 할 것이나, 그의 자유가 추상성抽象性을 극복하고 명백하게 현존하는 구체적 현실태現實態(a definitely existing concrete actuality)가 되는 것은, 그의 자유를 인식할 만한 가치價値가 있다고 그가 인식하는 자者들에 의해 일반적으로 인식되는 한에서이다. 그러나 주인은 결코 이를 달성할 수가 없다. 왜냐하면 비록 그의 자유가 인식되고, 따라서 현실적인 것이라 할지라도 그것은 단지 그가 인식하지 않는 노예에 의해서만 인식되는 까닭에 불완전하며 그를 만족시킬 수도 없기 때문이다. 이와 같은 상황은 주인의 자유인 한에 있어서는 달라질 수 없는 것이다.[19] 이리하여 역사는 자신의 완성을 꿈꾸며 노예에게로 발길을 돌린다.

노예는 진정한 의미에 있어 주인의 노예(the slave of the master)가 아니라 삶의 노예(the slave of life)이다.[20] 왜냐하면 그는 죽음을 무릅쓰는 자유보다는 살아 있는 예속隸屬을 원했기 때문에 노예가 된 것이다. 주인과는 달리 그는 자연과 삶에 구속되고, 이런 까닭에 일과 노동에 의해 주인의 노예로서 주인에 의존적이 된다. 자신의 욕구 충족이나 필요성에서가 아니라 오로지 주인을 위해 일을 함으로써 그는 스스

---

19 Kojève, *op. cit.*, p.50.
20 *The Phenomenology of Mind*, p.235.

로를 부정否定하게 되고, 또한 그러한 자기 부정自己否定의 과정을 통하여 점차로 그는 개별적 자의지自意志(individual self-will)를 교화敎化(taming)시키고 자연적 존재(natural existence)를 극복하게 되어 인간의 실체(human reality)를 깨닫게 된다.[21] 이렇게 볼 때 자유의 자기 실현화 과정은 추상태抽象態가 아닌 현실태現實態로서의 자유에서 시작하는 주인에 의해서가 아니라 현실태現實態가 아닌 추상태抽象態로서의 자유의 이념에서 시작하는 노예에 의해서만이 수행될 수가 있는 것이다.

이미 고찰된 바와 같이 주인은 그를 인식하는 노예를 인식하지 않는 까닭에 그의 자유는 일반적으로 인식되고 있다고 볼 수 없으며, 결과적으로 그의 자유는 그에게 인식되지 않는 노예에 의해서만 인식되게 됨으로써 아직은 진실로 자유롭지 못하다. 그가 완전히 자유롭게 되는 것은 노예가 자유롭게 될 때 비로소 가능한 것이다.[22] 그때가 되면 이 두 의식은 상호적 인식(mutual recognition) 관계에 놓이게 된다. 그러면 노예의식이 노동을 통하여 자유를 실현하는 과정을 살펴보기로 하자.

여기에서 자유의 이념은 3단계 발전 과정을 거치게 되는데, 제1단계에서 자유는 '금욕주의禁慾主義(stoicism)' 속에 그 모습을 드러내고, 그 다음 제2단계에서는 '회의주의懷疑主義(skepticism)' 속에, 그리고 제3단계인 마지막 단계에서는 '불행한 의식(unhappy consciousness)' 속에 그 모습을 드러냄으로써 비로소 구체화된 현실태現實態가 된다.

제1단계인 금욕주의 단계에서 자유는 실제 존재태存在態와는 무관하게-주인이든 노예든-생각 속에서의 관념적觀念的 자유이며, 이때

---

21 *Philosophy of Mind*, p.175; *The Phenomenology of Mind*, p.238.
22 *Philosophy of Mind*, p.176.

의 의식은 단지 추상적인 자유의 이념을 갖는 것만으로 항상 자유롭다.[23] 헤겔에게 있어 이 금욕주의는 단순히 어떤 특수 철학(particular philosophy)을 지칭하는 것이 아니라 모든 의식의 자기 교육 과정自己教育過程에 있어 필요한 보편철학(universal philosophy)을 의미한다. 추상적인 생각하는 실재(a thinking reality)로서의 이러한 의식의 진실은 의식이 그 스스로를 객관적 본질(objective essence)에 연결시킴으로써 대자적對自的 존재가 된다는 데 있다.[24] 금욕주의적 노예는 점차로 자신의 무기력함에 권태倦怠를 느껴 금욕주의를 포기抛棄하게 되는데, 이는 원래 금욕주의가 자유주의 이상의 실현을 위해 싸우는 것을 단념한 노예의 무활동성無活動性을 정당화하기 위해 만들어낸 노예의 이데올로기인만큼 제반활동諸般活動은 정지되는 것이다.[25]

그러나 활동은 인간 그 자체를 규정하는 것인 까닭에 활동을 멈춘다는 것은 곧 인간임을 포기하는 것이다.[26] 이리하여 생각은 스스로가 이르게 된 폐허廢墟로부터 회복하고자 그 자체 속에서 생각하는 이성理性(thinking reason)이 되도록 촉구促求되고,[27] 결국 금욕주의적 노예는 주어진 존재를 부정하게 된다. 그러나 그는 아직은 감히 노예제奴隷制를 부정하는 데까지 이르지는 못하고 단지 어떤 의미에 있어 그의 생각을 활성화活性化시킬 뿐이다. 이렇게 해서 금욕주의적 노예는 회

---

23 The Phenomenology of Mind, p.243. 역사적으로는 그리스 도시 국가(the Greek city-state) 시대가 이 단계에 해당된다. See Hegel, The Philosophy of History, trans. by J. Sibree(New York: Dover Publications, 1956), p.239.
24 The Phenomenology of Mind, pp.242-243.
25 Kojève, op. cit., p.53.
26 The Phenomenology of Mind, p.415.
27 Hegel, Reason in History, trans. by R. S. Hartman(New York: The Bobbs-Merrill Co., Inc., 1953), p.85. See also ibid., p.15.

의주의적 노예(the skeptic slave)가 된다.

제2단계인 회의주의 단계에서의 자유는 이념이 아직 자기 동일성 自己同一性을 유지하는 즉자卽自(in-itself, 正)의 단계에서와는 달리, 내재된 발전의 요소要素, 모순의 요소가 노예의 노동을 통하여 외현화外現化되면서 제1단계와 대립을 이루는 대자對自(for-itself, 反)의 단계에서의 자유로서, 그 본질은 부정성否定性(negativity)이다.28 헤겔에게 있어 회의주의는 경험주의經驗主義에 부착된 근대의 회의주의-이를테면 흄(David Hume)의 회의주의-와는 무관하며, 오히려 모든 자의식自意識의 발전 과정에 있어 필요한 순간으로 봐야 할 것이다.29 회의주의적 의식意識은 그 본질이 부정성否定性이므로 아직 의식 그 자체에까지는 이르지 못한 채 자기 확신自己確信(self-certainty)과 우연성偶然性(contingency)을 동시에 표출하는 카오스chaos적 의식, 즉 특수 의식(particular consciousness)에 불과하다. 회의주의적 의식은 오로지 타자적他者的 요소에 대한 부정否定을 통하여 자기 확신을 피력할 수 있는 까닭에 바로 이 타자他者에 구속되고 따라서 자의식의 주관성主觀性(the subjectivity of self-consciousness)은 자기 확신과 동시에 타자에의 구속이라고 하는 이중의식二重意識(double consciousness)을 낳는다. 그러나 회의주의는 그 자체 내에 이러한 모순의 양극兩極을 해소시키지 못하고 분리分離시킨 채 유지한다.30 이러한 회의주의적 의식의 진실은 불행한 의식(unhappy consciousness)의 단계에 이르러서야 비로소 그 모습을 나타내

---

28 *The Phenomenology of Mind*, pp.246-247. 역사적으로는 로마 제국시대가 이 단계에 해당된다. See *The Philosophy of History*, p.267.
29 See *The Phenomenology of Mind*, pp.748-749.
30 *Ibid.*, p.250.

게 된다.

제3단계인 불행한 의식의 단계의 자유는 이 지상의 왕국(the earthly kingdom)에서 자기 실현이 불가능한 것을 깨닫고 다른 세계, 즉 천상의 왕국(the heavenly kingdom)에서 초월적 신神(a transcendent God)-말하자면 절대적 주인(an absolute master)-의 노예가 됨으로써 자기 실현을 꿈꾸는 기독교 세계基督敎世界(a Christian World)에서의 자유[31]로서, 이는 다시 3단계 발전 과정을 거쳐 그 스스로를 완성한다.[32]

불행한 의식의 제1단계에서는 특수 의식으로서의 자의식이 그 스스로를 불변성不變性(immutability)에 대치代置시킴으로써 인간의 무존재성無存在性(nothingness)을 드러낸다. 신神이 주인으로서, 심판관審判官으로서 나타나는 이 단계는 하느님의 통치기統治期로서 불행한 의식 그 자체 내에서는 불변성不變性과 가변성可變性, 보편성과 특수성, 그리고 신神과 인간 간의 대립이 야기된다.[33] 제2단계는 불변성이 특수성의 형태로 나타나는 예수 그리스도의 통치기로서 자의식은 그 자체의 통합을 달성하기는 하나 그것이 영구적이 되지는 못하는 까닭에 기독교적基督敎的 의식은 그 스스로가 불행한 의식이라는 것을 알게 된다.[34] 이리하여 제3단계는 보편성과 특수성의 화해和解가 이루어지는 성령聖靈의 단계로서 점차로 자의식은 정신(spirit)이 되어 그 속에서 스스로를 발견함으로써 결국 불행한 의식을 극복하게 되는데, 이는

---

31 cf. Kojève, *op. cit.*, p.55. 이 단계에서의 자유는 Stoicism이나 Skepticism에서와 같이 단순한 추상적인 이념이 아니라 다른 세계, 즉 천상의 왕국에서 현실적인 것으로 나타난다.
32 See *The Phenomenology of Mind*, pp.251-283.
33 역사적으로 볼 때 불행한 의식의 제1단계는 神과 인간 간의 分離意識인 Judaism에 해당된다. See *ibid.*, pp.251-257, 366.
34 불행한 의식의 제2단계는 기독교의 초기 형태에 해당된다. See *ibid.*, pp.258-259.

독일 철학 시대獨逸哲學時代의 도래와 더불어 기독교 시대基督教時代의 완성을 의미하는 바 헤겔에서 그 절정에 이르게 된다.35

이와 같이 주인과 노예 간의 '삶과 죽음의 투쟁(life-and-death-struggle)'이 헤겔 '이성理性' 국가(the Hegelian rational state)의 출현과 더불어 종식되면서 만인은 자유롭고 보편적으로 상호의존적이며 상호적으로 서로를 인식하게 되는 바, 이 단계에 이르면 일체의 모순 대립이 지양되어 자유의 이념이 천상의 왕국에서가 아니라 지상의 왕국에서 그 스스로를 '구체적 현실성(concrete actuality)' 36으로 표현하는 즉 자대자적卽自對自的 존재가 됨으로써 마침내 절대정신은 인간 존재 속에서 실현되는 것이다.37

## 2. 의식과 공동체

앞서 본 주인과 노예의 변증법에 대한 논의를 통하여 볼 때 헤겔에게 있어 자유 혹은 부자유의 의식은 단순한 개별체적個別體的인 의식이 아니라 사회적이요 역사적이며 공동체적인 의식이다. 이는 자유의 위치(locus)가 바로 '실체적 통일체(substantial unity)' 38로서의 "이성理

---

35 불행한 의식의 제3단계는 중세 유럽에서 르네상스를 거쳐 Modern Reason에 이르는 시기에 해당된다. See ibid., pp.263-83; See also The Philosophy of History, p.447; cf. Charles Taylor, Hegel and Modern Society(Cambridge: Cambridge University Press, 1979), p.103.
36 The Phenomenology of Mind, p.283. cf. Philosophy of Right, §1.
37 See Philosophy of Mind, pp.249-253; Philosophy of Right, pp.75-104; The Phenomenology of Mind, pp.620-679.
38 Philosophy of Right, §256.

性"국가이며, 그리고 homo economicus의 위치(locus)가 욕구의 체계로서의 시민사회라는 점을 상기할 때 명약관화明若觀火해진다. 실로 개인의 의식은 공동체와 연관되어 있는 연관성의 의식이며, 따라서 공동체적 시각에 의해서만이 개인 의식에 대한 이해를 제대로 할 수 있는 것이다. 그러면 사회 경제적 통합 과정을 통하여 이를 살펴보기로 하자.[39]

헤겔은 욕구의 체계로 이루어진 시민사회가 홉스(Thomas Hobbes)적 자연 상태의 전형典型이라고 보는 까닭에 이 영역에서는 자유와 욕구가 대치對置되어 조화로울 수 없으며, 따라서 국가로의 추이推移는 필연적인 것으로 나타난다. 욕구의 체계는 노동을 통하여 조정되고 수정修正되며, 또한 노동은 노동의 사회적 분화를 낳고 결과적으로 계급을 창출한다. 그러나 욕구의 체계는 무한계적無限界的으로 증가하는 체계로 남게 되는데, 이는 사법 활동司法活動, 더 나아가서는 복지 행정福祉行政 및 직업 단체職業團體에 의해 완화되고 균형均衡된다.[40] 이러한 과정을 통하여 시민사회, 즉 스미스(Adam Smith)형型의 자유 시장自由市場은 점증적으로 스스로를 통합하게 되고 드디어는 자신의 진실태眞實態인 국가를 창조하게 되는 것이다.

우선 욕구의 체계[41]에 대해 살펴보면, 이는 다시 욕구·노동, 그리고 노동의 분화分化 및 계급의 분화로 삼분三分된다. 헤겔은 현대 욕구 체계에 대한 논의를 통하여 어떻게 해서 인간이 보편적으로 상호의

---

39 이하 부분은 崔珉子, 「G. W. F. Hegel의 疎外克復論에 대한 批判」, 『韓國政治學會報』 제18권(1984. 12), 165~182쪽에서 拔萃한 것임.
40 *Philosophy of Right*, §§209-256.
41 *Ibid.*, §§189-208.

존하게 되는지를 생생하게 보여 준다. 그에 의하면 시민사회의 변증법적 발전은 정확하게는 동물적動物的인 생활의 충동衝動과 욕구에 의해 발생하나, 인간의 욕구는 자연적 욕구가 아니라 오히려 노동을 통하여 조정된다는 것이다.[42] 이와 같이 노동의 과정을 통한 인간의 욕구에 대한 규명糾明은 곧 의식에 대한 조정을 의미하는 바, 동물의 욕구와 구별되는 인간의 욕구를 만족시켜 가는 바로 그 과정 속에는 비록 인간의 무한계적無限界的인 욕구가 끝내는 극심한 빈곤 문제貧困問題를 야기시킨다 할지라도 그 속에는 해방解放의 계기契機가 내포되어 있다.

　노동은 보다 높은 보편적이고도 사회적인 원칙을 표현하며, 그 과정은 시민사회로 하여금 보다 높은 수준의 끊임없는 자기 재생산自己再生産을 이룩하게 함으로써 단지 한 개인뿐만 아니라 사회 전체를 이롭게 한다.[43] 노동은 본능적인 것이 아니라 의도적인 것이며, 그것은 자신의 객관적 세계를 창조하는 인간의 힘 그 자체를 나타낸다.[44] 노동의 과정을 통하여 인간은 상호의존적이 되고,[45] 점차 보편적인 존재로 형성된다. 인간의 욕구를 만족시키는 데 있어서의 호혜적互惠的인 관계는 노동의 분화 과정分化過程을 통하여 더욱 고양된다.

　사회적 생산에 의해 야기된 노동의 사회적 분화分化는 계급 분화階級分化를 촉진한다.[46] 여기서 헤겔은 현대 자본주의 사회에서의 계급

---

42　이러한 의미에서 헤겔은 경제적 영역인 시민사회를 'SPIRITUAL animal kingdom'이라고 한다.
43　*The Phenomenology of Mind*, p.377.
44　cf. *Philosophy of Right*, §187.
45　*Ibid.*, §183.
46　*Ibid.*, §201.

체계를 중세 신분 체계와 현저히 구별하여 후자가 세습적世襲的 특권을 기반으로 하고 있는 반면, 전자는 자유로운 개인의 능력을 그 기반으로 하고 있다고 지적한다. 즉 현대 개방사회開放社會에서의 계급 분화階級分化는 중세 폐쇄사회閉鎖社會에서와는 달리 통합(integration)의 측면을 내포하고 있다는 것이다.[47] 그의 견해에 따르면 개인이 보편성에 연결될 수 있는 길은 어느 특정特定의 계급에 속함으로써 가능하게 되는데,[48] 이는 계급이 그의 체계 속에서 개인의 사적私的 존재와 공적公的 존재를 연결시키는 매개자媒介者로서 역할한다는 사실을 말하여 준다.

계급의 개념에 따라서 '실체적實體的(substantial)' 혹은 직접적直接的 (immediate)' 계급,[49] '반성적反省的(reflecting)' 혹은 '형식적形式的(formal)' 계급,[50] 그리고 '보편적普遍的(universal)' 계급[51]으로 나눌 수 있다. 이 중 어떤 계급에도 속하지 않는 인간은 단순한 사적 인격에 불과하며 그의 보편성은 추상抽象 속에 매몰되어 현실화되어 있지 않다.[52] 이와 같이 개인은 사회적 계급에 속함으로써만이 보편성에 연결되고, 따라서 사회적 계급 체계는 특수적特殊的 욕구와 객관적客觀的 질서를 통합시키는 매개체媒介體로서 나타난다. 이러한 통합과정은 두 단계를 거쳐 수행되는데, 그 첫째는 소외된 개인이 계급체계에 속함으로써 시민사회의 조직 속에서 통합되는 단계이고, 둘째는 공동의 본질을

---

47  Ibid., §206.
48  Ibid., §207 and Addition.
49  Ibid., §203 and Addition, §§305-307.
50  Ibid., §204 and Addition, Addition to §297, §§308-310; Philosophy of Mind, p.258.
51  Philosophy of Right, §§205, 291, 296, 297, 303; Philosophy of Mind, p.258.
52  cf. Philosophy of Right, §207.

정치적으로 규명하는 계급 체계에 의해 시민사회가 국가로 통합하는 단계이다.

이상에서와 같이 사회 경제적 통합의 첫 단계는 노동의 분화를 제도화함으로써 수행된다. 즉 계급 체계가 시민사회의 적절한 조직으로서 나타난다. 그러나 계급 체계는 그 자체로는 모순을 해결할 수가 없다. 시민사회 내의 모든 조직과 제도들은 재산을 보호하기 위해서 존재하는 바, 이러한 사회에서의 자유라고 하는 것은 단지 사유재산권私有財産權에 관하여서이다. 계급 체계는 경제적 메커니즘을 초월하는 외부 세력外部勢力을 필요로 한다. 따라서 시민사회의 자치권은 헤겔에게 있어 인정되지 않으며, 그것은 정치적 국가에 종속된다. 정치적 질서가 사회 통합의 가장 확고한 형태로 나타난다. 이리하여 상호 의존성은 사법 활동司法活動·복지 행정福祉行政 및 직업 단체職業團體에서 보다 더 제도화된다.

우선 사법 활동[53]에 있어서 보면, 욕구의 체계로 이루어진 시민사회의 원심적遠心的인 측면들은 이제 보다 적절한 외부적 성질을 갖는 형태인 사법 활동에 의해 교화敎化되고 수정修正된다.[54] 욕구 체계 속에서 법이라고 하는 것은 주관主觀과 객관客觀의 원시적原始的 동일성同一性이 단순히 부활復活한 것으로 추상적이며 내향적內向的이었는 데 반해, 법法은 이제 '보편적으로 승인承認되고(universally recognized)', '알려지고(known), 의지意志된(willed) 것'으로서 존재하며, '현실성의 위력

---

53 Ibid., §§209-229.
54 cf. Aristotle, Politics(1287a), III, c. xvi, sec. 3, 4. 여기에서 Aristotle은 法은 "모든 感情에서 해방된 理性"이라고 규정한다. 이리하여 그는 그의 Nicomachean Ethics(1134a), trans. by J. L. Ackrill(London: Faber & Faber Ltd., 1973), V, c. vi, sec. 4에서 만인이 법 체계에 의해 통치될 때 비로소 正義가 실현된다고 한다.

威力(power in its actuality)'을 가지고 '보편적으로 타당한(universally valid) 것'으로서 알려진다.[55] 여기에서 법法은 실정법實定法(positive law) 일반 一般을 가리키는 바, 이는 현존하는 법률적 내용이 그 '규정規定된 보편성(determinate universality)'[56] 속에서 인식될 수 있기 위해서는 법전화法典化(legal codification)가 이루어져야 한다고 하는 헤겔의 주장에서 잘 나타나 있다. 그는 또한 법法이 진정으로 효력을 발생할 수 있기 위해서는 공포公布되어야 할 것임을 명기明記하고 있는데,[57] 이는 법法의 부당성이 노출露出될 때 시민이 항의抗議를 제기할 수 있음을 의미하는 것이다. 이러한 시민의 권리 주장은 공판公判을 통하여 충분히 현실화된다.[58] 이와 같이 법률의 변증법적 자기 발전은 인간의 상호의 존성의 제도화 과정이며 이는 곧 시민사회의 통합 과정인 것이다.

복지 행정福祉行政(public authority) 및 직업 단체職業團體(corporation)[59]는 헤겔의 체계 속에서 시민사회의 마지막 범주로 등장한다. 비록 재판소裁判所가 정의正義의 기관이긴 하지만 특수적 자유와 이익을 실현시킬 수가 없기 때문에 이 두 제도는 개인과 추상적 사법 활동을 연결시키는 매개체로서 역할한다. 헤겔은 이들 속에 특수적 자유가 실현된다 하여 이 두 제도를 '공공公共의 자유의 주추(the pillars of public freedom)'[60]라고 부른다. 복지 행정福祉行政은 폭력 행위暴力行爲를 방어防禦하고 재산권을 보장해 주는 경찰의 기능을 통해 이루어진다. 직업

---

55  *Philosophy of Right*, §209.
56  *Ibid.*, §211.
57  *Ibid.*, §215.
58  *Ibid.*, §§219-228.
59  *Ibid.*, §§230-256.
60  *Ibid.*, §265.

단체는 경찰의 감시監視 하에 개인과 사회를 연결하는 적극적인 기능을 담당한다. 그것의 기능은 재산권 보장에 있는 것이 아니라 생계와 복지福祉의 보장에 있다. 헤겔은 이 직업 단체를 진정한 국가의 결속을 향한 하나의 거보巨步라고 생각한다.

위에서와 같이 헤겔의 체계 속에서 homo economicus는 두 가지 방식, 즉 하나는 직업 단체에 가입함으로써, 그리고 다른 하나는 어느 특정 계급의 성원成員이 됨으로써 이성적理性的인 정치 조직政治組織 속으로 진입하게 되는데, 헤겔형型 '이성理性' 국가國家는 보편적 통일체統一體 속에 개인을 흡수하는 반면 개개의 모든 활동들을 다 포함하지는 않는다. 말하자면 '이성理性' 헌법憲法은 분화分化된 사회 구조와 고도로 통합된 정치 체계를 결합하고 있는 것이다.[61] 국가권력은 입법권立法權·통치권統治權·군주권君主權으로 삼분三分되고 동시에 세 권력權力은 전체全體, 즉 입헌군주제立憲君主制의 정점頂點이며 기점基點인 군주君主로 통합된다.[62] 이러한 국가 조직은 실체實體가 가장 진실한 의미에 있어서는 곧 주체主體라고 하는 헤겔의 확고한 신념의 반영이라 볼 수 있으며 바로 이 정치적 국가 속에서 비로소 가족과 사회는 자체의 존립 기반存立基盤을 마련하게 되고, 나아가서는 자유의 이념 또한 실현할 수 있게 되는 것이다. 이로써 인간은 비로소 이 세계가 정신精神 속에 존재한다는 사실을 알게 되고, 그리하여 자신의 존재가 자신의 의식과 둘이 아니라는 사실을 깨닫게 되어 자유롭게 되는 것이다.

이상에서 우리는 인간의 의식이 공동체와의 연관 속에서 비로소

---

61 *Ibid.*, §272.
62 *Ibid.*, §273.

절대정신으로서의 보편적 진리를 실현한다는 것을 살펴보았다. 헤겔에게 있어 보편적 진리는 본질적으로 주체主體이며 또한 통일체로서만 실재實在할 수 있는 까닭에 그의 열렬한 소망은 시민사회의 모든 성원成員들을 국가 속으로 통합시키는 것으로 나타난다.63 그러나 이미 고찰된 바와 같이 헤겔의 체계 속에서 개인은 사적私的 인격人格으로서가 아니라 사회적 계급이나 직업 단체의 매개적 기능을 통해서만이 공동의 정치적 의사意思에 참여할 수가 있는데, 헤겔의 사회적 계급 체계는 사회의 상당수를 구성하는 노동자 집단과 천민 집단賤民集團을 제외시키고 있다는 점에서 그의 체계는 다분히 비판의 여지가 있다 하겠다.

## III. 노자老子에 있어서의 도道와 '무위無爲'의 논리

### 1. 대립 속의 통일

노자老子의 철학은 생성生成과 변화變化의 이법理法을 강조하는 그의

---

63 이러한 헤겔의 뜻은 그의 *Philosophy of Right*가 단지 국가를 '內在的인 理性體'로 그리기 위한 것이라고 하는 *Philosophy of Right*, Preface, p.11의 선언 속에, 그리고 진실은 '統一體'로서만 實在할 수 있다고 하는 *The Phenomenology of Mind*, p.81의 언명 속에 잘 나타나 있다.

우주관宇宙觀에서 출발하여[64] 일체의 대립과 운동이 궁극적으로 도道에 의해 통일된다고 본다. '선천지생先天地生'이라는 말에서도 알 수 있듯이 노자는 경험 세계의 총체總體 밖에서 그 스스로의 법칙성法則性에 의해 활동하는 가장 포괄적包括的이고도 근원적인 존재가 있다고 보고 그 존재는 "홀로 서서 변화되지 않으며 두루 운행運行하여도 위태롭지 않는 고로 가히 천하天下의 모체母體가 될 수가 있다."고 하면서 그 이름을 알지 못하여 '도道'라고도 하며 '대大'라고도 했는데, 이는 억지로 붙인 이름일 뿐[65] 그 이름이 곧 실상實相을 나타내는 것은 아니라고 본다. 또한 그것은 보이지도 들리지도 잡히지도 않는 고로 우리의 감각기관으로서는 알 수가 없다고 한다.

"보려 해도 보이지 않으니 빛깔이 없는 것[夷]이라 하고, 들으려 해도 들리지 않으니 소리가 없는 것[希]이라 하며, 잡으려 해도 잡히지 않으니 형상形象이 없는 것[微]이라 한다. 이 셋은 어떠한 감각으로도 포착捕捉할 수 없는 고로 섞여서 하나가 된다. 그것은 그 위도 밝지 않고 그 아래도 어둡지 않으며 만물을 끊임없이 생성生成하여 무엇이라 이름할 수가 없다."[66]

이리하여 『도덕경道德經』 1장 첫 구절에서는 상도常道와 유교儒教의 도道를 구분하여 "도道라고 말하여지는 도道는 상도常道가 아니요, 이름이라고 말하여지는 이름도 상명常名이 아니다."라고 하면서 "무명無

---

64 老子의 宇宙觀에 대하여 許大同, 『老子哲學』(臺北: 五洲出版社, 中華民國 66년), 22-34面 참조.
65 『道德經』, 25장: "有物混成 先天地生 寂兮寥兮 獨立而不改 周行而不殆 可以爲天下母 吾不知其名 强字之曰道 强爲之名曰大."
66 『道德經』, 14장: "視之不見名曰夷 聽之不聞名曰希 搏之不得名曰微 此三者不可致詰 故混而爲一 其上不皦 其下不昧 繩繩兮不可名."

名이 천지天地의 시작이요 유명有名은 만물의 모체이다."라고 했다.[67] 도道는 아무런 형상形象도 없는 것이지만 그것이 운행해서 그 속성屬性이 사물에 내재될 때 덕德이 된다. 원래 도道라고 하는 것은 어렴풋하고 걷잡을 수 없는 것이나 도道를 떠나서는 삼라만상森羅萬象이 그 모습을 드러낼 수가 없는 까닭에 그 가운데, '상象'이 있고 '물物'이 있다고 하였다. 또한 도道는 텅 빈 가운데 기氣의 작용을 지니고 있으므로 "고요하고 그윽한 가운데 정精이 있다."고 하였으며, 이 기氣가 필연적인 자기법칙성自己法則性에 따라 움직이는 까닭에 "그 가운데 신信이 있다."고 하였다. 그러므로 일체의 차별상差別相은 모두 도道에서 연원淵源하는 것이다.[68] 도道가 만물 생성萬物生成의 근본이라는 것을 1장 후반 부분에서는 달리 표현하여 '현지우현玄之又玄 중묘지문衆妙之門'이라고도 하였는데 '현玄'이란 '유현幽玄'하고 신비스러운 것을 나타내는 바 이는 곧 도道를 가리키며, 이 도道야말로 우주간의 삼라만상森羅萬象이 태어나는 '문門'이라고 보는 것이다.

또한 6장에서는 도道를 '곡신谷神'이라 하고 도道의 무한無限한 생산능력을 상징적으로 표현하여 '현빈玄牝'이라 했다. 이는 도道의 공용功用의 영구함을 여성의 생산력에 비유한 것이다. 이리하여 "암컷의 문門이 천지만물의 근원이다. 모든 것을 끊임없이 생산하여도 그 작용은 다함이 없다."고 한다.[69] 실로 도道 자체는 생멸生滅하지 아니하면서 만유萬有를 생멸生滅케 하고 또한 그 자체는 무규정자無規定者[70]이면

---

67 『道德經』, 1장: "道可道非常道 名可名非常名 無名天地之始 有名萬物之母."
68 『道德經』, 21장: "孔德之容 惟道是從 道之爲物 惟恍惟惚 惚兮恍兮 其中有象 恍兮惚兮 其中有物 窈兮冥兮 其中有精 其精甚眞 其中有信 自古及今 其名不去 以閱衆甫."
69 『道德經』, 6장: "谷神不死 是謂玄牝 玄牝之門 是謂天地根 綿綿若存 用之不勤."
70 『道德經』, 32장에 나타나는 바와 같이 '道常無名'이라 하였으므로 道는 無規定者이다.

서 만유萬有를 규정하는 무한자無限者이다. 이리하여 노자老子는 "천지만물天地萬物이 유有에서 나오고 유有는 무無에서 나온다."71고 한다.

이와 같이 무無가 유有의 원인이라고 하는 것은 모든 유有가 무無에 의해 작용함을 의미하는 바, 『도덕경道德經』 11장은 무無의 공용功用을 시적詩的으로 표현하고 있다.

"수레바퀴의 구조는 서른 개의 바퀴살이 한 개의 바퀴통에 모여 있는데, 그 바퀴통 빈 곳(無)에서 바퀴가 회전回轉함으로써 수레로서의 작용을 한다. 진흙을 이겨서 그릇을 만드는 경우에도 그 빈 곳(無)이 그릇으로서의 작용을 한다. 벽을 뚫고 창을 내어 방을 만드는 경우에도 그 빈 부분(無)이 방으로서의 작용을 한다. 고로 유有가 어떤 작용을 하는 것은 무無가 작용하기 때문이라 할 수 있다."72

만물의 원인으로서의 무無는 곧 도道이다. 노자는 도道가 "텅 비어서 아무리 작용을 해도 채워지는 일이 없는 듯하다."고 하고 또 그것은 "못처럼 깊어서 만물의 근원인 듯하다."고 하면서 "만물의 날카로움을 꺾고, 그 엉킨 것을 풀며, 그 빛을 고르게 하여 티끌 세상에서 함께 산다."고 하였는데, 그는 그것이 "무엇으로부터 생겨났는지는 모르지만 상제象帝보다도 앞선 듯하다."고 했다.73

이러한 만유의 본원本源으로서의 도道가 만물을 생성하는 과정은 곧 음양陰陽의 원리가 변증법적인 커뮤니케이션을 통하여 발전하는 과정이다. "도道는 하나를 낳고, 하나는 둘을 낳으며, 둘은 셋을 낳

---

71 『道德經』, 40장: "天下之物生於有 有生於無."
72 『道德經』, 11장: "三十輻共一轂 當其無有車之用 挺埴以爲器 當其無有器之用 鑿戶牖以爲室 當其無有室之用 故有之以爲利 無之以爲用."
73 『道德經』, 4장: "道冲而用之或不盈 淵兮 似萬物之宗 挫其銳 解其紛 和其光 同其塵 湛兮 似或存 吾不知誰之子 象帝之先."

고, 셋은 만물을 낳는다. 만물은 음陰을 업고 양陽을 안으며 충기冲氣라는 화합력和合力에 의하여 생성된다."[74] 이렇게 해서 생성된 만물은 궁극窮極에는 다시 '무극無極'으로 복귀하게 되는데,[75] 이는 경험세계의 사상事象에 속하는 것들이 영원불변永遠不變하지 않다는 것을 나타낸다.『도덕경道德經』23장에서는 말하기를 "말 없음이 자연自然이라 태풍颱風도 아침 나절을 다 불지 못하고 소낙비도 하루를 다 내리지 못한다. 누가 이것을 하는가? 천지天地이다. 천지도 오히려 장구長久하지 못하거늘 하물며 인간에 있어서랴!"[76]

만유萬有는 무상無常한지라 불변不變함이 없고 오직 도道만이 만유萬有를 뛰어넘어 영원불변永遠不變하다. 고로 이 도道는 만유萬有를 범주하며 또한 만유萬有가 의거해 있는 궁극적인 법칙으로서 대립전화적對立轉化的이고 순환운동적循環運動的인 규율規律[77]을 가지고 있다. 이는 곧 만물만상萬物萬象이 모두 변화하여 그 반대의 면으로 될 수 있다는 것을 의미하는 바, "대왈서大日逝 서왈원逝日遠 원왈반遠日反"[78]이라고 하는 구절句節이나 "반자도지동反者道之動"[79]이라고 하는 구절 속에 잘 드러난다. 근본으로 돌아감[反]은 순환하여 서로 바뀐다는 뜻으로 이러한 운동과 변화는 일체의 사상事象이 대립·의존 관계에 있기 때문이며, 또한 대립물對立物의 상호의존성은 조화調和의 미美를 발현發現시

---

[74] 『道德經』, 42장 : "道生一 一生二 二生三 三生萬物 萬物負陰而抱陽 冲氣以爲和."
[75] 『道德經』, 28장 ; 『道德經』, 16장 : "夫物芸芸 各復歸其根"과 비교할 것.
[76] 『道德經』, 23장 : "希言自然 故飄風不終朝 驟雨不終日 孰爲此者 天地 天地尙不能久 而況於人乎."
[77] 王雲五主 編, 陳鼓應 註譯, 『老子今註今譯』(臺北 : 商務印書館, 中華民國 66년) 1-6面 참조.
[78] 『道德經』, 25장.
[79] 『道德經』, 40장.

키게 된다.

"그러므로 있고 없음이 서로 생겨나고, 어렵고 쉬움이 서로 이루며, 길고 짧음이 서로 모양을 이루고, 높고 낮음이 서로 기울며, 소리와 음성音聲이 서로 조화를 이루고, 앞과 뒤가 서로 따른다."[80]

경험의 세계에서 한결같이 자기동일성自己同一性을 지닌 사상事象이란 없다. 이런 까닭에 '유有'라고 하는 것도 절대적 '유有'가 아니며, '무無'라고 하는 것도 절대적 '무無'가 아니다. 따라서 '유무有無'는 절대적 모순이 아니다. 마찬가지 논리로 '난이難易', '장단長短', '고하高下', '음성音聲', '전후前後'도 절대적 모순이 아니다. 이는 곧 음양陰陽의 조화적調和的 원리를 나타내는 것으로 천지만물의 생성生成·발전發展이 이로써 설명된다. 일체의 현상은 일정한 단계에 이르게 되면 다시 변화하는 법이니, "화禍 뒤에는 복福이 따르고, 복福 뒤에는 화禍가 도사리고 있다. 누가 그 종극終極을 알 것인가. 무엇이 꼭 정正이라고 말할 수 없다. 정正도 다시 기奇가 되고, 선善도 다시 요妖가 된다."[81]

즉 "궁즉통窮則通"이다. 도道는 끊임없이 순환하는 활동을 하는 까닭에 동일한 상태에 오래 머물지 아니하며, 따라서 모든 대립적 갈등葛藤이나 투쟁 그 자체도 고정불변固定不變하는 것이 아니므로 '기무정사其無正邪'라 하였다. 우리가 사는 상대계相對界에서의 명칭이나 개념은 상대적인 차별差別에 불과한 것이므로 가변적可變的이며, 따라서 영원불변한 명칭이나 개념은 아닌 것이다. 천지天地간에 모든 상황狀況과 사물事物은 부단히 변하고 바뀐다. 그러므로 『도덕경道德經』 22장에서는, "굽으면 온전穩全하고, 굽히면 곧게 되고, 움푹 파이면 가득 차

---

80 『道德經』, 2장: "故有無相生 難易相成 長短相形 高下相傾 音聲相和 前後相隨."
81 『道德經』, 58장: 禍兮福所倚 福兮禍所伏 孰之其極 其無正邪 正復爲奇 善復爲妖.

고, 낡으면 새롭게 되고, 적은즉 얻고, 많은즉 미혹迷惑하게 된다."[82] 하고, 36장에서는, "장차 죄고자 한다면 잠시 펴 있게 하고, 약弱하게 하고자 한다면 강강强하게 해 주고, 망亡하게 하고자 한다면 잠시 흥興하게 해 주고, 빼앗고자 한다면 잠시 주어야 한다. 부드러운 것이 견고堅固한 것을 이기고 약弱한 것이 강强한 것을 이기게 마련이다."[83] 하며, 42장에서는, "그러므로 사물은 혹 손해損害가 되는 듯하면서도 이익利益이 되기도 하고, 이익이 되는 듯하면서도 손해가 되기도 한다."[84]고 한다.

이러한 종류의 논리는 모두 '반자도지동反者道之動'에서 나온 것이다. 모든 것은 도道에서 나와 도道로 복귀하므로 도道의 견지見地에서 보면 늘어난 것도 줄어든 것도 없다. 만물만상萬物萬象은 무상無常한지라 한결같을 수 없고 오직 도道만이 한결같아서 이러한 대립對立과 운동運動을 통일統一시킨다. 도道는 천지만물의 근원으로서 무한한 생명력을 지니고 있다. 그러면 도道는 어떻게 해서 천지만물을 생성하는가. 노자老子에 의하면 무위無爲·자연自然으로 그렇게 하는 것이다. 『도덕경道德經』 25장에서는 "사람은 땅의 법칙法則을 본받고 땅은 하늘의 법칙을, 하늘은 도道의 법칙을, 도道는 자연의 법칙을 본받아야 한다."[85]고 한다. 여기서 '도법자연道法自然'은 『도덕경道德經』의 전체적인 맥락脈絡을 통하여 볼 때 자연이 도道의 상위개념上位概念으로가 아

---

82 『道德經』, 22장: "曲則全 枉則直 窪則盈 敝則新 少則得 多則惑."
83 『道德經』, 36장: "將欲歙之 必固張之 將欲弱之 必固强之 將欲廢之 必固興之 將欲奪之 必固與之 …… 柔弱勝剛强." 이 장은 현실 정치의 要領을 말해 주는 것으로 이러한 도리를 아는 것을 '微明'이라 한다.
84 『道德經』, 42장: "故物或損之而益 或益之而損."
85 『道德經』, 28장: "人法地 地法天 天法道 道法自然."

니라 동위개념同位槪念으로 나타나며, 따라서 도즉자연道卽自然으로 보아야 할 것이다.[86] 말하자면 도道는 곧 자연의 도道로서 천天·지地·인人의 모든 활동을 포괄하는 자기 스스로의 순수 활동이다. 이것을 40장에서는 '약자도지용弱者道之用'이라 하였는데, 이는 도道의 작용을 무위無爲·자연自然의 그것으로 본 까닭이다. 이미 고찰된 바와 같이, 근본으로 되돌아감〔反〕이 도道의 움직임〔動〕이다. 그런데 이 움직임은 이제 무위無爲·자연自然의 법칙에 의해 지배支配된다는 것을 알았다. 그렇다면 노자에 있어 도道의 운동 법칙은 궁극적으로는 무위無爲·자연自然의 법칙 그 자체라고 해야 할 것이다.

## 2. 무위無爲와 수유부쟁守柔不爭

노자 철학의 궁극적 목표는 자연의 무위無爲와 일체가 되는 것으로 이는 상도常道의 인식이 무위無爲·자연自然으로 돌아감으로써 우리의 마음이 순수하게 도道에 계합契合될 때 비로소 가능하다는 것을 보여 준다. 도道의 운동 법칙이 궁극적으로는 무위無爲·자연自然의 법칙인 까닭에 부단한 변화 속에 있는 외재사물外在事物에 집착하게 되면 도道의 자기현현自己顯現은 불가능하게 된다. 『도덕경道德經』 64장에서 말하기를, "인위적으로 하는 자者는 실패失敗하고, 집착執着하는 자者는 잃는다. 이 때문에 성인聖人은 무위無爲하므로 실패失敗도 없으며, 집착執着이 없으므로 잃는 것도 없다."[87]

---

86 王雲五主 編, 陳鼓應 註譯, 前揭書, 113-117面과 비교할 것.
87 『道德經』, 64장 : "爲者敗之 執者失之 是以聖人無爲 故無敗 無執 故無失."

말하자면 '무위무집無爲無執'이라고 해야 할 것이다. 또한 무위無爲는 '무패無敗'요 '무실無失'인 까닭에 43장에서는 '무위지유익無爲之有益'이라 하여 말없는 자연의 가르침을 강조한다. 이러한 무위無爲에 대한 강조는 노자老子의 치국술治國術에서도 잘 나타난다.

"나라를 다스리는 데는 정도正道로써 하고 군대軍隊를 쓰는 데는 기책奇策으로써 하지만 인위적인 노력을 버림으로써 천하天下를 취하게 된다……" 천하天下에 금령禁令이 많을수록 백성은 더욱 빈곤해지고, 백성이 이기利器를 많이 가질수록 국가國家는 더욱 혼란混亂해지고, 사람들의 기교技巧가 발달할수록 기물奇物이 많이 나와 국민정신을 해害하고, 법령法令이 정비整備될수록 도적盜賊이 많아진다. 그러므로 성인聖人은 말씀하시기를, "내가 무위無爲하니 백성이 스스로 순화醇化되고, 내가 고요함을 즐기니 백성이 스스로 바르게 되며, 내가 무사無事하니 백성이 스스로 부유富裕하게 되며, 내가 무욕無欲하니 백성이 스스로 소박素朴하게 된다."고 하였다.[88]

무위無爲란 어떤 일을 행함에 있어 인위적으로나 고의적으로가 아니라 자연적이며 자발적으로 한다는 것으로, 무위無爲는 '자연自然'이라는 말과 같은 개념이다. 노자老子는 천지만물이 바로 이 무위의 작용, 즉 작용하는 주체가 없는 작용에 의해 생겨났다고 보고, 『도덕경道德經』 40장에서는 '약자도지용弱者道之用'이라 하여 도道가 만물을 생육生育하는 것이 어떤 인위적인 노력을 들여서 그렇게 하는 것이 아니라 무위無爲·자연自然으로 하는 까닭에 이 절대적인 힘은 지극히 유약

---

[88] 『道德經』, 57장: "以正治國 以奇用兵 以無事取天下 …… 天下多忌諱 而民彌貧 民多利器 國家滋昏 人多技巧 奇物滋起 法令滋彰 盜賊多有 故聖人云 我無爲而民自化 我好靜而民自正 我無事而民自富 我無欲而民自樸."

柔弱할 것 같으나 43장의 "천하지지유天下之至柔 치빙천하지지견馳騁天下之至堅"이라는 말에서도 알 수 있듯이 실은 이 유약柔弱한 힘이 그 어떤 강자强者의 힘보다도 더 강한 힘인 것이다. 노자老子는 우리의 마음이 무위無爲해지면 무집無執하게 되고 무욕無欲하게 되므로, 허虛해지고 정靜해질 수 있다고 하면서 무위無爲의 경계를 '허정虛靜'의 경계 그것이라고 보았다.

"허虛의 극치極致에 이르고 고요함을 독실篤實하게 지킬 수 있다면 만물이 발생하여 움직이고 있는 이 모습이 실은 그 근원으로 돌아가는 작용임을 알게 된다. 무릇 만물은 끊임없이 생겨나지만 각기 그 근본으로 되돌아간다. 이렇게 근본으로 돌아가는 것을 고요해진다 하며, 고요해짐을 본연本然으로 돌아간다 하고, 본연으로 돌아감을 영원永遠이라 하며, 영원을 아는 것을 진지眞知라 한다."[89]

만물은 각기 그 근원으로 돌아가 자기 본성을 드러낸다. 노자老子는 만물이 의거해 있는 도道의 실상實相을 관조觀照할 수 있을 때 천하天下를 취할 수 있다고 한다. 이는 "천하天下를 취하는 것이 항상 무위無爲의 덕德으로서만 가능하며 인위적인 노력으로서는 천하를 취하지 못한다."[90]고 하는 노자 특유의 정치 철학인 동시에 또한 무위無爲의 실천적實踐的 내지는 경험적經驗的 효과效果를 보여 주는 것으로 '무위이무불위無爲而無不爲'라는 한 마디로 포괄된다.

"학문學問을 하면 날로 지식知識이 늘고 도道를 행하면 날로 준다. 줄고 또 줄어서 더 이상 인위적인 것이 남지 않은 데까지 가면 함이

---

89 『道德經』, 16장 : "致虛極 守靜篤 萬物竝作 吾以觀復 夫物芸芸 各復歸其根 歸根曰靜 靜曰復命 復命曰常 知常曰明."
90 『道德經』, 48장 : "取天下常以無事 及其有事 不足以取天下."

없으면서도 하지 않음이 없게 된다."⁹¹

이리하여 노자老子는 『도덕경道德經』 37장에서 '도상무위이무불위道常無爲而無不爲'라 하였고 38장에서는 '상덕무위이무불위上德無爲而無不爲'라 하였다. 노자老子의 '동기진同其塵'이라는 말에서도 볼 수 있듯이 이러한 무위無爲의 무불위無不爲함으로부터 노자老子는 무위無爲의 체득자體得者가 홀로 초연超然하게 경험 세계經驗世界를 떠나 버리는 것이 아니라 그 지혜智慧의 빛을 세상世上에 비춤으로써 오히려 경험 세계經驗世界를 지배하게 된다."고 하는데, 이는 그의 학설學說이 현저하게 정치성을 띠고 있다는 것을 말하여 준다. 3장에서 "무위無爲의 정치를 하면 다스려지지 않는 것이 없다."⁹²라든지, 37장에서 "후왕侯王이 만약 이를 능히 지킬 수 있으면 만물이 장차 저절로 순화純化될 것이다."⁹³라고 한 것이 그것이다. 이는 노자老子에게 있어 최상의 정치 형태가 '무위자화無爲自化'의 그것이라는 것을 보여 준다. 따라서 이상적理想的 위정자爲政者가 될 수 있기 위해서는 백성들로부터 칭송을 받는 것만으로는 부족하며 그의 힘, 나아가서는 그의 존재 자체가 백성들에게 의식意識되지 않도록 하기 위하여 무위無爲·자연自然의 덕德을 갖추어야 한다고 했다.⁹⁴ 자연의 법을 따라 통치統治하게 되면 무위無爲이나 사실에 있어서는 무불위無不爲인 통치를 하게 되는 것이고, 따라서 최고도로 유능한 정부가 되게 되지만 그러한 유능성有能性은 백성들에게는 의식意識되지 않는 까닭에 그들은 모두가 저절로 그렇게 되

---

91 『道德經』, 48장: "爲學日益 爲道日損 損之又損 以至于無爲 無爲而無不爲矣."
92 『道德經』, 3장: "爲無爲 則無不治."
93 『道德經』, 37장: "侯王若能守之 萬物將自化."
94 『道德經』, 17장.

었다고 생각하게 되는 것이다. 이렇게 되면 지배支配와 복종服從의 관계라고 하는 것도 피치자被治者가 치자治者의 존재를 의식하지 않은 채 저절로 순화純化되기 때문에 사실상 종적縱的인 관계라 할 수 없으며, 결과적으로 치자와 피치자의 구분 자체도 의미를 상실하게 되는 것이다. 이렇게 볼 때 무위無爲는 단순히 개인 철학이기 이전에 국가의 통치 철학이며, 그것의 실천적 전개는 수유부쟁守柔不爭을 통해 이루어지게 된다.

무위無爲의 실천을 위하여 노자가 수유부쟁守柔不爭을 강조하는 것은 자연의 대도大道에 순응順應하기 위한 것으로『도덕경道德經』40장의 "반자도지동反者道之動 약자도지용弱者道之用"이라는 원리에 근거한다. 예컨대 노자가 '수유왈강守柔曰强'[95]이라고 할 때 '수유守柔'는 도道의 활동에 일치一致된 생활을 함을 뜻한다. 성인聖人의 도道가 행行하기는 해도 다투지 않는 것은 바로 이 대도大道의 내재적內在的 작용을 본받아 유약柔弱의 덕德을 지켜 가는 까닭이다. 노자老子는 68장에서 말하기를 "무사武士 노릇 잘 하는 이는 무장武裝을 하지 않고, 싸움 잘 하는 이는 성을 내지 않으며, 적敵을 잘 이기는 이는 관여關與하지 않고, 사람을 잘 쓰는 이는 자기가 쓰는 사람보다 아래에 처處한다."고 하며, 이를 일러 '부쟁不爭의 덕德'이라 하였다.[96]

43장에서는 "천하에 가장 부드러운 것이 천하의 가장 딱딱한 것을 부린다."[97]고 하였고, 78장에서는 "천하에 물보다 더 유약柔弱한 것이

---

95 『道德經』, 52장.
96 『道德經』, 68장 : "善爲士者不武 善戰者不怒 善勝敵者不爭 善用人者爲之下 是謂不爭之德."
97 『道德經』, 43장 : "天下之至柔 馳騁天下之至堅."

없으나 견강堅强한 것을 공격하는 데는 이보다 나은 것이 없다."[98]고 하였으며, 76장에서는 "그러므로 견강堅强한 자者는 죽음의 무리이며, 유약한 자者는 삶의 무리이다. 이 때문에 병사兵士가 강강하면 멸망하고, 나무가 강강하면 꺾어진다. 강대强大한 것은 아래에 처處하고 유약한 것은 위에 처한다."[99]고 하였다. 이렇게 볼 때 노자의 수유부쟁守柔不爭에 대한 요구는 강강剛을 알고 난 다음에 유柔, 말하자면 강강함 조차도 넘어선 약弱함에 대한 요구로 보아야 할 것이다. 『도덕경道德經』 28장은 이러한 점을 분명히 밝히고 있다.

"수컷이 지니는 강강한 덕德을 알고 있으면서도 암컷이 지니는 유순柔順하고 부드러운 덕德을 지켜 간다면 천하의 시내가 될 수 있을 것이다. 이렇게 천하의 시내가 되게 되면 상덕常德이 몸에서 떠나지 않아 마치 갓난애와도 같이 자연 그대로인 마음으로 복귀할 수 있다.[100]

이와 같은 논리는 우愚·욕욕辱·정정靜·암暗과 같은 소극적인 덕목德目들에도 마찬가지로 적용된다. 즉 지知를 넘어선 우愚이고, 영榮을 알고 난 다음의 욕욕辱이며, 동動을 넘어선 정靜이고, 명明을 알고 난 다음의 암暗인 것이다. 그렇다면 노자에게 있어 비문화성非文化性은 원래적原來的인 것으로서가 아니라 문화의 자기 부정自己否定으로서이며, 또한 소극적인 덕목들도 사실은 적극성의 결여缺如로서가 아니라 그것을 넘어선 것으로서 이해해야 할 것이다. 그러나 유柔·우愚·정靜과 같은

---

98 『道德經』, 78장 : "天下莫柔弱於水 而攻堅强者莫之能勝."
99 『道德經』, 76장 : "故堅强者死之徒 柔弱者生之徒 是以兵强則滅 木强則折 强大處下 柔弱處上."
100 『道德經』, 28장 : "知其雄 守其雌 爲天下谿 爲天下谿 常德不離 復歸于嬰兒."

소극적인 규범規範들은 아직은 의식意識 내지는 의지意志의 작용이 이루어지고 있는 까닭에 도道와는 거리가 있다 하겠으며, 따라서 종국에는 그러한 규범 조차도 초극超克될 때 비로소 무위無爲·자연自然과 일체가 될 수 있을 것이다. 이러한 노자老子의 자연적 도덕관道德觀은 유교儒敎의 인위적 도덕관의 내재적인 약점을 극복하기 위한 시도라 볼 수 있으며, 그의 무위관념無爲觀念의 실천적 전개는 필연적으로 그의 정치 이상政治理想이 씨족적氏族的 취락 국가聚落國家의 구현具現이라는 것을 드러낸다.[101]

# IV. 결론

이상에서 우리는 헤겔의 절대정신과 노자老子에 있어서의 도道의 변증법적 발전 논리를 고찰해 보았다. 여기에서 우리는 헤겔과 노자老子의 자유의지自由意志(free will)와 자연自然(nature)이라고 하는 각기 상이한 논의論議의 시발점始發點이 필연적으로 제도성制度性에 기반된 인위적 공동체共同體와 무위성無爲性에 기반된 자연적 공동체를 산출한다는 것을 알았다.

헤겔은 루소(J. J. Reusseau)와의 논쟁에서도 분명히 하고 있듯이[102] 자유의지가 저절로 자연 상태에서 비롯되는 것이 아니며, 따라서 그에

---

101 『道德經』, 80장.
102 *Philosophy of Right*, §5.

게 있어 자연 상태는 자유 상태가 아니라 오히려 홉스(Thomas Hobbes)적 "만인에 대한 만인의 투쟁상태(the state of war of all against all)"에 지나지 않는 것으로 나타난다. 헤겔은 이러한 자연 상태의 전형典型이 바로 욕구欲求의 체계로 이루어진 시민사회라고 보아 이 영역領域에서는 자유와 욕구가 상호대치적相互對置的인 관계에 있기 때문에 조화調和로울 수 없다고 하였다. 따라서 분열적分裂的인 욕구의 체계가 노동에 의한 자연의 정복 과정을 통하여, 더 나아가서는 복지 행정福祉行政 및 직업 단체職業團體의 활동을 통하여 조정되고 균형均衡을 찾을 때 비로소 시민사회는 '실체적 통일체'로서의 국가로 통합되게 된다고 보았다. 바로 이 '실현實現된 자유의 영역(the realm of freedom made actual)' [103] 에서 드디어 이성적인 것은 현실적인 것 속에 구현되고 절대정신은 인간 존재 속에 현현顯現하게 되는 것이다.

한편 노자老子의 경우에 있어 자연은 상도常道와 동일 개념으로 사용되며 자연 상태는 무위무위無爲無僞나 무위부쟁無爲不爭의 상태, 즉 어떠한 인위적인 행동도 하지 않음으로써 위僞나 쟁爭이 없는 상태로 나타난다. 도道의 체득 과정體得過程은 곧 자연으로의 복귀 과정이며, 이러한 도道의 되돌아가는 움직임은 존재의 근원성을 드러내는 작용으로 자연과 완전히 일체가 되는 무위無爲의 경계에서 도道는 인간 존재 속에 구현되는 것이다. 그런데 여기서 한 가지 유념해야 할 것은 노자老子의 무위사상無爲思想이 자유방임주의사상自由放任主義思想과는 전혀 무관하다는 것이다. '무위무불위無爲無不爲'나 '무위자화無爲自化'라는 말에서도 볼 수 있듯이 그의 무위관념無爲觀念은 오히려 경험 세

---

103 *Ibid.*, §4.

계에의 응용을 시도하고 있으며, 씨족적氏族的 취락 국가聚落國家와 같은 소국과민小國寡民을 그 정치 이상政治理想으로 삼고 있는 것이다.

이렇게 볼 때 노자老子의 국가에 대한 변증법적 도출 방식導出方式은 헤겔의 역사주의적歷史主義的 방식과는 달리 자연주의적自然主義的이다. 헤겔에게 있어 절대정신의 자기 실현화 과정自己實現化過程은 현상적現象的 주체와 본질 간의 괴리乖離를 메워 가는 소외 극복 과정疎外克服過程이요 국가의 이념이 실제화實際化되는 자유화과정이며, 이는 곧 역사의 발전 과정과 일치해 있다. 이를테면 사회적 영역과 정치적 영역이 미분화未分化 상태이던 고대古代 폴리스(polis)[104]에 있어서는 개인과 공동체의 일치로 소외 의식도 단지 잠재적潛在的이던 것이 중세中世[105]를 거쳐 현대[106]에 이르러 경제적 영역인 시민사회와 정치적 영역인 국가가 완전한 분화分化를 이루면서 사적私的 인간과 공적公的 인간이 대립하여 소외 의식疎外意識 또한 제도화制度化되게 된 것이다. 이러한 양 영역兩領域 간의 간격은 계급 체계의 매개적媒介的 기능을 통하여 시민사회의 특수성(particularity of civil society)이 국가의 보편성(universality of the state)으로 연결連結되면서 극복되고, 존재와 의식意識 또한 하나가 되어 소외疎外의 역사는 종말終末을 고告하게 되는 것이다.

노자老子의 경우에 있어서는-동양사상東洋思想 일반이 그러하듯-정신적 체험에 의거한 사상이니만큼 논리성에 의거한 헤겔의 체계와는 다소 차이가 있다. 말하자면 헤겔의 접근은 의식과 공동체의 적극적

---

104  고대 그리스 세계에 관하여, See *The Philosophy of History*, pp.223-277.
105  중세 로마 세계에 관하여, See *ibid.*, pp.278-340, esp. pp.278-282, 314-318.
106  현대 세계에 관하여, See *ibid.*, pp.318-336, 366-389, 412-427, 438-457; Hegel, *Lectures on the History of Philosophy*, trans. by E. S. Haldans and F. H. Simon(London: Kegan Paul, 1896), III, pp.157-169, 379-408.

관련성을 논리적 전제로 삼아 자연을 극복함으로써 건설되는 이성체理性體로서의 국가를 절대정신의 자기 실현의 장場으로 삼고 있는 데 반해, 노자老子는 인위적 산물로서의 문화와 지식을 비판하여 도道의 자기현현自己顯現은 문화의 자기부정自己否定을 통하여 무위無爲·자연自然과 일체가 됨으로써 이루어진다고 보고 이러한 무위 관념을 인간 세계에 투영시켜 '무위자화無爲自化', '위무위爲無爲 즉무불치則無不治'라는 표현을 쓰고 있다. 실로 노자老子의 도道는 일체의 것을 포괄하는 가장 근원적인 존재인 동시에 모든 것에 내재하는 존재와 당위當爲의 통일체로서 모든 것의 실상實相인 것으로 나타난다. 헤겔과 노자老子 양자 간의 상이한 접근은 또한 '자연의 극복克服'과 '자연에로의 복귀復歸'라고 하는 그들 자연관自然觀에 있어서의 근본적인 차이를 말하여 준다.

이와 같은 헤겔과 노자老子의 상이한 접근을 통하여 볼 때 절대정신과 도는 모두 필연적必然的 자기법칙성自己法則性에 의해 운동運動한다는 점에 있어서는 동일同一하지만, 후자는 전자와는 달리 일직선적一直線的이 아니라 반복순환적反復循環的인 활동을 한다는 것을 알 수 있다. 그렇다면 도道의 변증 논리辨證論理는 발전의 논리가 아니라 단순한 환원還元의 논리인가? 노자老子는 인간의 본성을 도성道性이라고 했다. 그러나 우리의 마음이 모든 의식적 작용을 그치고 무위無爲·자연自然으로 돌아가 도道와 하나가 되지 않고서는 도道를 자각할 수 없으며, 존재의 진상眞相 또한 인식할 수 없는 것이다. 도道의 체득 과정體得過程은 비아非我에 대한 부정否定을 통하여 순수 자아純粹自我로 복귀해 가는 존재와 의식의 합일화 과정合一化過程, 말하자면 존재의 자기실현화 과정이다. 인간의 본성本性을 도성道性이라고 할 때 도道를 체득體得하기 이전의 상태는 추상적인 가능태可能態에 불과하며, 그것의 구체적인 현실태現實態는 도道의 자각과 더불어 현현顯現하게 된다. 이는 무위관념의 실천적 전개에서 더욱 명백해지는데, 이른바 『도덕경道德經』 29장의 "천하신기天下神器 불가위야不可爲也"라고 하는 노자老子의 통치 철학이 그것을 말하여 준다. 그렇다면 도道의 변증 논리는 단순한 환원還元의 논리가 아니라 발전의 논리라고 해야 할 것이다.

여기에서 우리는 헤겔과 노자老子의 발전에 대한 인식론적認識論的 차이가 발전에 대한 상이한 접근을 낳는다는 것을 알았다. 말하자면 자연과 문화에 대한 이들의 상이한 인식 태도認識態度가 헤겔의 경우에는 고도高度의 문화 세계 속에 자유의 왕국을 건설케 하였고 노자老子의 경우에는 자연 속에 무위無爲의 왕국을 건설케 하였던 것이다. 절대정신의 일직선적一直線的 운행 방식運行方式과 도道의 순환 반복적循環反復的 운행 방식運行方式은 단순히 어느 한 쪽을 절대적 기준으로 삼아 다른 쪽을 평할 수는 없으며, 이보다는 헤겔과 노자老子의 철학 체계, 더 나아가서는 동·서양의 철학 체계 전반에 걸친 면밀한 연구가 이를 이해하는 데 하나의 지표指標를 제공할 수 있을 것이다. 지금 이 순간에도 절대정신은 역사의 완성을 열망하며 우리의 정신 속에서 살아 퍼득인다. 지금 이 순간에도 도道는 만유萬有를 주관主管하며 만유 속에서 만유의 진상으로 스스로를 드러낸다. 이성적理性的인 것은 현실적現實的인 것 속에 어느 정도로 구현具現되었는가? 또한 우리의 마음은 얼마만큼이나 도道와 하나가 되었는가? 이에 대한 답은 세계 곳곳에 널려 있다.

〈부록_참고문헌〉

金敬琢,『新譯老子』, 서울: 玄岩社, 1984.
金恒培,『老子哲學의 硏究』, 서울: 思社硏, 1986.
勞思光,『中國哲學史』, 臺北: 三民書局印行, 中華民國 70년.
盧台俊,『道德經』, 서울: 弘新文化社, 1986.
餘培林,『老子讀本』, 臺北: 三民書局股빈有限公司, 中華民國 71년.
─────,『老子』, 臺北: 時報文化出版事業有限公司, 中華民國 72년.
互雲五主 編, 陳鼓應 註譯,『老子今註今譯』, 臺北: 商務印書館, 中華民國 66년.
禹玄民,『老子』, 서울: 博英社, 1976.
崔珉子,「G. W. F. Hegel의 疎外克復論에 대한 批判」,『韓國政治學會報』, XVIII, 1984. 12.
崔廉烈,『老子哲學』, 서울: 敎文社, 1984.
許大同,『老子哲學』, 臺北: 五洲出版社, 中華民國 66년.

Aristotle, *Politics*(1277b), III, ed. and trans. by Ernest Barker, Oxford: Oxford University Press, 1962.

───────, *Nicomachean Ethics*(1234a), V, trans. by J. L. Ackrill, London : Faber & Faber Ltd., 1973.

Avineri, Shlomo, *Hegel's Theory of the Modern State*, Cambridge: Cambridge University Press, 1972.

Copleston, Frederick, S. J., *A History of Philosophy*, II, Westminster, Maryland : The Newman Press, 1962.

Foster, Michael B., *Political Philosophies of Plato and Hegel*, Oxford: Oxford University Press, 1935.

Hegel, G. W. F., *Philosophy of Right*, ed. and trans. by T. M. Knox,

Oxford: Oxford University Press, 1980.

_____, *The Phenomenology of Mind*, trans. by J. B. Baillie, London: George Allen&Unwin, 1931.

_____, *Philosophy of Mind*, translated from *The Encyclopedia of the Philosophical Sciences*, by William Wallace, Oxford: The Clarendon Press, 1984.

_____, *Reason in History*, trans. by R. S. Hartman, New York: The BobbsMerrill Co., Inc., 1953.

_____, *The Philosophy of History*, trans. by J. Sibree, New York: Dover Publications, 1956.

_____, *Lectures on the History of Philosophy*, trans. by E. S. Haldans and F. H. Simon, III, London: Kegan Paul, 1896.

Kaufmann, Walter, *Hegel: Texts and Commentary*, New York: Anchor Books, Doubleday, 1965.

Kelly, George Armstrong, *Idealism, Politics and History*, Cambridge: Cambridge University Press, 1969.

_____, *Hegel's Retreat from Eleusis*, Princeton: Princeton University Press, 1978.

Kohn, Hans, "Political Theory and the History of Ideas," *Journal of the History of Ideas*, XXV, 1964.

Kojève, Alexandre, *Introduction to the Reading of Hegel*, ed. by Allan Bloom, trans. by James H. Nichols, Jr., New York: Basic Books, 1969.

Kolakowski, Leszek, *Main Currents of Marxim*, I, Oxford: Oxford University Press, 1981.

Lukàcs, Georg, *The Young Hegel*, trans. by Rodney Livingstone, London: Merlin Press, 1965.

McTaggart, J. M. T., *Studies in the Hegelian Dialectic*, New York: Russell & Russell, 1964.

Plamenatz, John, *Man and Society*, II, London: Longman, 1963.

Reyburn, Hugh A., *The Ethical Theory of Hegel*, Oxford: Oxford University Press, 1921.

Riedel, Manfred, "Nature and Freedom in Hegel's 'Philosophy of Right'," in Z. A. Pelczynski, ed., *Hegel's Political Philosophy: Problems and Perspectives*, Cambridge: Cambridge University Press, 1971.

Rosen, Michael, *Hegel's Dialectic and its Criticism*, Cambridge: Cambridge University Press, 1982.

Rychlak, J. F., "The Multiple Meanings of Dialectic," in J. F. Rychlak, ed., *Dialectic: Humanistic Rationale for Behavior and Development*, Basel Switzerland: S. Karger AG., 1976.

Shklar, Judith N., *Freedom and Independence*, Cambridge: Cambridge University Press, 1976.

Stillman, Peter G., "Hegel's Critique of Liberal Theories of Right," *American Political Science Review*, LXVIII, 1974.

Strauss, Leo, *What is Political Philosophy?*, New York: The Free Press, 1959.

Taylor, Charles, *Hegel and Modern Society*, Cambridge: Cambridge University Press, 1979.

# 참고문헌

■ 1차 자료

『金剛三昧經論』
『大乘起信論』
『大乘起信論別記』
『大乘起信論疏』
『道德經』
『頓悟無生般若頌』
『東經大全』
『明心寶鑑』
『三一神誥』
『聖經』
『十門和諍論』
『阿含經』
『涅槃宗要』
『龍潭遺詞』
『六祖壇經』
『周易』
『中庸』
『參佺戒經』
『天道教經典』
『天符經』
『桓檀古記』
『皇極經世書』
『The Upanishads』

『The Bhagavad Gita』

■ 동학 관련 연구 문헌

강삼구, 「동학의 반봉건사상에 관한 연구」, 『지방자치연구』2, 전북대 지방자치 연구소, 1992.
강영한, 「신종교 배상제교와 동학의 비교」, 『한국사회학』31, 한국사회학회, 1997.
강재언, 『근대한국사상사연구』, 미래사, 1986.
고건호, 「동학운동의 내적 혁신과정」, 『종교학연구』12, 서울대 종교학연구소, 1993.
_____, 「한말 신종교의 문명론: 동학 천도교를 중심으로」, 서울대 박사학위논문, 2002.
구양근, 「동학과 서학에 관한 문제 고찰」, 『한국근대사에 있어서의 동학과 동학농민운동』, 한국정신문화연구소, 1994.
김경재, 「최수운의 시천주와 역사이해」, 『한국사상』15, 한국사상연구회, 1977.
_____, 「수운의 시천주 체험과 동학의 신관」, 『동학연구』4, 한국동학학회, 1999.
김경진, 「동학도의 기본사상에 대하여」, 『한국사상』22, 한국사상연구회, 1995.
김경탁, 「동학의 동경대전 연구」, 『아세아연구』41, 고려대 아세아문제연구소, 1971.
김기선, 『한글 동경대전』, 자농출판사, 1991.
_____, 『주해해설 용담유사』, 자농출판사, 1991.
김기승, 「용담유사의 역사적 이해」, 『동학학보』2호, 동학학회, 2001.
_____, 「수운 최제우 저작의 연대기적 검토」, 『동학학보』3호, 동학학회, 2002.
_____, 「조지훈의 민족운동사 인식과 동학관」, 『동학학보』6호, 동학학회, 2003.
김대권, 『동학 천도교 용어사전』, 신지서원, 2000.
김삼락, 「동학과 자연과학에서의 사상과 미래에의 전망」, 『민족문제연구 2집-동학혁명의 이념적 조명』, 경기대 민족문제연구소, 1995.
김상근, 「동학연구」, 『동방학보』1, 1977.

김상기, 「동학의 사상적 배경 2」, 『한국사상』7, 한국사상연구회, 1964.
_____, 「동학과 동학란」, 『동방사논총』, 서울대 출판부, 1974.
김상일, 『동학과 신서학』, 지식산업사, 2000.
_____, 『수운과 화이트 헤드』, 지식산업사, 2001.
김수용, 「수운 최제우의 일대기」, 『궁궁을을』, 예화, 1995.
김신재, 「동학사상에서의 대외인식과 그 성격」, 『동학연구』창간호, 한국동학학회, 1997.
김양수, 「동학사상의 분석연구」, 『청대춘추』24, 청주대, 1980.11.
김영작, 「동학사상과 농민봉기」, 『동학혁명의 연구』, 백산서당, 1982.
김완수 편, 『동학천도교사』, 사법행정문화원, 1993.
김용덕, 「동학사상연구」, 『중앙대논문집』9, 1965.
_____, 「동학사상에 관한 제설의 검토」, 『한국사의 탐구』, 을유문화사, 1971.
_____, 「동학사상의 독자성과 세계성-동학과 서학」, 『한국사시민강좌』4, 일조각, 1989.
김용섭, 「동학연구의 동향을 중심으로」, 『역사연구』3, 역사교육회, 1958.
김용준, 「동학의 인간관」, 『제2차 조선학국제학술대회논문집』, 북경민족출판사, 1989.
김용해, 「그리스도교와 천도교의 신관 비교」, 『동학학보』6호, 동학학회, 2004.
김용휘, 「수운의 삶과 사상」, 『동학학보』3호, 동학학회, 2002.
_____, 「해월의 마음의 철학」, 『동학학보』4호, 동학학회, 2002.
_____, 「최제우의 시천주에 나타난 천관」, 『한국사상사학』20, 한국사상사학회, 2003.
김인환, 「용담유사의 내용분석」, 『한국사상』15, 한국사상연구회, 1977.
_____, 「동학의 논리」, 『한국언어문학』16, 언어문학회, 1978.
_____, 「19세기 동학사상의 성격」, 『19세기 한국전통사회의 변모와 민중의식』, 고대민족문화연구소, 1982.
_____, 『동학의 이해』, 고려대 출판부, 1994.

김의환, 「동학의 사상적 배경」, 『한국사상』6, 한국사상연구회, 1963.
_____, 「초기 동학사상에 관한 연구」, 『한국근대사연구논집』, 삼협출판사, 1972.
김정의, 「동학의 문명관」, 『동학학보』2호, 동학학회, 2001.
_____, 「동학·천도교의 자연관」, 『문명연지』4권 2호, 한국문명학회, 2003.
김정호, 「동학사회변혁론의 이론적 기초」, 『동학학보』5호, 동학학회, 2003.
김지하, 『생명』, 솔, 1992.
_____, 『동학 이야기』, 솔, 1994.
김진혁, 『새로운 문명과 동학사상』, 지선당, 1997.
김창수, 「매천 황현의 동학인식에 대하여」, 『신인간』416호, 1984. 3.
_____, 「동학혁명론: 동학혁명인가, 갑오농민전쟁인가」, 『동학학보』3호, 동학학회, 2002.
김춘성, 「동학의 자연과 생태적 삶」, 『동학학보』창간호, 동학학회, 2000.
_____, 「용담유사의 철학적 고찰」, 『동학학보』2호, 동학학회, 2001.
김  철, 『동학(천도교), 이론의 개요』, 동선사, 1992.
김  탁, 「한국사에서 본 서학과 동학의 비교연구」, 『논문집』4, 한국정신문화연구원 한국학대학원, 1990.
김한구, 「동학 천도교에 관한 문화인류학적 고찰」, 『사회과학논총』9, 한양대학교, 1990.
김한식, 「동학사상의 혁명성」, 『아세아』1~3, 월간 아세아사, 1969.
_____, 「상고시대의 신관과 수운의 신관」, 『동학학보』창간호, 동학학회, 2000.
_____, 「동학과 서학이 만난 사상적 맥」, 『동학학보』6호, 동학학회, 2003.
김항섭, 「동학과 생태문제 논의에 대한 비판적 이해」, 『신종교연구』5, 한국신종교학회, 2001.
김호성, 「최제우의 인류구원의 에너지」, 『동학연구』3, 한국동학학회, 1998.
김홍철, 「후천개벽사상의 연구」, 『원불교사상』4, 원광대 원불교사상연구원, 1980.
남만성, 『동경대전』, 을유문화사, 1973.
남상궁, 「19C중엽 동학사상의 성립에 대한 일고찰」, 『안양전문대논문집』12, 1989.

노무지,「전통적 민족사상과 동학의 평등사상과의 관계에 대한 고찰」,『중앙사론』6, 중앙대 사학회, 1989.
_____,「동학의 민족주의에 대한 연구」, 중앙대 박사학위논문, 1990.
_____,「동학사상의 성립과 발전」,『국사관논총』38, 국사편찬위원회, 1992.
_____,「동학의 개벽원리에 관한 고찰」,『한국근현대 이행기 사회연구』, 신서원, 2000.
노태구,「동학사상의 평화관」,『한국사상』22, 한국사상연구회, 1995.
_____,「동학과 통일국가모델-민족주의의 입장에서」,『동학학보』창간호, 동학학회, 2000.
_____,『동학사상을 중심으로 한 평화통일의 정치사상』, 신인간사, 2000.
_____,「동학의 사회관」,『동학학보』2호, 동학학회, 2001.
_____,「동학의 무극대도와 통일」,『동학학보』4호, 동학학회, 2002.
도동열,「최제우와 동학」,『논문집』23, 동의공전, 1997.
동학혁명연구소,『동학사상과 민주주의』, 동학혁명연구소, 1998.
량만석,「동학의 철학적 기초와 정치적 이념」,『갑오농민전쟁 100돌기념논문집』, 집문당, 1995.
류승국,『동양철학연구』, 서울: 동방학술연구원, 1983.
문명숙,「동학의 인간관: 수운 최제우의 인격 이해」,『사목』196, 한국천주교중앙협의회, 1995.
_____,「동학 생명 인간-동학사상과 현대사상과의 관계」,『동학학보』창간호, 동학학회, 2000.
문영석,「해월 최시형의 사상 연구」,『동학학보』3호, 동학학회, 2002.
민영현,「수운 동학과 선」,『동학학보』4호, 동학학회, 2002.
민족문화연구소,『동학사상의 새로운 조명』, 영남대 출판부, 1998.
박경환,「동학의 신관」,『동학학보』2호, 동학학회, 2001.
_____,「동학과 유학사상」,『동학학보』5호, 동학학회, 2003.
박맹수,「동학자료의 재검토」,『인간과 경험 동서남북』2, 한양대 민족학연구소,

1990.

박맹수, 「동학사상과 그 지향」, 『진산한기두박사화갑기념-한국종교사상의 재조명』, 원광대 출판부, 1993.

＿＿＿, 「동학의 성립과 사상적 특성」, 『근대사상강좌』5, 도서출판 한울, 1994.

＿＿＿, 「동학과 전통종교와의 교섭」, 『동학사상의 새로운 조명』, 영남대 출판부, 1998.

박문현, 「묵가와 동학의 사회개혁사상 비교」, 『동학연구』11, 한국동학학회, 2002.

박성봉, 「동학사상 연구와 그 문제점」, 『사총』4, 고려대 사학회, 1959.

박성수, 「동학란, 동학혁명, 농민전쟁」, 『동학학보』3호, 동학학회, 2002.

박소정, 「동학과 도가사상: 불연기연의 논리를 중심으로」, 『동학학보』5호, 동학학회, 2003.

박영학, 「초기동학의 내적 변용」, 『원불교학』4, 한국원불교학회, 1999.

박용옥, 「동학의 남녀평등사상」, 『한국학보』91, 1981.

＿＿＿, 「동학에서 본 여성상」, 『동학』, 동학선양회, 1999.

박응삼, 『동학사상개론』, 원곡문화사, 1975.

배영기, 「동학이념과 21세기 새로운 통일 패러다임」, 『동학연구』7호, 한국동학학회, 2000.

배영순, 「동학 궁을사상과 역학적 세계관」, 『교남사학』7, 영남대 국사학회, 1996.

＿＿＿, 「동학의 기본구조」, 『동학사상의 새로운 조명』, 영남대 출판부, 1998.

＿＿＿, 「동학과 서학의 차별성 문제」, 『대구사학』73, 2003.

백종기, 「동학사상의 형성과 전개 및 동학난에 관한 연구」, 『대동문화연구』14, 성균관대 대동문화연구소, 1981.

부산예술문화대학 동학연구소 엮음, 『해월 최시형과 동학사상』, 예문서원, 1999.

『四書五經』卷1,2, 대구: 현대문화사, 1986.

성백걸, 「동학 인간관의 재조명과 통일한국의 인간학 모색: 지구화와 지방화 시대의 통일한국 인간상」, 『동학연구』12, 한국동학학회, 2002.

성주현, 「일제하 민주지역 천도교인의 민족운동」, 『동학학보』5호, 동학학회, 2003.

송호수, 「동학의 보국사상」, 『신인간』380호, 1980. 8.
수운교교리연구원 편, 『수운교 진리』, 수운교출판부, 1999.
신국주, 「후천개벽의 새 원리 동학」, 『자유』201, 자유사, 1990.
신기현, 「동학의 평등인식」, 『호남정치학회보』1, 호남정치학회, 1989.
신복룡, 『동학사상과 민족주의』, 평민사, 1983.
_____, 「동학의 기본사상에 관한 연구」, 『사회과학』8, 건국대학교, 1984.
_____, 「동학사상의 시대적 배경에 관한 연구」, 『건국대학술지-인문과학편』28, 건국대학교, 1984.
_____, 「동학의 창도와 전개과정: 창교에서 보은집회까지」, 『한국정치학회보』18, 한국정치학회, 1984.
_____, 『동학사상과 갑오농민혁명』, 평민사, 1991.
신승봉, 『동학』, 금성출판사, 1998.
신용하, 「동학과 갑오농민전쟁의 결합」, 『한국학보』67, 1992.
_____, 『동학과 갑오농민전쟁연구』, 일조각, 1995
_____, 「동학사상의 역사적 성격」, 『한국사상』22, 한국사상연구회, 1995.
_____, 「수운 최제우의 동학의 창도」, 『동학연구』창간호, 한국동학학회, 1997.
신일철, 「최수운의 역사의식」, 『한국사상』Ⅳ, 한국사상연구회, 1982.
_____, 『동학사상의 이해』, 사회비평사, 1995.
_____, 「동학의 '無爲' 적 시민사회관」, 『동학연구』6, 한국동학학회, 1999.
_____, 「동학과 전통사상」, 『동학학보』5호, 동학학회, 2003.
_____, 「동학과 전통사상(하)」, 『신인간』636호, 2003. 8.
신일철 외, 「동학사상과 동학혁명」, 청아출판사, 1992.
신항수, 「19세기 전후 남인의 학풍과 최옥」, 『동학학보』7호, 동학학회, 2004.
심형진, 「동학의 사람다움에 관한 연구」, 중앙대 박사학위논문, 2002.
안진오, 「동학사상의 연원과 그 전개」, 『역사학연구』8, 전남대 사학회, 1978.
안창범, 「동경대전의 역사적 연구」, 『동학학보』2호, 동학학회, 2001.
안현수, 「한국사상사와 동학사상」, 『민족문제연구』2, 경기대 민족문제연구소,

1995.

양병기, 「동학의 정치사상으로서의 재조명-용담유사를 중심으로」, 『동학학보』 2호, 동학학회, 2001.

엄묘섭, 「변혁이념으로서의 동학」, 『철학과 종교』, 현대종교문제연구소, 1981.

원용문, 『동경대전연의』, 동학협의회, 1975.

오문환, 「해월 최시형의 생활정치사상 연구」, 연세대 박사학위논문, 1995.

_____, 「동학의 후천개벽사상」, 『동학학보』 창간호, 동학학회, 2000.

_____, 「동학사상의 연구현황」, 『동학학보』 3호, 동학학회, 2002.

_____, 『해월 최시형의 정치사상』, 모시는사람들, 2003.

_____, 『동학의 정치철학』, 모시는사람들, 2003.

오익제, 「동학사상연구의 방향-문제제기와 연구의 소재」, 『한국사상』 18, 한국사상연구회, 1981.

_____, 「동학혁명운동의 현대적 재조명」, 이현희 엮음, 『동학사상과 동학혁명』, 청아출판사, 1984.

오출세, 「최수운과 용담유사」, 『동학연구』 창간호, 한국동학학회, 1997.

용담연원 편, 『동학 천도교 약사』, 보성사, 1990.

우 윤, 「19세기 민중운동과 민중사상-후천개벽, 정감록, 미륵신앙을 중심으로」, 『역사비평』 12, 1990.

_____, 「동학사상의 정치사적 성격」, 『1894년 농민전쟁연구』 Ⅲ, 역사비평사, 1993.

_____, 「정감록과 동학의 상호관련성에 관한 연구」, 『한국사론』 36, 국사편찬위원회, 2002.

유근호, 「동학의 정치사상-내재논리의 성격과 그 변용을 중심으로」, 『민주문화논총』 8, 1991.

윤노빈, 「동학의 세계사상적 의미」, 『한국사상』 12, 한국사상연구회, 1974.

윤사순, 「동학의 유학적 성격」, 『동학사상의 새로운 조명』, 영남대 출판부, 1998.

윤석산, 『후천을 열며』, 동학사, 1996.

_____, 『주해 동경대전』, 동학사, 1996.

윤석산, 『주해 용담유사』, 동학사, 1999.
_____, 『용담에서 고부까지』, 신서원, 1999.
_____, 『수운 최제우』, 모시는사람들, 2004.
윤이흠, 「동학운동의 개벽사상-신념유형과 사회변화의 동인을 중심으로」, 『한국문화』8, 서울대학교, 1987.
_____, 「동학운동의 개벽사상」, 『신인간』469호, 1989.5.
윤희병, 「동학기행: 도솔천궁」, 환단사학회, 1989.
이강옥, 「동경대전과 용담유사의 서술원리」, 『동학사상의 새로운 조명』, 영남대 출판부, 1998.
이강오 외, 『한국근대사에 있어서 동학과 동학농민운동』, 한국정신문화연구원, 1995.
이광순, 「동학의 현도운동」, 『한국사상』12, 한국사상연구회, 1974.
이돈화, 『신인철학』, 천도교중앙총부, 1924.
_____, 『수운심법강의』, 천도교중앙총부, 1926.
_____, 『인내천요의』, 천도교중앙종리원, 1929.
_____, 『동학지인생관』, 천도교중앙총부, 1946.
이명남, 「초기동학의 정치사상적 성격에 관한 연구」, 부산대 박사학위논문, 1992.
_____, 「동학의 인간관」, 『동학학보』2호, 동학학회, 2001.
이보근, 『동학의 정치의식』, 서울대 출판부, 1971.
이승은, 『동학사상에 내재한 유교적 요소의 분석적 고찰』, 은율출판사, 1994.
이운형, 「동학과 현대사회과학」, 『민족문제연구』창간호, 경기대 민족문제연구소, 1994.
_____, 「동학과 서양철학사상」, 『민족문제연구』2, 경기대 민족문제연구소, 1995.
이을호 외, 『한사상과 민족종교』, 일지사, 1990.
이준모, 「최제우의 주문과 이돈화의 신인철학의 비교 연구」, 『문동환박사고희 기념논문 평화교육과 민중교육』, 풀빛, 1990.
_____, 「동학의 생태학적 교육철학체계와 동양 고전철학의 체계」, 『신학연구』

38, 한신대, 1997.
이진호, 「최제우의 용담유사에 나타난 동학사상」, 『명지어문학』19, 명지대학교, 1990.
이찬구, 「수운 심학과 그 전개」, 『동학연구』9~10, 한국동학학회, 2001.
_____, 「동학의 영부관 고찰」, 『동학학보』4호, 동학학회, 2002.
이춘광, 『초기동학의 교화사상』, 영남대 출판부, 1983.
이충기, 「동학사상이 근대 한국인의 의식에 미친 영향」, 『연대교육』, 1974.
이태우, 「최제우의 동학사상 연구」, 『천마학술논문집』1, 영남대학교, 1984.
이현희, 「수운의 개벽사상연구」, 『정재각박사고희기념동양학논총』, 1984.
_____, 『동학혁명과 민중』, 대광서림, 1986.
_____, 「최제우의 개벽사상과 19세기의 한국사회」, 『동학연구』2, 한국동학학회, 1998.
_____, 「동학혁명의 전개와 근대성」, 『동학학보』3호, 동학학회, 2002.
_____, 「역사적으로 본 갑진개화혁신운동」, 『동학학보』7호, 동학학회, 2004.
이희주, 『동학사상의 이론적 검토』, 이화여대 출판부, 1983.
임금복, 「박태원의 『갑오농민전쟁』 연구」, 『동학학보』6호, 동학학회, 2003.
_____, 「도올 김용옥의 '개벽' 연구」, 『동학학보』7호, 동학학회, 2004.
임중재, 「동학사상의 근대적 개체성 논리와 인간관에 관한 고찰」, 『동학학보』4, 동학학회, 2002.
임태홍, 「최제우의 소위-신비체험측면에서의 비판적 고찰」, 『동학연구』9~10, 한국동학학회, 2001.
_____, 「최제우의 종말론적 세계관」, 『동학학보』6호, 동학학회, 2003.
_____, 「배상제교와 동학의 신관 비교」, 『동학학보』8호, 동학학회, 2004.
임현구, 「조선원시동학사상」, 『신인간』484호, 1990.
_____, 「동학사상의 혁명성」, 『한국사상』22, 한국사상연구회, 1995.
_____, 「최수운의 보국안민 사상」, 『동학연구』2, 한국동학학회, 1998.
임형진, 「동학과 천도교 청우당의 민족주의 연구」, 경희대 박사학위논문, 1998.

임형진, 「동학사상에서 본 한반도 통일」, 『동학학보』 3호, 동학학회, 2002.
_____, 「동학과 민족통일이념」, 『동학학보』 6호, 동학학회, 2003.
_____, 『동학의 정치사상』, 모시는사람들, 2004.
_____, 「천도교 통일운동과 전위단체」, 『동학학보』 8호, 동학학회, 2004.
장영민, 「동학사상과 민중신앙」, 『동학연구』 2, 한국동학학회, 1998.
전기채, 「동학 사회윤리사상연구」, 성신여대 박사학위논문, 1996.
전상근, 「동학연구」, 『동방학지』 1, 국립정치대학 동방어문학계, 대만, 1977.
정경흥, 『시천인간』, 개벽사, 1992.
정영희, 「동학의 인간평등사상 연구」, 『동학학보』 7호, 동학학회, 2004.
정진오, 「근대화이념과 동학사상」, 『제주대논문집』 18, 제주대학교, 1984.
정창렬, 「동학과 농민전쟁」, 『한국사연구입문』, 지식산업사, 1981.
_____, 「동학사상의 사회의식」, 『한국학논집』 9, 한양대 한국학연구소, 1986.
정혜정, 「동학에 나타난 일원론적 사유체계의 교육구조: 수운의 불연기연을 중심으로」, 『교육철학』 23, 한국교육학회 교육철학연구회, 2000.
_____, 「동학에 나타난 侍天의 인간관과 교육이념」, 『동학연구』 9~10, 한국동학학회, 2001.
_____, 「동학의 성경신 이해와 분석」, 『동학학보』 3호, 동학학회, 2002.
_____, 「동학의 한울님 이해: 삼교합일을 중심으로」, 『문명연지』 2-2, 한국문명학회, 2002.
_____, 「동학과 불교사상」, 『동학학보』 5호, 동학학회, 2003.
조  광, 「조선후기 민중사상과 동학농민전쟁」, 『백제문화』 23, 공주대 백제문화연구소, 1994.
_____, 「19세기 후반 서학과 동학의 상호관계에 관한 연구」, 『동학학보』 6호, 동학학회, 2004.
조기주 편저, 『동학의 원류』, 보성사, 1979.
조대현, 「동학과 풍류도와의 관계」, 『동학연구』 4, 한국동학학회, 1999.
조동일, 「최수운과 구전설화」, 『동학』, 동학선양회, 1999.

조　민,「동학: 국가 없는 사회의 이상」,『동학연구』3, 한국동학학회, 1998.
_____,「한국근대변혁운동의 정치사상」, 고려대 박사학위논문, 1991.
_____,「해제 동학사상연구」,『동학농민전쟁연구자료집』1, 1991.
조용일,「동학사상과 창조의 원리」,『신인간』383호, 1980. 12.
_____,「동학조화사상연구」, 동성사, 1988.
조일문,「동학의 정치사상사적 고찰」,『사회과학』1, 건국대 사회과학연구소, 1975.
_____,「동학사상」,『한국민족운동사연구논총』, 영남대 출판부, 1988.
조혜인,「동학과 주자학: 유교적 종교개혁의 맥락」,『한국사회사연구회논문집』 17, 한국사회사연구회, 1990.
조홍윤,「최수운과 민중신앙」,『동학연구』4, 한국동학학회, 1999.
차성환,「한국 근대화와 동학 지식인의 사고구조」,『신학사상』76, 한국신학연구소, 1992.
천도교중앙총부 편,『천도교경전』, 서울: 천도교중앙총부출판부, 포덕 140년.
최경구,「동학사상과 통일이념」,『민족문제연구』창간호, 경기대 민족문제연구소, 1994.
최동희,「동학의 윤리의식」,『현대사회와 전통윤리』, 고대민족문화연구소, 1986.
_____,「동학사상의 기본방향과 새로운 과제」,『한국사상』22, 한국사상연구회, 1995.
_____,「동학의 교리 전개」,『동학』, 동학선양회, 1999.
_____,「수운의 종교사상」,『동학연구』4, 한국동학학회, 1999.
_____,「동경대전의 종교철학적인 이해」,『동학학보』2호, 동학학회, 2001.
최동희·이경원,『다시 쓰는 동학』, 집문당, 2003.
최문형,「건국이념으로 본 동학의 공동체 윤리관 조명」,『동학연구』13, 한국동학학회, 2002.
최민자,「우주진화적 측면에서 본 해월의 '삼경' 사상」,『동학학보』3호, 동학학회, 2002.
_____,「수운과 원효의 존재론적 통일사상」,『동학학보』6호, 동학학회, 2003.

최민자, 「수운의 후천개벽과 에코토피아(Ecotopia)」, 『동학학보』7호, 동학학회, 2004.
_____, 「동학의 정치철학적 원형과 리더십론」, 『동학학보』9권 1호, 동학학회, 2005.
_____, 「동학적 사유의 특성과 21세기 동학인의 좌표」, 『신인간』655~657호, 2005.3~2005.5.
최민홍, 「수운 대신사와 현대휴머니즘」, 『신인간』480호, 1990.3.
최수정, 「동학사료의 정리」, 『동학사상』6, 1983.
최홍규, 「경기지역의 동학과 동학농민군 활동」, 『동학학보』3호, 동학학회, 2002.
최효식, 「수운 최제우의 생애와 사상」, 『동학연구』2, 한국동학학회, 1998.
_____, 「수운 최제우 연구」, 『한국향토사연구』, 국학자료원, 2002.
팽필원, 「동학윤리사상의 연구」, 동국대 박사학위논문, 1995.
표세연, 『동학의 정치사상적 고찰』, 동국대 출판부, 1980.
표영삼, 『동학창도과정』, 천도교중앙총부출판부, 1989.
_____, 「동학의 도관: 유가, 도가와의 비교」, 『신인간』482호, 1990.5.
_____, 「동학의 개벽사상」, 『한국사상』22, 한국사상연구회, 1995.
_____, 「동학의 종교사상」, 『동학연구』창간호, 한국동학학회, 1997.
_____, 「동학의 현대적 이해」, 『동학연구』8호, 한국동학학회, 2001.
한국고전연구회 편, 『동학사상』, 지하철문고, 1981.
한국문헌연구소 편, 『동학사상자료집』1-3, 아세아문화사, 1979.
한국정신문화연구원 고전자료편찬실, 『동학가사』, 한국정신문화연구원 고전자료편찬실, 1979.
한국정신문화연구원 사회민속연구실, 『한국근대사에 있어서의 동학과 동학농민운동』, 한국정신문화연구원, 1994.
한우근, 「동학사상의 본질」, 『동방학지』10, 연세대 동방학연구소, 1970.
_____, 「동학의 창도와 기본사상」, 『한국사: 민중의 향기』15, 국사편찬위원회, 1975.

한우근, 『동학과 농민봉기』, 일조각, 1989.
한종만, 「한국근대 유·불·선 삼교회통론」, 『진산한기도박사화갑기념-한국종교사상의 재조명』상, 원광대 출판국, 1993.
허종욱·이명남, 「초기동학의 반봉건성의 한계에 대한 연구-수운 최제우의 사상을 중심으로」, 『사회과학논총』, 부산대학교, 1988.
홍경실, 「갑진개화운동의 종교사상에 관한 계보학적 이해」, 『동학학보』7호, 동학학회, 2004.
홍 우, 『동학입문』, 일조각, 1974.
홍장화, 「한사상과 동학」, 『한국사상』21, 1989.
_____, 「동학의 기본사상」, 『동학연구』창간호, 한국동학학회, 1997.
_____ 편, 『천도교 교리와 사상』, 천도교중앙총부출판부, 1990.
황묘희, 「수운 최제우의 여성관」, 『동학연구』3, 한국동학학회, 1998.
_____, 「동학혁명운동과 남북접 문제」, 『동학학보』4호, 동학학회, 2002.
_____, 「동학에 나타난 시대개혁론」, 『동학학보』6호, 동학학회, 2003.
황문수, 「이돈화의 신인사상」, 『동학학보』창간호, 동학학회, 2000.
황선희, 「동학사상의 성립과 발전」, 『국사관논총』38, 국사편찬위원회, 1992.
_____, 「동학사상의 인본주의적 요소」, 『동학연구』3, 한국동학학회, 1998.
_____, 「동학혁명인가, 농민전쟁인가」, 『동학학보』3호, 동학학회, 2002.
_____, 『한국근대사의 재조명』, 국학자료원, 2003.
_____, 「동학농민혁명의 발상지와 무장봉기」, 『동학학보』8호, 동학학회, 2004.

■ 동학 관련 연구 문헌 외 참고문헌

김법혜 편, 『선사상과 임제록』, 부산: 광진출판사, 1992.
김한식, 「고대한국정치사상연구의 제문제」, 『한국정치외교사논총』20집, 한국정치외교사학회, 1998.

서산대사 저, 선학간행회 역, 『仙家龜鑑』, 경기: 법광사, 1996.
이기영, 「원효」, 신일철 외, 『한국의 사상가 12인』, 서울: 현암사, 1976.
이병도 校勘, 『원전 삼국사기』, 서울: 을유문화사, 1989.
이청담 설법, 『반야심경』, 서울: 보성문화사, 1978.
조명기 편, 『원효대사전집』, 서울: 보련각, 1978.
최  동, 『조선상고민족사』, 서울: 동국문화사, 1969.
최민자, 『직접시대』, 서울: 도서출판 범한, 2001.
─── , 『새벽이 오는 소리』, 서울: 창해, 2002.
─── , 『세계인 장보고와 지구촌 경영』, 서울: 도서출판 범한, 2003.
최태영·이병도, 『한국상고사』, 서울: 고려원, 1989.
파드마삼바바 著, 라마 카지 다와삼둡·류시화 譯, 『티벳 死者의 書』, 서울: 정신세계사, 1995.
─── , 유기천 譯, 『티벳 해탈의 書』, 서울: 정신세계사, 2000.

Ashvaghosha, *The Awakening of Faith*, trans. D. T. Suzuki, Chicago: Open Court, 1900.

Aurobindo, *The Synthesis of Yoga*, Pondicherry, India: Aurobindo Ashram Press, 1957.

Capra, Fritjof, *The Tao of Physics*, Boston: Shambhala Publications, Inc., 1975.

_____, *The Turning Point*, New York: Simon & Schuster, 1982.

_____, *Uncommon Wisdom*, New York: Simon & Schuster Inc., 1988.

_____, *The Web of Life*, New York: Anchor Books, 1996.

Castaneda, C., *The Teachings of Don Juan*, London: Penguin Books, 1970.

Giddens, Anthony, *The Third way*, Cambridge: Polity Press, 1998.

Heisenberg, Werner, *Physics and Philosophy*, New York: Harper & Row,

1962.

Hoyle, F., *The Nature of the Universe*, London: Penguin Books Ltd., 1965.

Needham, J., *Science and Civilization in China*, London: Cambridge University Press, 1956.

Sorokin, Pitirim A., *Social and Cultural Dynamics*, 4vols., New York: American Book Company, 1937-41.

_____, *The Crisis of Our Age*, New York : E. P. Dutton & Co., Inc., 1941.

*The Bhagavad Gita*, translated from the Sanskrit with an introduction by Juan Mascaro, London: Penguin Books Ltd., 1962.

*The Upanishads*, translated from the Sanskrit with an introduction by Juan Mascaro, London: Penguin Books Ltd., 1962.

Toffler, Alvin and Heidi, *Creating A New Civilization*, Atlanta: Turner Publishing, Inc., 1994.

| 찾아보기 |

【ㄱ】

가능태 260
〈가디언지〉 254
가변성 325
〈가지 않은 길〉 289
각자위심 53, 107, 131, 269
각지불이各知不移 12, 41, 45, 56, 83, 94,
　　192, 202, 214, 226, 237, 248, 261, 267
간도 문제 123
간도협약 123
갈릴레이 174
감·식·촉 211, 226
갑비고차 194
갑진개화운동 111, 244
강령지문降靈之文 37, 49, 106
개국 이념 144, 195
개발 이데올로기 171
개벽 85, 87, 129
개별아 145
개천 홍성 제묘 194
개체성 190, 268
개체화 145, 243
개합開合 24, 26, 76, 77, 96
건국 이념 188, 204, 217, 232, 259
건도 시대 99, 130
건운乾運 85, 89, 129
건운 5만 년 89, 129, 241

「검결劍訣」 81
격양가 54, 108
결자해지 173
결정성지決定性地 31
경물敬物 142, 194, 214, 221, 223, 247
「경신敬神」 229, 230
경신평원경구 127
경인敬人 141, 142, 194, 214, 221, 222, 247
경천敬天 139, 140, 141, 194, 214, 221,
　　222, 247
경천敬天[敬神]사상 143, 194
경천교 187
경천숭조 143, 193, 217, 259
경천애인 230
경칩 89
경험주의 324
계급 분화 328, 329
계급 없는 사회 316
계급 체계 330, 348
계몽군주국 316
계몽주의 113
고구려 143, 193, 194
고려 194
고전 물리학 175
고조선 143, 193
고타마 붓다 73, 237
곡신谷神 335

찾아보기 **371**

곤도 시대 99, 130
곤운坤運 85, 89, 92, 101, 129, 275
곤운坤運 5만 년 241
공空 시대 71, 122, 180, 203
공동 진화 168
공동체적인 의식 326
공론 78
공자 152, 161, 162, 225, 244, 286
공적 존재 329
과학 혁명 113
관념론적 변증법 317
「관물내편觀物內篇」 89
「관물외편觀物外篇」 89
관행觀行 20, 76, 64, 66, 153, 298
광명이세 190, 195, 196, 197, 203, 204, 217, 258, 307, 308
광제창생廣濟蒼生 14, 78, 106, 250
교부철학 67
교수 243
교육 기자재 293
교장 243
교화 196
교화경 219, 233, 235, 236, 251, 252, 259, 262, 264
교화신 187
구서九誓 143
구체적 현실성 326
구체적 현실태 250, 260, 308, 319, 321, 350

국가이기주의 171
국민국가 120
국민국가 패러다임 105, 198, 199, 200, 202, 258
국선 194
군군 신신 부부 자자 244
군민공락 193
군자공동체 54, 108, 218
궁극적 실재 13, 145, 217, 249, 299, 305, 140
궁즉통 338
권력정치 63, 105
권불십년 293
〈권수이익분勸修利益分〉 19, 27, 65
귀일심원歸一心源 12, 33, 64, 65, 66, 73, 76, 110, 215, 224, 226
『규원사화揆園史話』 187
그랜드 네트워크 105, 198, 199
그리스도 273
그리스도교 67, 312
그리스 로마 시대 144
극동 시베리아 개발 계획 201
극미세極微細 세계 172
근대 105, 199
근대과학 68
근대 문명 270
근대 민족국가 68
근대의 초극 112, 113, 132, 253, 265, 270

근대성 54, 108
근대성의 역설 119
근대적 인간 중심주의 118, 132
근본무명根本無明 22
근본불각根本不覺 21
근본지根本智 46, 97, 180, 192
근원성 18, 66, 93, 144, 192, 215, 220, 221, 236, 247, 252, 264, 308
근원적 일자 93, 136, 139, 140, 165, 299
금 194
『금강삼매경』 16
『금강삼매경론金剛三昧經論』 15, 16, 20, 21, 24, 26, 27, 64, 153
금불문고불문수不聞古不聞 51, 78, 107, 272
금불비고불비수不比古不比 51, 78, 107, 272
금욕주의 322, 323
기계론적機械論的 세계관 75, 84, 103, 111, 115, 177, 179, 248, 253, 255, 265, 271
기계론적 우주 모형 175
기념비 제막식 126
기독교 220, 238, 303
기독교 세계 325
기독교 시대 326
기독교인 301
기독교적 의식 325
기무정사其無正邪 338

기복신앙 300
기본(Edward Gibbon) 285
기연其然 34, 35, 36, 60, 61, 82, 86, 90, 209, 213, 231, 269, 306

【ㄴ】
나이스빗(John Naisbitt) 102
나치케타스 275, 276
남양 혜충 281
내성외왕 249
내수도 251
내유신령內有神靈 12, 41, 42, 43, 52, 56, 57, 62, 76, 83, 94, 96, 210, 213, 214, 216, 221, 237, 248, 260, 267
내재적 본성 221, 222, 234, 235, 236, 239, 248, 249, 260, 263, 273, 275, 304, 308, 310
내적 자아 169, 199
냉전 비용 124
냉전 사고 79
냉전 체제 123, 124
네로(Nero) 282
네트워크 102, 105
노동의 분화 330
노동자 집단 333
노예의식 322
노예제 323
노자 70, 108, 315, 316, 318, 333, 346, 341, 343, 344, 347, 348, 349, 350

녹도문 186
녹색 정치 115, 255
「논학문」 76, 237
농업 혁명 102
뉴 패러다임 188, 233, 263
뉴런 182
뉴턴 155, 175, 176, 265, 271
니콜라스 네그로폰테 109

【ㄷ】
다국적 기업 109, 199
다니엘 벨 199
다물 143, 194
다시개벽 82, 86, 91, 107, 117, 129, 240, 269
다운사이징 115
다운시프트 115
다자주의 200
다즉일多卽一 63, 77, 139, 278
단군 77, 143, 144, 193, 195
단군묘 194
단군 삼신 194
단군왕검 187
단소壇所 194
단테 290
닫힌 사회 99, 130, 202
달러 패권주의 124
달리(Salvador Dali) 310
대개벽 88

대궁정 306, 307, 308
대립적 연관성 315
대삼각 구역 127
대삼합육생칠팔구大三合六生七八九 210
대선 194
대승(摩訶衍) 18, 25, 27, 144, 146
『대승기신론』 16, 17, 18, 19, 20, 27, 28, 56, 61, 65, 144
『대승기신론별기』 17, 22, 31, 145
『대승기신론소』 11, 25, 26, 27, 29, 31
대승불교 17
대승 윤리 19, 22, 63, 69, 76
대승적 윤리관 15, 55, 72, 76
대신사 78
대우주 215, 259, 206
대원경지大圓鏡智 31
대의 정치 112, 132, 244
대자적 존재 317, 323
대정大正 243
대체 이념 79
댜오위다오 201
데모크리토스 175
데카르트 68, 265, 270
데카르트-뉴턴 84, 115, 177, 253, 255
덴마크 308
도道 56, 136, 139, 251, 302, 303, 311, 315, 318, 333, 334, 346
『도덕경』 70, 77, 209, 315, 334, 337, 338, 339, 340, 341, 343, 344, 345, 350

도덕공동체 107, 131
도법자연道法自然 339
도성道性 349
도성입덕道成立德 47, 52, 53, 64, 97, 98, 108, 118, 122, 131, 227, 246, 250, 261, 268
도수度數 87, 92, 93, 99, 122, 129, 130, 241, 252, 264
「도수사」 47, 98, 250
도즉동도동즉동 이즉비리즉비 76
도즉자연 340
도집都執 243
도학 245
독일 철학 시대 326
독자성 149, 233
『동경대전』 34, 237
동고(同苦, Mitleid) 309
동귀일체 38, 39, 40, 53, 64, 65, 66, 73, 76, 83, 92, 93, 94, 98, 107, 110, 130, 192, 195, 215, 224, 226, 230, 232, 238, 245, 247, 252, 267, 269, 270, 307
동맹 193
동명 196
동북 간방 122, 123, 126, 133
동북공정 123, 124, 125, 201
동북아 공동의 집 121, 122
동북아 공동체 122
동북아 시대 127
동북아 지역 공동체 122

동북아 코리안 122
동북아 평화 134
동아시아 문명 119
동아시아 문화 183
동예 193
동이同異 25, 26
동중정 154
동학 14, 50, 51, 52, 54, 63, 69, 78, 84, 107, 108, 109, 111, 118, 131, 132, 185, 187, 189, 190, 191, 192, 193, 196, 197, 203, 204, 206, 213, 215, 222, 223, 226, 227, 228, 230, 238, 239, 240, 242, 243, 246, 247, 252, 253, 258, 259, 263, 267, 268, 272, 308
동학농민혁명 48, 111, 244
동학 리더십 253, 264
동학 리더십론 241, 242, 243, 247, 248, 249, 250, 254, 257, 258, 265
동학사상 111, 132, 219, 260
동학인 267, 289, 310
동학적 이상향 197, 218, 263
두뇌력 경제 102
두만강 하구 126
두타행 78
드라마 중독증 169
디매스 105, 199
디비너틱스 99, 100, 101, 104, 105, 106, 107, 108, 109, 110, 111, 117, 131, 132, 188, 202, 203, 243, 253, 253, 257, 258,

265
디자인 104

【ㄹ】
러시아 122
레우키포스 175
『로마 제국의 쇠망사』 285
로마 제정시대 282
로버트 프로스트 289
루소 282, 306, 346
루터 274
르네상스 67, 68, 69, 113, 235, 240, 264, 274
리더십 185, 244, 247
리더십론 189, 240

【ㅁ】
마르크스 316
마르틴 루터 67
마리산 194
마이크론사 172
『마하바라타』 280
만권시서萬卷詩書 41, 53, 94, 97, 268
만리만사萬理萬事 62, 210
만물 화생 42, 58, 98, 213, 214, 221
만법귀일萬法歸一 15, 39, 77, 100, 213
만사지 40, 42, 45, 94, 95, 98, 216, 224, 250, 254, 260, 271
만상일천萬像一天 39, 96

망아忘我 169
매스 105, 199
맹자 244
메가트렌드 102, 116
면죄부 274
명군明君 163
『명상록』 284
『명심보감明心寶鑑』 74, 156, 181, 221
몽골 122
「몽중노소문답가」 49, 50, 54, 91, 106, 107, 108, 250
묘관찰지妙觀察智 31
무규정자 335
무극無極 299, 337
무극대도 36, 47, 50, 51, 54, 64, 75, 78, 79, 86, 91, 98, 106, 107, 108, 110, 111, 131, 197, 218, 227, 240, 241, 242, 243, 246, 248, 250, 251, 253, 254, 257, 261, 263
무극지운 107, 111, 130, 131, 241
무리지지리 불연지대연 15, 26, 36, 60, 72, 76, 146, 306
무명 334
무불위無不爲 69, 242
무사의無思議 33
무소부재 220, 224, 238, 303
무시무종 153, 216
무애가無碍歌 78
무역 네트워크 127

무왕불복 44, 98, 217, 260, 271
무왕불복지리無往不復之理 39, 93, 212
무위無爲 69, 82, 86, 128, 242, 269, 307, 333, 339, 340, 341, 342, 343, 344, 347
무위무불위無爲無不爲 347
무위무위無爲無爲 347
무위무집無爲無執 341
무위부쟁無爲不爭 347
무위사상 347
무위의 논리 318
무위이무불위無爲而無不爲 70, 110, 170, 242, 249, 257, 342
무위이화無爲而化 40 41, 43, 52, 58, 69, 70, 91, 94, 95, 98, 109, 110, 195, 216, 217, 232, 236, 238, 242, 249, 250, 254, 257, 260, 262, 264, 271, 306
무위자연 54, 82, 86, 87, 108, 129, 168, 197, 241, 269
무위자화無爲自化 70, 109, 242, 249, 250, 343, 347
무無의 향기 289
무전유죄 177
무존재성 325
무천 193
「무체법경無體法經」 62, 76, 96, 210
무활동성 323
묵언 수행 298
『문다까 우파니샤드』 237

문답술 314
문명병 169
문명의 대전환 75, 110, 183, 241
문명의 대전환기 76, 126, 135, 138
문화의 세계화 199
문화적 대전환 183
문화형태학 113
물고기 별자리 70
물리 시대 122, 180, 203
물물천物物天 59
물병 별자리 70
물신 280, 293, 304
물신 숭배 274, 302, 71, 101, 271
물신 숭배자 289
물질계 172
물질만능주의 71, 174
물질문명 68, 155, 175, 176, 179
물질 시대 71, 138, 172, 177, 178, 183, 180
물질·정신 이원론 132
물질세계 174
물형계 150, 159, 165, 177
미국 122
미켈란젤로 272, 273
미회未會 88, 89, 91, 129
민본주의 244
민중사상 52
밀레토스 313

## 【ㅂ】

『바가바드 기타』 73, 77, 237, 280, 298
바오로 3세 273
바쟈스라바사 275
바츨라프 하벨 199
박혁거세 196
반교황선언문 67
반복순환적 349
반성적 계급 329
반세계화 시위 256
『반야심경般若心經』 16, 173
반자도지동反者道之動 337, 339, 344
발전의 논리 316, 349, 350
발해 194
방천 126
방천경구 127
배달민족 196
백가쟁명 79
백두산 194, 196, 200
번제의식 278
범천汎天 59
법망 177
법집法執 24
『법화경』 278
베르길리우스 290
베아트리체 291
베이징 조약 125
베트남 72
변증법 311, 312, 313, 314

변증법적 균형 315
변증법적 대립자 313
변증법적 사유 314, 316
변증법적 통합 86, 129, 190, 195, 238, 240, 269, 307
보국안민 14, 49, 54, 78, 106, 191, 250
보병궁寶甁宮 시대 70, 183
보본 143, 193
보본단 194
보본報本사상 143, 193, 196, 204, 217, 259
보살 289
보시布施 19, 65, 76, 146
보어(Niels Bohr) 63, 104, 179
보편성 18, 66, 93, 121, 133, 144, 149, 190, 192, 203, 215, 220, 221, 233, 236, 247, 252, 257, 258, 264, 308, 325, 348
보편자 234
보편적 계급 329
보편적 실재 136
보편적 자의식 320
보편적 통일체 332
보편철학 323
복지 행정 327, 330, 331, 347
본각 20, 21, 22, 24, 61, 62, 76
본각이품本覺利品 21
본심본태양 앙명 인중천지일 215
본체 60, 61, 62, 63, 71, 76, 82, 92, 95,

139, 209, 210, 221, 238, 247, 267, 269, 303, 306
본체계 34, 35, 53, 61, 82, 86, 90, 210, 213, 269
봉건제 67
『부도지』 291
부동심不動心 164, 285
부분의식 146
부여 143, 193, 194
부쟁不爭의 덕德 344
부정성 324
부정否定의 부정 192, 307, 314, 317, 318, 319
부처 66, 74, 236
부포리 127
부화부순 246
북애자 187, 194
분권화 116
분별식 146, 147
분별지分別智 46, 80, 97, 180, 192, 300
분열 도수 86, 241
불佛 56, 136, 139, 302, 303
불각不覺 21, 22, 61, 76
불교 철학 316
불멸 238
불변성 325
불성 32, 77
불성론佛性論 32
불성의佛性義 33

불연 34, 35, 36, 60, 61, 82, 86, 90, 209, 213, 231, 269, 306
「불연기연」 11, 34, 35, 36, 37, 56, 60, 61, 76, 76, 76, 90, 185, 190, 204, 222, 231, 232, 238, 240, 247, 249, 258, 267, 272, 306, 307
불연기연적 세계관 72, 76, 190, 307
불연지대연 306
불지佛智 31
불합리의 합리 104
불행한 의식 322, 324, 325
붓다 289, 299, 300
브라만(Brahman) 73, 136, 237, 238, 251, 278, 299, 302
「브리하드 아라냐까 우파니샤드」 73
비슈누 280, 298
비텐베르크 성 274
빅 프레임 105, 199

【ㅅ】

사법 활동 327, 330
사사천事事天 59
사상四相 145, 168
사상공황思想恐慌 49, 106
사유체계 267, 306
사인여천事人如天 59
사적 인격 333
사적 존재 329
사종무상경 168, 283

사탄 163
사통팔달 126
사할린 122
사해동포 285
사해동포주의 144
사회巳會 88
사회개벽 82, 86, 87, 92, 129, 130, 241, 269, 275
사회적 계급 333
사회적 분화 328
사회적 영역 348
사회적 총체성 313
사회주의 83, 270, 280
산업 문명 102
산업 혁명 113
삶과 죽음의 투쟁 326
삶의 노예 321
삼경사상 48, 135, 138, 143, 145, 148, 150, 154, 165, 172, 179, 183, 214, 221
삼공三空 16?
삼국통일 77, 78
삼극三極 206
삼망三妄 226
삼신교 187
삼신묘 194
삼신 조화 260
삼일三一사상 218, 260
『삼일신고三一神誥』 74, 77, 160, 181, 185, 186, 187, 190, 204, 205, 206, 218, 219, 220, 223, 227, 228, 232, 237, 238, 258, 259, 260, 261
삼일三一원리 224, 226, 227
삼즉일 208, 216, 218, 219, 235, 259, 260, 264, 206
삼진三眞 225, 226
삼한 143, 193, 194
상대성이론 176
상덕常德 345
상덕上德 70
상도常道 334, 340, 347
상명常名 334
상생 75
상생의 패러다임 126
상생조화 75
상수象數 88
상원갑 50, 91, 107
상제 93, 222
상철上哲 225
상해지수傷害之數 50, 91
상호 관통 41, 45, 46, 82, 86, 87, 90, 95, 96, 97, 117, 130, 187, 214, 216, 231, 233, 246, 248, 250, 252, 260, 263, 270
상호적 인식 322
새 땅 86, 129, 240
새 하늘 86, 129, 240
생각하는 이성 323
생멸 152, 210

생멸문生滅門 19, 20, 21, 33, 56, 57, 61, 64, 208
생멸심 152, 168
생명 41, 45, 46, 63, 71, 73, 83, 96, 95, 97, 109, 118, 130, 187, 213, 214, 216, 246, 248, 250, 252, 260, 263, 267, 270, 272, 275
생명 경외 149, 242
생명 경외 사상 75, 111, 248
생명수 154
생명 시대 54, 63, 81, 84, 99, 128, 132, 271
생명의 교향곡 211
생명의 대서사시 211
생명의 물레 211
생명와 빛 165
생명의 피륙 287
생명의 환희 165
생장염장 87, 88, 91, 100
생주이멸生住異滅 168
생태 설계 257
생태 위기 116
생태 정치 117
생태 패러다임 115, 253, 255, 265
생태 혁명 118, 132, 133
생태 효율적 126
생태적 리더십 252
생태적 이상향 81
생태적 자각 82, 117, 132, 188, 248, 252, 270
생태적 지속 가능성 255, 258
생태적 통찰 117, 189
생태주의 83, 84, 117, 132, 188, 197, 270
생태학 115, 116, 117, 128, 132, 253, 265, 270, 82
생태학적 담론 84
생태학적 전망 177, 255
생태 혁명 112
서恕 161, 162
서구 리더십 252, 265
서구 리더십론 248
서구 문명 119
서구의 몰락 113
서구적 보편주의 119
서방정토 290
서세동점西勢東漸 14, 49, 54, 78, 106, 190, 269, 271
서학 39, 40, 57, 93, 189, 195, 235, 304, 307
선도 290
선지식 148
선천 40, 50, 51, 86, 89, 91, 99, 106, 107, 129, 130, 241, 253
선천개벽 82, 88, 207, 269
선천 건도乾道 시대 85, 241
선천 시대 75, 85, 122
선천 오(5)만 년 81, 85, 87, 89, 107, 129,

251
선천지생 334
선택과 책임의 법칙 135, 154, 159, 162
선폭線幅 축소 기술 172
「설괘전說卦傳」 122
『성경』 47, 64, 76, 77, 98, 237
성경 이자誠敬二字 47, 48, 53, 64, 74, 97, 98, 130, 192, 227, 230, 246, 250, 261, 268
성령 227
성령의 단계 325
성리학자 245
성·명·정 226
성소작지成所作智 31
성속일여聖俗一如 66, 78, 99, 130, 241, 246
성자 289
성제사 194
성찰적 근대화 119
성통공완 219, 223, 226, 228, 232, 261, 262, 272
세 중심축 188, 189, 204, 233, 263, 265, 307
세간법世間法 18, 145
「세계世界」 219, 224
세계 경제 104, 200
세계 시민사회 패러다임 105, 199
세계 시민주의 285
세계 원리 313, 316

세계 자본주의 체제 254
세계체제론 120
세계 평화 127, 128, 134
세계평화센터 127
세계화 104, 120, 121, 124, 133, 199, 200, 201, 203, 256, 257
세속오(5)계 143, 194
세속적 권위 67, 68
세조 194
세종 194
셸링 317
소강절 85, 88, 89, 207
소개벽 88
소국과민小國寡民 54, 108, 348
소도 193
소도 의식 193
소도경전본훈 186, 219
소립자 173
소삼각 구역 127
소승불교 17
소외 극복 과정 348
소외 의식 348
소우주 86, 158, 206, 215, 259
소크라테스 314
소탐대실 293
속제俗諦 24
속초 200
쇠운패 91
쇼펜하우어 309

수기치인 249
「수덕문修德文」 245
수두교 193
수신 65, 152, 153, 162, 298
수신제가치국평천하 152
수심정기 46, 47, 53, 64, 66, 76, 97, 98, 130,.192, 226, 230, 245, 246, 250, 261, 268
수운 11, 12, 14, 34, 39, 46, 48, 49, 50, 52, 53, 55, 56, 57, 59, 60, 61, 62, 64, 65, 66, 69, 70, 71, 72, 75, 76, 77, 78, 79, 80, 81, 82, 83, 84, 86, 88, 89, 90, 91, 92, 93, 94, 95, 97, 98, 99, 105, 106, 107, 108, 109, 110, 111, 117, 122, 128, 129, 190, 195, 196, 197, 207, 210, 214, 216, 221, 227, 232, 235, 236, 238, 239, 240, 241, 243, 245, 246, 247, 249, 250, 260, 262, 267, 270, 271, 272, 304, 305, 306, 307, 308
수운사상 11, 76
수유부쟁守柔不爭 340, 344, 345
수유왈강守柔曰强 344
수직 사회 99, 130, 202
수평 사회 99, 130, 189, 202, 265, 307
〈수행신심분修行信心分〉 19, 27, 28, 65
숙종 281
순망지탄 49, 50, 106
순수의식 46, 58, 71, 74, 75, 110, 136, 137, 149, 150, 151, 152, 153, 154, 155, 166, 180, 181, 221, 251, 268, 275, 279, 298, 299, 302, 305
순환사관 50
순환적 자기법칙성 318
술회戌會 89
숭조사상 194
슈마허(E. F. Schumacher) 109
스미스 327
스콜라 사변신학 274
스콜라철학 67
스토아(Stoa) 파 282, 284
스포츠광 169
「시侍」 94, 192, 214, 226, 248, 261, 267, 270
시각始覺 21, 22
시공時空 연속체 158, 176
시냅스 182
시민사회 327, 328, 330, 331, 333, 347, 348
시스템적 세계관 103, 105, 179
시스티나 성당 272
시운 91, 129
시운관時運觀 50, 91, 92
「시천侍天」 13, 46, 59, 74, 214, 215, 229, 232
「시천주侍天主」 11, 34, 39, 40, 41, 42, 43, 44, 45, 51, 53, 54, 56, 59, 65, 66, 71, 72, 78, 79, 80, 82, 92, 93, 94, 95,

98, 99, 108, 122, 128, 129, 130, 131, 132, 189, 191, 203, 216, 222, 224, 237, 246, 247, 248, 249, 250, 251, 254, 257, 259, 260, 265, 267, 268, 269, 271, 272, 307, 308, 310
「시천주」도덕 38, 39, 45, 46, 55, 63, 64, 69, 76, 79, 97, 110, 185, 188, 190, 192, 196, 202, 203, 204, 214, 224, 226, 230, 238, 242, 243, 246, 250, 252, 257, 258, 259, 261, 267, 272, 306, 307, 308
「시천주」사상 59, 77, 108, 130, 131, 191, 269
『신곡』 80, 197, 290, 308, 309
신과학 운동 101, 177
신국 67, 220
『신국론神國論』 67
신라 194, 196
신령 57, 111, 213
신사회 운동 14, 78
신성 41, 47, 67, 68, 69, 70, 71, 72, 82, 83, 94, 95, 109, 110, 136, 141, 162, 166, 189, 214, 216, 220, 221, 222, 229, 234, 235, 236, 238, 239, 243, 248, 249, 260, 263, 264, 265, 267, 270, 273, 275, 290, 296, 300, 301, 304, 306, 308, 309, 310
신성神聖(靈性) 회복 80, 99, 111, 130, 131, 196, 241, 248, 272
신시개천 186, 218

신시 배달국 시대 227
신시 시대 143, 193
신시이화神市理化 186
신인합일 86, 129
신자유주의 201, 256
신적 권위 67, 68, 69, 274
신적 이념 318
신적 인식 67
신종교 운동 14, 78
신 중심 68
신 중심의 세계관 274
신지神誌 227
신지神誌 혁덕 186
『신학대전』 67
실재 세계實在世界 176, 302
실재관 84, 110, 118, 131, 133, 188, 271
실정법 331
실체 275
실체적 계급 329
실체적 통일체 326, 347
실험 물리학 71
심·기·신 225
심법 36, 55, 56, 66, 224, 225, 267
심체무이心體無二 20, 62
심플 리빙 115
심학心學 38, 195, 197, 306
『십문화쟁론十門和諍論』 15, 16, 17, 23, 24, 25, 28
십자가의 신학 274

십중법문十重法門 16
쌍어궁雙魚宮 시대 70
씨족적 취락 국가 346, 348

【ㅇ】
아낙시만드로스 313
아르주나(Arjuna) 280, 298
아리야阿梨耶(Alaya)식識 22
아미타불 290
아법이집我法二執 15
아슈바고샤 135, 144
아亞원자 세계 175
아우구스티누스 67
아원자입자 173
아인슈타인(Albert Einstein) 63, 104, 176, 179
아집我執 24
아퀴나스(Thomas Aquinas) 67
아트만 276, 277, 302
아파테이아 285
『아함경阿含經』 73, 237
「안심가」 91
안토니누스 284
안토니누스 피우스 284
알라신 302
알코올 중독증 169
알파 오메가 237
암군暗君 163
야곱 62, 63

야마(Yama) 276, 277
약자도지용弱者道之用 340, 341, 344
양검론兩劍論 67, 68
양극성 311
양수陽水 35
양자 173
양자론 176
양자장 173
양천養天 46, 59, 74, 214
「양천주養天住」 59, 251, 259
어망 177
업業 155
에너지 위기 177
'에너지 전략 2020' 201
에코토피아 81, 112, 119, 128, 133, 197, 233, 253, 270
에코 폴리틱스 116, 117, 132, 188, 253, 265
에픽테투스 282
엘레아 313
엠페도클레스 313
여래如來 61
여래장如來藏 21
여성운동 120, 253
여실수행如實修行 19, 28, 65
여실지견如實知見 32, 151
여탈與奪 25, 26
『역경易經』 77, 314
역사 주권 123, 133, 125

역사주의적 348
역성혁명 244
역학적 순환사관循環史觀 50, 91, 117, 189
연기적 세계관 61, 76
연대자본 115, 176
연옥편 291
연해주 125
열린 마음 102
열린 사회 99, 130, 189, 202, 265, 307
열반 149, 278, 279
『열반종요涅槃宗要』 23, 32, 77, 279
염법染法 22, 61
염토染土 33
영고 193
영광의 신학 274
영구적 균형 316
영성 82, 84, 99, 100, 104, 117, 128, 131, 132, 149, 157, 180, 202, 233, 253, 253, 265, 270
영성계발 157
영성 공동체 108, 112, 132, 243
영성 정치 100
영세불망 40, 42, 45, 94, 95, 98, 216, 224, 250, 254, 260, 271
영육쌍전 86, 241
영적 교정 157, 160
영적 교훈 158
영적 성장 159

영적 시력 292, 304
영적 일체성 96, 130, 157, 187
영적 주체 96, 118, 130, 188
영적 진화 12, 45, 46, 57, 59, 60, 64, 66, 72, 135, 150, 152, 154, 155, 156, 157, 162, 163, 164, 166, 169, 177, 179, 182, 214, 215, 268, 285, 288, 295, 298
영적 치유 287, 288
영적 확장 146, 151, 178
영적인 지혜 281
영토 주권 123, 125, 133
영혼 150, 151, 152, 154, 155, 159, 162, 163
영혼의 교향곡 308, 309, 310
영혼의 순례자 297
영혼의 정화 278
영혼의 홀로서기 154
영화광 169
예수 66, 236
예수 그리스도 73, 239
예수 그리스도의 통치기 325
옌벤 조선족 사회 124
오(5)계 143, 194
오리엔탈리즘 191
오스발트 슈펭글러 112
오심불경 222
오심즉여심 36, 55, 66, 69, 76, 109, 225
오키나와 122
오행 211

오회午會 88
옥시덴탈리즘 191
와다 하루키 121
완력 경제 102
완력 시대 182
완전지完全智 164
왕도정치 244
외유기화外有氣化 12, 41, 42, 43, 52, 56, 57, 62, 76, 83, 94, 96, 210, 213, 214, 216, 221, 237, 248, 260, 267
외적 자아 169
요 194
요가 281
요순성세 53, 107, 131
「요한 계시록」 237, 238
「요한복음」 73, 291
욕구 체계 327, 347
「용담가龍潭歌」 81
『용담유사龍潭遺詞』 34, 81, 91, 107
용변부동본用變不動本 213
우뇌 74, 180, 221
우뇌 주도 시대 71, 75, 180, 182, 183
우상 숭배 140, 222, 235, 236, 263, 304, 305
우아일여 168
우연성 324
우주력 85, 88
우주 섭리 60, 87, 129, 211, 213, 238, 240, 251

우주 원리 178
우주의식 37, 58, 151, 158, 160, 161, 234, 299
우주의 창조적 에너지 136, 160, 165, 299
우주자연 146
우주적 무도 211
우주적 본성 86, 96, 97, 187, 192, 198, 203, 213, 226, 230, 233, 251, 270
우주적 자아 165, 305
우주진화 135, 137, 150, 154, 179
『우파니샤드』 77, 275, 237
운동의 법칙 155
운문선사 74
운삼사성환오칠運三四成環五七 211
울리히 벡 119
원성실성圓成實性 24
원시반본 251, 252, 252, 259
원시적 동일성 330
원융무이圓融無二 33, 64, 149
원융회통圓融會通 12 78, 146
원자原子 172
원회운세 87, 88, 89, 90
원효 11, 12, 14, 15, 16, 17, 18, 19, 22, 23, 24, 25, 26, 27, 28, 29, 31, 33, 55, 56, 57, 60, 61, 62, 64, 65, 66, 69, 70, 71, 72, 75, 76, 77, 78, 79, 80, 145
원효대사 144
원효사상 11, 15, 76

위민爲民 사상 196
위험사회 120
윈-윈 게임 105, 121, 131, 188, 200, 202, 233, 258, 263, 307
유가사상 316
유교 334
유기론적機械論的 세계관 131
유기성 41, 45, 46, 72, 82, 83, 95, 96, 97, 109, 130, 187, 214, 216, 233, 246, 247, 248, 250, 252, 260, 263, 267, 270
유기적 생명체 106
유기적 통일성 118, 188, 307
유라시아 특급 물류 혁명 127
유럽 근대사 274
유론有論 78
유명有名 335
유무有無 25, 26
유식사상唯識思想 16
유위有爲 82, 86, 128, 269
유유상종 163
유일신唯一神 37, 220, 225, 234, 239, 251, 263, 280, 299, 302
유일자 277
유전무죄 177
유전육도流轉六道 18, 144
유전자 104
유희삼매 153
육임제 243

육조 혜능 281
육체적 자아 165, 305
윤리적 정신 318
윤회 278
윤회시운 91
윤회의 법칙 159
율법주의 17
은殷 245
은하단 52
은하세계 52
「을묘천서」 78
을사조약 123
을파소 186, 227
음수陰水 35
음양 100, 209, 224, 315
음양동정 89, 91, 101, 129
음양상극 75, 85, 89, 99, 129, 130, 202, 241
의식 시대 71, 138, 172, 178, 183, 180
음양오행 40, 95, 205, 211, 212, 217, 259
음양의 원리 315
음양지합 75, 86, 91, 99, 129, 130, 241, 246
의식 차원 291
의식 확장 214
의식적 만족 320
의식체 58
의암 62, 76, 96 , 210

『의지와 표상으로서의 세계』 309
의타기성依他起性 24
이매뉴얼 월러스틴 120
이문일심二門一心 16
이변비중離邊非中 11, 25, 26, 56
이분법적 사유체계 36, 60, 77, 108, 131, 137, 191, 248, 269
이상적 위정자 109
이성 67, 68, 69, 70, 71, 82, 84, 109, 156, 180, 189, 224, 233, 243, 264, 265, 306, 326
이성 국가 326, 332
이성적 350
이성적 자유 319
이성체 349
이성 헌법 332
이슬람교인 301
이원론 68, 83
이원성二元性 135
이율곡 245
이중의식 324
이중지연화泥中之蓮花 28
이천식천 44, 96, 206
이천화천 44, 96, 206
이하백도 290
이학파 244
이화 196
이화세계 149, 204, 217, 232, 236, 262, 264

인간 소외 현상 218, 263
인간 실존의 위기 119, 177
인간 중심 68
인간 중심의 세계관 274
인간 중심주의 112, 185, 191, 233, 270
인간계 172
인간적 권위 69, 274
인간적 인식 67
인과관계 155, 158
인과법칙 140, 159
인과·윤회·작용 반작용의 법칙 155
인기어인人起於寅 88, 207
인내천 56, 69, 82, 11, 109, 193, 215, 222, 238, 239, 267, 270
인내천 사상 141, 258, 219
인도 144
인력의 법칙 135, 154, 163
인류 공동의 집 122
인류의 10대 재앙 254
인류 318
「인물人物」 205, 206, 207, 213, 216, 219, 225, 259
인본 196
인사 89, 90, 92, 93, 95, 82, 86, 87, 100, 129, 130, 131, 202, 231, 233, 240, 241, 246, 252, 262, 264, 269
인식 311, 320
인식의 위기 115, 177, 255
인욕 19, 65, 76, 146

인의 244
인의예지 46, 97, 227, 245
인중천지일人中天地一 215, 219, 228, 228, 232, 261, 262
인큐베이터 146, 147
인터넷 105, 182
인회寅會 88, 207
일기一氣 111, 118
일면성 317
일묘연만왕만래 213
일미관행一味觀行 16
일본 122
일세지인一世之人 41
일승불교一乘佛敎 17
일시무시일 236
일시무시일 석삼극무진본 206
일신 219, 220, 223, 223, 224, 225, 238, 261, 299
일심 21, 24, 25, 28, 31, 32, 33, 39, 56, 56, 61, 63, 65, 66, 71, 75, 76, 77, 93, 137, 144, 145, 146, 148, 151, 195, 206, 215, 216, 222, 223, 232, 236, 238, 247, 252, 259, 260, 264, 304, 306, 308
일심법 20, 61, 62, 76, 80, 210, 232
일심사상一心思想 25
일심위대승법一心爲大乘法 17, 18, 144
일심이문一心二門 20, 65, 66, 72, 76
일여 86
일원 241

일원성 197, 240
일월 224
일적십거 무궤화삼一積十鉅無匱化三 208
일종무종일 216, 236
일즉다一卽多 63, 77, 139, 278
일즉삼 205, 208, 218, 235, 259, 260, 264
일체유심조一切唯心造 56, 66, 69, 76
일체유심조사상 29, 160
임제선사 168, 283
입동 89
입법권 332
입파立破 25, 26
입헌군주제 332
잉카제국 309

【ㅈ】

자각적 주체 122, 129, 130, 132, 247, 248, 249, 257
자공子貢 161
자기법칙성 318, 335, 349
자기 생성적 네트워크 체제 247
자기 실현화 과정 348, 349
자기 확신 324
자기효능감 109
자로子路 225, 286
자루비노 200
자발적 검소 115, 115
자본자근自本自根 213, 224, 249

자본주의 83, 270, 280
자본주의 사회 328
자생자화自生自化 213, 224, 249
자성 61, 72, 74, 147, 149, 152, 181, 215, 221, 236, 268
자성구자 강재이뇌自性求子降在爾腦 74
자아실현 153
자연 339, 340, 341, 343
자연법 158
자연 상태 347
자연적 도덕관 346
자연적 존재 322
자연주의적 348
자유민권사회 54
자유민주주의 83, 270
자유방임주의사상 347
자유 시장 327
자유의지 82, 92, 195, 202, 282, 346
자유재 115, 176
자의식 324, 325
자정작용 92
자회子會 88, 89, 207
작용 60, 61, 62, 63, 71, 76, 92, 95, 210, 221, 238, 247, 267, 303
작용·반작용의 법칙 155, 158
잠재의식 287
장백산 196
장보고 127
『장자』 291, 316

재세이화 187, 223, 228, 232, 259, 261, 262
전국시대 315
전생 151
전일 196, 217
전일성 72, 98, 100, 109, 145, 148, 151, 168, 173, 243, 281
전일적 실재관 252
전자 186
전체성 190, 268
전체의식 37, 38, 58, 141, 146, 148, 150, 179, 222, 234, 272, 299, 310
전통적 실체관 175
절대자 236, 251, 299, 311
절대적 주인 325
절대정신 311, 317, 318, 319, 326, 333, 346, 348, 349, 350
접接 108, 132, 243
접령지기 57
접주제 243
접포 111, 132, 243
접포제接包制 111, 112, 132, 243, 247, 244
정기심定其心 41
정당성 244
정립 129
정명 245
정명사상 244
정법淨法 22, 61

찾아보기 **391**

정보 통신 105
정보화 104
정보화 혁명 105, 198
정신 71
정신 과학 104
정신 숭배자 289
정신개벽 86, 87, 92, 129, 130, 241, 275
정신공황 118, 119
정신·물질 이원론 83, 174, 185, 248, 253, 254, 265
정신문명 시대 68
정신세계 174
정신적 권위 67
『정신현상학』 319
정언적 명령 156
정음정양 85
정치의 세계화 199
정치의 제1원리 255
정치적·사회적 운동체 132, 243
정치적 영역 348
정치적 자유주의 188, 204
정토淨土 33
정토왕생 290
제1물결 102
제2물결 101, 102, 103, 256
제2의 근대 55, 109, 120
제2의 근대화 120
제2의 르네상스 68, 69, 204, 234, 235, 239, 264, 305, 306

제2의 종교개혁 68, 69, 204, 234, 235, 240, 264, 305, 306
제3물결 102, 103
제경공 244
제논 313
제로섬 게임 105, 121, 131, 188, 200, 202, 233, 258, 263, 307
제사장 67
제정 일치 시대 67, 68
제천 143, 193, 194
제천 의식 194
제팔식第八識 19, 61
조광조 245
조물자 61, 207, 214, 269, 299
조선 196, 245
조선 시조 단군 사당 194
조식 146
조신調身 19, 64, 146
조심調心 19, 64, 146
조응관계 87, 90, 92, 93, 129, 130, 218, 231, 233, 241, 262, 263
조의 194
조의국선 143, 193, 194
조중국계비 123, 124
조천석 194
조화 217
조화경 233, 235, 236, 251, 252, 259, 262, 264
조화 기운 95, 206, 216, 224, 228, 232,

234, 262, 263, 271
조화신 187
조화자 291
조화 작용 205, 206, 216, 259, 260
「조화정」 40, 41, 42, 44, 94, 95, 98, 216,
　224, 250, 254, 260, 260, 271
존재계 289, 295
존재의 집 73, 158, 237, 238
존재 혁명 69, 240
종교개혁 67, 68, 69, 113, 235, 240, 264,
　274, 274, 274
종種 다양성 극빈국 114
종요宗要 25, 26
좌뇌 74, 180
좌뇌 주도 시대 71, 75, 180, 182, 183
좌선 298
주周 245
『주역周易』 122
주인과 노예의 변증법 320, 326
주자학 97, 246
주체적 자각 191, 268
죽음의 비밀 276
중개무역 127
중국 122
중국 소수민족 124
중·러 변경 문제 123
중력 175
중성자 173
중세 폐쇄사회 329

『중용』 53
중정 243
중철中哲 225
즉자대자적卽自對自的 11, 56, 60, 306
즉자대자적 사유체계 108, 190, 240,
　307
즉자대자적 존재 317, 326
즉자적 존재 317
지계持戒 19, 65, 76, 146
지구 공동체 105, 122, 171, 202, 251,
　257, 258, 258
지구 동시 생활권 105
지구 온난화 114
지구 학교 279, 293
지구 한마당 199
'지구 환경 조망(GEO)-3' 114
지구적 의식 134
지구촌 패러다임 125, 133
지기至氣 44, 58, 87, 98, 213, 215, 223,
　234, 235, 249, 252, 260, 264, 271,
　299
「지기금지 원위대강至氣今至願爲大降」
　43, 44
지리地理 86, 92, 93, 95, 129, 130, 233,
　241, 252, 262, 264
지말불각枝末不覺 21
지벽어축地闢於丑 88, 207
지복 310
지브란(kahlil Gibran) 299

지상국가 67
지상선계 196
지상의 왕국 325, 326
지상천계 196
지상천국 42, 53, 66, 69, 95, 98, 99, 108, 109, 130, 192, 230, 248
지속 가능한 공동체 257
지식 혁명 102
지어지성至於至聖 42, 95
지역주의 200
지역화 121, 133, 200, 203, 257
지옥 151, 152, 291, 292
지옥편 291
「지전地轉」 205, 206, 209, 212, 216, 219, 259
지천태괘 75, 86, 99, 241, 241, 246
지축 89, 129
지축 정립 91
지행 20, 64, 66, 76, 153, 298
지행합일 224, 267
지혜의 길 298
지혜의 불 276
지화지기至化至氣 95, 42
직관 74, 294
직관적 지각 181
직업 단체 327, 330, 331, 332, 333, 347
직접시대 305
직접 정치 112, 132, 244
직접적 계급 329

직접 참여 109
진동수 163
진리 73, 272, 274, 299
진리 불립문자眞理不立文字 41, 95, 150
진리의 달 295
진성 74, 210, 211, 225
진속원융무애관眞俗圓融無碍觀 33
진속원융무애론자 78
진속眞俗 평등 27, 39
진실태 319, 327
진여 18, 28, 45, 61, 64, 83, 97, 130, 144, 146, 151, 192, 209, 226, 270, 271, 299
진여문 19, 20, 33, 56, 57, 61, 64, 208
진인불기眞人不器 153
진정한 문명 274, 275, 277, 310
진제眞諦 24
진주민란 48
진지眞知 151, 305, 311, 342
진혼곡 80
진화의 3법칙 154
질점質點 175
집강 243
집강소 243
집단의식 151
집일함삼執一含三 218

【ㅊ】
참나 72, 73, 220, 234, 236, 239, 264, 268, 275, 277, 278, 279, 280, 281,

289, 290, 297, 300, 310
참본성 225, 232
참사랑 300, 302
참성단 194
참여민주주의 247, 257
참여하는 우주 190, 307
참자아 72, 110, 136, 141, 143, 217, 222, 238, 239, 245, 249, 262, 276, 300
참전계 187
『참전계경參佺戒經』 48, 77, 161, 166, 167, 185, 186, 187, 190, 204, 205, 227, 228, 232, 258, 259, 261, 262
참정기 225
창시창조 186
창조주 224, 236, 251, 299
천·지·인 234
천·지·인 삼재 42, 144, 189, 206, 216, 228, 252, 259, 260, 262
천·지·인 삼재의 융화 233
천개어자天開於子 88, 207
천개지벽天開地闢 85
천국 151, 291, 292, 302
천국의 문 292
천국편 291
「천궁天宮」 219, 220, 223, 238, 261
천덕 40, 42, 44, 94, 95, 189, 195, 216, 217, 254, 260, 262, 265, 271, 306
천도 39, 40, 42, 48, 52, 53, 91, 93, 94, 95, 98, 117, 189, 195, 204, 212, 216,

217, 254, 260, 265, 271, 272, 307
천령 227
「천리天理」 93, 94, 97, 187, 205, 206, 208, 216, 219, 227, 259, 267
천만물 224
천망회회 소이불루天網恢恢疎而不漏 74
천명 227, 244
천문 88
천민 집단 333
천변만화 208
천부 219
『천부경天符經』 79, 141, 187, 188, 189, 192, 204, 205, 206, 209, 212, 213, 215, 216, 217, 219, 220, 223, 227, 228, 232, 234, 236, 239, 258, 259, 260, 261
천부중일 219 , 261
천상의 왕국 325, 326
천상천하유아독존 238, 239
천손족 196
천시天時 89, 90, 92, 93, 95, 82, 86, 100, 122, 129, 130, 131, 202, 231, 233, 241, 246, 252, 262, 264, 269
천신 227, 229, 299
천신교 187
천심 94, 130, 227, 244, 245, 248, 252, 261, 264
천악 291
천이 209, 210, 211

## 찾아보기

천이삼 지이삼 인이삼(天二三地二三人二三) 209
천인합일 53, 95, 100, 122, 193, 196, 204, 214, 232, 237, 262, 269
천일일 지일이 인일삼(天一一地一二人一三) 207
천주 58, 59, 299
천지 224
천지 기운 223
천지개벽 82, 86, 87, 92, 93, 99, 122, 129, 129, 130, 241, 264, 269
천지기화 223
천지부모 251, 259
천지불경 222
천지비패 75, 85, 99, 241
천지 운행 52, 87, 87, 88, 89, 90, 91, 92, 93, 129, 130, 205, 209, 212, 217, 241, 275
「천지이기天地理氣」 224
천지인 220
천지창조 82, 207, 269
천지 포태 211, 212
천지합덕 95
천촌만락 78
천축 89
천품계발 147, 169
천황씨 35
철인정치 312
청해진 127

체코 199
초국가적 경제 실체 199
초국가적 발전 패러다임 121, 125, 133, 198, 200, 201, 202, 203, 258
초국가적 실체 105, 121, 200, 258
초논리 294
초아超我 167, 168, 169, 170, 171
초월 221, 238, 247, 267, 268
초월적 신 325
초이성 294
초超두뇌 159
초超지식 159
촌락 공동체 55, 108
촘스키 201, 256
최시형 135
최제우 78, 81
최치원 186
'최후의 심판도' 272
추상적 가능태 350
추상적 정태 313
추상태 322
축회표會 88, 89, 207
출세간법出世間法 18, 145
충기 209, 315, 337
치국술 341
치화 196
치화경 233, 235, 236, 251, 252, 259, 262, 264
치화신 187

## 【ㅋ】

카르마 155, 157, 158, 160, 162, 281, 294
카르마의 법칙 135, 154, 155, 159
카오스적 의식 324
카프라(Fritjof Capra) 63, 101, 104, 114, 177, 179, 255
칸트(Immanuel Kant) 156, 316
코제브 320
코페르니쿠스적 전환 83
콘스탄티누스 67
콧구멍 없는 소 296, 297
쿠릴열도 122
쿠스코 309
크리슈나(Krishna) 280, 298, 299
큰사랑 164
클레멘스 7세 272
키에르케고르(Søren Kierkegaard) 308

## 【ㅌ】

타의식 321
타이완 122
탈근대 105, 190, 196, 199
탈근대성 192
탈근대주의 84, 198, 270
탈대량화 102
태극 208, 299
태백산 196
「태시기太始記」 187
태양계 52
태양 시대 101, 253
태음력 89
태평곡 108
테오도시우스 67
토플러 101, 256
통문이通文異 32
통일 도수 86, 241
통일성 267, 272
통일체 306, 333
통치권 332
통치의 정당성 254
트리엔트 공의회 273
특수성 121, 133, 190, 203, 257, 258, 325, 348
특수 의식 324, 325
특수 철학 323
특수적 자유 331
특수적 자의식 320
틱낫한 72

## 【ㅍ】

파동적 성격 213
파워 폴리틱스 99, 100, 101, 104, 105, 106, 116, 131, 202, 243, 258
팔괘 212
팔식八識 31, 32, 151
패러다임 전환 70, 71, 83, 84, 101, 103, 104, 113, 131, 138, 172, 174, 179,

185, 191, 248, 253, 265, 270, 271
편계소집 33
편계소집성 24
평등무이 36, 56, 65, 66, 70, 99, 110, 130, 189, 234, 247, 248, 305, 307
평등성지 13, 31, 110, 137, 172, 215, 304
평화 지대 128
포包 132, 243
포괄성 18, 66, 93, 144, 192, 215, 220, 221, 236, 247, 252, 264, 308
「포덕문布德文」245
포덕천하 14, 78, 106
폴리스 348
표월지지標月之指 27
풀뿌리 민주주의 116, 243, 247, 253, 254, 257, 264
플라톤 312, 314
피히테 317
필연 82, 195, 202

## 【ㅎ】

하夏 245
하나 118, 136, 137, 138, 139, 267
하나(一) 181, 185, 190, 204, 205, 206, 207, 208, 209, 210, 211, 213, 214, 216, 217, 219, 220, 221, 222, 223, 225, 227, 234, 235, 236, 238, 251, 260, 262, 264, 269

'하나' 님 56, 58, 63, 74, 136, 139, 163, 181, 207, 234, 236, 238, 239, 251, 263, 278, 294, 299, 302, 303
하느님의 통치기 325
하늘 219
하도낙서 212
하드리아누스 284
한국산 정신문화 80
한마당 105
한사상 204, 208, 233, 262, 263
한생명 45, 46, 63, 64, 66, 80, 83, 96, 97, 111, 118, 122, 130, 131, 132, 146, 148, 149, 157, 179, 188, 207, 226, 239, 242, 247, 249, 261, 268, 270, 272, 279, 288, 301, 307, 310
하얀 길 289, 290
하와이 122
하원갑 50, 91, 107
하이젠베르크 63, 104, 179
하철下哲 225
한韓 196
한 이치 기운 224
한·일 역사전쟁 201
한얼 74, 136, 299
한왕조 316
한울 13, 14, 34, 37, 38, 39, 41, 44, 46, 47, 52, 53, 56, 58, 59, 62, 63, 64, 71, 75, 82, 87, 91, 93, 94, 96, 97, 98, 110, 117, 118, 130, 141, 195, 197, 206, 214,

215, 219, 222, 227, 230, 240, 251, 252,
  267, 269, 299, 306
한울님 157
한울의 법 52, 56, 87, 95, 100, 129, 241
한·중 변경 문제 123
합기덕合其德 41
합리주의 철학 68
핫산구 126, 127
해월 42, 46, 47, 48, 59, 62, 63, 74, 86,
  96, 98, 135, 138, 143, 148, 150, 154,
  157, 165, 172, 179, 183, 188, 213,
  214, 214, 215, 221, 224, 227, 246,
  251
해탈 73, 309, 316
해회亥會 88
행선 298
행위의 길 298, 299
향아설위 86, 251
허위의식 289
헌신적 참여 65, 152, 153, 162, 298
헌팅턴 191
헤겔 272, 316, 316, 317, 318, 319, 320,
  324, 326, 327, 331, 333, 346, 348,
  349, 350
헤겔 철학 319
헤라클레이토스 313
현대 개방사회 329
현대 물리학 132, 138, 173, 174, 175,
  179, 188

현묘지도玄妙之道 143, 193
현빈玄牝 335
현상 82, 92, 139, 269, 306
현상계 34, 35, 36, 53, 61, 82, 86, 90,
  210, 213, 269, 311
현상적 주체 317, 348
현실태 192, 322
현지우현 중묘지문玄之又玄衆妙之門 335
형식논리학적 사유 313, 317
형식적 계급 329
혼원일기混元一氣 43, 45, 46, 64, 82, 83,
  94, 96, 97, 117, 130, 132, 187, 205,
  211, 214, 221, 227, 233, 234, 242, 248,
  251, 252, 259, 263, 270, 299
홉스 327, 347
홍경래란 48
홍익인간 29, 68, 144, 149, 166, 190,
  195, 197, 203, 204, 217, 223, 228,
  232, 247, 258, 261, 307, 308
홍익제물 187
화랑도 143, 194
화석 연료 시대 253
화쟁 11, 12, 15, 23, 24, 25, 27, 56, 61,
  65, 66, 76, 146
화정국사和靜國師 17
화쟁사상 15, 24, 28, 55, 66, 71, 77, 78
화쟁총화和諍總和 28
화쟁총화정신 78
화쟁회통 32, 33, 61, 79

화택유火宅喩 278
화현 87
환桓 196, 217
환검 196, 217, 251
환경운동 120
환경 재해 177
환경 친화적 126
환경 파괴 119
환경 회생 126, 183
환국 68, 186, 187
『환단고기桓檀古記』186
환동해경제권 128
환웅 186, 196, 217, 251
환웅 신시 시대 187
환원의 논리 316, 349, 350
환웅천황 187, 227
'환'의 이념 196
환인 186, 196, 217, 251
환인천제 187
환황해경제권 128
『황극경세서黃極經世書』89
회룡봉경구 127
회삼귀일會三歸一 218
회의동會義同 32
회의주의 322, 324
회의주의적 노예 323
회의주의적 의식 324
회통문會通門 32
후천 40, 50, 51, 86, 91, 99, 100, 107, 109, 130, 241, 253, 264
후천개벽 34, 48, 50, 51, 53, 54, 63, 81, 82, 84, 85, 86, 87, 88, 89, 90, 91, 92, 93, 99, 107, 108, 112, 118, 122, 123, 125, 128, 129, 130, 131, 132, 133, 197, 218, 240, 241, 251, 252, 253, 263, 264, 269, 270, 271, 275
후천개벽사상 48, 50, 55, 105
후천 곤도 시대 86, 241, 246
후천문명 242
후천 시대 85, 122
후천 오(5)만 년 50, 75, 78, 81, 85, 89, 92, 131, 101, 107, 111, 129, 130, 241, 275
훈습薰習 30, 144
훈춘 126, 200
흄 324
힘의 지배 시대 132

【기타】

10월제 193
24절 211
3·1운동 111, 244
366사 228, 261
3국 접경 지역 127
4강 구도 126
4D 104
5사 186, 227
5월제 193

5현제賢帝 284

6자회담 201

8강령 228, 232, 262

8훈 186, 227

9·11 테러 201

95개조 67

95개조 반교황선언문 274

〈95개조의 논제〉 274

9서 194

APEC 200

ASEM 200

FTA 104, 120, 199

NAFTA 256

NGO 104, 105, 109, 120, 126, 199, 201, 256, 258

TAFTA 200

TSR 200

TSR-TKR 연결 201

UN 세계 평화 센터 125

UNEP 114

UNWPC 126, 127, 128, 133

UR 104, 199

WTO 104, 199, 256

WTO 체제 120